中华人民共和国刑法

（实用版）

中国法制出版社
CHINA LEGAL PUBLISHING HOUSE

■实用版

编辑说明

运用法律维护权利和利益，是读者选购法律图书的主要目的。法律文本单行本提供最基本的法律依据，但单纯的法律文本中的有些概念、术语，读者不易理解；法律释义类图书有助于读者理解法律的本义，但又过于繁杂、冗长。"实用版"法律图书至今已行销多年，因其实用、易懂的优点，成为广大读者理解、掌握法律的首选工具。

"实用版系列"独具五重使用价值：

1. **专业出版**。中国法制出版社是中央级法律类图书专业出版社，是国家法律、行政法规文本的权威出版机构。

2. **法律文本规范**。法律条文利用了本社法律单行本的资源，与国家法律、行政法规正式版本完全一致，确保条文准确、权威。

3. **条文解读详致**。本书中的【理解与适用】从庞杂的相互关联的法律条文以及全国人大常委会法制工作委员会等对条文的解读中精选、提炼而来；【典型案例指引】来自最高人民法院指导案例、公报、各高级人民法院判决书等，点出适用要点，展示解决法律问题的实例。

4. **附录实用**。书末收录经提炼的法律流程图、诉讼文书、办案常用数据等内容，帮助提高处理法律纠纷的效率。

5. **附赠电子版**。与本分册主题相关、因篇幅所限而未收录的相关文件、"典型案例指引"所涉及的部分重要案例全文，均制作成电子版文件。扫一扫封底"法规编辑部"即可免费获取。

中国法制出版社
2023年12月

《中华人民共和国刑法》
理解与适用

《刑法》① 是规定犯罪与刑罚的法律，是我国的基本法律。刑法由于其调整社会关系的广泛性和调整手段的特殊性而区别于其他法律。一个人，也许一生都不会与犯罪打交道，但从犯罪学角度看，我们每一个人既是潜在的被害人，又是潜在的犯罪人。所以，了解学习刑法，不仅是维护我们自身权益的需要，也是增强法治观念，减少、避免违法犯罪的需要。

刑法组成的基本单位是条，有的条包括若干款，款中又可以包括若干项。具体到刑法分则，有的是一个或多个条文规定一个犯罪，有的是一条规定若干个犯罪，还有的是一条中的每一款分别规定一个犯罪。刑法中各编、章、节、条的序号用中文数字依次表述，款不编序号，项的序号用中文数字加括号依次表述。

我国刑法包括总则和分则两编。刑法总则的重点内容有：(1) 刑法的适用范围；(2) 刑事责任年龄、正当防卫、特殊人的刑事责任；(3) 犯罪预备、中止和未遂；(4) 共同犯罪；(5) 刑罚的种类；(6) 假释、减刑、时效、缓刑、数罪并罚、累犯、自首与立功、量刑情节等刑罚的具体运用。刑法分则根据犯罪侵犯的共同客体的不同分为十大类犯罪：危害国家安全罪、危害公共安全罪、破坏社会主义市场经济秩序罪、侵犯公民人身权利、民主权利罪、侵犯财产罪、妨害社会管理秩序罪、危害国防利益罪、贪污贿赂罪、渎职罪、军人违反职责罪，其中第三章破坏社会主义市场经济秩序罪与第六章妨害社会管理秩序罪下面再分节，即小类罪。

---

① 为便于阅读，本书中相关法律文件标题中的"中华人民共和国"字样都予以省略。

目　录

中华人民共和国刑法

第一编　总　则

第一章　刑法的任务、基本原则和适用范围

| 2 | 第 一 条　【立法宗旨】
| 2 | 第 二 条　【本法任务】
| 2 | 第 三 条　【罪刑法定】
| 3 | 第 四 条　【适用刑法人人平等】
| 3 | 第 五 条　【罪责刑相适应】
| 3 | 第 六 条　【属地管辖权】
| 4 | 第 七 条　【属人管辖权】
| 5 | 第 八 条　【保护管辖权】
| 5 | 第 九 条　【普遍管辖权】
| 5 | 第 十 条　【对外国刑事判决的消极承认】
| 6 | 第十一条　【外交代表刑事管辖豁免】
| 6 | 第十二条　【刑法溯及力】

第二章　犯　罪

第一节　犯罪和刑事责任

| 8 | 第十三条　【犯罪概念】
| 8 | 第十四条　【故意犯罪】

9	第十五条	【过失犯罪】
10	第十六条	【不可抗力和意外事件】
11	第十七条	【刑事责任年龄】
12	第十七条之一	【已满七十五周岁的人的刑事责任】
12	第十八条	【特殊人员的刑事责任能力】
13	第十九条	【又聋又哑的人或盲人犯罪的刑事责任】
13	第二十条	【正当防卫】
15	第二十一条	【紧急避险】

第二节 犯罪的预备、未遂和中止

16	第二十二条	【犯罪预备】
16	第二十三条	【犯罪未遂】
16	第二十四条	【犯罪中止】

第三节 共同犯罪

17	第二十五条	【共同犯罪概念】
18	第二十六条	【主犯】
19	第二十七条	【从犯】
19	第二十八条	【胁从犯】
19	第二十九条	【教唆犯】

第四节 单位犯罪

| 20 | 第三十条 | 【单位负刑事责任的范围】 |
| 22 | 第三十一条 | 【单位犯罪的处罚原则】 |

第三章 刑 罚

第一节 刑罚的种类

22	第三十二条	【主刑和附加刑】
22	第三十三条	【主刑种类】
23	第三十四条	【附加刑种类】
23	第三十五条	【驱逐出境】
23	第三十六条	【赔偿经济损失与民事优先原则】

| 24 | 第三十七条 | 【非刑罚性处置措施】 |
| 24 | 第三十七条之一 | 【利用职业便利实施犯罪的禁业限制】 |

第二节 管　　制

25	第三十八条	【管制的期限与执行机关】
25	第三十九条	【被管制罪犯的义务与权利】
26	第四十条	【管制期满解除】
26	第四十一条	【管制刑期的计算和折抵】

第三节 拘　　役

26	第四十二条	【拘役的期限】
26	第四十三条	【拘役的执行】
27	第四十四条	【拘役刑期的计算和折抵】

第四节 有期徒刑、无期徒刑

27	第四十五条	【有期徒刑的期限】
27	第四十六条	【有期徒刑与无期徒刑的执行】
27	第四十七条	【有期徒刑刑期的计算与折抵】

第五节 死　　刑

27	第四十八条	【死刑、死缓的适用对象及核准程序】
28	第四十九条	【死刑适用对象的限制】
29	第五十条	【死缓变更】
30	第五十一条	【死缓期间及减为有期徒刑的刑期计算】

第六节 罚　　金

| 30 | 第五十二条 | 【罚金数额的裁量】 |
| 31 | 第五十三条 | 【罚金的缴纳】 |

第七节 剥夺政治权利

32	第五十四条	【剥夺政治权利的含义】
32	第五十五条	【剥夺政治权利的期限】
33	第五十六条	【剥夺政治权利的附加、独立适用】
34	第五十七条	【对死刑、无期徒刑犯罪剥夺政治权利的适用】
34	第五十八条	【剥夺政治权利的刑期计算、效力与执行】

第八节 没收财产

- 34 | 第五十九条 【没收财产的范围】
- 34 | 第六十条 【以没收的财产偿还债务】

第四章 刑罚的具体运用

第一节 量刑

- 35 | 第六十一条 【量刑的一般原则】
- 35 | 第六十二条 【从重处罚与从轻处罚】
- 36 | 第六十三条 【减轻处罚】
- 36 | 第六十四条 【犯罪物品的处理】

第二节 累犯

- 37 | 第六十五条 【一般累犯】
- 38 | 第六十六条 【特别累犯】

第三节 自首和立功

- 38 | 第六十七条 【自首和坦白】
- 41 | 第六十八条 【立功】

第四节 数罪并罚

- 43 | 第六十九条 【数罪并罚的一般原则】
- 45 | 第七十条 【判决宣告后发现漏罪的并罚】
- 45 | 第七十一条 【判决宣告后又犯新罪的并罚】

第五节 缓刑

- 46 | 第七十二条 【缓刑的适用条件】
- 47 | 第七十三条 【缓刑的考验期限】
- 47 | 第七十四条 【累犯不适用缓刑】
- 47 | 第七十五条 【缓刑犯应遵守的规定】
- 47 | 第七十六条 【缓刑的考验及其积极后果】
- 48 | 第七十七条 【缓刑的撤销及其处理】

第六节 减刑

- 48 | 第七十八条 【减刑条件与限度】

| 50 | 第七十九条 | 【减刑程序】 |
| 50 | 第八十条 | 【无期徒刑减刑的刑期计算】 |

第七节 假 释

50	第八十一条	【假释的适用条件】
52	第八十二条	【假释的程序】
52	第八十三条	【假释的考验期限】
52	第八十四条	【假释犯应遵守的规定】
52	第八十五条	【假释考验及其积极后果】
53	第八十六条	【假释的撤销及其处理】

第八节 时 效

53	第八十七条	【追诉时效期限】
55	第八十八条	【不受追诉时效限制】
55	第八十九条	【追诉期限的计算与中断】

第五章 其他规定

56	第九十条	【民族自治地方刑法适用的变通】
56	第九十一条	【公共财产的范围】
56	第九十二条	【公民私人所有财产的范围】
57	第九十三条	【国家工作人员的范围】
59	第九十四条	【司法工作人员的范围】
60	第九十五条	【重伤】
60	第九十六条	【违反国家规定之含义】
60	第九十七条	【首要分子的范围】
61	第九十八条	【告诉才处理的含义】
61	第九十九条	【以上、以下、以内之界定】
61	第一百条	【前科报告制度】
62	第一百零一条	【总则的效力】

第二编 分 则

第一章 危害国家安全罪

页码	条文	罪名
62	第一百零二条	【背叛国家罪】
62	第一百零三条	【分裂国家罪】【煽动分裂国家罪】
63	第一百零四条	【武装叛乱、暴乱罪】
63	第一百零五条	【颠覆国家政权罪】【煽动颠覆国家政权罪】
64	第一百零六条	【与境外勾结的处罚规定】
64	第一百零七条	【资助危害国家安全犯罪活动罪】
64	第一百零八条	【投敌叛变罪】
64	第一百零九条	【叛逃罪】
65	第一百一十条	【间谍罪】
66	第一百一十一条	【为境外窃取、刺探、收买、非法提供国家秘密、情报罪】
66	第一百一十二条	【资敌罪】
67	第一百一十三条	【危害国家安全罪适用死刑、没收财产的规定】

第二章 危害公共安全罪

页码	条文	罪名
67	第一百一十四条	【放火罪】【决水罪】【爆炸罪】【投放危险物质罪】【以危险方法危害公共安全罪】
69	第一百一十五条	【放火罪】【决水罪】【爆炸罪】【投放危险物质罪】【以危险方法危害公共安全罪】【失火罪】【过失决水罪】【过失爆炸罪】【过失投放危险物质罪】【过失以危险方法危害公共安全罪】
69	第一百一十六条	【破坏交通工具罪】
69	第一百一十七条	【破坏交通设施罪】
70	第一百一十八条	【破坏电力设备罪】【破坏易燃易爆设备罪】

6

70	第一百一十九条	【破坏交通工具罪】【破坏交通设施罪】【破坏电力设备罪】【破坏易燃易爆设备罪】【过失损坏交通工具罪】【过失损坏交通设施罪】【过失损坏电力设备罪】【过失损坏易燃易爆设备罪】
71	第一百二十条	【组织、领导、参加恐怖组织罪】
72	第一百二十条之一	【帮助恐怖活动罪】
73	第一百二十条之二	【准备实施恐怖活动罪】
73	第一百二十条之三	【宣扬恐怖主义、极端主义、煽动实施恐怖活动罪】
73	第一百二十条之四	【利用极端主义破坏法律实施罪】
74	第一百二十条之五	【强制穿戴宣扬恐怖主义、极端主义服饰、标志罪】
74	第一百二十条之六	【非法持有宣扬恐怖主义、极端主义物品罪】
74	第一百二十一条	【劫持航空器罪】
75	第一百二十二条	【劫持船只、汽车罪】
75	第一百二十三条	【暴力危及飞行安全罪】
75	第一百二十四条	【破坏广播电视设施、公用电信设施罪】【过失损坏广播电视设施、公用电信设施罪】
75	第一百二十五条	【非法制造、买卖、运输、邮寄、储存枪支、弹药、爆炸物罪】【非法制造、买卖、运输、储存危险物质罪】
76	第一百二十六条	【违规制造、销售枪支罪】
77	第一百二十七条	【盗窃、抢夺枪支、弹药、爆炸物、危险物质罪】【抢劫枪支、弹药、爆炸物、危险物质罪】
78	第一百二十八条	【非法持有、私藏枪支、弹药罪】【非法出租、出借枪支罪】

79	第一百二十九条	【丢失枪支不报罪】
79	第一百三十条	【非法携带枪支、弹药、管制刀具、危险物品危及公共安全罪】
80	第一百三十一条	【重大飞行事故罪】
80	第一百三十二条	【铁路运营安全事故罪】
80	第一百三十三条	【交通肇事罪】
82	第一百三十三条之一	【危险驾驶罪】
84	第一百三十三条之二	【妨害安全驾驶罪】
84	第一百三十四条	【重大责任事故罪】【强令、组织他人违章冒险作业罪】
85	第一百三十四条之一	【危险作业罪】
85	第一百三十五条	【重大劳动安全事故罪】
86	第一百三十五条之一	【大型群众性活动重大安全事故罪】
86	第一百三十六条	【危险物品肇事罪】
87	第一百三十七条	【工程重大安全事故罪】
87	第一百三十八条	【教育设施重大安全事故罪】
88	第一百三十九条	【消防责任事故罪】
88	第一百三十九条之一	【不报、谎报安全事故罪】

第三章 破坏社会主义市场经济秩序罪
第一节 生产、销售伪劣商品罪

88	第一百四十条	【生产、销售伪劣产品罪】
90	第一百四十一条	【生产、销售、提供假药罪】
91	第一百四十二条	【生产、销售、提供劣药罪】
92	第一百四十二条之一	【妨害药品管理罪】
93	第一百四十三条	【生产、销售不符合安全标准的食品罪】
94	第一百四十四条	【生产、销售有毒、有害食品罪】
96	第一百四十五条	【生产、销售不符合标准的医用器材罪】
96	第一百四十六条	【生产、销售不符合安全标准的产品罪】

97	第一百四十七条	【生产、销售伪劣农药、兽药、化肥、种子罪】
98	第一百四十八条	【生产、销售不符合卫生标准的化妆品罪】
98	第一百四十九条	【对生产、销售伪劣商品行为的法条适用】
99	第一百五十条	【单位犯本节规定之罪的处理】

第二节 走私罪

99	第一百五十一条	【走私武器、弹药罪】【走私核材料罪】【走私假币罪】【走私文物罪】【走私贵重金属罪】【走私珍贵动物、珍贵动物制品罪】【走私国家禁止进出口的货物、物品罪】
101	第一百五十二条	【走私淫秽物品罪】【走私废物罪】
101	第一百五十三条	【走私普通货物、物品罪】
103	第一百五十四条	【走私普通货物、物品罪的特殊形式】
103	第一百五十五条	【以走私罪论处的间接走私行为】
105	第一百五十六条	【走私共犯】
105	第一百五十七条	【武装掩护走私、抗拒缉私的刑事处罚规定】

第三节 妨害对公司、企业的管理秩序罪

106	第一百五十八条	【虚报注册资本罪】
107	第一百五十九条	【虚假出资、抽逃出资罪】
108	第一百六十条	【欺诈发行证券罪】
109	第一百六十一条	【违规披露、不披露重要信息罪】
110	第一百六十二条	【妨害清算罪】
110	第一百六十二条之一	【隐匿、故意销毁会计凭证、会计账簿、财务会计报告罪】
111	第一百六十二条之二	【虚假破产罪】
111	第一百六十三条	【非国家工作人员受贿罪】
113	第一百六十四条	【对非国家工作人员行贿罪】【对外国公职人员、国际公共组织官员行贿罪】

114	第一百六十五条	【非法经营同类营业罪】
115	第一百六十六条	【为亲友非法牟利罪】
115	第一百六十七条	【签订、履行合同失职被骗罪】
116	第一百六十八条	【国有公司、企业、事业单位人员失职罪】【国有公司、企业、事业单位人员滥用职权罪】
116	第一百六十九条	【徇私舞弊低价折股、出售国有资产罪】
117	第一百六十九条之一	【背信损害上市公司利益罪】

第四节 破坏金融管理秩序罪

117	第一百七十条	【伪造货币罪】
119	第一百七十一条	【出售、购买、运输假币罪】【金融工作人员购买假币、以假币换取货币罪】
120	第一百七十二条	【持有、使用假币罪】
120	第一百七十三条	【变造货币罪】
121	第一百七十四条	【擅自设立金融机构罪】【伪造、变造、转让金融机构经营许可证、批准文件罪】
121	第一百七十五条	【高利转贷罪】
122	第一百七十五条之一	【骗取贷款、票据承兑、金融票证罪】
122	第一百七十六条	【非法吸收公众存款罪】
123	第一百七十七条	【伪造、变造金融票证罪】
124	第一百七十七条之一	【妨害信用卡管理罪】【窃取、收买、非法提供信用卡信息罪】
125	第一百七十八条	【伪造、变造国家有价证券罪】【伪造、变造股票、公司、企业债券罪】
125	第一百七十九条	【擅自发行股票、公司、企业债券罪】
126	第一百八十条	【内幕交易、泄露内幕信息罪】【利用未公开信息交易罪】
128	第一百八十一条	【编造并传播证券、期货交易虚假信息罪】【诱骗投资者买卖证券、期货合约罪】

128	第一百八十二条	【操纵证券、期货市场罪】
130	第一百八十三条	【职务侵占罪】【贪污罪】
131	第一百八十四条	【金融机构工作人员受贿犯罪如何定罪处罚的规定】
131	第一百八十五条	【挪用资金罪】【挪用公款罪】
132	第一百八十五条之一	【背信运用受托财产罪】【违法运用资金罪】
132	第一百八十六条	【违法发放贷款罪】
133	第一百八十七条	【吸收客户资金不入账罪】
134	第一百八十八条	【违规出具金融票证罪】
134	第一百八十九条	【对违法票据承兑、付款、保证罪】
135	第一百九十条	【逃汇罪】
136	第一百九十一条	【洗钱罪】

第五节 金融诈骗罪

138	第一百九十二条	【集资诈骗罪】
139	第一百九十三条	【贷款诈骗罪】
140	第一百九十四条	【票据诈骗罪】【金融凭证诈骗罪】
140	第一百九十五条	【信用证诈骗罪】
141	第一百九十六条	【信用卡诈骗罪】
144	第一百九十七条	【有价证券诈骗罪】
144	第一百九十八条	【保险诈骗罪】
146	第一百九十九条	（删去）
146	第 二 百 条	【单位犯金融诈骗罪的处罚规定】

第六节 危害税收征管罪

147	第二百零一条	【逃税罪】
147	第二百零二条	【抗税罪】
148	第二百零三条	【逃避追缴欠税罪】
148	第二百零四条	【骗取出口退税罪】

149	第二百零五条	【虚开增值税专用发票、用于骗取出口退税、抵扣税款发票罪】
151	第二百零五条之一	【虚开发票罪】
151	第二百零六条	【伪造、出售伪造的增值税专用发票罪】
152	第二百零七条	【非法出售增值税专用发票罪】
152	第二百零八条	【非法购买增值税专用发票、购买伪造的增值税专用发票罪】
152	第二百零九条	【非法制造、出售非法制造的用于骗取出口退税、抵扣税款发票罪】【非法制造、出售非法制造的发票罪】【非法出售用于骗取出口退税、抵扣税款发票罪】【非法出售发票罪】
153	第二百一十条	【盗窃罪】【诈骗罪】
154	第二百一十条之一	【持有伪造的发票罪】
154	第二百一十一条	【单位犯危害税收征管罪的处罚规定】
154	第二百一十二条	【税收征缴优先原则】

第七节 侵犯知识产权罪

154	第二百一十三条	【假冒注册商标罪】
156	第二百一十四条	【销售假冒注册商标的商品罪】
157	第二百一十五条	【非法制造、销售非法制造的注册商标标识罪】
157	第二百一十六条	【假冒专利罪】
158	第二百一十七条	【侵犯著作权罪】
160	第二百一十八条	【销售侵权复制品罪】
160	第二百一十九条	【侵犯商业秘密罪】
162	第二百一十九条之一	【为境外窃取、刺探、收买、非法提供商业秘密罪】
162	第二百二十条	【单位犯侵犯知识产权罪的处罚规定】

第八节 扰乱市场秩序罪

162	第二百二十一条	【损害商业信誉、商品声誉罪】

162	第二百二十二条	【虚假广告罪】
163	第二百二十三条	【串通投标罪】
163	第二百二十四条	【合同诈骗罪】
163	第二百二十四条之一	【组织、领导传销活动罪】
164	第二百二十五条	【非法经营罪】
166	第二百二十六条	【强迫交易罪】
166	第二百二十七条	【伪造、倒卖伪造的有价票证罪】【倒卖车票、船票罪】
167	第二百二十八条	【非法转让、倒卖土地使用权罪】
167	第二百二十九条	【提供虚假证明文件罪】【出具证明文件重大失实罪】
168	第二百三十条	【逃避商检罪】
168	第二百三十一条	【单位犯扰乱市场秩序罪的处罚规定】

第四章 侵犯公民人身权利、民主权利罪

169	第二百三十二条	【故意杀人罪】
169	第二百三十三条	【过失致人死亡罪】
170	第二百三十四条	【故意伤害罪】
171	第二百三十四条之一	【组织出卖人体器官罪】
171	第二百三十五条	【过失致人重伤罪】
172	第二百三十六条	【强奸罪】
173	第二百三十六条之一	【负有照护职责人员性侵罪】
174	第二百三十七条	【强制猥亵、侮辱罪】【猥亵儿童罪】
175	第二百三十八条	【非法拘禁罪】
175	第二百三十九条	【绑架罪】
178	第二百四十条	【拐卖妇女、儿童罪】
179	第二百四十一条	【收买被拐卖的妇女、儿童罪】
180	第二百四十二条	【妨害公务罪】【聚众阻碍解救被收买的妇女、儿童罪】

13

180	第二百四十三条	【诬告陷害罪】
181	第二百四十四条	【强迫劳动罪】
181	第二百四十四条之一	【雇用童工从事危重劳动罪】
182	第二百四十五条	【非法搜查罪】【非法侵入住宅罪】
182	第二百四十六条	【侮辱罪】【诽谤罪】
183	第二百四十七条	【刑讯逼供罪】【暴力取证罪】
184	第二百四十八条	【虐待被监管人罪】
184	第二百四十九条	【煽动民族仇恨、民族歧视罪】
184	第二百五十条	【出版歧视、侮辱少数民族作品罪】
184	第二百五十一条	【非法剥夺公民宗教信仰自由罪】【侵犯少数民族风俗习惯罪】
185	第二百五十二条	【侵犯通信自由罪】
185	第二百五十三条	【私自开拆、隐匿、毁弃邮件、电报罪】
185	第二百五十三条之一	【侵犯公民个人信息罪】
187	第二百五十四条	【报复陷害罪】
187	第二百五十五条	【打击报复会计、统计人员罪】
187	第二百五十六条	【破坏选举罪】
188	第二百五十七条	【暴力干涉婚姻自由罪】
189	第二百五十八条	【重婚罪】
189	第二百五十九条	【破坏军婚罪】
189	第二百六十条	【虐待罪】
190	第二百六十条之一	【虐待被监护、看护人罪】
191	第二百六十一条	【遗弃罪】
191	第二百六十二条	【拐骗儿童罪】
191	第二百六十二条之一	【组织残疾人、儿童乞讨罪】
192	第二百六十二条之二	【组织未成年人进行违反治安管理活动罪】

第五章 侵犯财产罪

192	第二百六十三条	【抢劫罪】
196	第二百六十四条	【盗窃罪】
199	第二百六十五条	【盗窃罪】
199	第二百六十六条	【诈骗罪】
200	第二百六十七条	【抢夺罪】
201	第二百六十八条	【聚众哄抢罪】
201	第二百六十九条	【转化的抢劫罪】
202	第二百七十条	【侵占罪】
203	第二百七十一条	【职务侵占罪】
204	第二百七十二条	【挪用资金罪】
205	第二百七十三条	【挪用特定款物罪】
206	第二百七十四条	【敲诈勒索罪】
207	第二百七十五条	【故意毁坏财物罪】
207	第二百七十六条	【破坏生产经营罪】
207	第二百七十六条之一	【拒不支付劳动报酬罪】

第六章 妨害社会管理秩序罪

第一节 扰乱公共秩序罪

208	第二百七十七条	【妨害公务罪】【袭警罪】
210	第二百七十八条	【煽动暴力抗拒法律实施罪】
210	第二百七十九条	【招摇撞骗罪】
210	第二百八十条	【伪造、变造、买卖国家机关公文、证件、印章罪】【盗窃、抢夺、毁灭国家机关公文、证件、印章罪】【伪造公司、企业、事业单位、人民团体印章罪】【伪造、变造、买卖身份证件罪】
211	第二百八十条之一	【使用虚假身份证件、盗用身份证件罪】
212	第二百八十条之二	【冒名顶替罪】

212	第二百八十一条	【非法生产、买卖警用装备罪】
212	第二百八十二条	【非法获取国家秘密罪】【非法持有国家绝密、机密文件、资料、物品罪】
213	第二百八十三条	【非法生产、销售专用间谍器材、窃听、窃照专用器材罪】
213	第二百八十四条	【非法使用窃听、窃照专用器材罪】
213	第二百八十四条之一	【组织考试作弊罪】【非法出售、提供试题、答案罪】【代替考试罪】
214	第二百八十五条	【非法侵入计算机信息系统罪】【非法获取计算机信息系统数据、非法控制计算机信息系统罪】【提供侵入、非法控制计算机信息系统程序、工具罪】
215	第二百八十六条	【破坏计算机信息系统罪】
217	第二百八十六条之一	【拒不履行信息网络安全管理义务罪】
217	第二百八十七条	【利用计算机实施犯罪的定罪处罚】
218	第二百八十七条之一	【非法利用信息网络罪】
218	第二百八十七条之二	【帮助信息网络犯罪活动罪】
219	第二百八十八条	【扰乱无线电通讯管理秩序罪】
219	第二百八十九条	【故意伤害罪 故意杀人罪 抢劫罪】
220	第 二 百 九 十 条	【聚众扰乱社会秩序罪】【聚众冲击国家机关罪】【扰乱国家机关工作秩序罪】【组织、资助非法聚集罪】
220	第二百九十一条	【聚众扰乱公共场所秩序、交通秩序罪】
221	第二百九十一条之一	【投放虚假危险物质罪】【编造、故意传播虚假恐怖信息罪】【编造、故意传播虚假信息罪】
222	第二百九十一条之二	【高空抛物罪】
222	第二百九十二条	【聚众斗殴罪】
223	第二百九十三条	【寻衅滋事罪】

223	第二百九十三条之一	【催收非法债务罪】
224	第二百九十四条	【组织、领导、参加黑社会性质组织罪】【入境发展黑社会组织罪】【包庇、纵容黑社会性质组织罪】
225	第二百九十五条	【传授犯罪方法罪】
225	第二百九十六条	【非法集会、游行、示威罪】
226	第二百九十七条	【非法携带武器、管制刀具、爆炸物参加集会、游行、示威罪】
226	第二百九十八条	【破坏集会、游行、示威罪】
226	第二百九十九条	【侮辱国旗、国徽、国歌罪】
226	第二百九十九条之一	【侵害英雄烈士名誉、荣誉罪】
227	第三百条	【组织、利用会道门、邪教组织、利用迷信破坏法律实施罪】【组织、利用会道门、邪教组织、利用迷信致人重伤、死亡罪】
227	第三百零一条	【聚众淫乱罪】【引诱未成年人聚众淫乱罪】
228	第三百零二条	【盗窃、侮辱、故意毁坏尸体、尸骨、骨灰罪】
228	第三百零三条	【赌博罪】【开设赌场罪】【组织参与国（境）外赌博罪】
229	第三百零四条	【故意延误投递邮件罪】

第二节 妨害司法罪

229	第三百零五条	【伪证罪】
230	第三百零六条	【辩护人、诉讼代理人毁灭证据、伪造证据、妨害作证罪】
230	第三百零七条	【妨害作证罪】【帮助毁灭、伪造证据罪】
230	第三百零七条之一	【虚假诉讼罪】
231	第三百零八条	【打击报复证人罪】
231	第三百零八条之一	【泄露不应公开的案件信息罪】【披露、报道不应公开的案件信息罪】

231	第三百零九条	【扰乱法庭秩序罪】
232	第三百一十条	【窝藏、包庇罪】
232	第三百一十一条	【拒绝提供间谍犯罪、恐怖主义犯罪、极端主义犯罪证据罪】
233	第三百一十二条	【掩饰、隐瞒犯罪所得、犯罪所得收益罪】
233	第三百一十三条	【拒不执行判决、裁定罪】
234	第三百一十四条	【非法处置查封、扣押、冻结的财产罪】
234	第三百一十五条	【破坏监管秩序罪】
235	第三百一十六条	【脱逃罪】【劫夺被押解人员罪】
235	第三百一十七条	【组织越狱罪】【暴动越狱罪】【聚众持械劫狱罪】

第三节 妨害国（边）境管理罪

235	第三百一十八条	【组织他人偷越国（边）境罪】
236	第三百一十九条	【骗取出境证件罪】
236	第三百二十条	【提供伪造、变造的出入境证件罪】【出售出入境证件罪】
237	第三百二十一条	【运送他人偷越国（边）境罪】
237	第三百二十二条	【偷越国（边）境罪】
238	第三百二十三条	【破坏界碑、界桩罪】【破坏永久性测量标志罪】

第四节 妨害文物管理罪

238	第三百二十四条	【故意损毁文物罪】【故意损毁名胜古迹罪】【过失损毁文物罪】
239	第三百二十五条	【非法向外国人出售、赠送珍贵文物罪】
239	第三百二十六条	【倒卖文物罪】
239	第三百二十七条	【非法出售、私赠文物藏品罪】
239	第三百二十八条	【盗掘古文化遗址、古墓葬罪】【盗掘古人类化石、古脊椎动物化石罪】
240	第三百二十九条	【抢夺、窃取国有档案罪】【擅自出卖、转让国有档案罪】

第五节　危害公共卫生罪

241	第三百三十条	【妨害传染病防治罪】
242	第三百三十一条	【传染病菌种、毒种扩散罪】
242	第三百三十二条	【妨害国境卫生检疫罪】
242	第三百三十三条	【非法组织卖血罪】【强迫卖血罪】
242	第三百三十四条	【非法采集、供应血液、制作、供应血液制品罪】【采集、供应血液、制作、供应血液制品事故罪】
243	第三百三十四条之一	【非法采集人类遗传资源、走私人类遗传资源材料罪】
243	第三百三十五条	【医疗事故罪】
243	第三百三十六条	【非法行医罪】【非法进行节育手术罪】
244	第三百三十六条之一	【非法植入基因编辑、克隆胚胎罪】
244	第三百三十七条	【妨害动植物防疫、检疫罪】

第六节　破坏环境资源保护罪

245	第三百三十八条	【污染环境罪】
246	第三百三十九条	【非法处置进口的固体废物罪】【擅自进口固体废物罪】
247	第三百四十条	【非法捕捞水产品罪】
248	第三百四十一条	【危害珍贵、濒危野生动物罪】【非法狩猎罪】【非法猎捕、收购、运输、出售陆生野生动物罪】
248	第三百四十二条	【非法占用农用地罪】
249	第三百四十二条之一	【破坏自然保护地罪】
249	第三百四十三条	【非法采矿罪】【破坏性采矿罪】
250	第三百四十四条	【危害国家重点保护植物罪】
250	第三百四十四条之一	【非法引进、释放、丢弃外来入侵物种罪】

250	第三百四十五条	【盗伐林木罪】【滥伐林木罪】【非法收购、运输盗伐、滥伐的林木罪】
251	第三百四十六条	【单位犯破坏环境资源保护罪的处罚规定】

第七节 走私、贩卖、运输、制造毒品罪

252	第三百四十七条	【走私、贩卖、运输、制造毒品罪】
254	第三百四十八条	【非法持有毒品罪】
255	第三百四十九条	【包庇毒品犯罪分子罪】【窝藏、转移、隐瞒毒品、毒赃罪】
255	第三百五十条	【非法生产、买卖、运输制毒物品、走私制毒物品罪】
256	第三百五十一条	【非法种植毒品原植物罪】
257	第三百五十二条	【非法买卖、运输、携带、持有毒品原植物种子、幼苗罪】
257	第三百五十三条	【引诱、教唆、欺骗他人吸毒罪】【强迫他人吸毒罪】
257	第三百五十四条	【容留他人吸毒罪】
257	第三百五十五条	【非法提供麻醉药品、精神药品罪】
258	第三百五十五条之一	【妨害兴奋剂管理罪】
258	第三百五十六条	【毒品犯罪的再犯】
258	第三百五十七条	【毒品犯罪及毒品数量的计算】

第八节 组织、强迫、引诱、容留、介绍卖淫罪

259	第三百五十八条	【组织卖淫罪】【强迫卖淫罪】【协助组织卖淫罪】
260	第三百五十九条	【引诱、容留、介绍卖淫罪】【引诱幼女卖淫罪】
260	第三百六十条	【传播性病罪】
260	第三百六十一条	【利用本单位条件犯罪的定罪及处罚规定】
260	第三百六十二条	【为违法犯罪分子通风报信的定罪及处罚】

第九节 制作、贩卖、传播淫秽物品罪

261	第三百六十三条	【制作、复制、出版、贩卖、传播淫秽物品牟利罪】【为他人提供书号出版淫秽书刊罪】
261	第三百六十四条	【传播淫秽物品罪】【组织播放淫秽音像制品罪】
262	第三百六十五条	【组织淫秽表演罪】
262	第三百六十六条	【单位实施有关淫秽物品犯罪的处罚】
262	第三百六十七条	【淫秽物品的界定】

第七章 危害国防利益罪

262	第三百六十八条	【阻碍军人执行职务罪】【阻碍军事行动罪】
263	第三百六十九条	【破坏武器装备、军事设施、军事通信罪】【过失损坏武器装备、军事设施、军事通信罪】
264	第三百七十条	【故意提供不合格武器装备、军事设施罪】【过失提供不合格武器装备、军事设施罪】
264	第三百七十一条	【聚众冲击军事禁区罪】【聚众扰乱军事管理区秩序罪】
264	第三百七十二条	【冒充军人招摇撞骗罪】
265	第三百七十三条	【煽动军人逃离部队罪】【雇用逃离部队军人罪】
265	第三百七十四条	【接送不合格兵员罪】
265	第三百七十五条	【伪造、变造、买卖武装部队公文、证件、印章罪】【盗窃、抢夺武装部队公文、证件、印章罪】【非法生产、买卖武装部队制式服装罪】【伪造、盗窃、买卖、非法提供、非法使用武装部队专用标志罪】

266	第三百七十六条	【战时拒绝、逃避征召、军事训练罪】【战时拒绝、逃避服役罪】
266	第三百七十七条	【战时故意提供虚假敌情罪】
266	第三百七十八条	【战时造谣扰乱军心罪】
266	第三百七十九条	【战时窝藏逃离部队军人罪】
267	第 三 百 八 十 条	【战时拒绝、故意延误军事订货罪】
267	第三百八十一条	【战时拒绝军事征收、征用罪】

第八章 贪污贿赂罪

267	第三百八十二条	【贪污罪】
269	第三百八十三条	【对贪污罪的处罚】
271	第三百八十四条	【挪用公款罪】
272	第三百八十五条	【受贿罪】
274	第三百八十六条	【对受贿罪的处罚】
274	第三百八十七条	【单位受贿罪】
275	第三百八十八条	【受贿罪】
275	第三百八十八条之一	【利用影响力受贿罪】
276	第三百八十九条	【行贿罪】
276	第 三 百 九 十 条	【对行贿罪的处罚】
278	第 三 百 九 十 条 之 一	【对有影响力的人行贿罪】
278	第三百九十一条	【对单位行贿罪】
279	第三百九十二条	【介绍贿赂罪】
279	第三百九十三条	【单位行贿罪】
280	第三百九十四条	【贪污罪】
280	第三百九十五条	【巨额财产来源不明罪】【隐瞒境外存款罪】
281	第三百九十六条	【私分国有资产罪】【私分罚没财物罪】

第九章 渎 职 罪

282	第三百九十七条	【滥用职权罪】【玩忽职守罪】

284	第三百九十八条	【故意泄露国家秘密罪】【过失泄露国家秘密罪】
285	第三百九十九条	【徇私枉法罪】【民事、行政枉法裁判罪】【执行判决、裁定失职罪】【执行判决、裁定滥用职权罪】
285	第三百九十九条之一	【枉法仲裁罪】
286	第四百条	【私放在押人员罪】【失职致使在押人员脱逃罪】
286	第四百零一条	【徇私舞弊减刑、假释、暂予监外执行罪】
286	第四百零二条	【徇私舞弊不移交刑事案件罪】
286	第四百零三条	【滥用管理公司、证券职权罪】
287	第四百零四条	【徇私舞弊不征、少征税款罪】
287	第四百零五条	【徇私舞弊发售发票、抵扣税款、出口退税罪】【违法提供出口退税凭证罪】
287	第四百零六条	【国家机关工作人员签订、履行合同失职被骗罪】
287	第四百零七条	【违法发放林木采伐许可证罪】
288	第四百零八条	【环境监管失职罪】
288	第四百零八条之一	【食品、药品监管渎职罪】
288	第四百零九条	【传染病防治失职罪】
289	第四百一十条	【非法批准征收、征用、占用土地罪】【非法低价出让国有土地使用权罪】
289	第四百一十一条	【放纵走私罪】
289	第四百一十二条	【商检徇私舞弊罪】【商检失职罪】
290	第四百一十三条	【动植物检疫徇私舞弊罪】【动植物检疫失职罪】
290	第四百一十四条	【放纵制售伪劣商品犯罪行为罪】
290	第四百一十五条	【办理偷越国（边）境人员出入境证件罪】【放行偷越国（边）境人员罪】

291	第四百一十六条	【不解救被拐卖、绑架妇女、儿童罪】【阻碍解救被拐卖、绑架妇女、儿童罪】
291	第四百一十七条	【帮助犯罪分子逃避处罚罪】
291	第四百一十八条	【招收公务员、学生徇私舞弊罪】
291	第四百一十九条	【失职造成珍贵文物损毁、流失罪】

第十章　军人违反职责罪

291	第 四 百 二 十 条	【军人违反职责罪的概念】
292	第四百二十一条	【战时违抗命令罪】
292	第四百二十二条	【隐瞒、谎报军情罪】【拒传、假传军令罪】
292	第四百二十三条	【投降罪】
292	第四百二十四条	【战时临阵脱逃罪】
293	第四百二十五条	【擅离、玩忽军事职守罪】
293	第四百二十六条	【阻碍执行军事职务罪】
293	第四百二十七条	【指使部属违反职责罪】
294	第四百二十八条	【违令作战消极罪】
294	第四百二十九条	【拒不救援友邻部队罪】
294	第 四 百 三 十 条	【军人叛逃罪】
294	第四百三十一条	【非法获取军事秘密罪】【为境外窃取、刺探、收买、非法提供军事秘密罪】
295	第四百三十二条	【故意泄露军事秘密罪】【过失泄露军事秘密罪】
295	第四百三十三条	【战时造谣惑众罪】
295	第四百三十四条	【战时自伤罪】
295	第四百三十五条	【逃离部队罪】
296	第四百三十六条	【武器装备肇事罪】
296	第四百三十七条	【擅自改变武器装备编配用途罪】
296	第四百三十八条	【盗窃、抢夺武器装备、军用物资罪】
296	第四百三十九条	【非法出卖、转让武器装备罪】

296	第四百四十条	【遗弃武器装备罪】
297	第四百四十一条	【遗失武器装备罪】
297	第四百四十二条	【擅自出卖、转让军队房地产罪】
297	第四百四十三条	【虐待部属罪】
297	第四百四十四条	【遗弃伤病军人罪】
297	第四百四十五条	【战时拒不救治伤病军人罪】
297	第四百四十六条	【战时残害居民、掠夺居民财物罪】
298	第四百四十七条	【私放俘虏罪】
298	第四百四十八条	【虐待俘虏罪】
298	第四百四十九条	【战时缓刑】
298	第四百五十条	【本章适用范围】
298	第四百五十一条	【战时的概念】

附　则

299	第四百五十二条	【施行日期】

实用核心法规

301　中华人民共和国刑法修正案
　　（1999年12月25日）
303　中华人民共和国刑法修正案（二）
　　（2001年8月31日）
304　中华人民共和国刑法修正案（三）
　　（2001年12月29日）
306　中华人民共和国刑法修正案（四）
　　（2002年12月28日）
308　中华人民共和国刑法修正案（五）
　　（2005年2月28日）
310　中华人民共和国刑法修正案（六）
　　（2006年6月29日）

315	中华人民共和国刑法修正案（七） （2009 年 2 月 28 日）
318	中华人民共和国刑法修正案（八） （2011 年 2 月 25 日）
327	中华人民共和国刑法修正案（九） （2015 年 8 月 29 日）
339	中华人民共和国刑法修正案（十） （2017 年 11 月 4 日）
339	中华人民共和国刑法修正案（十一） （2020 年 12 月 26 日）
351	中华人民共和国刑法修正案（十二） （2023 年 12 月 29 日）
353	全国人民代表大会常务委员会关于惩治骗购外汇、逃汇和非法买卖外汇犯罪的决定 （1998 年 12 月 29 日）
355	全国人民代表大会常务委员会关于《中华人民共和国刑法》第九十三条第二款的解释 （2009 年 8 月 27 日）
356	全国人民代表大会常务委员会关于《中华人民共和国刑法》第二百二十八条、第三百四十二条、第四百一十条的解释 （2009 年 8 月 27 日）
356	全国人民代表大会常务委员会关于《中华人民共和国刑法》第三百八十四条第一款的解释 （2002 年 4 月 28 日）
357	全国人民代表大会常务委员会关于《中华人民共和国刑法》第二百九十四条第一款的解释 （2002 年 4 月 28 日）
358	全国人民代表大会常务委员会关于《中华人民共和国刑法》第三百一十三条的解释 （2002 年 8 月 29 日）

359	全国人民代表大会常务委员会关于《中华人民共和国刑法》第九章渎职罪主体适用问题的解释 （2002年12月28日）
359	全国人民代表大会常务委员会关于《中华人民共和国刑法》有关信用卡规定的解释 （2004年12月29日）
360	全国人民代表大会常务委员会关于《中华人民共和国刑法》有关文物的规定适用于具有科学价值的古脊椎动物化石、古人类化石的解释 （2005年12月29日）
360	全国人民代表大会常务委员会关于《中华人民共和国刑法》有关出口退税、抵扣税款的其他发票规定的解释 （2005年12月29日）
361	全国人民代表大会常务委员会关于《中华人民共和国刑法》第三十条的解释 （2014年4月24日）
361	全国人民代表大会常务委员会关于《中华人民共和国刑法》第一百五十八条、第一百五十九条的解释 （2014年4月24日）
362	全国人民代表大会常务委员会关于《中华人民共和国刑法》第二百六十六条的解释 （2014年4月24日）
362	全国人民代表大会常务委员会关于《中华人民共和国刑法》第三百四十一条、第三百一十二条的解释 （2014年4月24日）

实用附录

364	1. 刑事责任年龄
364	2. 刑事责任能力
364	3. 国家工作人员界定范围

365	4. 排除犯罪事由
366	5. 常用刑事司法解释、规范性文件名称提要

电子版增值文件（请扫封底"法规编辑部"二维码获取）
　　《刑法修正案（十一）》新旧条文对照表
　　《刑法修正案（十二）》新旧条文对照表
　　典型案例①

---

　　① 本部分收录正文典型案例指引收录的最高人民法院指导案例、最高人民检察院检例全文。

中华人民共和国刑法

（1979年7月1日第五届全国人民代表大会第二次会议通过 1997年3月14日第八届全国人民代表大会第五次会议修订 根据1998年12月29日第九届全国人民代表大会常务委员会第六次会议通过的《全国人民代表大会常务委员会关于惩治骗购外汇、逃汇和非法买卖外汇犯罪的决定》、1999年12月25日第九届全国人民代表大会常务委员会第十三次会议通过的《中华人民共和国刑法修正案》、2001年8月31日第九届全国人民代表大会常务委员会第二十三次会议通过的《中华人民共和国刑法修正案（二）》、2001年12月29日第九届全国人民代表大会常务委员会第二十五次会议通过的《中华人民共和国刑法修正案（三）》、2002年12月28日第九届全国人民代表大会常务委员会第三十一次会议通过的《中华人民共和国刑法修正案（四）》、2005年2月28日第十届全国人民代表大会常务委员会第十四次会议通过的《中华人民共和国刑法修正案（五）》、2006年6月29日第十届全国人民代表大会常务委员会第二十二次会议通过的《中华人民共和国刑法修正案（六）》、2009年2月28日第十一届全国人民代表大会常务委员会第七次会议通过的《中华人民共和国刑法修正案（七）》、2009年8月27日第十一届全国人民代表大会常务委员会第十次会议通过的《全国人民代表大会常务委员会关于修改部分法律的决定》、2011年2月25日第十一届全国人民代表大会常务委员会第十九次会议通过的《中华人民共和国刑法修正案（八）》、2015年8月29日第十二届全国人民代表大会常务委员会第十六次会议通过的《中华人民共和国刑法修正案（九）》、2017年11月4日第十二届全国人民代表大会常务委员会第三十次会议通过的《中华人民共和国刑法修正案（十）》、2020年12月26日第十三届全国人民代表大会常务委员会第二十四次会议通过的《中华人民共和国刑法修正案（十一）》和2023年12月29日第十四届全国人民代表大会常务委员会第七次会议通过的《中华人民共和国刑法修正案（十二）》修正)①

第一编 总 则

第一章 刑法的任务、基本原则和适用范围

第一条 立法宗旨

为了惩罚犯罪，保护人民，根据宪法，结合我国同犯罪作斗争的具体经验及实际情况，制定本法。

第二条 本法任务

中华人民共和国刑法的任务，是用刑罚同一切犯罪行为作斗争，以保卫国家安全，保卫人民民主专政的政权和社会主义制度，保护国有财产和劳动群众集体所有的财产，保护公民私人所有的财产，保护公民的人身权利、民主权利和其他权利，维护社会秩序、经济秩序，保障社会主义建设事业的顺利进行。

第三条 罪刑法定

法律明文规定为犯罪行为的，依照法律定罪处刑；法律没有明文规定为犯罪行为的，不得定罪处刑。

---

① 刑法、历次刑法修正案、涉及修改刑法的决定的施行日期，分别依据各法律所规定的施行日期确定。

另，总则部分条文主旨为编者所加，分则条文主旨是根据司法解释的确定罪名所加。

▶理解与适用

本条规定的罪刑法定内容有两个方面：一方面，只有法律将某一种行为明文规定为犯罪的，才能对这种行为定罪判刑，而且必须依照法律的规定定罪判刑。另一方面，凡是法律对某一种行为没有规定为犯罪的，对这种行为就不能定罪判刑。确立这个原则，是现代刑事法律制度的一大进步，实行这个原则需要做到：一是不溯及既往；二是不搞类推；三是对各种犯罪及其处罚必须明确、具体；四是防止法官滥用自由裁量权；五是司法解释不能超越法律。

第四条　适用刑法人人平等

对任何人犯罪，在适用法律上一律平等。不允许任何人有超越法律的特权。

▶理解与适用

法律面前人人平等这一刑法原则有两层含义：一是要做到刑事司法公正，即定罪公正、量刑公正、行刑公正。对任何犯罪的人，不分民族、种族、职业、出身、性别、宗教信仰、教育程度、财产情况、职位高低和功劳大小，都应予以刑事追究，公正、平等地适用法律。二是不允许任何人有超越法律的特权。

第五条　罪责刑相适应

刑罚的轻重，应当与犯罪分子所犯罪行和承担的刑事责任相适应。

第六条　属地管辖权

凡在中华人民共和国领域内犯罪的，除法律有特别规定的以外，都适用本法。

凡在中华人民共和国船舶或者航空器内犯罪的，也适用本法。

犯罪的行为或者结果有一项发生在中华人民共和国领域内的，就认为是在中华人民共和国领域内犯罪。

▶理解与适用

中国领域包括领陆、领水和领空。本条第1款中的"法律有特别规定"，主要是指刑法第11条关于享有外交特权和豁免权的外国人的刑事责任的特别规定；刑法第90条关于民族自治地方制定的变通或补充刑法的规定以及其他法律中作出的特别规定，如香港、澳门特别行政区基本法中的有关规定等。

本条第2款是有关我国拟制领土的规定，注意船舶与航空器包括民用的，也包括军用的。国际列车不在本款规定范围之内，其具体管辖规定见刑事诉讼法司法解释的有关规定。

我国刑法对属地管辖原则中的犯罪地采取了遍在说的观点，对犯罪地应作广义的理解：（1）犯罪行为地、结果发生地均被视为犯罪地。（2）行为地既包括犯罪的实行行为地，也包括犯罪的预备行为以及应有所作为之地（不作为犯）；在共同犯罪的场合，共同犯罪行为有一部分发生在我国领域内，就认为是在我国领域内犯罪。（3）关于结果地，在未遂犯的场合，行为人希望结果发生地、可能发生结果地都是犯罪结果地；在共同犯罪的场合，共同犯罪结果有一部分发生在我国领域内，就认为是在我国领域内犯罪。

第七条　属人管辖权

中华人民共和国公民在中华人民共和国领域外犯本法规定之罪的，适用本法，但是按本法规定的最高刑为三年以下有期徒刑的，可以不予追究。

中华人民共和国国家工作人员和军人在中华人民共和国领域外犯本法规定之罪的，适用本法。

▶理解与适用

中华人民共和国公民，是指具有中国国籍的人（包括取得我国国籍的具有外国血统的人），包括定居在外国而没有取得外国国籍的华侨和临时出国的人员。国家工作人员，是指本法第93条规定的人员，军人的范围可以适用本法第450条的规定。国家工作人员和军人在我国领域外犯本法规定之罪的，都适用本法追究刑事责任，不受最高刑为3年以下有期徒刑的限制，这一点与普通公民在我国领域外犯罪有所不同。

第八条 保护管辖权

外国人在中华人民共和国领域外对中华人民共和国国家或者公民犯罪，而按本法规定的最低刑为三年以上有期徒刑的，可以适用本法，但是按照犯罪地的法律不受处罚的除外。

▶理解与适用

本条中的外国人，是指具有外国国籍或无国籍的人。适用本条的保护管辖原则，应具备以下条件：（1）行为主体必须是外国人。（2）行为地必须是我国领域外，且必须对中华人民共和国国家或公民犯罪。（3）该犯罪行为的最低法定刑为3年以上有期徒刑，且必须是我国刑法规定的最低法定刑。（4）行为符合"双重犯罪"原则，即犯罪地的法律与我国刑法均将该行为规定为犯罪。

第九条 普遍管辖权

对于中华人民共和国缔结或者参加的国际条约所规定的罪行，中华人民共和国在所承担条约义务的范围内行使刑事管辖权的，适用本法。

▶理解与适用

适用普遍管辖原则的国际犯罪主要是劫持航空器犯罪、危害应受国际保护人员包括外交代表的犯罪等危害人类共同利益的犯罪。适用普遍管辖的前提是我国缔结或参加了惩处国际罪行的国际公约，我国刑法也将相关行为规定为犯罪，且罪犯在我国领域内出现。

第十条 对外国刑事判决的消极承认

凡在中华人民共和国领域外犯罪，依照本法应当负刑事责任的，虽然经过外国审判，仍然可以依照本法追究，但是在外国已经受过刑罚处罚的，可以免除或者减轻处罚。

第十一条　外交代表刑事管辖豁免

享有外交特权和豁免权的外国人的刑事责任，通过外交途径解决。

▶理解与适用

本条中的外交特权和豁免权包括：人身不可侵犯、办公处、住处和文书档案不可侵犯，免纳关税，不受驻在国的司法管辖，等等。享有这种外交特权和豁免权的外国人主要包括：1. 外国的国家元首、政府首脑、外交部部长。2. 外国驻本国的外交代表、大使、公使、代办和同级别的人、具有外交官衔的使馆工作人员（一、二、三等秘书，随员，陆海空武官，商务、文化、新闻参赞或专员）以及他们的家属（配偶、未成年子女）等。3. 执行职务的外交使差。4. 根据我国同其他国家订立的条约、协定享受若干特权和豁免权的商务代表。5. 经我国外交部核定享受若干特权和豁免的下列人员：（1）途经或临时留在我国境内的各国驻第三国的外交官；（2）各国派来中国参加会议的代表；（3）各国政府来中国的高级官员；（4）按照联合国宪章规定和国际公约享受特权和豁免的其他人员。6. 总领事、领事、副领事、领事代理人、名誉领事和其他领馆人员。上述享有外交特权和豁免权的外国人触犯我国刑法的行为，并非不构成犯罪，而是犯了罪不交付我国法院审判，他们的刑事责任通过外交途径解决。一般有下列几种方式：（1）要求派遣国召回；（2）建议派遣国依法处理；（3）对罪行严重的，由我国政府宣布其为"不受欢迎的人"，限期出境。

第十二条　刑法溯及力

中华人民共和国成立以后本法施行以前的行为，如果当时的法律不认为是犯罪的，适用当时的法律；如果当时的法律认为是犯罪的，依照本法总则第四章第八节的规定应当追诉的，按照当时的法律追究刑事责任，但是如果本法不认为是犯罪或者处刑较轻的，适用本法。

本法施行以前，依照当时的法律已经作出的生效判决，继续有效。

▶理解与适用

刑法在时间上的适用范围，是指刑法的生效和效力终止的时间，以及刑法对它公布实施前的行为是否具有追溯既往的效力。

本条第1款是关于新的刑法对生效以前发生的犯罪行为有无溯及力的规定。对于中华人民共和国成立以后本法施行以前的行为的处理原则，我国刑法采用的是从旧兼从轻的原则，即新法原则上不溯及既往，但新法对行为人处罚更轻时例外。具体内容有以下几方面：1. 在新刑法1997年10月1日生效以后发生的一切犯罪行为，都应当适用新的刑法，原刑法和制定的单行刑事法律不再适用。2. 新刑法施行后，在民事、经济、行政法律中，关于适用原刑法有关条文追究刑事责任的规定，如果新刑法已有具体的罪与刑的规定，原有规定不再适用；如果新刑法对原刑法规定的内容没有修改，只是条文顺序号变了，原规定适用的条文对不上号了，应当适用新的条文；如果在适用中不明确或者有争议的，可以由全国人民代表大会常务委员会解释；新刑法施行以后，对于其生效前发生的行为，如果原有法律不认为是犯罪，新刑法认为是犯罪的，如计算机犯罪、证券犯罪等，应适用原来的法律，按无罪处理。如果原有法律认为是犯罪，新刑法也认为是犯罪，并且没有超过追诉时效的，应当适用原有法律，但是遇到新刑法规定的处刑较轻时应当适用新刑法。其中"处刑较轻的"，是指刑法对某种犯罪规定的刑罚即法定刑比修订前刑法轻。法定刑较轻是指法定最高刑较轻；如果法定最高刑相同，则指法定最低刑较轻。也就是说，只有在这两种情况下，新刑法才能溯及既往。

第2款是关于对已经按原有法律作出的生效判决如何处理的规定。对于新刑法生效以前，依照原法律已经作出的生效判决，既包括有罪判决，也包括无罪判决，仍然是继续有效的判决，不能因新刑法的实施而有所改变。

▶条文参见

《最高人民检察院关于对跨越修订刑法施行日期的继续犯罪、连续犯罪以及其他同种数罪应如何具体适用刑法问题的批复》；《最高

人民法院关于适用刑法第十二条几个问题的解释》;《最高人民法院关于适用刑法时间效力规定若干问题的解释》

第二章 犯 罪

第一节 犯罪和刑事责任

第十三条 犯罪概念

一切危害国家主权、领土完整和安全,分裂国家、颠覆人民民主专政的政权和推翻社会主义制度,破坏社会秩序和经济秩序,侵犯国有财产或者劳动群众集体所有的财产,侵犯公民私人所有的财产,侵犯公民的人身权利、民主权利和其他权利,以及其他危害社会的行为,依照法律应当受刑罚处罚的,都是犯罪,但是情节显著轻微危害不大的,不认为是犯罪。

第十四条 故意犯罪

明知自己的行为会发生危害社会的结果,并且希望或者放任这种结果发生,因而构成犯罪的,是故意犯罪。

故意犯罪,应当负刑事责任。

▶理解与适用

根据本条规定,故意犯罪必须同时具备以下两个特征:1. 行为人对自己的行为会发生危害社会的结果,必须是明知的。而这种明知既包括对必然发生危害结果的明知,也包括对可能发生危害结果的明知。2. 行为人的心理必须处于希望或者放任的状态。根据我国刑法理论,"故意"分为"直接故意"和"间接故意"。"直接故意"是指行为人明知自己的行为会发生危害社会的结果,而且希望这种结果的发生;"间接故意"是指行为人明知自己的行为可能会发生危害社会的结果,而采取漠不关心、听之任之的放任态度。区别"直接故意"和"间接故意"对判断行为人的主观恶性大小、其危害行为的社会危害程度,决定量刑,都具有重要意义。

第十五条 过失犯罪

应当预见自己的行为可能发生危害社会的结果，因为疏忽大意而没有预见，或者已经预见而轻信能够避免，以致发生这种结果的，是过失犯罪。

过失犯罪，法律有规定的才负刑事责任。

▶ 理解与适用

"过失"和"故意"一样，同是行为人主观上对危害行为发生危害结果所持的心理状态。根据本条第1款的规定，过失犯罪分为两大类：第一类是疏忽大意的过失犯罪，即行为人应当预见自己的行为可能发生危害社会的结果，因为疏忽大意而没有预见，以致发生了危害社会的结果，构成犯罪的；第二类是过于自信的过失犯罪，即行为人已经预见到自己的行为可能发生危害社会的结果而轻信能够避免，以致发生了危害社会的结果，构成犯罪的。本款规定的"应当预见"是指行为人对其行为结果具有认识的义务和能力。"应当预见"要求根据行为人的具体情况，行为人对自己的行为可能发生危害社会的结果能够作出正确的判断。所谓行为人的具体情况，主要是指行为人的年龄、责任能力、文化程度、知识的广度和深度、职业专长、工作经验、社会经验等。上述情况不同，行为人对其行为可能发生危害结果的可认识能力也不同。疏忽大意过失的特征有两点：一是行为人对自己的行为可能发生危害社会的结果具有可认识的能力，即应当预见；二是由于行为人主观上粗心大意，忽略了对行为后果的认真考虑，盲目实施了这种行为，以致发生了危害社会的结果。过于自信过失的特征也有两点：一是行为人已经预见到自己的行为可能会发生危害社会的结果；二是由于行为人过高地估计自己的能力，相信自己能够避免这种结果的发生，以致发生了这种危害结果。不论是疏忽大意过失还是过于自信过失，其共同特点是行为人都不希望危害社会的结果发生，即主观上都没有让危害结果发生的意图。

第2款是关于过失犯罪，法律有规定的才负刑事责任的规定。根据本款规定，由于行为人主观上的过失造成危害社会的结果的，不一定都负刑事责任。

实践中应当注意以下两点：1. 在认定和处理疏忽大意的过失犯罪时，应当注意区分疏忽大意的过失犯罪和意外事件，以划清罪与非罪的界限。二者的根本区别是：前者行为人主观上有过失，即行为人由于主观上疏忽大意，对自己的行为可能发生危害社会的结果应当预见而没有预见，以致发生了这种结果；而后者是由于客观上不可抗拒、主观上不能预见的原因造成了危害社会的结果，行为人对危害社会的结果主观上没有过失，不负刑事责任。2. 在认定和处理过失犯罪时，应当注意区分过于自信的过失犯罪和间接故意犯罪，以划清过失犯罪与故意犯罪的界限。二者的根本区别是：前者行为人虽然对其行为的危害结果已有预见，但其主观上并不具有希望或者放任这种结果发生的心理状态，危害结果的发生，是由于行为人过高地估计了自己的能力，过于相信自己能够避免危害结果的发生。在危害结果发生之前，行为人主观上一直认为这种危害结果不会发生；而后者是行为人已经预见到其行为可能发生危害社会的结果，而对这种危害结果是否发生持漠不关心、听之任之、有意放任的态度。

第十六条　不可抗力和意外事件

> 行为在客观上虽然造成了损害结果，但是不是出于故意或者过失，而是由于不能抗拒或者不能预见的原因所引起的，不是犯罪。

▶ 理解与适用

意外事件是指因不以行为人主观意志为转移、行为人无法预料的原因而发生的意外事故。根据本条规定，意外事件包含了两种情况：一种是由于不可抗拒的原因而发生了损害结果，如自然灾害、突发事件及其他行为人无法阻挡的原因造成了损害结果；另一种是由于不能预见的原因造成了损害结果，即根据损害结果发生当时的主客观情况，行为人没有预见，也不可能预见会发生损害结果。由于行为人主观上没有故意或过失，对实际发生的损害结果没有罪过，不应当负刑事责任，因此，本条规定，由于不能抗拒或者行为人不能预见的原因造成损害结果的行为，不是犯罪。所谓"不能抗拒"，是指不以行为人的意志为转移，行为人无法阻挡或控制损害结果的发生。如由于某种机械力量的撞击、自然灾害的阻挡、突发病的影响等行为人意志以外的原因，使其无法避免损害结果的发生。"不能预见"是指根据行为人的主观情况和发生损害结果当时的客观情况，行为人不具有能够预见的条件和能力，损害结果的发生完全出乎行为人的意料之外。

第十七条　刑事责任年龄

> 已满十六周岁的人犯罪，应当负刑事责任。
>
> 已满十四周岁不满十六周岁的人，犯故意杀人、故意伤害致人重伤或者死亡、强奸、抢劫、贩卖毒品、放火、爆炸、投放危险物质罪的，应当负刑事责任。
>
> 已满十二周岁不满十四周岁的人，犯故意杀人、故意伤害罪，致人死亡或者以特别残忍手段致人重伤造成严重残疾，情节恶劣，经最高人民检察院核准追诉的，应当负刑事责任。
>
> 对依照前三款规定追究刑事责任的不满十八周岁的人，应当从轻或者减轻处罚。
>
> 因不满十六周岁不予刑事处罚的，责令其父母或者其他监护人加以管教；在必要的时候，依法进行专门矫治教育。[①]

▶理解与适用

刑事责任年龄，就是法律规定的应当对自己犯罪行为负刑事责任的年龄。只有达到法定年龄的人实施了犯罪行为，才能追究其刑事责任。对于没有达到法定年龄的人，即使实施了危害社会的行为，

[①] 根据2020年12月26日《刑法修正案（十一）》修改。原条文为："已满十六周岁的人犯罪，应当负刑事责任。

"已满十四周岁不满十六周岁的人，犯故意杀人、故意伤害致人重伤或者死亡、强奸、抢劫、贩卖毒品、放火、爆炸、投毒罪的，应当负刑事责任。

"已满十四周岁不满十八周岁的人犯罪，应当从轻或者减轻处罚。

"因不满十六周岁不予刑事处罚的，责令他的家长或者监护人加以管教；在必要的时候，也可以由政府收容教养。"

也不负刑事责任。

根据本条第1款的规定，实施犯罪行为的人负刑事责任的年龄是满16周岁，即凡年满16周岁的人，实施了刑法规定的任何一种犯罪行为，都应当负刑事责任。第2款是关于相对负刑事责任年龄段的规定，即在这个年龄段中的行为人不是实施了任何犯罪都负刑事责任。根据本款的规定，已满14周岁不满16周岁的人，只有实施故意杀人、故意伤害致人重伤或者死亡、强奸、抢劫、贩卖毒品、放火、爆炸、投放危险物质犯罪的，才负刑事责任。需要注意的是，这里所规定的八种犯罪，是指具体犯罪行为而不是具体罪名。第3款是本次修正案新增规定，规定了已满12周岁不满14周岁的人，犯故意杀人、故意伤害罪，致人死亡或者以特别残忍手段致人重伤造成严重残疾，情节恶劣，经最高人民检察院核准追诉的，应当负刑事责任。第4款是关于对未成年人犯罪处罚原则的规定。根据本款的规定，对已满12周岁不满18周岁的人犯罪，应当从轻或者减轻处罚。

▶条文参见

《最高人民检察院关于"骨龄鉴定"能否作为确定刑事责任年龄证据使用的批复》；《预防未成年人犯罪法》

第十七条之一　已满七十五周岁的人的刑事责任

已满七十五周岁的人故意犯罪的，可以从轻或者减轻处罚；过失犯罪的，应当从轻或者减轻处罚。①

第十八条　特殊人员的刑事责任能力

精神病人在不能辨认或者不能控制自己行为的时候造成危害结果，经法定程序鉴定确认的，不负刑事责任，但是应当责令他的家属或者监护人严加看管和医疗；在必要的时候，由政府强制医疗。

间歇性的精神病人在精神正常的时候犯罪，应当负刑事责任。

---

① 根据2011年2月25日《刑法修正案（八）》增加。

尚未完全丧失辨认或者控制自己行为能力的精神病人犯罪的，应当负刑事责任，但是可以从轻或者减轻处罚。

醉酒的人犯罪，应当负刑事责任。

第十九条　又聋又哑的人或盲人犯罪的刑事责任

又聋又哑的人或者盲人犯罪，可以从轻、减轻或者免除处罚。

第二十条　正当防卫

为了使国家、公共利益、本人或者他人的人身、财产和其他权利免受正在进行的不法侵害，而采取的制止不法侵害的行为，对不法侵害人造成损害的，属于正当防卫，不负刑事责任。

正当防卫明显超过必要限度造成重大损害的，应当负刑事责任，但是应当减轻或者免除处罚。

对正在进行行凶、杀人、抢劫、强奸、绑架以及其他严重危及人身安全的暴力犯罪，采取防卫行为，造成不法侵害人伤亡的，不属于防卫过当，不负刑事责任。

▶理解与适用

根据本条，进行正当防卫应当同时具备以下条件：1. 实施防卫行为必须是出于使国家、公共利益、本人或者他人的人身、财产和其他权利免受不法侵害的正当目的，针对不法侵害者及其不法侵害行为，维护受法律保护的合法权益。对依法执行职务的合法行为，如依法拘留、逮捕、没收财产等，不能实行正当防卫。2. 防卫行为所针对的不法侵害必须是正在进行的，对尚未开始实施或者已经停止或结束不法侵害的不法侵害人，不能实施正当防卫行为。3. 实施防卫行为的直接目的是制止不法侵害，因此正当防卫的行为应当是制止不法侵害的行为，即实行防卫以制止住不法侵害行为为限，不法侵害的行为被制止后，不能继续实施防卫行为。

适用时需注意几个问题：（1）在财产性犯罪的情况下，行为虽然已经既遂，但在现场还来得及挽回损失的，应当认为不法侵害尚未结束，可以实行正当防卫。（2）预先安装防卫装置的问题。安装防卫装置时并无正在进行的不法侵害，其效果发生时则存在正在进行的不法侵害，一般认为是正当防卫。但如果预先安装的防卫装置具有危害公共安全的性质，如架设电网等"防盗"致人死亡的，不论被电击死者是否是不法侵害人，通常都要认定为犯罪。（3）至于不法侵害者是否达到法定刑事责任年龄、是否具有刑事责任能力，并不影响正当防卫的成立。

不属于正当防卫的情形有：防卫不适时、假想防卫、防卫过当、防卫挑拨、偶然防卫、互相斗殴等。注意互相斗殴可以在以下两种情况下成立正当防卫：一是一方求饶或者逃走，另一方继续侵害。二是在一般的轻微斗殴中，一方突然使用杀伤力很强的凶器，另一方生命受到严重威胁，后者可以进行正当防卫。

无过当防卫的条件，除了防卫起因与防卫限度外，其他条件与一般的正当防卫相同。刑法第20条第3款规定的特殊防卫，其前提条件必须是严重危及人身安全的暴力犯罪，不能以其行为最终成立何种罪名为标准得出结论。

▶ 典型案例指引

1. 张某某某正当防卫案（最高人民法院指导案例144号）
案件适用要点：对于使用致命性凶器攻击他人要害部位，严重危及他人人身安全的行为，应当认定为刑法第20条第3款规定的"行凶"，可以适用特殊防卫的有关规定。对于多人共同实施不法侵害，部分不法侵害人已被制伏，但其他不法侵害人仍在继续实施侵害的，仍然可以进行防卫。

2. 十某故意伤害案（最高人民法院指导案例93号）
案件适用要点：对正在进行的非法限制他人人身自由的行为，应当认定为刑法第20条第1款规定的"不法侵害"，可以进行正当防卫。对非法限制他人人身自由并伴有侮辱、轻微殴打的行为，不应当认定为刑法第20条第3款规定的"严重危及人身安全的暴力犯罪"。

判断防卫是否过当，应当综合考虑不法侵害的性质、手段、强度、危害程度，以及防卫行为的性质、时机、手段、强度、所处环境和损害后果等情节。对非法限制他人人身自由并伴有侮辱、轻微殴打，且并不十分紧迫的不法侵害，进行防卫致人死亡重伤的，应当认定为刑法第20条第2款规定的"明显超过必要限度造成重大损害"。防卫过当案件，如系因被害人实施严重贬损他人人格尊严或者亵渎人伦的不法侵害引发的，量刑时对此应予充分考虑，以确保司法裁判既经得起法律检验，也符合社会公平正义观念。

▶条文参见

《最高人民法院、最高人民检察院、公安部关于依法适用正当防卫制度的指导意见》

第二十一条　紧急避险

为了使国家、公共利益、本人或者他人的人身、财产和其他权利免受正在发生的危险，不得已采取的紧急避险行为，造成损害的，不负刑事责任。

紧急避险超过必要限度造成不应有的损害的，应当负刑事责任，但是应当减轻或者免除处罚。

第一款中关于避免本人危险的规定，不适用于职务上、业务上负有特定责任的人。

▶理解与适用

根据本款的规定，采取紧急避险行为应当符合以下条件：（1）避险是为了使国家、公共利益、本人或者他人的人身、财产和其他权利免受危险；（2）"危险"正在发生，使上述合法权益受到威胁。对尚未发生的危险、已经结束的危险，以及假想的危险或者推测的危险，都不能采取紧急避险行为；（3）紧急避险行为是为了使更多更大的合法权益免受正在发生的危险，而不得已采取的损害另一种合法权益的行为，因此，紧急避险所造成的损害必须小于避免的损害。所谓"职务上、业务上负有特定责任"是指担任的职务或者从事的业务要求其对一定的危险负有排除的职责，同一定危险作斗争是其职业义务。如负有职责追捕持枪罪犯的公安人员，不能为了自己免受枪击而逃离现场，飞机驾驶员不能因飞机发生故障有坠机危险，而不顾乘客的安危自己逃生等。

15

▶条文参见

《最高人民法院、最高人民检察院、公安部关于依法惩治妨害公共交通工具安全驾驶违法犯罪行为的指导意见》一(五)

第二节 犯罪的预备、未遂和中止

第二十二条　犯罪预备

为了犯罪,准备工具、制造条件的,是犯罪预备。

对于预备犯,可以比照既遂犯从轻、减轻处罚或者免除处罚。

▶理解与适用

犯罪预备必须具备四个条件:主观上为了犯罪、客观上实施了犯罪预备行为、事实上未着手实行犯罪、未能着手实行犯罪是行为人意志以外的原因所致。

第二十三条　犯罪未遂

已经着手实行犯罪,由于犯罪分子意志以外的原因而未得逞的,是犯罪未遂。

对于未遂犯,可以比照既遂犯从轻或者减轻处罚。

▶理解与适用

犯罪未遂必须具备三个条件:已经着手实行犯罪、犯罪未得逞、犯罪未得逞是由于犯罪分子意志以外的原因。

犯罪未遂与犯罪预备的区别是是否已经着手实行犯罪;犯罪未遂与犯罪中止的区别是犯罪停止在未完成形态是否由于犯罪分子意志以外的原因。犯罪未遂可以分为实行终了的未遂、未实行终了的未遂。

第二十四条　犯罪中止

在犯罪过程中,自动放弃犯罪或者自动有效地防止犯罪结果发生的,是犯罪中止。

对于中止犯,没有造成损害的,应当免除处罚;造成损害的,应当减轻处罚。

▶理解与适用

犯罪中止要满足以下条件：（1）及时性。如果犯罪已经既遂，则不存在中止的可能。（2）自动性。这是其与犯罪预备、犯罪未遂相区别的关键。自动性是指行为人出于自己的意志而放弃了自认为当时本可继续实施和完成的犯罪，即"能达目的而不欲"。这里的"能"应以行为人的主观认识为标准进行判断，而不是根据客观事实进行判断。（3）客观性，即客观上要有中止行为。包括中止继续进行的犯罪行为和犯罪行为实行终了后实施防止犯罪结果发生的行为。（4）有效性。不论哪种中止，都必须具有有效性，即没有发生行为人原本所追求的、行为性质所决定的犯罪结果。值得注意的是犯罪中止并非没有发生任何结果，而是没有发生行为人原本所追求的、行为性质所决定的犯罪结果。（5）彻底性。即彻底地放弃了原来的犯罪。

第三节 共同犯罪

第二十五条 共同犯罪概念

共同犯罪是指二人以上共同故意犯罪。

二人以上共同过失犯罪，不以共同犯罪论处；应当负刑事责任的，按照他们所犯的罪分别处罚。

▶理解与适用

共同犯罪的成立条件：（1）犯罪主体必须二人以上。若是自然人，必须都达到刑事责任年龄且具有刑事责任能力。（2）必须具有共同故意，但不要求故意的形式与具体内容完全相同，只要是同一犯罪的故意即可。（3）必须具有共同的行为，或者存在着行为的分担，行为之间相互补充、利用，从而使被侵犯的客体是相同的。

下列情形不成立共同犯罪：（1）共同过失犯罪不成立共同犯罪。（2）故意犯罪行为与过失犯罪行为不成立共同犯罪。故意（过失）行为与无罪过行为，更不可能成立共同犯罪。（3）同时犯不成立共同犯罪。（4）先后故意实施的相关犯罪行为，彼此没有主观联系的，不成立共同犯罪。（5）超出共同故意之外的犯罪，不是共同犯罪。（6）事前无通谋的窝藏、包庇、窝赃、销赃行为，不构成共同犯罪。但如果事前有通谋的，则成立共同犯罪。

第二十六条　主犯

组织、领导犯罪集团进行犯罪活动的或者在共同犯罪中起主要作用的，是主犯。

三人以上为共同实施犯罪而组成的较为固定的犯罪组织，是犯罪集团。

对组织、领导犯罪集团的首要分子，按照集团所犯的全部罪行处罚。

对于第三款规定以外的主犯，应当按照其所参与的或者组织、指挥的全部犯罪处罚。

▶理解与适用

根据本条，主犯包括两种人：一种是组织、领导犯罪集团进行犯罪活动的首要分子；另一种是在共同犯罪中起主要作用的人。因此，主犯的刑事责任也可分为两种情形：一是对于组织、领导犯罪集团的首要分子，按照集团所犯的全部罪行处罚；二是对于其他主犯，应当按照其所参与或组织、指挥的全部犯罪处罚。

▶典型案例指引

吴某等敲诈勒索、抢劫、故意伤害案（最高人民法院指导案例187号）

案件适用要点： 恶势力犯罪集团是符合犯罪集团法定条件的恶势力犯罪组织。恶势力犯罪集团应当具备"为非作恶、欺压百姓"特征，其行为"造成较为恶劣的社会影响"，因而实施违法犯罪活动必然具有一定的公然性，且手段应具有较严重的强迫性、压制性。普通犯罪集团实施犯罪活动如仅为牟取不法经济利益，缺乏造成较为恶劣社会影响的意图，在行为方式的公然性、犯罪手段的强迫压制程度等方面与恶势力犯罪集团存在区别，可按犯罪集团处理，但不应认定为恶势力犯罪集团。

第二十七条　从犯

在共同犯罪中起次要或者辅助作用的,是从犯。

对于从犯,应当从轻、减轻处罚或者免除处罚。

▶理解与适用

从犯是相对于主犯而言的,在共同犯罪中,可以只有主犯没有从犯,但不能只有从犯而没有主犯。根据本条,从犯有两种情况,一是起次要作用的从犯,这是按照各行为人在共同犯罪中的作用来划分的;另一个是起辅助作用的从犯,这是按照各行为人在共同犯罪中的分工来划分的。刑法分则中有个别地方将从犯的行为单独规定为犯罪,如组织卖淫犯罪的帮助行为,就被定为协助组织卖淫罪,而不定为组织卖淫共同犯罪中的从犯。

▶条文参见

《全国法院审理经济犯罪案件工作座谈会纪要》二(四)

第二十八条　胁从犯

对于被胁迫参加犯罪的,应当按照他的犯罪情节减轻处罚或者免除处罚。

▶理解与适用

"被胁迫参加犯罪",是指行为人在他人对其施加精神强制,处于恐惧状态下,不敢不参加犯罪。

第二十九条　教唆犯

教唆他人犯罪的,应当按照他在共同犯罪中所起的作用处罚。教唆不满十八周岁的人犯罪的,应当从重处罚。

如果被教唆的人没有犯被教唆的罪,对于教唆犯,可以从轻或者减轻处罚。

▶理解与适用

教唆犯是指教唆他人犯罪的人。成立教唆犯，必须主观上有教唆的故意，客观上实施了教唆的行为。但只有在被教唆对象具有刑事责任能力的情况下，才构成共同犯罪。如果被教唆对象不具有刑事责任能力，则教唆人成立间接正犯。

当刑法分则条文将教唆他人实施特定犯罪的行为规定为独立犯罪时，对教唆者不能依所教唆的罪定罪，而应直接依照刑法分则的规定定罪，不再适用刑法总则关于教唆犯的规定。

本条第2款中"被教唆的人没有犯被教唆的罪"应理解为：被教唆的人既没有实施预备行为，也没有实施实行行为。教唆未遂包括被教唆人拒绝接受教唆、被教唆人虽接受教唆但没有实施犯罪行为、被教唆人实施犯罪并不是教唆犯的教唆行为所致等。

第四节 单位犯罪

第三十条 单位负刑事责任的范围

公司、企业、事业单位、机关、团体实施的危害社会的行为，法律规定为单位犯罪的，应当负刑事责任。

▶理解与适用

单位犯罪应首先明确其法定性，即只有有法律明文规定的才能成立单位犯罪。

单位犯罪中的单位既包括国有、集体所有的公司、企业、事业单位，也包括依法设立的合资经营、合作经营企业和具有法人资格的独资、私营等公司、企业、事业单位。但必须是依法成立的，如果是非法成立的，则不是单位犯罪，而是个人犯罪。不具有法人资格但具有独立运营主体资格的单位，也能成为单位犯罪的主体。单位的分支机构或者内设机构、部门以本机构（部门）的名义实施犯罪，违法所得亦归该机构（部门）所有的，应认定为单位犯罪。

特别注意名为单位犯罪实为个人犯罪的情形。构成单位犯罪必须符合两个条件：一是经单位全体成员或者单位决策机构集体作出决定，而不是单位中的某个人以个人名义擅自作出的决定；二是非法所得归单位所有。

个人为进行违法犯罪活动而设立公司、企业、事业单位的，或者公司、企业、事业单位设立后，以实施犯罪为主要活动的，不以单位犯罪论处，而以共同犯罪论处。盗用单位名义实施犯罪，违法所得由实施犯罪的个人私分的，依照刑法有关自然人犯罪的规定定罪处罚。

▶典型案例指引

J市造纸厂、杨某销毁会计资料案（《中华人民共和国最高人民法院公报》2002年第4期）

案件适用要点：会计凭证、会计账簿是会计法规定依法应当保存的会计资料，任何单位与个人均不得隐匿或者故意销毁。被告单位J造纸厂为本厂私利，经该厂决策机构集体研究同意后，用锅炉烧毁了依法应当保存的上述会计资料，应当承担刑事责任。被告人杨某身为J造纸厂的厂长、法定代表人，召集有关人员审核并指使他人烧毁会计资料，对J造纸厂实施的销毁会计资料犯罪行为负有直接责任，是刑法第162条之一第2款规定的"直接负责的主管人员"，也应当依照刑法的规定承担销毁会计资料的刑事责任。

▶条文参见

《全国人民代表大会常务委员会关于〈中华人民共和国刑法〉第三十条的解释》；《最高人民法院研究室关于外国公司、企业、事业单位在我国领域内犯罪如何适用法律问题的答复》；《最高人民法院关于审理单位犯罪案件具体应用法律有关问题的解释》；《最高人民法院关于审理单位犯罪案件对其直接负责的主管人员和其他直接责任人员是否区分主犯、从犯问题的批复》；《最高人民检察院关于涉嫌犯罪单位被撤销、注销、吊销营业执照或者宣告破产的应如何进行追诉问题的批复》

第三十一条　单位犯罪的处罚原则

单位犯罪的，对单位判处罚金，并对其直接负责的主管人员和其他直接责任人员判处刑罚。本法分则和其他法律另有规定的，依照规定。

▶理解与适用

单位犯罪处罚的原则是双罚制，少数几个犯罪规定的是单罚制，单位承担刑事责任的方式只能是罚金。在审理单位故意犯罪案件时，对其直接负责的主管人员和其他直接责任人员，可不区分主犯、从犯，按照其在单位犯罪中所起的作用判处刑罚。涉嫌犯罪的单位被撤销、注销、吊销营业执照或者宣告破产的，应当根据刑法关于单位犯罪的关联规定，对实施犯罪行为的该单位直接负责的主管人员和其他直接责任人员追究刑事责任，对该单位不再追诉。

第三章　刑　罚

第一节　刑罚的种类

第三十二条　主刑和附加刑

刑罚分为主刑和附加刑。

第三十三条　主刑种类

主刑的种类如下：
（一）管制；
（二）拘役；
（三）有期徒刑；
（四）无期徒刑；
（五）死刑。

第三十四条　附加刑种类

附加刑的种类如下：
（一）罚金；
（二）剥夺政治权利；
（三）没收财产。
附加刑也可以独立适用。

第三十五条　驱逐出境

对于犯罪的外国人，可以独立适用或者附加适用驱逐出境。

第三十六条　赔偿经济损失与民事优先原则

由于犯罪行为而使被害人遭受经济损失的，对犯罪分子除依法给予刑事处罚外，并应根据情况判处赔偿经济损失。

承担民事赔偿责任的犯罪分子，同时被判处罚金，其财产不足以全部支付的，或者被判处没收财产的，应当先承担对被害人的民事赔偿责任。

▶理解与适用

对于刑事案件被害人由于被告人的犯罪行为而遭受精神损失提起的附带民事诉讼，或者被害人单独提起民事诉讼要求赔偿精神损失的，人民法院一般不予受理。

▶条文参见

《最高人民法院关于适用〈中华人民共和国刑事诉讼法〉的解释》第175～201条、第449条、第527条、第592～595条；《最高人民法院关于审理人身损害赔偿案件适用法律若干问题的解释》；《最高人民法院关于审理单位犯罪案件对其直接负责的主管人员和其他直接责任人员是否区分主犯、从犯问题的批复》

第三十七条　非刑罚性处置措施

对于犯罪情节轻微不需要判处刑罚的,可以免予刑事处罚,但是可以根据案件的不同情况,予以训诫或者责令具结悔过、赔礼道歉、赔偿损失,或者由主管部门予以行政处罚或者行政处分。

第三十七条之一　利用职业便利实施犯罪的禁业限制

因利用职业便利实施犯罪,或者实施违背职业要求的特定义务的犯罪被判处刑罚的,人民法院可以根据犯罪情况和预防再犯罪的需要,禁止其自刑罚执行完毕之日或者假释之日起从事相关职业,期限为三年至五年。

被禁止从事相关职业的人违反人民法院依照前款规定作出的决定的,由公安机关依法给予处罚;情节严重的,依照本法第三百一十三条的规定定罪处罚。

其他法律、行政法规对其从事相关职业另有禁止或者限制性规定的,从其规定。[①]

▶理解与适用

本条规定的利用职业便利实施犯罪,是指利用自己从事该职业所形成的管理、经手、权力、地位等便利条件实施犯罪,如犯罪分子利用职业便利实施的职务侵占犯罪等,从事证券业、银行业、保险业等人员利用职业便利实施妨害对公司、企业管理秩序罪、破坏金融管理秩序罪等。本条规定的实施违背职业要求的特定义务的犯罪,是指违背一些特定行业、领域有关特定义务的要求,违背职业道德、职业信誉所实施的犯罪。如从事食品行业的人实施生产、销售不符合食品安全标准的食品罪,生产、销售有毒、有害食品罪;从事工程建设施工、特种安全设备生产的人违背特定的义务要求实施重大安全事故罪、责任事故罪;从事化学品生产、销售、运输或者储存的人违反有关要求实施有关环境污染事故罪、安全生产事故

[①] 根据2015年8月29日《刑法修正案(九)》增加。

罪等。本条规定的"被判处刑罚",包括被判处主刑和附加刑,单处罚金或者独立适用剥夺政治权利的,属于本条规定的"被判处刑罚"。但对于依照本法第37条规定予以定罪,但免予刑事处罚的犯罪分子,不适用从业禁止的规定。

第二节 管 制

第三十八条　管制的期限与执行机关

管制的期限,为三个月以上二年以下。

判处管制,可以根据犯罪情况,同时禁止犯罪分子在执行期间从事特定活动,进入特定区域、场所,接触特定的人。①

对判处管制的犯罪分子,依法实行社区矫正。②

违反第二款规定的禁止令的,由公安机关依照《中华人民共和国治安管理处罚法》的规定处罚。③

▶条文参见

《治安管理处罚法》第60条;《社区矫正法》;《社区矫正法实施办法》

第三十九条　被管制罪犯的义务与权利

被判处管制的犯罪分子,在执行期间,应当遵守下列规定:

(一)遵守法律、行政法规,服从监督;

(二)未经执行机关批准,不得行使言论、出版、集会、结社、游行、示威自由的权利;

(三)按照执行机关规定报告自己的活动情况;

(四)遵守执行机关关于会客的规定;

---

① 根据2011年2月25日《刑法修正案(八)》增加一款,作为第二款。
② 根据2011年2月25日《刑法修正案(八)》修改。原条文为:"被判处管制的犯罪分子,由公安机关执行。"
③ 根据2011年2月25日《刑法修正案(八)》增加一款,作为第四款。

（五）离开所居住的市、县或者迁居，应当报经执行机关批准。

对于被判处管制的犯罪分子，在劳动中应当同工同酬。

▶条文参见

《治安管理处罚法》第60条；《最高人民检察院关于被判处管制、剥夺政治权利和宣告缓刑、假释的犯罪分子能否担任中外合资、合作经营企业领导职务问题的答复》

第四十条　管制期满解除

被判处管制的犯罪分子，管制期满，执行机关应即向本人和其所在单位或者居住地的群众宣布解除管制。

第四十一条　管制刑期的计算和折抵

管制的刑期，从判决执行之日起计算；判决执行以前先行羁押的，羁押一日折抵刑期二日。

第三节　拘　役

第四十二条　拘役的期限

拘役的期限，为一个月以上六个月以下。

第四十三条　拘役的执行

被判处拘役的犯罪分子，由公安机关就近执行。

在执行期间，被判处拘役的犯罪分子每月可以回家一天至两天；参加劳动的，可以酌量发给报酬。

第四十四条　拘役刑期的计算和折抵

拘役的刑期,从判决执行之日起计算;判决执行以前先行羁押的,羁押一日折抵刑期一日。

第四节　有期徒刑、无期徒刑

第四十五条　有期徒刑的期限

有期徒刑的期限,除本法第五十条、第六十九条规定外,为六个月以上十五年以下。

第四十六条　有期徒刑与无期徒刑的执行

被判处有期徒刑、无期徒刑的犯罪分子,在监狱或者其他执行场所执行;凡有劳动能力的,都应当参加劳动,接受教育和改造。

第四十七条　有期徒刑刑期的计算与折抵

有期徒刑的刑期,从判决执行之日起计算;判决执行以前先行羁押的,羁押一日折抵刑期一日。

第五节　死　　刑

第四十八条　死刑、死缓的适用对象及核准程序

死刑只适用于罪行极其严重的犯罪分子。对于应当判处死刑的犯罪分子,如果不是必须立即执行的,可以判处死刑同时宣告缓期二年执行。

死刑除依法由最高人民法院判决的以外,都应当报请最高人民法院核准。死刑缓期执行的,可以由高级人民法院判决或者核准。

▶条文参见

《刑事诉讼法》第246~251条;《最高人民法院关于适用〈中华人民共和国刑事诉讼法〉的解释》第423~436条

第四十九条　死刑适用对象的限制

犯罪的时候不满十八周岁的人和审判的时候怀孕的妇女,不适用死刑。

审判的时候已满七十五周岁的人,不适用死刑,但以特别残忍手段致人死亡的除外。①

▶理解与适用

关于死刑适用对象的限制,主要包括三类人,且这三类人各自禁止适用死刑的时间标准不同:

不满18周岁的未成年人不适用死刑。该"不满18周岁"是以犯罪时为准。犯罪时不满18周岁,即使审判时已满18周岁的,也不适用死刑。不适用死刑,包括不适用死刑立即执行与死刑缓期2年执行。18周岁应从生日的第2天起计算。

怀孕的妇女不适用死刑。该"怀孕的妇女"是以审判时"怀孕"为准。"审判的时候"并不仅限于法院审理阶段,而是从羁押到执行的整个刑事诉讼过程。此外注意,在审判期间怀孕的妇女,即使流产(包括自然流产和人工流产),也不适用死刑。同样,不适用死刑,包括不适用死刑立即执行与死刑缓期2年执行。

审判的时候已满75周岁的人不适用死刑。这是《刑法修正案(八)》新增的内容。根据本条第2款规定,如果已满75周岁的人以特别残忍手段致人死亡,亦可以适用死刑。

---

① 根据2011年2月25日《刑法修正案(八)》增加一款,作为第二款。

第五十条　死缓变更

判处死刑缓期执行的，在死刑缓期执行期间，如果没有故意犯罪，二年期满以后，减为无期徒刑；如果确有重大立功表现，二年期满以后，减为二十五年有期徒刑；如果故意犯罪，情节恶劣的，报请最高人民法院核准后执行死刑；对于故意犯罪未执行死刑的，死刑缓期执行的期间重新计算，并报最高人民法院备案。①

对被判处死刑缓期执行的累犯以及因故意杀人、强奸、抢劫、绑架、放火、爆炸、投放危险物质或者有组织的暴力性犯罪被判处死刑缓期执行的犯罪分子，人民法院根据犯罪情节等情况可以同时决定对其限制减刑。②

▶典型案例指引

1. 王某某故意杀人案（最高人民法院指导案例4号）

案件适用要点：因恋爱、婚姻矛盾激化引发的故意杀人案件，被告人犯罪手段残忍，论罪应当判处死刑，但被告人具有坦白悔罪、积极赔偿等从轻处罚情节，同时被害人亲属要求严惩的，人民法院根据案件性质、犯罪情节、危害后果和被告人的主观恶性及人身危险性，可以依法判处被告人死刑，缓期二年执行，同时决定限制减刑，以有效化解社会矛盾，促进社会和谐。

2. 李某故意杀人案（最高人民法院指导案例12号）

案件适用要点：对于因民间矛盾引发的故意杀人案件，被告人

---

① 根据2011年2月25日《刑法修正案（八）》第一次修改。原条文为："判处死刑缓期执行的，在死刑缓期执行期间，如果没有故意犯罪，二年期满以后，减为无期徒刑；如果确有重大立功表现，二年期满以后，减为十五年以上二十年以下有期徒刑；如果故意犯罪，查证属实的，由最高人民法院核准，执行死刑。"

根据2015年8月29日《刑法修正案（九）》第二次修改。原第一款条文为："判处死刑缓期执行的，在死刑缓期执行期间，如果没有故意犯罪，二年期满以后，减为无期徒刑；如果确有重大立功表现，二年期满以后，减为二十五年有期徒刑；如果故意犯罪，查证属实的，由最高人民法院核准，执行死刑。"

② 根据2011年2月25日《刑法修正案（八）》增加。

犯罪手段残忍，且系累犯，论罪应当判处死刑，但被告人亲属主动协助公安机关将其抓捕归案，并积极赔偿的，人民法院根据案件具体情节，从尽量化解社会矛盾角度考虑，可以依法判处被告人死刑，缓期二年执行，同时决定限制减刑。

第五十一条　死缓期间及减为有期徒刑的刑期计算

死刑缓期执行的期间，从判决确定之日起计算。死刑缓期执行减为有期徒刑的刑期，从死刑缓期执行期满之日起计算。

▶理解与适用

根据本条的规定，死刑缓期执行的期间，从判决或者裁定核准死刑缓期二年执行的法律文书宣告或送达之日起计算。

第六节　罚　　金

第五十二条　罚金数额的裁量

判处罚金，应当根据犯罪情节决定罚金数额。

▶理解与适用

关于罚金刑，应注意以下几点：

刑法规定"并处"没收财产或者罚金的犯罪，人民法院在对犯罪分子判处主刑的同时，必须依法判处相应的财产刑；刑法规定"可以并处"没收财产或者罚金的犯罪，人民法院应当根据案件具体情况及犯罪分子的财产状况，决定是否适用财产刑。但是对未成年罪犯实施刑法规定的"可以并处"没收财产或者罚金的犯罪，一般不判处财产刑。

人民法院应当根据犯罪情节，如违法所得数额、造成损失的大小等，并综合考虑犯罪分子缴纳罚金的能力，依法判处罚金。刑法没有明确规定罚金数额标准的，罚金的最低数额不能少于1000元。对未成年罪犯判处罚金刑时，应当依法从轻或者减轻判处，并根据犯罪情节，综合考虑其缴纳罚金的能力，确定罚金数额，但罚金的最低数额不得少于500元人民币。

依法对犯罪分子所犯数罪分别判处罚金的,应当实行并罚,将所判处的罚金数额相加,执行总和数额。

犯罪情节较轻,适用单处罚金不致再危害社会并具有下列情形之一的,可以依法单处罚金:(1)偶犯或者初犯;(2)自首或者有立功表现的;(3)犯罪时不满18周岁的;(4)犯罪预备、中止或者未遂的;(5)被胁迫参加犯罪的;(6)全部退赃并有悔罪表现的;(7)其他可以依法单处罚金的情形。

▶条文参见

《最高人民法院关于适用财产刑若干问题的规定》

第五十三条　罚金的缴纳

罚金在判决指定的期限内一次或者分期缴纳。期满不缴纳的,强制缴纳。对于不能全部缴纳罚金的,人民法院在任何时候发现被执行人有可以执行的财产,应当随时追缴。

由于遭遇不能抗拒的灾祸等原因缴纳确实有困难的,经人民法院裁定,可以延期缴纳、酌情减少或者免除。[①]

▶理解与适用

本条规定的"判决指定的期限"应当在判决书中予以确定;"判决指定的期限"应为从判决发生法律效力第2日起最长不超过3个月。

本条规定的"由于遭遇不能抗拒的灾祸等原因缴纳确实有困难的",主要是指因遭受火灾、水灾、地震等灾祸等原因而丧失财产;罪犯因重病、伤残等而丧失劳动能力,或者需要罪犯抚养的近亲属患有重病,需支付巨额医药费等,确实没有财产可供执行的情形。

具有本条规定"可以延期缴纳、酌情减少或者免除"事由的,由罪犯本人、亲属或者犯罪单位向负责执行的人民法院提出书面申

[①] 根据2015年8月29日《刑法修正案(九)》修改。原条文为:"罚金在判决指定的期限内一次或者分期缴纳。期满不缴纳的,强制缴纳。对于不能全部缴纳罚金的,人民法院在任何时候发现被执行人有可以执行的财产,应当随时追缴。如果由于遭遇不能抗拒的灾祸缴纳确实有困难的,可以酌情减少或者免除。"

请，并提供相应的证明材料。

自判决指定的期限届满第2日起，人民法院对于没有法定减免事由不缴纳罚金的，应当强制其缴纳。对于隐藏、转移、变卖、故意毁损已被查封、扣押、冻结财产，情节严重的，依照刑法第314条的规定追究刑事责任。

▶条文参见

《刑事诉讼法》第271条；《最高人民法院关于刑事裁判涉财产部分执行的若干规定》；《最高人民法院关于适用〈中华人民共和国刑事诉讼法〉的解释》第523条、第524条

第七节 剥夺政治权利

第五十四条 剥夺政治权利的含义

剥夺政治权利是剥夺下列权利：
（一）选举权和被选举权；
（二）言论、出版、集会、结社、游行、示威自由的权利；
（三）担任国家机关职务的权利；
（四）担任国有公司、企业、事业单位和人民团体领导职务的权利。

第五十五条 剥夺政治权利的期限

剥夺政治权利的期限，除本法第五十七条规定外，为一年以上五年以下。

判处管制附加剥夺政治权利的，剥夺政治权利的期限与管制的期限相等，同时执行。

▶理解与适用

对判处有期徒刑并处剥夺政治权利的罪犯，主刑已执行完毕，在执行附加刑剥夺政治权利期间又犯新罪，如果所犯新罪无须附加剥夺政治权利的，依照刑法第71条的规定数罪并罚。

前罪尚未执行完毕的附加刑剥夺政治权利的刑期从新罪的主刑有期徒刑执行之日起停止计算，并依照刑法第58条规定从新罪的主刑有期徒刑执行完毕之日或者假释之日起继续计算；附加刑剥夺政治权利的效力施用于新罪的主刑执行期间。

对判处有期徒刑的罪犯，主刑已执行完毕，在执行附加刑剥夺政治权利期间又犯新罪，如果所犯新罪也剥夺政治权利的，依照刑法第55条、第57条、第71条的规定并罚。

▶条文参见

《最高人民法院关于在执行附加刑剥夺政治权利期间犯新罪应如何处理的批复》

第五十六条 剥夺政治权利的附加、独立适用

对于危害国家安全的犯罪分子应当附加剥夺政治权利；对于故意杀人、强奸、放火、爆炸、投毒、抢劫等严重破坏社会秩序的犯罪分子，可以附加剥夺政治权利。

独立适用剥夺政治权利的，依照本法分则的规定。

▶理解与适用

根据本条规定，剥夺政治权利可以附加或独立适用。对于危害国家安全的犯罪分子，应当附加剥夺政治权利；对于故意杀人、强奸、放火、爆炸、投毒、抢劫等严重破坏社会秩序的犯罪分子，可以附加剥夺政治权利。另外，对故意伤害、盗窃等其他严重破坏社会秩序的犯罪，犯罪分子主观恶性较深、犯罪情节恶劣、罪行严重的，也可以依法附加剥夺政治权利。

在独立适用剥夺政治权利时，只有刑法分则某条对某罪明确规定可以单独适用剥夺政治权利时，才可单独适用。

▶条文参见

《最高人民法院关于对故意伤害、盗窃等严重破坏社会秩序的犯罪分子能否附加剥夺政治权利问题的批复》；《最高人民法院关于审理未成年人刑事案件具体应用法律若干问题的解释》第14条

第五十七条　对死刑、无期徒刑犯罪剥夺政治权利的适用

对于被判处死刑、无期徒刑的犯罪分子,应当剥夺政治权利终身。

在死刑缓期执行减为有期徒刑或者无期徒刑减为有期徒刑的时候,应当把附加剥夺政治权利的期限改为三年以上十年以下。

第五十八条　剥夺政治权利的刑期计算、效力与执行

附加剥夺政治权利的刑期,从徒刑、拘役执行完毕之日或者从假释之日起计算;剥夺政治权利的效力当然施用于主刑执行期间。

被剥夺政治权利的犯罪分子,在执行期间,应当遵守法律、行政法规和国务院公安部门有关监督管理的规定,服从监督;不得行使本法第五十四条规定的各项权利。

第八节　没收财产

第五十九条　没收财产的范围

没收财产是没收犯罪分子个人所有财产的一部或者全部。没收全部财产的,应当对犯罪分子个人及其扶养的家属保留必需的生活费用。

在判处没收财产的时候,不得没收属于犯罪分子家属所有或者应有的财产。

第六十条　以没收的财产偿还债务

没收财产以前犯罪分子所负的正当债务,需要以没收的财产偿还的,经债权人请求,应当偿还。

▶理解与适用

本条规定的"没收财产以前犯罪分子所负的正当债务",是指犯罪分子在判决生效前所负他人的合法债务。人民法院认为依法应当判处被告人财产刑的,可以在案件审理过程中,决定扣押或者冻结被告人的财产。财产刑由第一审人民法院执行。犯罪分子的财产在异地的,第一审人民法院可以委托财产所在地人民法院代为执行。

▶条文参见

《最高人民法院关于适用〈中华人民共和国刑事诉讼法〉的解释》第526条、第527条;《最高人民法院关于适用财产刑若干问题的规定》第7条

第四章 刑罚的具体运用

第一节 量 刑

第六十一条 量刑的一般原则

对于犯罪分子决定刑罚的时候,应当根据犯罪的事实、犯罪的性质、情节和对于社会的危害程度,依照本法的有关规定判处。

▶条文参见

《最高人民法院、最高人民检察院印发〈关于常见犯罪的量刑指导意见(试行)〉的通知》;《最高人民法院关于常见犯罪的量刑指导意见(二)(试行)》

第六十二条 从重处罚与从轻处罚

犯罪分子具有本法规定的从重处罚、从轻处罚情节的,应当在法定刑的限度以内判处刑罚。

第六十三条 减轻处罚

犯罪分子具有本法规定的减轻处罚情节的，应当在法定刑以下判处刑罚；本法规定有数个量刑幅度的，应当在法定量刑幅度的下一个量刑幅度内判处刑罚。[①]

犯罪分子虽然不具有本法规定的减轻处罚情节，但是根据案件的特殊情况，经最高人民法院核准，也可以在法定刑以下判处刑罚。

▶理解与适用

本条规定的是减轻处罚，是指在法定最低刑以下判处刑罚。根据刑法第99条的规定，刑法条文中的以上、以下、以内，都包括本数。如果认为这里的"以下"包括本数在内，则会使减轻处罚与从轻处罚产生交叉。所以，应认为这里的"以下"不包括本数在内。减轻处罚通常是法定的，如果不具有本法规定的减轻处罚情节，要减轻处罚必须经过最高人民法院核准。

减轻处罚不同于从轻处罚，后者是指在刑法分则条文规定的刑罚幅度内选择较轻的刑种或者较短的刑期。从轻处罚不是一律判处法定最低刑，也不是在犯罪所适用刑罚幅度的中线以下判处刑罚，而是与没有法定从轻处罚情节的行为人相比，在法定刑的限度以内，判处较轻的刑罚。从重处罚的含义与从轻处罚相同，只不过从重处罚是在法定刑的限度以内，判处较重的刑罚。

第六十四条 犯罪物品的处理

犯罪分子违法所得的一切财物，应当予以追缴或者责令退赔；对被害人的合法财产，应当及时返还；违禁品和供犯罪所用的本人财物，应当予以没收。没收的财物和罚金，一律上缴国库，不得挪用和自行处理。

[①] 根据2011年2月25日《刑法修正案（八）》修改。原第一款条文为："犯罪分子具有本法规定的减轻处罚情节的，应当在法定刑以下判处刑罚。"

第二节 累 犯

第六十五条　一般累犯

被判处有期徒刑以上刑罚的犯罪分子，刑罚执行完毕或者赦免以后，在五年以内再犯应当判处有期徒刑以上刑罚之罪的，是累犯，应当从重处罚，但是过失犯罪和不满十八周岁的人犯罪的除外。[①]

前款规定的期限，对于被假释的犯罪分子，从假释期满之日起计算。

▶理解与适用

本条是关于一般累犯的规定，关于其构成的时间条件应注意：

1. 后罪发生在前罪的刑罚执行完毕或者赦免以后5年之内，这里的刑罚执行完毕，是指刑罚执行到期应予释放之日。认定累犯，确定刑罚执行完毕以后"五年以内"的起始日期，应当从刑满释放之日起计算。

2. 对于被假释的犯罪人，应从假释期满之日起计算。被假释的犯罪分子，如果在假释考验期内又犯新罪，不构成累犯，而应在撤销假释之后，适用数罪并罚。

3. 被判处有期徒刑宣告缓刑的犯罪分子，如果在缓刑考验期满后又犯罪，不构成累犯，因为缓刑是附条件的不执行刑罚，考验期满原判的刑罚就不再执行了，而不是刑罚已经执行完毕，不符合累犯的构成条件。至于被判有期徒刑宣告缓刑的犯罪分子，如果在缓刑考验期内又犯新罪，同样不构成累犯，而应当在撤销缓刑之后，适用数罪并罚。

一般累犯与特殊累犯的区别是，特殊累犯没有刑度条件与时间

[①] 根据2011年2月25日《刑法修正案（八）》修改。原第一款条文为："被判处有期徒刑以上刑罚的犯罪分子，刑罚执行完毕或者赦免以后，在五年以内再犯应当判处有期徒刑以上刑罚之罪的，是累犯，应当从重处罚，但是过失犯罪除外。"

条件的限制，但犯罪的性质是特定的、一致的。

累犯的法律后果有三个：应当从重处罚、不能适用缓刑、不能适用假释。

▶条文参见

《最高人民检察院关于认定累犯如何确定刑罚执行完毕以后"五年以内"起始日期的批复》；《最高人民法院、最高人民检察院关于缓刑犯在考验期满后五年内再犯应当判处有期徒刑以上刑罚之罪应否认定为累犯问题的批复》

第六十六条　特别累犯

危害国家安全犯罪、恐怖活动犯罪、黑社会性质的组织犯罪的犯罪分子，在刑罚执行完毕或者赦免以后，在任何时候再犯上述任一类罪的，都以累犯论处。①

第三节　自首和立功

第六十七条　自首和坦白

犯罪以后自动投案，如实供述自己的罪行的，是自首。对于自首的犯罪分子，可以从轻或者减轻处罚。其中，犯罪较轻的，可以免除处罚。

被采取强制措施的犯罪嫌疑人、被告人和正在服刑的罪犯，如实供述司法机关还未掌握的本人其他罪行的，以自首论。

犯罪嫌疑人虽不具有前两款规定的自首情节，但是如实供述自己罪行的，可以从轻处罚；因其如实供述自己罪行，避免特别严重后果发生的，可以减轻处罚。②

---

① 根据2011年2月25日《刑法修正案（八）》修改。原条文为："危害国家安全的犯罪分子在刑罚执行完毕或者赦免以后，在任何时候再犯危害国家安全罪的，都以累犯论处。"

② 根据2011年2月25日《刑法修正案（八）》增加一款，作为第三款。

▶理解与适用

本条是关于自首的规定，第1款是一般自首，第2款是准自首。关于刑法中的自首，应注意以下几个方面：

1. 自动投案，是指犯罪事实或者犯罪嫌疑人未被司法机关发觉，或者虽被发觉，但犯罪嫌疑人尚未受到传唤、讯问、未被采取强制措施时，主动、直接向司法机关或者所在单位、基层组织等投案，接受审查和追诉的。

犯罪嫌疑人向其所在单位、城乡基层组织或者其他有关负责人员投案的；犯罪嫌疑人因病、伤或者为了减轻犯罪后果，委托他人先代为投案，或者先以信电投案的；罪行尚未被司法机关发觉，仅因形迹可疑，被有关组织或者司法机关盘问、教育后，主动交代自己的罪行的；犯罪后逃跑，在被通缉、追捕过程中，主动投案的；经查实确已准备去投案，或者正在投案途中，被公安机关捕获的，应当视为自动投案。

并非出于犯罪嫌疑人主动，而是经亲友规劝、陪同投案的；公安机关通知犯罪嫌疑人的亲友，或者亲友主动报案后，将犯罪嫌疑人送去投案的，也应当视为自动投案。犯罪嫌疑人自动投案后又逃跑的，不能认定为自首。没有自动投案，在办案机关调查谈话、讯问、采取调查措施或者强制措施期间，犯罪分子如实交代办案机关掌握的线索所针对的事实的，不能认定为自首。

没有自动投案，但具有以下情形之一的，以自首论：（1）犯罪分子如实交代办案机关未掌握的罪行，与办案机关已掌握的罪行属不同种罪行的；（2）办案机关所掌握线索针对的犯罪事实不成立，在此范围外犯罪分子交代同种罪行的。

2. 如实供述自己的罪行，是指犯罪嫌疑人自动投案后，如实交代自己的主要犯罪事实。犯有数罪的犯罪嫌疑人仅如实供述所犯数罪中部分犯罪的，只对如实供述部分犯罪的行为，认定为自首。共同犯罪案件中的犯罪嫌疑人，除如实供述自己的罪行，还应当供述所知的同案犯，主犯则应当供述所知其他同案犯的共同犯罪事实，才能认定为自首。犯罪嫌疑人自动投案并如实供述自己的罪行后又翻供的，不能认定为自首；但在一审判决前又能如实供述的，应当认定为自首。自首后对自己行为的性质进行辩解的，也不影响自首的成立。

3. 被采取强制措施的犯罪嫌疑人、被告人和已宣判的罪犯，如实供述司法机关尚未掌握的罪行，与司法机关已掌握的或者判决确定的罪行属不同种罪行的，以自首论。被采取强制措施的犯罪嫌疑人、被告人和已宣判的罪犯，如实供述司法机关尚未掌握的罪行，与司法机关已掌握的或者判决确定的罪行属同种罪行的，可以酌情从轻处罚；如实供述的同种罪行较重的，一般应当从轻处罚。

4. 对于自首的犯罪分子，可以从轻或者减轻处罚；对于犯罪较轻的，可以免除处罚。具体确定从轻、减轻还是免除处罚，应当根据犯罪轻重，并考虑犯罪的事实、性质、情节和对于社会的危害程度，结合自动投案的动机、阶段、客观环境，交代犯罪事实的完整性、稳定性以及悔罪表现等具体情节，依法决定是否从轻、减轻或者免除处罚以及从轻、减轻处罚的幅度。

5. 单位犯罪案件中，单位集体决定或者单位负责人决定而自动投案，如实交代单位犯罪事实的，或者单位直接负责的主管人员自动投案，如实交代单位犯罪事实的，应当认定为单位自首。单位自首的，直接负责的主管人员和直接责任人员未自动投案，但如实交代自己知道的犯罪事实的，可以视为自首；拒不交代自己知道的犯罪事实或者逃避法律追究的，不应当认定为自首。单位没有自首，直接责任人员自动投案并如实交代自己知道的犯罪事实的，对该直接责任人员应当认定为自首。

6. 坦白。《刑法修正案（八）》在本条增加了1款作为第3款，规定了犯罪嫌疑人如实供述罪行可以从轻处罚；因如实供述罪行而避免特别严重后果发生的，则可以减轻处罚。须注意这里的措辞和自首相同，仍旧是"可以"而非"应当"。

▶ 条文参见

《最高人民法院、最高人民检察院关于办理行贿刑事案件具体应用法律若干问题的解释》第8条；《最高人民法院关于〈中华人民共和国刑法修正案（八）〉时间效力问题的解释》第4条；《最高人民法院、最高人民检察院关于办理职务犯罪案件认定自首、立功等量刑情节若干问题的意见》第一部分；《最高人民法院关于处理自首和立功若干具体问题的意见》第一部分~第三部分；《最高人民法院关于被告人对行为性质的辩解是否影响自首成立问题的批复》；《最高人民法院关于适用刑法时间效力规定若干问题的解释》第4条；《最高人民法院、最高人民检察院、海关总署关于办理走私刑事案件适用法律若干问题的意见》第21条

第六十八条　立功

> 犯罪分子有揭发他人犯罪行为，查证属实的，或者提供重要线索，从而得以侦破其他案件等立功表现的，可以从轻或者减轻处罚；有重大立功表现的，可以减轻或者免除处罚。①

▶理解与适用

本条是关于立功的规定。关于量刑中的立功制度，应注意以下几个方面：

1. 犯罪分子到案后有检举、揭发他人犯罪行为，包括共同犯罪案件中的犯罪分子揭发同案犯共同犯罪以外的其他犯罪，经查证属实；提供侦破其他案件的重要线索，经查证属实；阻止他人犯罪活动；协助司法机关抓捕其他犯罪嫌疑人（包括同案犯）；具有其他有利于国家和社会的突出表现的，应当认定为有立功表现。

2. 犯罪分子有检举、揭发他人重大犯罪行为，经查证属实；提供侦破其他重大案件的重要线索，经查证属实；阻止他人重大犯罪活动；协助司法机关抓捕其他重大犯罪嫌疑人（包括同案犯）；对国家和社会有其他重大贡献等表现的，应当认定为有重大立功表现。

上述"重大犯罪"、"重大案件"、"重大犯罪嫌疑人"的标准，一般是指犯罪嫌疑人、被告人可能被判处无期徒刑以上刑罚或者案件在本省、自治区、直辖市或者全国范围内有较大影响等情形。

3. 共同犯罪案件的犯罪分子到案后，揭发同案犯共同犯罪事实

---

① 根据2011年2月25日《刑法修正案（八）》修改，删去本条第二款。原第二款条文为："犯罪后自首又有重大立功表现的，应当减轻或者免除处罚。"

的，可以酌情予以从轻处罚。

4. 立功必须是犯罪分子本人实施的行为。为使犯罪分子得到从轻处理，犯罪分子的亲友直接向有关机关揭发他人犯罪行为，提供侦破其他案件的重要线索，或者协助司法机关抓捕其他犯罪嫌疑人的，不应当认定为犯罪分子的立功表现。

据以立功的他人罪行材料应当指明具体犯罪事实；据以立功的线索或者协助行为对于侦破案件或者抓捕犯罪嫌疑人要有实际作用。犯罪分子揭发他人犯罪行为时没有指明具体犯罪事实的；揭发的犯罪事实与查实的犯罪事实不具有关联性的；提供的线索或者协助行为对于其他案件的侦破或者其他犯罪嫌疑人的抓捕不具有实际作用的，不能认定为立功表现。

据以立功的线索、材料来源有下列情形之一的，不能认定为立功：（1）本人通过非法手段或者非法途径获取的；（2）本人因原担任的查禁犯罪等职务获取的；（3）他人违反监管规定向犯罪分子提供的；（4）负有查禁犯罪活动职责的国家机关工作人员或者其他国家工作人员利用职务便利提供的。

5. 对于具有立功情节的犯罪分子，应当根据犯罪的事实、性质、情节和对于社会的危害程度，结合立功表现所起作用的大小、所破获案件的罪行轻重、所抓获犯罪嫌疑人可能判处的法定刑以及立功的时机等具体情节，依法决定是否从轻、减轻或者免除处罚以及从轻、减轻处罚的幅度。

▶条文参见

《最高人民法院、最高人民检察院关于办理行贿刑事案件具体应用法律若干问题的解释》第7条、第9条；《最高人民法院关于〈中华人民共和国刑法修正案（八）〉时间效力问题的解释》第5条；《最高人民法院关于处理自首和立功具体应用法律若干问题的解释》第5条、第6条、第7条；《最高人民法院关于处理自首和立功若干具体问题的意见》第四部分~第六部分；《最高人民法院关于适用刑法时间效力规定若干问题的解释》第5条

第四节 数罪并罚

第六十九条 **数罪并罚的一般原则**

> 判决宣告以前一人犯数罪的,除判处死刑和无期徒刑的以外,应当在总和刑期以下、数刑中最高刑期以上,酌情决定执行的刑期,但是管制最高不能超过三年,拘役最高不能超过一年,有期徒刑总和刑期不满三十五年的,最高不能超过二十年,总和刑期在三十五年以上的,最高不能超过二十五年。
>
> 数罪中有判处有期徒刑和拘役的,执行有期徒刑。数罪中有判处有期徒刑和管制,或者拘役和管制的,有期徒刑、拘役执行完毕后,管制仍须执行。①
>
> 数罪中有判处附加刑的,附加刑仍须执行,其中附加刑种类相同的,合并执行,种类不同的,分别执行。②

▶理解与适用

数罪并罚的三个原则:吸收原则、并科原则和限制加重原则。对有期自由刑,采用限制加重原则;如果在有期自由刑之外还判处死刑或者无期徒刑的,采用吸收原则,只执行死刑或者无期徒刑;如果判处有期自由刑同时还判处财产刑的,采用并科原则,都要执行。

本条第1款是关于判决宣告以前一人犯数罪的,应当如何决定执行刑罚的一般性规定。

根据本条规定适用数罪并罚原则时,应当注意以下几点:

---

① 根据2015年8月29日《刑法修正案(九)》增加一款,作为第二款。原第二款作为第三款。

② 根据2011年2月25日《刑法修正案(八)》修改。原条文为:"判决宣告以前一人犯数罪的,除判处死刑和无期徒刑的以外,应当在总和刑期以下、数刑中最高刑期以上,酌情决定执行的刑期,但是管制最高不能超过三年,拘役最高不能超过一年,有期徒刑最高不能超过二十年。

"如果数罪中有判处附加刑的,附加刑仍须执行。"

1. 对于犯罪分子犯有数罪的，应对各罪分别作出判决，而不能"估堆"判处刑罚。对犯罪分子的各罪判处的刑罚中，有死刑或者无期徒刑的，由于死刑是最严厉的刑罚，而无期徒刑在自由刑中是最长的刑期，在适用本款规定的并罚原则时，实际上死刑和无期徒刑就会吸收其他主刑，即在有死刑的数罪中实际执行死刑；在没有判处死刑，而有无期徒刑和其他主刑的数罪中实际执行无期徒刑。

2. 对于数个罪都是被判处有期徒刑的，将每个犯罪判处的有期徒刑刑期相加计算得出总和刑期，对于总和刑期不满35年的，数罪并罚的期限不能超过20年，即在数刑中最高刑以上总和刑期（最长为20年）以下决定执行的刑期。对于总和刑期等于或者超过35年的，数罪并罚的期限最高不能超过25年，即在数刑中最高刑以上25年以下决定执行的刑期；对于数个罪都是被判处管制的，不论管制的总和刑期多少年，决定执行的管制刑期最高不能超过3年；对于数个罪都是被判处拘役的，不论拘役的总和刑期多少年，决定执行的拘役刑期不能超过1年。

第2款是关于被判处有期徒刑、拘役、管制不同种刑罚如何并罚的规定。根据本款规定，数罪中有判处有期徒刑和拘役的，执行有期徒刑，拘役不再执行，实际上相当于有期徒刑吸收了拘役；数罪中有判处有期徒刑和管制，或者拘役和管制的，有期徒刑、拘役执行完毕后，管制仍须执行。需要注意的是，对于一人因犯数罪被判处多个有期徒刑、多个拘役或者多个管制的，要先根据第1款的规定，对同种刑罚进行折算并罚，再根据本款规定对不同种刑罚进行并罚确定执行的刑期。对于数罪中同时被判处有期徒刑、拘役和管制的，根据本款的规定，执行有期徒刑，拘役不再执行，但管制仍须执行，也就是说，对该罪犯在执行有期徒刑后，再执行管制。

第3款是关于数罪中有判处附加刑的，附加刑如何执行的规定。根据本款规定，在数罪中有一个罪判处附加刑，或者数罪都判处附加刑，附加刑种类相同的，合并之后一并执行，种类不同的，同时或者依次分别执行。"合并执行"是指对于种类相同的多个附加刑，期限或者数额相加之后一并执行,比如同时判处多个罚金刑的,罚金数额相加之后一并执行,同时判处多个剥夺政治权利的,将数个剥夺政治权利的期限相加执行。需要注意的是,相同种类的多个附加刑并不适用限制加重原则。

第七十条 判决宣告后发现漏罪的并罚

判决宣告以后,刑罚执行完毕以前,发现被判刑的犯罪分子在判决宣告以前还有其他罪没有判决的,应当对新发现的罪作出判决,把前后两个判决所判处的刑罚,依照本法第六十九条的规定,决定执行的刑罚。已经执行的刑期,应当计算在新判决决定的刑期以内。

▶理解与适用

本条中的"其他罪",是指漏罪。漏罪发现的时间,必须是在判决宣告以后,刑罚执行完毕以前,即犯罪分子在服刑期间。发现的漏罪必须是司法机关判决宣告之前已经发生的犯罪,并且应当是依法判处刑罚而没有判处的其他罪,不是判决以后新犯的罪。这里所说的发现,是指通过司法机关侦查、他人揭发或犯罪分子自首等途径发现犯罪分子还有其他罪行。"两个判决所判处的刑罚",是指已经交付执行的判决确定的执行刑期和对犯罪分子在原判决宣告之前的漏罪所判处的刑期。"已经执行的刑期,应当计算在新判决决定的刑期以内",是指重新判决决定执行的刑期应当包括犯罪分子已经执行的刑期。

第七十一条 判决宣告后又犯新罪的并罚

判决宣告以后,刑罚执行完毕以前,被判刑的犯罪分子又犯罪的,应当对新犯的罪作出判决,把前罪没有执行的刑罚和后罪所判处的刑罚,依照本法第六十九条的规定,决定执行的刑罚。

第五节　缓　刑

第七十二条　缓刑的适用条件

对于被判处拘役、三年以下有期徒刑的犯罪分子，同时符合下列条件的，可以宣告缓刑，对其中不满十八周岁的人、怀孕的妇女和已满七十五周岁的人，应当宣告缓刑：

（一）犯罪情节较轻；

（二）有悔罪表现；

（三）没有再犯罪的危险；

（四）宣告缓刑对所居住社区没有重大不良影响。

宣告缓刑，可以根据犯罪情况，同时禁止犯罪分子在缓刑考验期限内从事特定活动，进入特定区域、场所，接触特定的人。

被宣告缓刑的犯罪分子，如果被判处附加刑，附加刑仍须执行。[①]

▶理解与适用

适用缓刑的条件有：一是对象条件，为被判处拘役或3年以下有期徒刑的犯罪分子。二是实质条件：犯罪情节较轻；有悔罪表现；没有再犯罪的危险；宣告缓刑对所居住的社区没有重大不良影响。三是禁止条件，即犯罪分子不得为累犯或犯罪集团的首要分子。

▶典型案例指引

董某某、宋某某抢劫案（最高人民法院指导案例14号）

案件适用要点：对判处管制或者宣告缓刑的未成年被告人，可以根据其犯罪的具体情况以及禁止事项与所犯罪行的关联程度，对

[①] 根据2011年2月25日《刑法修正案（八）》修改。原条文为："对于被判处拘役、三年以下有期徒刑的犯罪分子，根据犯罪分子的犯罪情节和悔罪表现，适用缓刑确实不致再危害社会的，可以宣告缓刑。

"被宣告缓刑的犯罪分子，如果被判处附加刑，附加刑仍须执行。"

其适用"禁止令"。对于未成年人因上网诱发犯罪的,可以禁止其在一定期限内进入网吧等特定场所。

第七十三条　缓刑的考验期限

拘役的缓刑考验期限为原判刑期以上一年以下,但是不能少于二个月。

有期徒刑的缓刑考验期限为原判刑期以上五年以下,但是不能少于一年。

缓刑考验期限,从判决确定之日起计算。

第七十四条　累犯不适用缓刑

对于累犯和犯罪集团的首要分子,不适用缓刑。①

第七十五条　缓刑犯应遵守的规定

被宣告缓刑的犯罪分子,应当遵守下列规定:
(一)遵守法律、行政法规,服从监督;
(二)按照考察机关的规定报告自己的活动情况;
(三)遵守考察机关关于会客的规定;
(四)离开所居住的市、县或者迁居,应当报经考察机关批准。

第七十六条　缓刑的考验及其积极后果

对宣告缓刑的犯罪分子,在缓刑考验期限内,依法实行社区矫正,如果没有本法第七十七条规定的情形,缓刑考验期满,原判的刑罚就不再执行,并公开予以宣告。②

---

① 根据 2011 年 2 月 25 日《刑法修正案(八)》修改。原条文为:"对于累犯,不适用缓刑。"

② 根据 2011 年 2 月 25 日《刑法修正案(八)》修改。原条文为:"被宣告缓刑的犯罪分子,在缓刑考验期限内,由公安机关考察,所在单位或者基层组织予以配合,如果没有本法第七十七条规定的情形,缓刑考验期满,原判的刑罚就不再执行,并公开予以宣告。"

47

第七十七条　缓刑的撤销及其处理

被宣告缓刑的犯罪分子，在缓刑考验期限内犯新罪或者发现判决宣告以前还有其他罪没有判决的，应当撤销缓刑，对新犯的罪或者新发现的罪作出判决，把前罪和后罪所判处的刑罚，依照本法第六十九条的规定，决定执行的刑罚。

被宣告缓刑的犯罪分子，在缓刑考验期限内，违反法律、行政法规或者国务院有关部门关于缓刑的监督管理规定，或者违反人民法院判决中的禁止令，情节严重的，应当撤销缓刑，执行原判刑罚。[①]

▶条文参见

《最高人民法院、最高人民检察院、公安部、司法部关于对判处管制、宣告缓刑的犯罪分子适用禁止令有关问题的规定（试行）》；《最高人民法院关于撤销缓刑时罪犯在宣告缓刑前羁押的时间能否折抵刑期问题的批复》；《最高人民法院关于适用刑法时间效力规定若干问题的解释》

第六节　减　　刑

第七十八条　减刑条件与限度

被判处管制、拘役、有期徒刑、无期徒刑的犯罪分子，在执行期间，如果认真遵守监规，接受教育改造，确有悔改表现的，或者有立功表现的，可以减刑；有下列重大立功表现之一的，应当减刑：

（一）阻止他人重大犯罪活动的；

（二）检举监狱内外重大犯罪活动，经查证属实的；

[①] 根据2011年2月25日《刑法修正案（八）》修改。原第二款条文为："被宣告缓刑的犯罪分子，在缓刑考验期限内，违反法律、行政法规或者国务院公安部门有关缓刑的监督管理规定，情节严重的，应当撤销缓刑，执行原判刑罚。"

（三）有发明创造或者重大技术革新的；
（四）在日常生产、生活中舍己救人的；
（五）在抗御自然灾害或者排除重大事故中，有突出表现的；
（六）对国家和社会有其他重大贡献的。
减刑以后实际执行的刑期不能少于下列期限：
（一）判处管制、拘役、有期徒刑的，不能少于原判刑期的二分之一；
（二）判处无期徒刑的，不能少于十三年；
（三）人民法院依照本法第五十条第二款规定限制减刑的死刑缓期执行的犯罪分子，缓期执行期满后依法减为无期徒刑的，不能少于二十五年，缓期执行期满后依法减为二十五年有期徒刑的，不能少于二十年。①

▶理解与适用

本条第1款中"确有悔改表现"，是指同时具备以下条件：（1）认罪悔罪；（2）遵守法律法规及监规，接受教育改造；（3）积极参加思想、文化、职业技术教育；（4）积极参加劳动，努力完成劳动任务。对职务犯罪、破坏金融管理秩序和金融诈骗犯罪、组织（领导、参加、包庇、纵容）黑社会性质组织犯罪等罪犯，不积极退赃、协助追缴赃款赃物、赔偿损失，或者服刑期间利用个人影响力和社会关系等不正当手段意图获得减刑、假释的，不认定其"确有悔改表现"。罪犯在刑罚执行期间的申诉权利应当依法保护，对其正当申诉不能不加分析地认为是不认罪悔罪。

"立功表现"是指具有下列情形之一的：（1）阻止他人实施犯罪活动的；（2）检举、揭发监狱内外犯罪活动，或者提供重要的破案线索，经查证属实的；（3）协助司法机关抓捕其他犯罪嫌疑人的；（4）在生产、科研中进行技术革新，成绩突出的；（5）在抗御自然

---

① 根据2011年2月25日《刑法修正案（八）》修改。原第二款条文为："减刑以后实际执行的刑期，判处管制、拘役、有期徒刑的，不能少于原判刑期的二分之一；判处无期徒刑的，不能少于十年。"

灾害或者排除重大事故中，表现积极的；(6) 对国家和社会有其他较大贡献的。前述第 (4) 项、第 (6) 项中的技术革新或者其他较大贡献应当由罪犯在刑罚执行期间独立或者为主完成，并经省级主管部门确认。

▶ 条文参见

《最高人民法院关于办理减刑、假释案件具体应用法律的规定》；《最高人民法院关于办理减刑、假释案件具体应用法律的补充规定》

第七十九条　减刑程序

对于犯罪分子的减刑，由执行机关向中级以上人民法院提出减刑建议书。人民法院应当组成合议庭进行审理，对确有悔改或者立功事实的，裁定予以减刑。非经法定程序不得减刑。

▶ 条文参见

《最高人民法院关于减刑、假释案件审理程序的规定》；《人民检察院办理减刑、假释案件规定》

第八十条　无期徒刑减刑的刑期计算

无期徒刑减为有期徒刑的刑期，从裁定减刑之日起计算。

第七节　假　释

第八十一条　假释的适用条件

被判处有期徒刑的犯罪分子，执行原判刑期二分之一以上，被判处无期徒刑的犯罪分子，实际执行十三年以上，如果认真遵守监规，接受教育改造，确有悔改表现，没有再犯罪的危险的，可以假释。如果有特殊情况，经最高人民法院核准，可以不受上述执行刑期的限制。

对累犯以及因故意杀人、强奸、抢劫、绑架、放火、爆炸、投放危险物质或者有组织的暴力性犯罪被判处十年以上有期徒刑、无期徒刑的犯罪分子，不得假释。

对犯罪分子决定假释时，应当考虑其假释后对所居住社区的影响。①

▶理解与适用

本条第1款规定的"特殊情况"，是指有国家政治、国防、外交等方面特殊需要的情况。

本条第2款规定了不得假释的情形。需要注意的是，因该款情形和犯罪被判处死刑缓期执行的罪犯，被减为无期徒刑、有期徒刑后，也不得假释。

对下列罪犯适用假释时可以依法从宽掌握：（1）过失犯罪的罪犯、中止犯罪的罪犯、被胁迫参加犯罪的罪犯；（2）因防卫过当或者紧急避险过当而被判处有期徒刑以上刑罚的罪犯；（3）犯罪时未满18周岁的罪犯；（4）基本丧失劳动能力、生活难以自理，假释后生活确有着落的老年罪犯、患严重疾病罪犯或者身体残疾罪犯；（5）服刑期间改造表现特别突出的罪犯；（6）具有其他可以从宽假释情形的罪犯。罪犯既符合法定减刑条件，又符合法定假释条件的，可以优先适用假释。

▶条文参见

《最高人民法院关于办理减刑、假释案件具体应用法律的规定》；《最高人民法院关于贯彻宽严相济刑事政策的若干意见》；《最高人民法院关于减刑、假释案件审理程序的规定》

---

① 根据2011年2月25日《刑法修正案（八）》修改。原条文为："被判处有期徒刑的犯罪分子，执行原判刑期二分之一以上，被判处无期徒刑的犯罪分子，实际执行十年以上，如果认真遵守监规，接受教育改造，确有悔改表现，假释后不致再危害社会的，可以假释。如果有特殊情况，经最高人民法院核准，可以不受上述执行刑期的限制。

"对累犯以及因杀人、爆炸、抢劫、强奸、绑架等暴力性犯罪被判处十年以上有期徒刑、无期徒刑的犯罪分子，不得假释。"

第八十二条 假释的程序

对于犯罪分子的假释，依照本法第七十九条规定的程序进行。非经法定程序不得假释。

第八十三条 假释的考验期限

有期徒刑的假释考验期限，为没有执行完毕的刑期；无期徒刑的假释考验期限为十年。

假释考验期限，从假释之日起计算。

第八十四条 假释犯应遵守的规定

被宣告假释的犯罪分子，应当遵守下列规定：
（一）遵守法律、行政法规，服从监督；
（二）按照监督机关的规定报告自己的活动情况；
（三）遵守监督机关关于会客的规定；
（四）离开所居住的市、县或者迁居，应当报经监督机关批准。

第八十五条 假释考验及其积极后果

对假释的犯罪分子，在假释考验期限内，依法实行社区矫正，如果没有本法第八十六条规定的情形，假释考验期满，就认为原判刑罚已经执行完毕，并公开予以宣告。①

▶ 条文参见

《社区矫正法》；《社区矫正法实施办法》

---

① 根据2011年2月25日《刑法修正案（八）》修改。原条文为："被假释的犯罪分子，在假释考验期限内，由公安机关予以监督，如果没有本法第八十六条规定的情形，假释考验期满，就认为原判刑罚已经执行完毕，并公开予以宣告。"

第八十六条　假释的撤销及其处理

被假释的犯罪分子，在假释考验期限内犯新罪，应当撤销假释，依照本法第七十一条的规定实行数罪并罚。

在假释考验期限内，发现被假释的犯罪分子在判决宣告以前还有其他罪没有判决的，应当撤销假释，依照本法第七十条的规定实行数罪并罚。

被假释的犯罪分子，在假释考验期限内，有违反法律、行政法规或者国务院有关部门关于假释的监督管理规定的行为，尚未构成新的犯罪的，应当依照法定程序撤销假释，收监执行未执行完毕的刑罚。[1]

▶ 理解与适用

依照本条规定被撤销假释的罪犯，一般不得再假释。但依照本条第2款被撤销假释的罪犯，如果罪犯对漏罪曾作如实供述但原判未予认定，或者漏罪系其自首，符合假释条件的，可以再假释。被撤销假释的罪犯，收监后符合减刑条件的，可以减刑，但减刑起始时间自收监之日起计算。

第八节　时　效

第八十七条　追诉时效期限

犯罪经过下列期限不再追诉：

（一）法定最高刑为不满五年有期徒刑的，经过五年；

（二）法定最高刑为五年以上不满十年有期徒刑的，经过十年；

---

[1] 根据2011年2月25日《刑法修正案（八）》修改。原第三款条文为："被假释的犯罪分子，在假释考验期限内，有违反法律、行政法规或者国务院公安部门有关假释的监督管理规定的行为，尚未构成新的犯罪的，应当依照法定程序撤销假释，收监执行未执行完毕的刑罚。"

（三）法定最高刑为十年以上有期徒刑的，经过十五年；

（四）法定最高刑为无期徒刑、死刑的，经过二十年。如果二十年以后认为必须追诉的，须报请最高人民检察院核准。

▶理解与适用

我国刑法规定的追诉时效有4种，即5年、10年、15年和20年，确定的标准是具体犯罪行为所对应的最高法定刑。注意"不满"不包括本数，而"以上"包括本数。

追诉期限的计算有三种情况：一般情况下，追诉期限从犯罪之日起计算，注意犯罪之日是指犯罪行为之日，而不是犯罪既遂之日；连续犯或者继续犯，从犯罪行为终了之日起计算；在追诉期限以内又犯罪的，前罪追诉的期限从犯后罪之日起计算，即犯罪时效的中断。

刑法第88条规定的是不受追诉时效限制的三种情形。注意，法条中的逃避侦查或者审判应该以犯罪人的行为是否使司法机关的侦查活动或者使人民法院的审判活动无法进行为标准，即应限于积极的、明显的，致使侦查、审判工作无法进行的逃避行为，主要是指逃跑或者藏匿、使用虚假证明，证明患有精神病或者没有达到刑事责任年龄而使案件被撤销的等。那些在侦查、审判中，作虚假陈述、抵赖否认罪行等行为，不能认为是逃避侦查或者审判的行为。

在确定追究时效的法定最高刑时，需注意以下两个问题：

1. 法定最高刑不是指罪犯应判决的具体刑期，而是根据犯罪分子的犯罪性质和法定情节，与其所犯罪行相对应的刑法分则条文规定的处刑档次中的最高刑。

2. 法定最高刑也不是指某种性质犯罪全部刑罚的最高刑，而是指某种性质犯罪中与该犯罪情况基本相适应的某一档处罚的最高刑。即对犯罪分子应在该档量刑幅度内处刑的档次最高刑。例如，犯故意杀人罪，法定最高刑有两档：一档是死刑；一档为十年，应根据犯罪情节确定最高法定刑是十年还是死刑。

第八十八条　不受追诉时效限制

在人民检察院、公安机关、国家安全机关立案侦查或者在人民法院受理案件以后，逃避侦查或者审判的，不受追诉期限的限制。

被害人在追诉期限内提出控告，人民法院、人民检察院、公安机关应当立案而不予立案的，不受追诉期限的限制。

▶理解与适用

在实践中适用本条时应当注意，不能简单地理解为只要人民检察院、公安机关、国家安全机关对案件进行立案，或者人民法院对案件予以受理后，就可不受追诉时效的限制。上述机关对案件进行立案或受理后，犯罪嫌疑人或被告人必须具有"逃避侦查或者审判"的情况。如果没有逃避侦查和审判的行为，而是有的司法机关立案或受理后，因某些原因又未继续采取侦查或追究措施，以至超过追诉期限的，不应适用本条规定。另外，本条规定"立案侦查"和"受理案件"是指在追诉时效的期限内，对于已过了追诉时效才开始的立案侦查和审判活动，不适用本条规定，而是应分别采取撤销案件、不起诉或者宣告无罪的方法处理，不再追究刑事责任。

第八十九条　追诉期限的计算与中断

追诉期限从犯罪之日起计算；犯罪行为有连续或者继续状态的，从犯罪行为终了之日起计算。

在追诉期限以内又犯罪的，前罪追诉的期限从犯后罪之日起计算。

▶条文参见

《最高人民检察院关于对跨越修订刑法施行日期的继续犯罪、连续犯罪以及其他同种数罪应如何具体适用刑法问题的批复》

第五章 其他规定

第九十条 民族自治地方刑法适用的变通

民族自治地方不能全部适用本法规定的,可以由自治区或者省的人民代表大会根据当地民族的政治、经济、文化的特点和本法规定的基本原则,制定变通或者补充的规定,报请全国人民代表大会常务委员会批准施行。

第九十一条 公共财产的范围

本法所称公共财产,是指下列财产:
(一)国有财产;
(二)劳动群众集体所有的财产;
(三)用于扶贫和其他公益事业的社会捐助或者专项基金的财产。

在国家机关、国有公司、企业、集体企业和人民团体管理、使用或者运输中的私人财产,以公共财产论。

第九十二条 公民私人所有财产的范围

本法所称公民私人所有的财产,是指下列财产:
(一)公民的合法收入、储蓄、房屋和其他生活资料;
(二)依法归个人、家庭所有的生产资料;
(三)个体户和私营企业的合法财产;
(四)依法归个人所有的股份、股票、债券和其他财产。

第九十三条　国家工作人员的范围

本法所称国家工作人员，是指国家机关中从事公务的人员。

国有公司、企业、事业单位、人民团体中从事公务的人员和国家机关、国有公司、企业、事业单位委派到非国有公司、企业、事业单位、社会团体从事公务的人员，以及其他依照法律从事公务的人员，以国家工作人员论。

▶理解与适用

本条规定的国家工作人员包括四类：

1. 国家机关中从事公务的人员。包括在各级国家权力机关、行政机关、司法机关和军事机关中从事公务的人员。"国家机关"是依据宪法和法律设立的，依法承担一定的国家和社会公共事务的管理职责和权力的组织。

在实践中需要注意的是，国家机关的设立和对国家机关中工作人员的编制管理是性质不同的两个问题，因此只要是依法设立的行使一定国家管理职权的组织就是国家机关，至于组织人事部门在编制上对其是按照行政编制还是事业编制进行管理，并不影响其作为国家机关的性质。

2. 国家机关除外的国有单位中从事公务的人员。包括国有公司、企业、事业单位、人民团体中从事公务的人员。

3. 国有单位委派到非国有单位从事公务的人员。包括国家机关、国有公司、企业、事业单位委派到非国有公司、企业、事业单位、社会团体从事公务的人员。所谓委派，即委任、派遣，其形式多种多样，如任命、指派、提名、批准等。不论被委派的人身份如何，只要是接受国家机关、国有公司、企业、事业单位委派，代表国家机关、国有公司、企业、事业单位在非国有公司、企业、事业单位、社会团体中从事组织、领导、监督、管理等工作，都可以认定为国家机关、国有公司、企业、事业单位委派到非国有公司、企业、事业单位、社会团体从事公务的人员。国家机关、国有公司、企业、事业单位委派在国有控股或者参股的股份有限公司从事组织、领导、监督、管理等工作的人员，应当以国家工作人员论。国有公司、企业改制为股份有限公司后，原国有公司、企业的工作人员和股份有限公司新任命的人员中，除代表国有投资主体行使监督、管理职权的人外不以国家工作人员论。

4. 其他依照法律从事公务的人员。本条第2款规定的"其他依照法律从事公务的人员"应当具有两个特征：一是在特定条件下行使国家管理职能；二是依照法律规定从事公务。具体包括：（1）依法履行职责的各级人民代表大会代表；（2）依法执行审判职责的人民陪审员；（3）协助乡镇人民政府、街道办事处从事行政管理工作的村民委员会、居民委员会等农村和城市基层组织人员；（4）其他由法律授权从事公务的人员。

根据立法解释，村民委员会等村基层组织人员协助人民政府从事下列行政管理工作，属于上述"其他依照法律从事公务的人员"：（1）救灾、抢险、防汛、优抚、扶贫、移民、救济款物的管理；（2）社会捐助公益事业款物的管理；（3）国有土地的经营和管理；（4）土地征收、征用补偿费用的管理；（5）代征、代缴税款；（6）有关计划生育、户籍、征兵工作；（7）协助人民政府从事的其他行政管理工作。

此外注意，从事公务，是指代表国家机关、国有公司、企业事业单位、人民团体等履行组织、领导、监督、管理等职责。公务主要表现为与职权相联系的公共事务以及监督、管理国有财产的职务活动。如国家机关工作人员依法履行职责，国有公司的董事、经理、监事、会计、出纳人员等管理、监督国有财产等活动，属于从事公务。那些不具备职权内容的劳务活动、技术服务工作，如售货员、售票员等所从事的工作，一般不认为是公务。

▶条文参见

《全国人民代表大会常务委员会关于〈中华人民共和国刑法〉第九十三条第二款的解释》；《最高人民检察院关于〈全国人民代表大会常务委员会关于〈中华人民共和国刑法〉第九十三条第二款的解释〉的时间效力的批复》

第九十四条 司法工作人员的范围

本法所称司法工作人员，是指有侦查、检察、审判、监管职责的工作人员。

▶理解与适用

根据本条规定，司法工作人员主要包括以下四种人员：

1. 担任侦查职责的人员。主要是指公安机关、国家安全机关、检察机关依照刑事诉讼法规定的管辖分工，对犯罪嫌疑人的犯罪行为进行侦查的人员。

2. 担任检察职责的人员。主要是指检察机关担任批准逮捕、审查起诉、出庭支持公诉、法律监督工作职责的人员。

3. 担任审判职责的人员。主要是指在人民法院担任与审判工作有关的职务的人员，包括正副院长、正副庭长、审判委员会委员、审判员、书记员。

4. 担任监管职责的人员。主要是指公安机关、国家安全机关以及司法行政部门所属的有关机关（监狱、看守所等）中担任监管犯罪嫌疑人、被告人、罪犯职责的人员。

执行中应当注意两个问题：

本条关于"司法工作人员"的概念不同于一般所说的司法机关工作人员的概念。不是所有在公安机关、国家安全机关、人民检察院、人民法院以及看守所、监狱等监管机关工作的人员都属于司法工作人员，只有担负本条规定的四种职责之一的，才能被认定为是本法所说的"司法工作人员"。

本条所说的具有侦查、检察、审判、监管职责的人员不是只限于直接做上述工作的人员，在公安机关、国家安全机关、人民检察院、人民法院以及看守所、监狱等监管机关中负责侦查、检察、审判、监管工作的领导人员，也都属于司法工作人员。

第九十五条 重伤

本法所称重伤，是指有下列情形之一的伤害：
（一）使人肢体残废或者毁人容貌的；
（二）使人丧失听觉、视觉或者其他器官机能的；
（三）其他对于人身健康有重大伤害的。

第九十六条 违反国家规定之含义

本法所称违反国家规定，是指违反全国人民代表大会及其常务委员会制定的法律和决定，国务院制定的行政法规、规定的行政措施、发布的决定和命令。

▶理解与适用

应当注意，本条仅限于全国人大及其常委会制定的法律和决定，国务院制定的行政法规、规定的行政措施、发布的决定和命令。各级地方人大及其常委会制定的地方性法规以及国务院各部委制定的规章和发布的决定和命令都不属于本法所指的国家规定。

第九十七条 首要分子的范围

本法所称首要分子，是指在犯罪集团或者聚众犯罪中起组织、策划、指挥作用的犯罪分子。

▶理解与适用

根据本条规定，本法所说的首要分子主要包括两类人：

1. 在犯罪集团中起组织、策划、指挥作用的犯罪分子。"犯罪集团"是指三人以上为共同实施犯罪而组成的较为固定的犯罪组织。主要具有以下特征：

（1）人数在三人以上，主要成员固定或基本固定；
（2）经常纠集在一起共同进行一种或数种犯罪活动；
（3）有明显的首要分子。有的首要分子是在纠集过程中形成的，有的首要分子则在纠集开始时就是组织者和领导者；

(4) 有预谋地实施犯罪活动；

(5) 不论作案次数多少，对社会造成的危害或其具有的危险性都很严重。

"组织"，主要是指将其他犯罪人纠集在一起。"策划"，主要是指为犯罪活动如何实施拟订办法、方案。"指挥"，是指在犯罪的各个阶段指使、命令其他犯罪人去实施犯罪行为等。

2. 在聚众犯罪中起组织、策划、指挥作用的犯罪分子。"聚众犯罪"，是指纠集多人共同实施犯罪活动，如聚众斗殴，聚众哄抢公私财物的犯罪等。"聚众犯罪"与"犯罪集团"不同，是因进行犯罪将众人聚集起来的，而不具有较固定的犯罪组织和成员。

由于首要分子在犯罪集团或者聚众犯罪中起组织、策划、指挥作用，罪恶比较严重，因此，本法分则对首要分子规定的处刑都比较重。

第九十八条　告诉才处理的含义

本法所称告诉才处理，是指被害人告诉才处理。如果被害人因受强制、威吓无法告诉的，人民检察院和被害人的近亲属也可以告诉。

第九十九条　以上、以下、以内之界定

本法所称以上、以下、以内，包括本数。

第一百条　前科报告制度

依法受过刑事处罚的人，在入伍、就业的时候，应当如实向有关单位报告自己曾受过刑事处罚，不得隐瞒。

犯罪的时候不满十八周岁被判处五年有期徒刑以下刑罚的人，免除前款规定的报告义务。[1]

---

[1] 根据2011年2月25日《刑法修正案（八）》增加一款，作为第二款。

▶条文参见

《未成年人刑事检察工作指引（试行）》第82条

第一百零一条 总则的效力

本法总则适用于其他有刑罚规定的法律，但是其他法律有特别规定的除外。

第二编 分　　则

第一章　危害国家安全罪

第一百零二条 背叛国家罪

勾结外国，危害中华人民共和国的主权、领土完整和安全的，处无期徒刑或者十年以上有期徒刑。

与境外机构、组织、个人相勾结，犯前款罪的，依照前款的规定处罚。

第一百零三条

【分裂国家罪】组织、策划、实施分裂国家、破坏国家统一的，对首要分子或者罪行重大的，处无期徒刑或者十年以上有期徒刑；对积极参加的，处三年以上十年以下有期徒刑；对其他参加的，处三年以下有期徒刑、拘役、管制或者剥夺政治权利。

【煽动分裂国家罪】煽动分裂国家、破坏国家统一的，处五年以下有期徒刑、拘役、管制或者剥夺政治权利；首要分子或者罪行重大的，处五年以上有期徒刑。

▶条文参见

《反分裂国家法》；《境外非政府组织境内活动管理法》第47条；《宗教事务条例》第4条、第63条、第73条；《全国人民代表大会常务委员会关于维护互联网安全的决定》第2条；《最高人民法院关于审理非法出版物刑事案件具体应用法律若干问题的解释》第1条；《最高人民法院、最高人民检察院关于办理妨害预防、控制突发传染病疫情等灾害的刑事案件具体应用法律若干问题的解释》第10条

第一百零四条　武装叛乱、暴乱罪

组织、策划、实施武装叛乱或者武装暴乱的，对首要分子或者罪行重大的，处无期徒刑或者十年以上有期徒刑；对积极参加的，处三年以上十年以下有期徒刑；对其他参加的，处三年以下有期徒刑、拘役、管制或者剥夺政治权利。

策动、胁迫、勾引、收买国家机关工作人员、武装部队人员、人民警察、民兵进行武装叛乱或者武装暴乱的，依照前款的规定从重处罚。

第一百零五条

【颠覆国家政权罪】组织、策划、实施颠覆国家政权、推翻社会主义制度的，对首要分子或者罪行重大的，处无期徒刑或者十年以上有期徒刑；对积极参加的，处三年以上十年以下有期徒刑；对其他参加的，处三年以下有期徒刑、拘役、管制或者剥夺政治权利。

【煽动颠覆国家政权罪】以造谣、诽谤或者其他方式煽动颠覆国家政权、推翻社会主义制度的，处五年以下有期徒刑、拘役、管制或者剥夺政治权利；首要分子或者罪行重大的，处五年以上有期徒刑。

▶条文参见

《最高人民法院关于审理非法出版物刑事案件具体应用法律若干问题的解释》第1条；《最高人民法院、最高人民检察院关于办理妨害预防、控制突发传染病疫情等灾害的刑事案件具体应用法律若干问题的解释》第10条

第一百零六条　与境外勾结的处罚规定

与境外机构、组织、个人相勾结，实施本章第一百零三条、第一百零四条、第一百零五条规定之罪的，依照各该条的规定从重处罚。

第一百零七条　资助危害国家安全犯罪活动罪

境内外机构、组织或者个人资助实施本章第一百零二条、第一百零三条、第一百零四条、第一百零五条规定之罪的，对直接责任人员，处五年以下有期徒刑、拘役、管制或者剥夺政治权利；情节严重的，处五年以上有期徒刑。①

第一百零八条　投敌叛变罪

投敌叛变的，处三年以上十年以下有期徒刑；情节严重或者带领武装部队人员、人民警察、民兵投敌叛变的，处十年以上有期徒刑或者无期徒刑。

第一百零九条　叛逃罪

国家机关工作人员在履行公务期间，擅离岗位，叛逃境外或者在境外叛逃的，处五年以下有期徒刑、拘役、管制或者剥夺政治权利；情节严重的，处五年以上十年以下有期徒刑。

掌握国家秘密的国家工作人员叛逃境外或者在境外叛逃的，依照前款的规定从重处罚。②

---

① 根据2011年2月25日《刑法修正案（八）》修改。原条文为："境内外机构、组织或者个人资助境内组织或者个人实施本章第一百零二条、第一百零三条、第一百零四条、第一百零五条规定之罪的，对直接责任人员，处五年以下有期徒刑、拘役、管制或者剥夺政治权利；情节严重的，处五年以上有期徒刑。"

② 根据2011年2月25日《刑法修正案（八）》修改。原条文为："国家机关工作人员在履行公务期间，擅离岗位，叛逃境外或者在境外叛逃，危害中华人民共和国国家安全的，处五年以下有期徒刑、拘役、管制或者剥夺政治权利；情节严重的，处五年以上十年以下有期徒刑。

"掌握国家秘密的国家工作人员犯前款罪的，依照前款的规定从重处罚。"

▶理解与适用

本条第1款中所说的"履行公务期间",主要是指在职的国家机关工作人员在执行公务期间,如国家机关代表团在外访问期间、我国驻外使领馆的外交人员以及国家派驻国外执行任务的人员履行职务期间等。国家机关工作人员离职在境外学习,或者到境外探亲访友的,则不属于本款规定中的"履行公务期间"。

本条第2款中所说的"国家秘密",是指关系国家的安全和利益,依照法定程序确定,在一定时间内只限一定范围的人员知悉的事项。以下涉及国家安全和利益的事项,泄露后可能损害国家在政治、经济、国防、外交等领域的安全和利益的,应当确定为国家秘密:(1)国家事务重大决策中的秘密事项;(2)国防建设和武装力量活动中的秘密事项;(3)外交和外事活动中的秘密事项以及对外承担保密义务的秘密事项;(4)国民经济和社会发展中的秘密事项;(5)科学技术中的秘密事项;(6)维护国家安全活动和追查刑事犯罪中的秘密事项;(7)经国家保密行政管理部门确定的其他秘密事项。政党的秘密事项中符合前款规定的,属于国家秘密。

第一百一十条　间谍罪

有下列间谍行为之一,危害国家安全的,处十年以上有期徒刑或者无期徒刑;情节较轻的,处三年以上十年以下有期徒刑:

(一)参加间谍组织或者接受间谍组织及其代理人的任务的;

(二)为敌人指示轰击目标的。

▶条文参见

《反间谍法》;《反间谍法实施细则》

第一百一十一条 为境外窃取、刺探、收买、非法提供国家秘密、情报罪

为境外的机构、组织、人员窃取、刺探、收买、非法提供国家秘密或者情报的,处五年以上十年以下有期徒刑;情节特别严重的,处十年以上有期徒刑或者无期徒刑;情节较轻的,处五年以下有期徒刑、拘役、管制或者剥夺政治权利。

▶理解与适用

本罪中行为人窃取、刺探、收买、非法提供的国家秘密不包括军事秘密在内。如果行为人为境外的机构、组织、人员窃取、刺探、收买、非法提供的是军事秘密的,应以"为境外窃取、刺探、收买、非法提供军事秘密罪"定罪处罚。

行为人知道或者应当知道没有标明密级的事项关系国家安全和利益,而为境外窃取、刺探、收买、非法提供的,依照本条的规定定罪处罚。

通过互联网将国家秘密或者情报非法发送给境外的机构、组织、个人的,依照本条的规定定罪处罚;将国家秘密通过互联网予以发布,情节严重的,依照刑法第398条的规定定罪处罚。

▶条文参见

《最高人民法院关于审理为境外窃取、刺探、收买、非法提供国家秘密、情报案件具体应用法律若干问题的解释》

第一百一十二条 资敌罪

战时供给敌人武器装备、军用物资资敌的,处十年以上有期徒刑或者无期徒刑;情节较轻的,处三年以上十年以下有期徒刑。

第一百一十三条 危害国家安全罪适用死刑、没收财产的规定

本章上述危害国家安全罪行中，除第一百零三条第二款、第一百零五条、第一百零七条、第一百零九条外，对国家和人民危害特别严重、情节特别恶劣的，可以判处死刑。

犯本章之罪的，可以并处没收财产。

第二章　危害公共安全罪

第一百一十四条 放火罪　决水罪　爆炸罪　投放危险物质罪　以危险方法危害公共安全罪

放火、决水、爆炸以及投放毒害性、放射性、传染病病原体等物质或者以其他危险方法危害公共安全，尚未造成严重后果的，处三年以上十年以下有期徒刑。[①]

▶理解与适用

本章罪侵犯的客体是公共安全。所谓公共安全，即不特定的多数人的生命、健康和重大公私财产安全。所谓不特定，是指犯罪行为可能侵犯的对象和可能造成的结果事先无法确定，行为人对此既无法具体预料也难以实际控制，行为的危险或者行为造成的危害结果可能随时扩大或者增加。如果犯罪行为只侵犯某一特定的人身或者财产，而不直接危及公共安全，就不能构成危害公共安全罪，而应根据其侵犯的客体分别定为故意杀人罪、故意伤害罪等。如果针对特定的对象，但造成的后果却是不确定的，危害了公共安全，也应以本章罪认定。

以危险方法危害公共安全罪在客观方面有两个特点：一是这种

---

① 根据 2001 年 12 月 29 日《刑法修正案（三）》修改。原条文为："放火、决水、爆炸、投毒或者以其他危险方法破坏工厂、矿场、油田、港口、河流、水源、仓库、住宅、森林、农场、谷场、牧场、重要管道、公共建筑物或者其他公私财产，危害公共安全，尚未造成严重后果的，处三年以上十年以下有期徒刑。"

危险行为在刑法分则中没有明文规定；二是这种没有规定的危险行为的危险性与放火、投放危险物质、决水、爆炸方法的危险性相当，如在人群密集区驾车撞人、向人群开枪、私设电网、故意传播突发传染病病原体等。

▶典型案例指引

　　1. 黎某某以危险方法危害公共安全案（最高人民法院发布有关醉酒驾车犯罪案例之一）

　　案件适用要点：被告人黎某某醉酒驾车撞倒李某某所骑自行车后，尚知道驾驶车辆掉头行驶；在车轮被路边花地卡住的情况下，知道将车辆驾驶回路面，说明其案发时具有辨认和控制能力。黎某某撞人后，置被撞人员于不顾，也不顾在车前对其进行劝阻和救助伤者的众多村民，仍继续驾车企图离开现场，撞向已倒地的李某某和救助群众梁某某，致二人死亡，说明其主观上对在场人员伤亡的危害结果持放任态度，具有危害公共安全的间接故意。

　　2. 孙某某以危险方法危害公共安全案（最高人民法院发布有关醉酒驾车犯罪案例之一）

　　案件适用要点：被告人孙某某无视交通法规和公共安全，在未取得驾驶证的情况下，长期驾驶机动车辆，多次违反交通法规，且在醉酒驾车发生交通事故后，继续驾车超限速行驶，冲撞多辆车辆，造成数人伤亡的严重后果，说明其主观上对危害结果的发生持放任态度，具有危害公共安全的间接故意，其行为已构成以危险方法危害公共安全罪。

▶条文参见

　　《关于依法惩治妨害公共交通工具安全驾驶违法犯罪行为的指导意见》一（一）~（三）；《最高人民法院关于依法妥善审理高空抛物、坠物案件的意见》第5条、第6条

第一百一十五条

【放火罪】【决水罪】【爆炸罪】【投放危险物质罪】【以危险方法危害公共安全罪】放火、决水、爆炸以及投放毒害性、放射性、传染病病原体等物质或者以其他危险方法致人重伤、死亡或者使公私财产遭受重大损失的，处十年以上有期徒刑、无期徒刑或者死刑。①

【失火罪】【过失决水罪】【过失爆炸罪】【过失投放危险物质罪】【过失以危险方法危害公共安全罪】过失犯前款罪的，处三年以上七年以下有期徒刑；情节较轻的，处三年以下有期徒刑或者拘役。

第一百一十六条　破坏交通工具罪

破坏火车、汽车、电车、船只、航空器，足以使火车、汽车、电车、船只、航空器发生倾覆、毁坏危险，尚未造成严重后果的，处三年以上十年以下有期徒刑。

▶ 理解与适用

本罪的犯罪对象必须是正在使用中的交通工具。对"正在使用"应作广义理解，正在使用中、处于随时使用的状态、不需要再检修就使用以及停机待修马上投入使用的，都属于"正在使用中"。如果破坏的是尚未交付使用或者正在修理的交通工具，一般不会危及公共安全，不构成本罪。

第一百一十七条　破坏交通设施罪

破坏轨道、桥梁、隧道、公路、机场、航道、灯塔、标志或者进行其他破坏活动，足以使火车、汽车、电车、船只、航空器发生倾覆、毁坏危险，尚未造成严重后果的，处三年以上十年以下有期徒刑。

---

① 根据2001年12月29日《刑法修正案（三）》修改。原第一款条文为："放火、决水、爆炸、投毒或者以其他危险方法致人重伤、死亡或者使公私财产遭受重大损失的，处十年以上有期徒刑、无期徒刑或者死刑。"

第一百一十八条 破坏电力设备罪 破坏易燃易爆设备罪

破坏电力、燃气或者其他易燃易爆设备,危害公共安全,尚未造成严重后果的,处三年以上十年以下有期徒刑。

▶理解与适用

本条中的"电力"设备,是指用来发电和供电的公用设备,如发电厂、供电站、高压输电线路等。需要注意的是,这里的电力设备,包括处于运行、应急等使用中的电力设备;已经通电使用,只是由于枯水季节或电力不足等原因暂停使用的电力设备;已经交付使用但尚未通电的电力设备。不包括尚未安装完毕,或者已经安装完毕但尚未交付使用的电力设备。"燃气"设备,是指生产、贮存、输送各种燃气的设备,如煤气管道、煤气罐、天然气管道等。"其他易燃易爆设备",是指除燃气设备以外的生产、贮存和输送易燃易爆物品的设备,如石油管道、汽车加油站、火药及易燃易爆的化学物品的生产、贮存、运输设备等。

▶条文参见

《最高人民法院、最高人民检察院关于办理盗窃油气、破坏油气设备等刑事案件具体应用法律若干问题的解释》第1条;《最高人民法院关于审理破坏电力设备刑事案件具体应用法律若干问题的解释》

第一百一十九条

【破坏交通工具罪】【破坏交通设施罪】【破坏电力设备罪】【破坏易燃易爆设备罪】破坏交通工具、交通设施、电力设备、燃气设备、易燃易爆设备,造成严重后果的,处十年以上有期徒刑、无期徒刑或者死刑。

【过失损坏交通工具罪】【过失损坏交通设施罪】【过失损坏电力设备罪】【过失损坏易燃易爆设备罪】过失犯前款罪的,处三年以上七年以下有期徒刑;情节较轻的,处三年以下有期徒刑或者拘役。

第一百二十条　组织、领导、参加恐怖组织罪

> 组织、领导恐怖活动组织的，处十年以上有期徒刑或者无期徒刑，并处没收财产；积极参加的，处三年以上十年以下有期徒刑，并处罚金；其他参加的，处三年以下有期徒刑、拘役、管制或者剥夺政治权利，可以并处罚金。
>
> 犯前款罪并实施杀人、爆炸、绑架等犯罪的，依照数罪并罚的规定处罚。[①]

▶理解与适用

恐怖活动组织一般具备以下特征：一是成员必须是三人以上，这是恐怖活动组织在人数上的最低限制。二是恐怖活动组织必须具有特定的目的，一般带有政治、意识形态等性质，不具有这方面的目的，仅是为实施普通犯罪而结合起来的犯罪集团，与恐怖活动组织是有明显区别的。三是恐怖活动组织具有较严密的组织性。其成员相对固定且内部存在领导与被领导的关系，有组织、领导者，有骨干分子，也有一般成员，纪律性和组织性较强。四是恐怖活动组织有一定的稳定性。即恐怖活动组织建立以后，在较长时间内存在和维系，并随时准备实施暴力恐怖犯罪，而不是实施完一次恐怖活动后就解散。

本罪是选择性罪名，行为人只要实施了组织、领导、积极参加或者参加恐怖活动组织行为之一的，便构成本罪。行为人实施本条第一款规定的两个或者两个以上的行为，比如既组织又领导恐怖活动组织的，也只成立一罪，不实行数罪并罚。

[①] 根据2001年12月29日《刑法修正案（三）》第一次修改。原第一款条文为："组织、领导和积极参加恐怖活动组织的，处三年以上十年以下有期徒刑；其他参加的，处三年以下有期徒刑、拘役或者管制。"

根据2015年8月29日《刑法修正案（九）》第二次修改。原条文为："组织、领导恐怖活动组织的，处十年以上有期徒刑或者无期徒刑；积极参加的，处三年以上十年以下有期徒刑；其他参加的，处三年以下有期徒刑、拘役、管制或者剥夺政治权利。"

"犯前款罪并实施杀人、爆炸、绑架等犯罪的，依照数罪并罚的规定处罚。"

掌握好罪与非罪的界限。本罪的主观方面是故意,一般具有借助恐怖活动组织实施恐怖活动的目的。实践中,对于参加恐怖活动组织而言,行为人必须明知是恐怖活动组织而自愿参加的,才能构成本罪。对于那些因不明真相,因受蒙蔽、欺骗而参加恐怖活动组织,一经发现即脱离关系,实际上也没有参与实施恐怖活动的,不能认定为犯罪。

本罪与组织、领导、参加黑社会性质组织罪的界限。本法第294条规定了组织、领导、参加黑社会性质组织罪,并明确了黑社会性质组织应当同时具备的特征。这两种犯罪在客观方面的行为方式上非常相近,在人员构成、犯罪方式、活动形式等方面也很相似。但两者的区别也是明显的:一是类罪名不同。组织、领导、参加恐怖活动组织罪是危害公共安全的犯罪,而组织、领导、参加黑社会性质组织罪是破坏社会管理秩序的犯罪。二是犯罪组织的性质不同。恐怖组织具有较浓的政治色彩,而黑社会性质组织更多的是为了追求非法经济利益,主要构成对经济、社会生活秩序的严重破坏。

第一百二十条之一　　帮助恐怖活动罪

资助恐怖活动组织、实施恐怖活动的个人的,或者资助恐怖活动培训的,处五年以下有期徒刑、拘役、管制或者剥夺政治权利,并处罚金;情节严重的,处五年以上有期徒刑,并处罚金或者没收财产。

为恐怖活动组织、实施恐怖活动或者恐怖活动培训招募、运送人员的,依照前款的规定处罚。

单位犯前两款罪的,对单位判处罚金,并对其直接负责的主管人员和其他直接责任人员,依照第一款的规定处罚。[1]

---

[1] 根据2001年12月29日《刑法修正案(三)》增加。根据2015年8月29日《刑法修正案(九)》修改。原条文为:"资助恐怖活动组织或者实施恐怖活动的个人的,处五年以下有期徒刑、拘役、管制或者剥夺政治权利,并处罚金;情节严重的,处五年以上有期徒刑,并处罚金或者没收财产。

"单位犯前款罪的,对单位判处罚金,并对其直接负责的主管人员和其他直接责任人员,依照前款的规定处罚。"

第一百二十条之二　准备实施恐怖活动罪

有下列情形之一的,处五年以下有期徒刑、拘役、管制或者剥夺政治权利,并处罚金;情节严重的,处五年以上有期徒刑,并处罚金或者没收财产:
（一）为实施恐怖活动准备凶器、危险物品或者其他工具的;
（二）组织恐怖活动培训或者积极参加恐怖活动培训的;
（三）为实施恐怖活动与境外恐怖活动组织或者人员联络的;
（四）为实施恐怖活动进行策划或者其他准备的。
有前款行为,同时构成其他犯罪的,依照处罚较重的规定定罪处罚。①

第一百二十条之三　宣扬恐怖主义、极端主义、煽动实施恐怖活动罪

以制作、散发宣扬恐怖主义、极端主义的图书、音频视频资料或者其他物品,或者通过讲授、发布信息等方式宣扬恐怖主义、极端主义的,或者煽动实施恐怖活动的,处五年以下有期徒刑、拘役、管制或者剥夺政治权利,并处罚金;情节严重的,处五年以上有期徒刑,并处罚金或者没收财产。②

第一百二十条之四　利用极端主义破坏法律实施罪

利用极端主义煽动、胁迫群众破坏国家法律确立的婚姻、司法、教育、社会管理等制度实施的,处三年以下有期徒刑、拘役或者管制,并处罚金;情节严重的,处三年以上七年以下有期徒刑,并处罚金;情节特别严重的,处七年以上有期徒刑,并处罚金或者没收财产。③

---

① 根据 2015 年 8 月 29 日《刑法修正案（九）》增加。
② 根据 2015 年 8 月 29 日《刑法修正案（九）》增加。
③ 根据 2015 年 8 月 29 日《刑法修正案（九）》增加。

▶理解与适用

本条中的"极端主义",是指通过歪曲宗教教义或者其他方法煽动仇恨、煽动歧视,崇尚暴力的思想和主张,以及以此为思想基础而实施的行为,经常表现为对其他文化、观念、族群等的完全歧视和排斥。"利用极端主义"是构成本罪的一个要件。对于煽动、胁迫他人破坏国家法律制度实施但没有利用极端主义的,应当根据具体情况分别处理。对于组织、利用会道门、邪教组织或者利用迷信破坏国家法律、行政法规实施,构成犯罪的,依照本法第300条的规定定罪处罚。有些人由于狭隘思想或者愚昧等原因,对宗教教义、民族风俗习惯产生不正确的理解,并进而破坏国家法律制度实施的,如果构成犯罪,可以按照刑法的其他规定定罪处罚。不构成犯罪的,依法予以行政处罚或者进行批评、教育。

第一百二十条之五　强制穿戴宣扬恐怖主义、极端主义服饰、标志罪

以暴力、胁迫等方式强制他人在公共场所穿着、佩戴宣扬恐怖主义、极端主义服饰、标志的,处三年以下有期徒刑、拘役或者管制,并处罚金。①

第一百二十条之六　非法持有宣扬恐怖主义、极端主义物品罪

明知是宣扬恐怖主义、极端主义的图书、音频视频资料或者其他物品而非法持有,情节严重的,处三年以下有期徒刑、拘役或者管制,并处或者单处罚金。②

第一百二十一条　劫持航空器罪

以暴力、胁迫或者其他方法劫持航空器的,处十年以上有期徒刑或者无期徒刑;致人重伤、死亡或者使航空器遭受严重破坏的,处死刑。

---

① 根据2015年8月29日《刑法修正案(九)》增加。
② 根据2015年8月29日《刑法修正案(九)》增加。

第一百二十二条　劫持船只、汽车罪

以暴力、胁迫或者其他方法劫持船只、汽车的，处五年以上十年以下有期徒刑；造成严重后果的，处十年以上有期徒刑或者无期徒刑。

第一百二十三条　暴力危及飞行安全罪

对飞行中的航空器上的人员使用暴力，危及飞行安全，尚未造成严重后果的，处五年以下有期徒刑或者拘役；造成严重后果的，处五年以上有期徒刑。

第一百二十四条

【破坏广播电视设施、公用电信设施罪】破坏广播电视设施、公用电信设施，危害公共安全的，处三年以上七年以下有期徒刑；造成严重后果的，处七年以上有期徒刑。

【过失损坏广播电视设施、公用电信设施罪】过失犯前款罪的，处三年以上七年以下有期徒刑；情节较轻的，处三年以下有期徒刑或者拘役。

▶条文参见

《最高人民法院关于审理破坏公用电信设施刑事案件具体应用法律若干问题的解释》

第一百二十五条

【非法制造、买卖、运输、邮寄、储存枪支、弹药、爆炸物罪】非法制造、买卖、运输、邮寄、储存枪支、弹药、爆炸物的，处三年以上十年以下有期徒刑；情节严重的，处十年以上有期徒刑、无期徒刑或者死刑。

75

> **【非法制造、买卖、运输、储存危险物质罪】** 非法制造、买卖、运输、储存毒害性、放射性、传染病病原体等物质,危害公共安全的,依照前款的规定处罚。①
>
> 单位犯前两款罪的,对单位判处罚金,并对其直接负责的主管人员和其他直接责任人员,依照第一款的规定处罚。

▶典型案例指引

王某某等非法买卖、储存危险物质案(最高人民法院指导案例13号)

案件适用要点:国家严格监督管理的氰化钠等剧毒化学品,易致人中毒或者死亡,对人体、环境具有极大的毒害性和危险性,属于刑法第一百二十五条第二款规定的"毒害性"物质。

"非法买卖"毒害性物质,是指违反法律和国家主管部门规定,未经有关主管部门批准许可,擅自购买或者出售毒害性物质的行为,并不需要兼有买进和卖出的行为。

▶条文参见

《最高人民法院关于审理非法制造、买卖、运输枪支、弹药、爆炸物等刑事案件具体应用法律若干问题的解释》第1条、第2条;《最高人民法院、最高人民检察院关于办理非法制造、买卖、运输、储存毒鼠强等禁用剧毒化学品刑事案件具体应用法律若干问题的解释》第1条~第3条、第6条;《最高人民检察院、公安部关于公安机关管辖的刑事案件立案追诉标准的规定(一)》第2条

第一百二十六条 违规制造、销售枪支罪

> 依法被指定、确定的枪支制造企业、销售企业,违反枪支管理规定,有下列行为之一的,对单位判处罚金,并对其直接负责的主管人员和其他直接责任人员,处五年以下有期徒刑;情节严

---

① 根据2001年12月29日《刑法修正案(三)》修改。原第二款条文为:"非法买卖、运输核材料的,依照前款的规定处罚。"

重的，处五年以上十年以下有期徒刑；情节特别严重的，处十年以上有期徒刑或者无期徒刑：

（一）以非法销售为目的，超过限额或者不按照规定的品种制造、配售枪支的；

（二）以非法销售为目的，制造无号、重号、假号的枪支的；

（三）非法销售枪支或者在境内销售为出口制造的枪支的。

▶条文参见

《枪支管理法》第40条、《最高人民法院关于审理非法制造、买卖、运输枪支、弹药、爆炸物等刑事案件具体应用法律若干问题的解释》第3条；《最高人民检察院、公安部关于公安机关管辖的刑事案件立案追诉标准的规定（一）》第3条

第一百二十七条

【盗窃、抢夺枪支、弹药、爆炸物、危险物质罪】盗窃、抢夺枪支、弹药、爆炸物的，或者盗窃、抢夺毒害性、放射性、传染病病原体等物质，危害公共安全的，处三年以上十年以下有期徒刑；情节严重的，处十年以上有期徒刑、无期徒刑或者死刑。

【抢劫枪支、弹药、爆炸物、危险物质罪】【盗窃、抢夺枪支、弹药、爆炸物、危险物质罪】抢劫枪支、弹药、爆炸物的，或者抢劫毒害性、放射性、传染病病原体等物质，危害公共安全的，或者盗窃、抢夺国家机关、军警人员、民兵的枪支、弹药、爆炸物的，处十年以上有期徒刑、无期徒刑或者死刑。[1]

---

[1] 根据2001年12月29日《刑法修正案（三）》修改。原条文为："盗窃、抢夺枪支、弹药、爆炸物的，处三年以上十年以下有期徒刑；情节严重的，处十年以上有期徒刑、无期徒刑或者死刑。

"抢劫枪支、弹药、爆炸物或者盗窃、抢夺国家机关、军警人员、民兵的枪支、弹药、爆炸物的，处十年以上有期徒刑、无期徒刑或者死刑。"

▶条文参见

《最高人民法院关于审理非法制造、买卖、运输枪支、弹药、爆炸物等刑事案件具体应用法律若干问题的解释》第4条

第一百二十八条

【非法持有、私藏枪支、弹药罪】违反枪支管理规定,非法持有、私藏枪支、弹药的,处三年以下有期徒刑、拘役或者管制;情节严重的,处三年以上七年以下有期徒刑。

【非法出租、出借枪支罪】依法配备公务用枪的人员,非法出租、出借枪支的,依照前款的规定处罚。

【非法出租、出借枪支罪】依法配置枪支的人员,非法出租、出借枪支,造成严重后果的,依照第一款的规定处罚。

单位犯第二款、第三款罪的,对单位判处罚金,并对其直接负责的主管人员和其他直接责任人员,依照第一款的规定处罚。

▶理解与适用

本条规定的"违反枪支管理规定",是指违反《枪支管理法》及国家有关主管部门对枪支、弹药管理等方面作的规定。"非法持有",是指不符合配备、配置枪支、弹药条件的人员,违反枪支管理法律、法规的规定,擅自持有枪支、弹药的行为。"私藏",是指依法配备、配置枪支、弹药的人员,在配备、配置枪支、弹药的条件消除后,违反枪支管理法律、法规的规定,私自藏匿所配备、配置的枪支、弹药且拒不交出的行为。

非法出租、出借枪支罪的主体有两类人,相应地构成本罪的客观要件也不同:依法配备公务用枪的人员,非法出租、出借枪支的,不需要造成任何结果即构成非法出租、出借枪支罪;依法配置枪支的人员,非法出租、出借枪支,需造成严重后果才构成非法出租、出借枪支罪。另外注意,依法配备公务用枪的人员,违反法律规定,将公务用枪用作借债质押物,使枪支处于非依法持枪人的控制、使用之下,严重危害公共安全,是本条第2款所规定的非法出借枪支行为的一种形式,应以非法出借枪支罪追究刑事责任;对接受枪支

质押的人员，构成犯罪的，根据本条第1款的规定，应以非法持有枪支罪追究其刑事责任。

行为人与犯罪分子事先通谋，出租、出借枪支供犯罪分子用于犯罪的，应当以共同犯罪论处。

▶条文参见

《枪支管理法》第3条~第12条；《最高人民法院关于审理非法制造、买卖、运输枪支、弹药、爆炸物等刑事案件具体应用法律若干问题的解释》第5条、第8条；《最高人民检察院关于将公务用枪用作借债质押的行为如何适用法律问题的批复》；《最高人民检察院、公安部关于公安机关管辖的刑事案件立案追诉标准的规定（一）》第4条、第5条

第一百二十九条　丢失枪支不报罪

依法配备公务用枪的人员，丢失枪支不及时报告，造成严重后果的，处三年以下有期徒刑或者拘役。

第一百三十条　非法携带枪支、弹药、管制刀具、危险物品危及公共安全罪

非法携带枪支、弹药、管制刀具或者爆炸性、易燃性、放射性、毒害性、腐蚀性物品，进入公共场所或者公共交通工具，危及公共安全，情节严重的，处三年以下有期徒刑、拘役或者管制。

▶理解与适用

本条规定的"管制刀具"，是指国家依法进行管制，只能由特定人员持有、使用，禁止私自生产、买卖、持有的刀具，如匕首、三棱刮刀、弹簧刀以及类似的单刃刀、双刃刀和三棱尖刀等。

根据有关司法解释的规定，非法携带枪支、弹药、爆炸物进入公共场所或者公共交通工具，危及公共安全，具有下列情形之一的，属于"情节严重"：(1) 携带枪支或者手榴弹的；(2) 携带爆炸装置的；(3) 携带炸药、发射药、黑火药五百克以上或者烟火药一千

克以上、雷管二十枚以上或者导火索、导爆索二十米以上的；（4）携带的弹药、爆炸物在公共场所或者公共交通工具上发生爆炸或者燃烧，尚未造成严重后果的；（5）具有其他严重情节的。此外，行为人非法携带上述第（3）项规定的爆炸物进入公共场所或者公共交通工具，虽未达到上述数量标准，但拒不交出的，依照本条的规定定罪处罚；携带的数量达到最低数量标准，能够主动、全部交出的，可不以犯罪论处。

▶条文参见

《集会游行示威法》第29条；《铁路法》第60条；《民用航空法》第193条；《最高人民法院关于审理非法制造、买卖、运输枪支、弹药、爆炸物等刑事案件具体应用法律若干问题的解释》第6条、第7条；《最高人民检察院、公安部关于公安机关管辖的刑事案件立案追诉标准的规定（一）》第7条

第一百三十一条　重大飞行事故罪

航空人员违反规章制度，致使发生重大飞行事故，造成严重后果的，处三年以下有期徒刑或者拘役；造成飞机坠毁或者人员死亡的，处三年以上七年以下有期徒刑。

第一百三十二条　铁路运营安全事故罪

铁路职工违反规章制度，致使发生铁路运营安全事故，造成严重后果的，处三年以下有期徒刑或者拘役；造成特别严重后果的，处三年以上七年以下有期徒刑。

第一百三十三条　交通肇事罪

违反交通运输管理法规，因而发生重大事故，致人重伤、死亡或者使公私财产遭受重大损失的，处三年以下有期徒刑或者拘役；交通运输肇事后逃逸或者有其他特别恶劣情节的，处三年以上七年以下有期徒刑；因逃逸致人死亡的，处七年以上有期徒刑。

▶理解与适用

交通肇事罪的主体是一般主体,并不要求行为人必须是持有合法驾驶执照的人员,既包括依法从事交通运输的人员,也包括非法进行交通运输的人员。本罪发生的时空条件是特定的,即在实行公共交通管理的范围内发生的重大交通事故。在公共交通管理的范围外,驾驶机动车辆或者使用其他交通工具致人伤亡或者致使公共财产或者他人财产遭受重大损失,构成犯罪的,分别依照刑法第134条、第135条、第233条等规定定罪处罚。

根据有关司法解释的规定,交通肇事具有下列情形之一的,构成犯罪,处3年以下有期徒刑或者拘役:(1)死亡1人或者重伤3人以上,负事故全部或者主要责任的;(2)死亡3人以上,负事故同等责任的;(3)造成公共财产或者他人财产直接损失,负事故全部或者主要责任,无能力赔偿数额在30万元以上的。交通肇事致一人以上重伤,负事故全部或者主要责任,并具有下列情形之一的,以交通肇事罪定罪处罚:(1)酒后、吸食毒品后驾驶机动车辆的;(2)无驾驶资格驾驶机动车辆的;(3)明知是安全装置不全或者安全机件失灵的机动车辆而驾驶的;(4)明知是无牌证或者已报废的机动车辆而驾驶的;(5)严重超载驾驶的;(6)为逃避法律追究逃离事故现场的。

"交通运输肇事后逃逸",是指行为人具有法定情形,在发生交通事故后,为逃避法律追究而逃跑的行为。"因逃逸致人死亡",是指行为人在交通肇事后为逃避法律追究而逃跑,致使被害人因得不到救助而死亡的情形。

交通肇事后,单位主管人员、机动车辆所有人、承包人或者乘车人指使肇事人逃逸,致使被害人因得不到救助而死亡的,以交通肇事罪的共犯论处。单位主管人员、机动车辆所有人或者机动车辆承包人指使、强令他人违章驾驶造成重大交通事故,构成犯罪的,以交通肇事罪定罪处罚。

行为人在交通肇事后为逃避法律追究,将被害人带离事故现场后隐藏或者遗弃,致使被害人无法得到救助而死亡或者严重残疾的,应当分别依照刑法第232条、第234条第2款的规定,以故意杀人罪或者故意伤害罪定罪处罚。

▶条文参见

《最高人民法院关于审理交通肇事刑事案件具体应用法律若干问题的解释》

第一百三十三条之一　危险驾驶罪

在道路上驾驶机动车,有下列情形之一的,处拘役,并处罚金:

(一) 追逐竞驶,情节恶劣的;

(二) 醉酒驾驶机动车的;

(三) 从事校车业务或者旅客运输,严重超过额定乘员载客,或者严重超过规定时速行驶的;

(四) 违反危险化学品安全管理规定运输危险化学品,危及公共安全的。

机动车所有人、管理人对前款第三项、第四项行为负有直接责任的,依照前款的规定处罚。

有前两款行为,同时构成其他犯罪的,依照处罚较重的规定定罪处罚。①

▶理解与适用

本条中的"追逐竞驶",就是平常所说的"飙车",是指在道路上,以在较短的时间内通过某条道路为目标或者以同行的其他车辆为竞争目标,追逐行驶。根据本条规定,在道路上追逐竞驶,情节恶劣的才构成犯罪。判断是否"情节恶劣",应结合追逐竞驶所在的道路、时段、人员流量,追逐竞驶造成的危害程度以及危害后果等方面进行认定。

关于"醉酒驾驶机动车"。道路交通安全法的相关规定区分了饮酒和醉酒两种情形。根据2011年1月27日发布的《车辆驾驶人员血液、呼气酒精含量阈值与检验》(GB 19522—2010) 的规定,饮酒后

---

① 根据2011年2月25日《刑法修正案(八)》增加。根据2015年8月29日《刑法修正案(九)》修改。原条文为:"在道路上驾驶机动车追逐竞驶,情节恶劣的,或者在道路上醉酒驾驶机动车的,处拘役,并处罚金。

"有前款行为,同时构成其他犯罪的,依照处罚较重的规定定罪处罚。"

驾车是指车辆驾驶人员血液中的酒精含量大于或者等于20mg/100mL，小于80mg/100mL的驾驶行为；醉酒后驾车是指车辆驾驶人员血液中的酒精含量大于或者等于80mg/100mL的驾驶行为。醉酒驾驶机动车的行为不一定造成交通事故、人员伤亡的严重后果，只要行为人血液中的酒精含量大于或者等于80mg/100mL，即构成危险驾驶的行为。根据《最高人民法院、最高人民检察院、公安部、司法部关于办理醉酒危险驾驶刑事案件的意见》中的规定，醉驾具有下列情形之一，尚不构成其他犯罪的，从重处理：（1）造成交通事故且负事故全部或者主要责任的；（2）造成交通事故后逃逸的；（3）未取得机动车驾驶证驾驶汽车的；（4）严重超员、超载、超速驾驶的；（5）服用国家规定管制的精神药品或者麻醉药品后驾驶的；（6）驾驶机动车从事客运活动且载有乘客的；（7）驾驶机动车从事校车业务且载有师生的；（8）在高速公路上驾驶的；（9）驾驶重型载货汽车的；（10）运输危险化学品、危险货物的；（11）逃避、阻碍公安机关依法检查的；（12）实施威胁、打击报复、引诱、贿买证人、鉴定人等人员或者毁灭、伪造证据等妨害司法行为的；（13）两年内曾因饮酒后驾驶机动车被查获或者受过行政处罚的；（14）5年内曾因危险驾驶行为被判决有罪或者作相对不起诉的；（15）其他需要从重处理的情形。醉驾具有下列情形之一的，从宽处理：（1）自首、坦白、立功的；（2）自愿认罪认罚的；（3）造成交通事故，赔偿损失或者取得谅解的；（4）其他需要从宽处理的情形。醉驾具有下列情形之一，且不构成其他犯罪，无须从重处理的，可以认定为情节显著轻微、危害不大，依照刑法第13条、刑事诉讼法第16条的规定处理：（1）血液酒精含量不满150毫克/100毫升的；（2）出于急救伤病人员等紧急情况驾驶机动车，且不构成紧急避险的；（3）在居民小区、停车场等场所因挪车、停车入位等短距离驾驶机动车的；（4）由他人驾驶至居民小区、停车场等场所短距离接替驾驶停放机动车的，或者为了交由他人驾驶，自居民小区、停车场等场所短距离驶出的；（5）其他情节显著轻微的情形。醉酒后出于急救伤病人员等紧急情况，不得已驾驶机动车，构成紧急避险的，依照刑法第21条的规定处理。

▶典型案例指引

张某某、金某危险驾驶案（最高人民法院指导案例32号）

案件适用要点：机动车驾驶人员出于竞技、追求刺激、斗气或者其他动机，在道路上曲折穿行、快速追赶行驶的，属于《刑法》规定的"追逐竞驶"。

追逐竞驶虽未造成人员伤亡或财产损失，但综合考虑超过限速、闯红灯、强行超车、抗拒交通执法等严重违反道路交通安全法的行为，足以威胁他人生命、财产安全的，属于危险驾驶罪中"情节恶劣"的情形。

▶条文参见

《道路交通安全法》第119条；《最高人民法院、最高人民检察院、公安部、司法部关于办理醉酒危险驾驶刑事案件的意见》；《校车安全管理条例》；《危险化学品安全管理条例》

第一百三十三条之二　　妨害安全驾驶罪

对行驶中的公共交通工具的驾驶人员使用暴力或者抢控驾驶操纵装置，干扰公共交通工具正常行驶，危及公共安全的，处一年以下有期徒刑、拘役或者管制，并处或者单处罚金。

前款规定的驾驶人员在行驶的公共交通工具上擅离职守，与他人互殴或者殴打他人，危及公共安全的，依照前款的规定处罚。

有前两款行为，同时构成其他犯罪的，依照处罚较重的规定定罪处罚。[①]

第一百三十四条

【重大责任事故罪】在生产、作业中违反有关安全管理的规定，因而发生重大伤亡事故或者造成其他严重后果的，处三年以下有期徒刑或者拘役；情节特别恶劣的，处三年以上七年以下有期徒刑。

---

① 根据2020年12月26日《刑法修正案（十一）》增加。

【强令、组织他人违章冒险作业罪】强令他人违章冒险作业，或者明知存在重大事故隐患而不排除，仍冒险组织作业，因而发生重大伤亡事故或者造成其他严重后果的，处五年以下有期徒刑或者拘役；情节特别恶劣的，处五年以上有期徒刑。①

▶条文参见

《安全生产法》第51条、第104条；《最高人民检察院、公安部关于公安机关管辖的刑事案件立案追诉标准的规定（一）》第8条、第9条；《最高人民法院、最高人民检察院关于办理危害生产安全刑事案件适用法律若干问题的解释》第1条、第2条、第5条、第6条、第7条、第10条、第12条、第13条；《最高人民法院、最高人民检察院关于办理危害生产安全刑事案件适用法律若干问题的解释（二）》；《最高人民法院关于依法妥善审理高空抛物、坠物案件的意见》第7条

第一百三十四条之一　危险作业罪

在生产、作业中违反有关安全管理的规定，有下列情形之一，具有发生重大伤亡事故或者其他严重后果的现实危险的，处一年以下有期徒刑、拘役或者管制：

（一）关闭、破坏直接关系生产安全的监控、报警、防护、救生设备、设施，或者篡改、隐瞒、销毁其相关数据、信息的；

（二）因存在重大事故隐患被依法责令停产停业、停止施工、停止使用有关设备、设施、场所或者立即采取排除危险的整改措

---

① 根据2006年6月29日《刑法修正案（六）》第一次修改。原条文为："工厂、矿山、林场、建筑企业或者其他企业、事业单位的职工，由于不服管理、违反规章制度，或者强令工人违章冒险作业，因而发生重大伤亡事故或者造成其他严重后果的，处三年以下有期徒刑或者拘役；情节特别恶劣的，处三年以上七年以下有期徒刑。"根据2020年12月26日《刑法修正案（十一）》第二次修改。将第二款修改为"强令他人违章冒险作业，因而发生重大伤亡事故或者造成其他严重后果的，处五年以下有期徒刑或者拘役；情节特别恶劣的，处五年以上有期徒刑。"

施，而拒不执行的；

（三）涉及安全生产的事项未经依法批准或者许可，擅自从事矿山开采、金属冶炼、建筑施工，以及危险物品生产、经营、储存等高度危险的生产作业活动的。①

第一百三十五条　重大劳动安全事故罪

安全生产设施或者安全生产条件不符合国家规定，因而发生重大伤亡事故或者造成其他严重后果的，对直接负责的主管人员和其他直接责任人员，处三年以下有期徒刑或者拘役；情节特别恶劣的，处三年以上七年以下有期徒刑。②

第一百三十五条之一　大型群众性活动重大安全事故罪

举办大型群众性活动违反安全管理规定，因而发生重大伤亡事故或者造成其他严重后果的，对直接负责的主管人员和其他直接责任人员，处三年以下有期徒刑或者拘役；情节特别恶劣的，处三年以上七年以下有期徒刑。③

第一百三十六条　危险物品肇事罪

违反爆炸性、易燃性、放射性、毒害性、腐蚀性物品的管理规定，在生产、储存、运输、使用中发生重大事故，造成严重后果的，处三年以下有期徒刑或者拘役；后果特别严重的，处三年以上七年以下有期徒刑。

---

① 根据 2020 年 12 月 26 日《刑法修正案（十一）》增加。
② 根据 2006 年 6 月 29 日《刑法修正案（六）》修改。原条文为："工厂、矿山、林场、建筑企业或者其他企业、事业单位的劳动安全设施不符合国家规定，经有关部门或者单位职工提出后，对事故隐患仍不采取措施，因而发生重大伤亡事故或者造成其他严重后果的，对直接责任人员，处三年以下有期徒刑或者拘役；情节特别恶劣的，处三年以上七年以下有期徒刑。"
③ 根据 2006 年 6 月 29 日《刑法修正案（六）》增加。

▶典型案例指引

郑州市中原区人民检察院诉康某、王某过失致人死亡案（《中华人民共和国最高人民法院公报》2006年第8期）

案件适用要点： 有危险货物运输从业资格的人员，明知使用具有安全隐患的机动车超载运输剧毒化学品，有可能引发危害公共安全的事故，却轻信能够避免，以致这种事故发生并造成严重后果的，构成危险物品肇事罪。从事剧毒化学品运输工作的专业人员，在发生交通事故致使剧毒化学品泄漏后，有义务利用随车配备的应急处理器材和防护用品抢救对方车辆上的受伤人员，有义务在现场附近设置警戒区域，有义务及时报警并在报警时主动说明危险物品的特征、可能发生的危害，以及需要采取何种救助工具与救助方式才能防止、减轻以至消除危害，有义务在现场等待抢救人员的到来，利用自己对剧毒危险化学品的专业知识以及对运输车辆构造的了解，协助抢险人员处置突发事故。从事剧毒化学品运输工作的专业人员不履行这些义务，应当对由此造成的特别严重后果承担责任。

第一百三十七条　工程重大安全事故罪

建设单位、设计单位、施工单位、工程监理单位违反国家规定，降低工程质量标准，造成重大安全事故的，对直接责任人员，处五年以下有期徒刑或者拘役，并处罚金；后果特别严重的，处五年以上十年以下有期徒刑，并处罚金。

第一百三十八条　教育设施重大安全事故罪

明知校舍或者教育教学设施有危险，而不采取措施或者不及时报告，致使发生重大伤亡事故的，对直接责任人员，处三年以下有期徒刑或者拘役；后果特别严重的，处三年以上七年以下有期徒刑。

▶典型案例指引

郑州市中原区人民检察院诉周某、乔某过失致人死亡案（《中华人民共和国最高人民法院公报》2005年第1期）

案件适用要点：幼儿教育单位负责人明知本单位接送幼儿的专用车辆有安全隐患，不符合行车要求，而不采取必要的检修措施，仍让他人使用该车接送幼儿，以至在车辆发生故障后，驾驶人员违规操作引起车辆失火，使被接送的幼儿多人伤亡，该负责人的行为构成教育设施重大安全事故罪。

第一百三十九条　消防责任事故罪

违反消防管理法规，经消防监督机构通知采取改正措施而拒绝执行，造成严重后果的，对直接责任人员，处三年以下有期徒刑或者拘役；后果特别严重的，处三年以上七年以下有期徒刑。

第一百三十九条之一　不报、谎报安全事故罪

在安全事故发生后，负有报告职责的人员不报或者谎报事故情况，贻误事故抢救，情节严重的，处三年以下有期徒刑或者拘役；情节特别严重的，处三年以上七年以下有期徒刑。[①]

第三章　破坏社会主义市场经济秩序罪

第一节　生产、销售伪劣商品罪

第一百四十条　生产、销售伪劣产品罪

生产者、销售者在产品中掺杂、掺假，以假充真，以次充好或者以不合格产品冒充合格产品，销售金额五万元以上不满二十万元的，处二年以下有期徒刑或者拘役，并处或者单处销售金额百分之五十以上二倍以下罚金；销售金额二十万元以上不满五十万元的，处二年以上七年以下有期徒刑，并处销售金额百分之五十以上二倍以下罚金；销售金额五十万元以上不满二百万元的，处

[①] 根据 2006 年 6 月 29 日《刑法修正案（六）》增加。

七年以上有期徒刑，并处销售金额百分之五十以上二倍以下罚金；销售金额二百万元以上的，处十五年有期徒刑或者无期徒刑，并处销售金额百分之五十以上二倍以下罚金或者没收财产。

▶理解与适用

"在产品中掺杂、掺假"，是指在产品中掺入杂质或者异物，致使产品质量不符合国家法律、法规或者产品明示质量标准规定的质量要求，降低、失去应有使用性能的行为。"以假充真"，是指以不具有某种使用性能的产品冒充具有该种使用性能的产品的行为。"以次充好"，是指以低等级、低档次产品冒充高等级、高档次产品，或者以残次、废旧零配件组合、拼装后冒充正品或者新产品的行为。"不合格产品"，是指不符合产品质量法第26条第2款规定的质量要求的产品。对上述行为难以确定的，应当委托法律、行政法规规定的产品质量检验机构进行鉴定。

本罪的销售金额必须达到5万元以上，才构成犯罪。"销售金额"，是指生产者、销售者出售伪劣产品后所得和应得的全部违法收入。伪劣产品尚未销售，货值金额达到本条规定的销售金额3倍以上的，以生产、销售伪劣产品罪（未遂）定罪处罚。货值金额以违法生产、销售的伪劣产品的标价计算；没有标价的，按照同类合格产品的市场中间价格计算。货值金额难以确定的，按照国家计划委员会、最高人民法院、最高人民检察院、公安部1997年4月22日联合发布的《扣押、追缴、没收物品估价管理办法》的规定，委托指定的估价机构确定。多次实施生产、销售伪劣产品行为，未经处理的，伪劣产品的销售金额或者货值金额累计计算。

▶条文参见

《最高人民法院、最高人民检察院关于办理生产、销售伪劣商品刑事案件具体应用法律若干问题的解释》第1条、第2条、第9条~第12条；《最高人民检察院、公安部关于公安机关管辖的刑事案件立案追诉标准的规定（一）》第16条；《最高人民法院、最高人民检察院关于办理非法生产、销售烟草专卖品等刑事案件具体应用法律若干问题的解释》第1条、第2条;《最高人民法院、最高人民检察院关于办理妨害预防、控制突发传染病疫情等灾害的刑事案件具体应用法律若干问题的解释》第2条;《最高人民法院关于审理生产、销售伪劣商品刑事案件有关鉴定问题的通知》

第一百四十一条　生产、销售、提供假药罪

> 生产、销售假药的,处三年以下有期徒刑或者拘役,并处罚金;对人体健康造成严重危害或者有其他严重情节的,处三年以上十年以下有期徒刑,并处罚金;致人死亡或者有其他特别严重情节的,处十年以上有期徒刑、无期徒刑或者死刑,并处罚金或者没收财产。[①]
>
> 药品使用单位的人员明知是假药而提供给他人使用的,依照前款的规定处罚。[②]

▶理解与适用

根据本条第一款规定,只要实施了生产、销售假药的行为,即构成犯罪,并不要求一定要有实际的危害结果发生。鉴于本罪的极大危害性,刑法把对人体健康已造成严重危害后果的,作为一个加重处罚的情节。

《刑法修正案(十一)》删除本条原规定第二款:"本条所称假

[①] 根据2011年2月25日《刑法修正案(八)》修改。原第一款条文为:"生产、销售假药,足以严重危害人体健康的,处三年以下有期徒刑或者拘役,并处或者单处销售金额百分之五十以上二倍以下罚金;对人体健康造成严重危害的,处三年以上十年以下有期徒刑,并处销售金额百分之五十以上二倍以下罚金;致人死亡或者对人体健康造成特别严重危害的,处十年以上有期徒刑、无期徒刑或者死刑,并处销售金额百分之五十以上二倍以下罚金或者没收财产。"

[②] 根据2020年12月26日《刑法修正案(十一)》修改。原条文为:"生产、销售假药的,处三年以下有期徒刑或者拘役,并处罚金;对人体健康造成严重危害或者有其他严重情节的,处三年以上十年以下有期徒刑,并处罚金;致人死亡或者有其他特别严重情节的,处十年以上有期徒刑、无期徒刑或者死刑,并处罚金或者没收财产。

"本条所称假药,是指依照《中华人民共和国药品管理法》的规定属于假药和按假药处理的药品、非药品。"

药，是指依照《中华人民共和国药品管理法》的规定属于假药和按假药处理的药品、非药品。"这一内容的删除将国外生产和销售，但在我国尚未取得药品批文的药品排除在假药之外。

▶条文参见

《药品管理法》第48条、第73条；《最高人民法院、最高人民检察院关于办理危害药品安全刑事案件适用法律若干问题的解释》；《最高人民检察院、公安部关于公安机关管辖的刑事案件立案追诉标准的规定（一）》第17条

第一百四十二条 生产、销售、提供劣药罪

生产、销售劣药，对人体健康造成严重危害的，处三年以上十年以下有期徒刑，并处罚金；后果特别严重的，处十年以上有期徒刑或者无期徒刑，并处罚金或者没收财产。

药品使用单位的人员明知是劣药而提供给他人使用的，依照前款的规定处罚。[1]

▶理解与适用

生产、销售、提供劣药，必须要有对人体健康造成严重危害的后果，才构成犯罪，这也是本罪与生产、销售、提供假药罪在犯罪构成上最大的不同。生产、销售假药，只要实施了生产、销售、提供假药的行为，不必有危害人体健康的结果发生，就构成犯罪；而生产、销售、提供劣药，必须对人体造成严重危害的才能构成犯罪。根据司法实践，"对人体健康造成严重危害"，是指生产、销售、提供的劣药被使用后，造成轻伤、重伤、轻度残疾、中度残疾、器官组织损伤导致一般功能障碍或严重功能障碍等严重后果。

---

[1] 根据2020年12月26日《刑法修正案（十一）》修改。原条文为："生产、销售劣药，对人体健康造成严重危害的，处三年以上十年以下有期徒刑，并处销售金额百分之五十以上二倍以下罚金；后果特别严重的，处十年以上有期徒刑或者无期徒刑，并处销售金额百分之五十以上二倍以下罚金或者没收财产。

"本条所称劣药，是指依照《中华人民共和国药品管理法》的规定属于劣药的药品。"

注意区分本罪与其他罪的区别：1. 与神汉、巫婆利用迷信手段骗取财物的区别：二者除犯罪主体不同外，在客观方面，本罪有生产、销售、提供劣药行为，而神汉、巫婆则是利用迷信手段，把根本不具备药品效能和外观、包装的物品当成是药品进行诈骗钱财，其所利用的不是人们认为药品可以治病的科学心理，而是利用人们的愚昧、迷信心理。2. 与生产、销售伪劣产品罪的区别：如果生产、销售劣药行为同时触犯了两种罪名，则按处刑较重的罪处罚；如果生产、销售劣药没有对人体造成严重危害的后果，而销售金额在五万元以上，则不构成生产、销售、提供劣药罪，而应以生产、销售伪劣产品罪处罚。

▶条文参见

《药品管理法》第49条、第75条、第76条；《最高人民法院、最高人民检察院关于办理妨害预防、控制突发传染病疫情等灾害的刑事案件具体应用法律若干问题的解释》第2条；《最高人民检察院、公安部关于公安机关管辖的刑事案件立案追诉标准的规定（一）》第18条；《最高人民法院、最高人民检察院关于办理危害药品安全刑事案件适用法律若干问题的解释》

第一百四十二条之一　妨害药品管理罪

违反药品管理法规，有下列情形之一，足以严重危害人体健康的，处三年以下有期徒刑或者拘役，并处或者单处罚金；对人体健康造成严重危害或者有其他严重情节的，处三年以上七年以下有期徒刑，并处罚金：

（一）生产、销售国务院药品监督管理部门禁止使用的药品的；

（二）未取得药品相关批准证明文件生产、进口药品或者明知是上述药品而销售的；

（三）药品申请注册中提供虚假的证明、数据、资料、样品或者采取其他欺骗手段的；

（四）编造生产、检验记录的。

> 有前款行为，同时又构成本法第一百四十一条、第一百四十二条规定之罪或者其他犯罪的，依照处罚较重的规定定罪处罚。①

第一百四十三条　生产、销售不符合安全标准的食品罪

> 生产、销售不符合食品安全标准的食品，足以造成严重食物中毒事故或者其他严重食源性疾病的，处三年以下有期徒刑或者拘役，并处罚金；对人体健康造成严重危害或者有其他严重情节的，处三年以上七年以下有期徒刑，并处罚金；后果特别严重的，处七年以上有期徒刑或者无期徒刑，并处罚金或者没收财产。②

▶理解与适用

根据《食品安全法》的规定，"不符合食品安全标准的食品"主要是指：（1）用非食品原料生产的食品或者添加食品添加剂以外的化学物质和其他可能危害人体健康物质的食品，或者用回收食品作为原料生产的食品；（2）致病性微生物、农药残留、兽药残留、生物毒素、重金属等污染物质以及其他危害人体健康的物质含量超过食品安全标准限量的食品、食品添加剂、食品相关产品；（3）用超过保质期的食品原料、食品添加剂生产的食品、食品添加剂；（4）超范围、超限量使用食品添加剂的食品；（5）营养成分不符合食品安全标准的专供婴幼儿和其他特定人群的主辅食品；（6）腐败变质、油脂酸败、霉变生虫、污秽不洁、混有异物、掺假掺杂或者感官性状异常的食品、食品添加剂；（7）病死、毒死或者死因不明的禽、畜、兽、水产动物肉类及其制品；（8）未按规定进行检疫或者检疫不

---

① 根据2020年12月26日《刑法修正案（十一）》增加。
② 根据2011年2月25日《刑法修正案（八）》修改。原条文为："生产、销售不符合卫生标准的食品，足以造成严重食物中毒事故或者其他严重食源性疾患的，处三年以下有期徒刑或者拘役，并处或者单处销售金额百分之五十以上二倍以下罚金；对人体健康造成严重危害的，处三年以上七年以下有期徒刑，并处销售金额百分之五十以上二倍以下罚金；后果特别严重的，处七年以上有期徒刑或者无期徒刑，并处销售金额百分之五十以上二倍以下罚金或者没收财产。"

合格的肉类,或者未经检验或者检验不合格的肉类制品;(9)被包装材料、容器、运输工具等污染的食品、食品添加剂;(10)标注虚假生产日期、保质期或者超过保质期的食品、食品添加剂;(11)无标签的预包装食品、食品添加剂;(12)国家为防病等特殊需要明令禁止生产经营的食品;(13)其他不符合法律、法规或者食品安全标准的食品、食品添加剂、食品相关产品。

▶条文参见

《食品安全法》第24~34条;《食品安全法实施条例》第10~14条;《最高人民法院关于审理生产、销售伪劣商品刑事案件有关鉴定问题的通知》第3条;《最高人民法院、最高人民检察院关于办理生产、销售伪劣商品刑事案件具体应用法律若干问题的解释》第4条;《最高人民检察院、公安部关于公安机关管辖的刑事案件立案追诉标准的规定(一)》第19条;《最高人民法院、最高人民检察院关于办理危害食品安全刑事案件适用法律若干问题的解释》;《最高人民法院关于审理走私、非法经营、非法使用兴奋剂刑事案件适用法律若干问题的解释》第5条

第一百四十四条 生产、销售有毒、有害食品罪

在生产、销售的食品中掺入有毒、有害的非食品原料的,或者销售明知掺有有毒、有害的非食品原料的食品的,处五年以下有期徒刑,并处罚金;对人体健康造成严重危害或者有其他严重情节的,处五年以上十年以下有期徒刑,并处罚金;致人死亡或者有其他特别严重情节的,依照本法第一百四十一条的规定处罚。[①]

[①] 根据2011年2月25日《刑法修正案(八)》修改。原条文为:"在生产、销售的食品中掺入有毒、有害的非食品原料的,或者销售明知掺有有毒、有害的非食品原料的食品的,处五年以下有期徒刑或者拘役,并处或者单处销售金额百分之五十以上二倍以下罚金;造成严重食物中毒事故或者其他严重食源性疾患,对人体健康造成严重危害的,处五年以上十年以下有期徒刑,并处销售金额百分之五十以上二倍以下罚金;致人死亡或者对人体健康造成特别严重危害的,依照本法第一百四十一条的规定处罚。"

▶理解与适用

　　本罪与其他罪的区别：1. 与生产、销售不符合食品安全标准的食品罪的区别。生产、销售不符合食品安全标准的食品罪在食品中掺入的原料也可能有毒有害，但其本身是食品原料，其毒害性是由于食品原料污染或者腐败变质所引起的，而生产、销售有毒、有害食品罪往食品中掺入的则是有毒、有害的非食品原料。2. 与故意投放危险物质罪的区别。投放危险物质罪的目的是造成不特定多数人死亡或伤亡，而生产、销售有毒、有害食品罪的目的则是获取非法利润，行为人对在食品中掺入有毒、有害非食品原料虽然是明知的，但并不追求致人伤亡的危害结果的发生。3. 与过失投放危险物质罪的区别主要在于主观心理状态不同：过失投放危险物质罪不是故意在食品中掺入有毒害性的非食品原料，而是疏忽大意或者过于自信造成的；而生产、销售有毒、有害食品罪则是故意在食品中掺入有毒害性的非食品原料。

▶典型案例指引

　　北京某某生物技术开发有限公司、习某某等生产、销售有毒、有害食品案（最高人民法院指导案例70号）

　　案件适用要点：行为人在食品生产经营中添加的虽然不是国务院有关部门公布的《食品中可能违法添加的非食用物质名单》和《保健食品中可能非法添加的物质名单》中的物质，但如果该物质与上述名单中所列物质具有同等属性，并且根据检验报告和专家意见等相关材料能够确定该物质对人体具有同等危害的，应当认定为《刑法》规定的"有毒、有害的非食品原料"。

▶条文参见

　　《最高人民法院、最高人民检察院关于办理生产、销售伪劣商品刑事案件具体应用法律若干问题的解释》第5条；《最高人民法院关于审理走私、非法经营、非法使用兴奋剂刑事案件适用法律若干问题的解释》第5条；《最高人民法院、最高人民检察院关于办理非法生产、销售、使用禁止在饲料和动物饮用水中使用的药品等刑事案件具体应用法律若干问题的解释》第3条、第4条；《最高人民检察院、公安部关于公安机关管辖的刑事案件立案追诉标准的规定（一）》第20条

第一百四十五条　生产、销售不符合标准的医用器材罪

生产不符合保障人体健康的国家标准、行业标准的医疗器械、医用卫生材料，或者销售明知是不符合保障人体健康的国家标准、行业标准的医疗器械、医用卫生材料，足以严重危害人体健康的，处三年以下有期徒刑或者拘役，并处销售金额百分之五十以上二倍以下罚金；对人体健康造成严重危害的，处三年以上十年以下有期徒刑，并处销售金额百分之五十以上二倍以下罚金；后果特别严重的，处十年以上有期徒刑或者无期徒刑，并处销售金额百分之五十以上二倍以下罚金或者没收财产。[1]

▶条文参见

《最高人民法院、最高人民检察院关于办理妨害预防、控制突发传染病疫情等灾害的刑事案件具体应用法律若干问题的解释》第3条；《最高人民法院、最高人民检察院关于办理生产、销售伪劣商品刑事案件具体应用法律若干问题的解释》第6条；《最高人民检察院、公安部关于公安机关管辖的刑事案件立案追诉标准的规定（一）》第21条

第一百四十六条　生产、销售不符合安全标准的产品罪

生产不符合保障人身、财产安全的国家标准、行业标准的电器、压力容器、易燃易爆产品或者其他不符合保障人身、财产安全的国家标准、行业标准的产品，或者销售明知是以上不符合保障人身、财产安全的国家标准、行业标准的产品，造成严重后果

---

[1] 根据2002年12月28日《刑法修正案（四）》修改。原条文为："生产不符合保障人体健康的国家标准、行业标准的医疗器械、医用卫生材料，或者销售明知是不符合保障人体健康的国家标准、行业标准的医疗器械、医用卫生材料，对人体健康造成严重危害的，处五年以下有期徒刑，并处销售金额百分之五十以上二倍以下罚金；后果特别严重的，处五年以上十年以下有期徒刑，并处销售金额百分之五十以上二倍以下罚金，其中情节特别恶劣的，处十年以上有期徒刑或者无期徒刑，并处销售金额百分之五十以上二倍以下罚金或者没收财产。"

的,处五年以下有期徒刑,并处销售金额百分之五十以上二倍以下罚金;后果特别严重的,处五年以上有期徒刑,并处销售金额百分之五十以上二倍以下罚金。

▶理解与适用

本罪与生产、销售伪劣产品罪的界限:生产、销售不符合安全标准的电器、压力容器、易燃易爆产品的行为,同时触犯两个罪名的,按处刑较重的罪处罚。如果生产、销售不符合安全标准的电器、压力容器、易燃易爆产品的行为没有造成严重后果,不构成本罪,但销售金额在五万元以上的,应按生产、销售伪劣产品罪处罚。

第一百四十七条 生产、销售伪劣农药、兽药、化肥、种子罪

生产假农药、假兽药、假化肥,销售明知是假的或者失去使用效能的农药、兽药、化肥、种子,或者生产者、销售者以不合格的农药、兽药、化肥、种子冒充合格的农药、兽药、化肥、种子,使生产遭受较大损失的,处三年以下有期徒刑或者拘役,并处或者单处销售金额百分之五十以上二倍以下罚金;使生产遭受重大损失的,处三年以上七年以下有期徒刑,并处销售金额百分之五十以上二倍以下罚金;使生产遭受特别重大损失的,处七年以上有期徒刑或者无期徒刑,并处销售金额百分之五十以上二倍以下罚金或者没收财产。

▶理解与适用

本条规定的生产、销售伪劣农药、兽药、化肥、种子罪中"使生产遭受较大损失",一般以2万元为起点;"重大损失",一般以10万元为起点;"特别重大损失",一般以50万元为起点。

本罪与其他罪的区别:1. 与破坏生产经营罪的区别。本罪的目的是非法牟利,采取的方式是生产、销售伪劣农药、兽药、化肥和种子;而破坏生产经营罪则是由于泄愤报复或者其他个人目的,采取的方式是毁坏机器设备、残害耕畜或其他方法。2. 与生产、销售伪劣产品罪的区别。生产、销售伪劣农药、兽药、化肥、种子行

为,如果同时触犯两个罪名,按处刑较重的罪处罚。如果实施以上行为,未使生产遭受较大损失,但销售金额在5万元以上的,按生产、销售伪劣产品罪定罪处罚。

▶条文参见

《最高人民法院、最高人民检察院关于办理生产、销售伪劣商品刑事案件具体应用法律若干问题的解释》第7条;《最高人民检察院、公安部关于公安机关管辖的刑事案件立案追诉标准的规定(一)》第23条;《最高人民法院关于进一步加强涉种子刑事审判工作的指导意见》

第一百四十八条 生产、销售不符合卫生标准的化妆品罪

生产不符合卫生标准的化妆品,或者销售明知是不符合卫生标准的化妆品,造成严重后果的,处三年以下有期徒刑或者拘役,并处或者单处销售金额百分之五十以上二倍以下罚金。

▶理解与适用

生产、销售不符合卫生标准的化妆品,如果没有造成严重后果,但销售金额在5万元以上的,虽不构成本罪,但仍构成生产、销售伪劣产品罪。如果生产、销售不符合卫生标准的化妆品,同时触犯两种罪名,则应按处刑较重的罪处罚。

第一百四十九条 对生产、销售伪劣商品行为的法条适用

生产、销售本节第一百四十一条至第一百四十八条所列产品,不构成各该条规定的犯罪,但是销售金额在五万元以上的,依照本节第一百四十条的规定定罪处罚。

生产、销售本节第一百四十一条至第一百四十八条所列产品,构成各该条规定的犯罪,同时又构成本节第一百四十条规定之罪的,依照处罚较重的规定定罪处罚。

▶理解与适用

本条是对生产、销售伪劣商品行为的法条适用原则的规定。此外,对生产、销售伪劣商品罪还应注意:(1)知道或者应当知道他

人实施生产、销售伪劣商品犯罪,而为其提供贷款、资金、账号、发票、证明、许可证件,或者提供生产、经营场所或者运输、仓储、保管、邮寄等便利条件,或者提供制假生产技术的,以生产、销售伪劣商品犯罪的共犯论处。(2)实施生产、销售伪劣商品犯罪,同时构成侵犯知识产权、非法经营等其他犯罪的,依照处罚较重的规定定罪处罚。(3)实施第140条至第148条规定的犯罪,又以暴力、威胁方法抗拒查处,构成其他犯罪的,依照数罪并罚的规定处罚。(4)国家机关工作人员参与生产、销售伪劣商品犯罪的,从重处罚。

▶条文参见

《最高人民法院、最高人民检察院关于办理生产、销售伪劣商品刑事案件具体应用法律若干问题的解释》

第一百五十条 单位犯本节规定之罪的处理

单位犯本节第一百四十条至第一百四十八条规定之罪的,对单位判处罚金,并对其直接负责的主管人员和其他直接责任人员,依照各该条的规定处罚。

第二节 走私罪

第一百五十一条

【走私武器、弹药罪】【走私核材料罪】【走私假币罪】走私武器、弹药、核材料或者伪造的货币的,处七年以上有期徒刑,并处罚金或者没收财产;情节特别严重的,处无期徒刑,并处没收财产;情节较轻的,处三年以上七年以下有期徒刑,并处罚金。

【走私文物罪】【走私贵重金属罪】【走私珍贵动物、珍贵动物制品罪】走私国家禁止出口的文物、黄金、白银和其他贵重金属或者国家禁止进出口的珍贵动物及其制品的,处五年以上十年以下有期徒刑,并处罚金;情节特别严重的,处十年以上有期徒刑或者无期徒刑,并处没收财产;情节较轻的,处五年以下有期徒刑,并处罚金。

> 【走私国家禁止进出口的货物、物品罪】走私珍稀植物及其制品等国家禁止进出口的其他货物、物品的,处五年以下有期徒刑或者拘役,并处或者单处罚金;情节严重的,处五年以上有期徒刑,并处罚金。
>
> 单位犯本条规定之罪的,对单位判处罚金,并对其直接负责的主管人员和其他直接责任人员,依照本条各款的规定处罚。①

▶理解与适用

《刑法修正案(九)》取消了走私武器、弹药罪、走私核材料罪、走私假币罪的死刑。

▶条文参见

《最高人民法院、最高人民检察院关于办理走私刑事案件适用法律若干问题的解释》第1条、第3条、第4条、第6~10条、第12条;《最高人民法院、最高人民检察院、国家林业局、公安部、海关总署关于破坏野生动物资源刑事案件中涉及的CITES附录Ⅰ和附录

---

① 根据2009年2月28日《刑法修正案(七)》第一次修改。原第三款条文为:"走私国家禁止进出口的珍稀植物及其制品的,处五年以下有期徒刑,并处或者单处罚金;情节严重的,处五年以上有期徒刑,并处罚金。"

根据2011年2月25日《刑法修正案(八)》第二次修改。原条文为:"走私武器、弹药、核材料或者伪造的货币的,处七年以上有期徒刑,并处罚金或者没收财产;情节较轻的,处三年以上七年以下有期徒刑,并处罚金。

"走私国家禁止出口的文物、黄金、白银和其他贵重金属或者国家禁止进出口的珍贵动物及其制品的,处五年以上有期徒刑,并处罚金;情节较轻的,处五年以下有期徒刑,并处罚金。

"走私珍稀植物及其制品等国家禁止进出口的其他货物、物品的,处五年以下有期徒刑或者拘役,并处或者单处罚金;情节严重的,处五年以上有期徒刑,并处罚金。

"犯第一款、第二款罪,情节特别严重的,处无期徒刑或者死刑,并处没收财产。

"单位犯本条规定之罪的,对单位判处罚金,并对其直接负责的主管人员和其他直接责任人员,依照本条各款的规定处罚。"

根据2015年8月29日《刑法修正案(九)》第三次修改。原第一款条文为:"走私武器、弹药、核材料或者伪造的货币的,处七年以上有期徒刑,并处罚金或者没收财产;情节特别严重的,处无期徒刑或者死刑,并处没收财产;情节较轻的,处三年以上七年以下有期徒刑,并处罚金。"

Ⅱ所列陆生野生动物制品价值核定问题的通知》；《最高人民法院关于审理走私、非法经营、非法使用兴奋剂刑事案件适用法律若干问题的解释》第1条；《最高人民法院、最高人民检察院关于办理破坏野生动物资源刑事案件适用法律若干问题的解释》第1条、第2条

第一百五十二条

【走私淫秽物品罪】以牟利或者传播为目的，走私淫秽的影片、录像带、录音带、图片、书刊或者其他淫秽物品的，处三年以上十年以下有期徒刑，并处罚金；情节严重的，处十年以上有期徒刑或者无期徒刑，并处罚金或者没收财产；情节较轻的，处三年以下有期徒刑、拘役或者管制，并处罚金。

【走私废物罪】逃避海关监管将境外固体废物、液态废物和气态废物运输进境，情节严重的，处五年以下有期徒刑，并处或者单处罚金；情节特别严重的，处五年以上有期徒刑，并处罚金。①

单位犯前两款罪的，对单位判处罚金，并对其直接负责的主管人员和其他直接责任人员，依照前两款的规定处罚。②

第一百五十三条　走私普通货物、物品罪

走私本法第一百五十一条、第一百五十二条、第三百四十七条规定以外的货物、物品的，根据情节轻重，分别依照下列规定处罚：

（一）走私货物、物品偷逃应缴税额较大或者一年内曾因走私被给予二次行政处罚后又走私的，处三年以下有期徒刑或者拘役，并处偷逃应缴税额一倍以上五倍以下罚金。

（二）走私货物、物品偷逃应缴税额巨大或者有其他严重情节的，处三年以上十年以下有期徒刑，并处偷逃应缴税额一倍以上

---

① 根据2002年12月28日《刑法修正案（四）》增加一款，作为第二款，原第二款改为本条第三款。

② 根据2002年12月28日《刑法修正案（四）》修改。本款原条文为："单位犯前款罪的，对单位判处罚金，并对其直接负责的主管人员和其他直接责任人员，依照前款的规定处罚。"

五倍以下罚金。

（三）走私货物、物品偷逃应缴税额特别巨大或者有其他特别严重情节的，处十年以上有期徒刑或者无期徒刑，并处偷逃应缴税额一倍以上五倍以下罚金或者没收财产。①

单位犯前款罪的，对单位判处罚金，并对其直接负责的主管人员和其他直接责任人员，处三年以下有期徒刑或者拘役；情节严重的，处三年以上十年以下有期徒刑；情节特别严重的，处十年以上有期徒刑。

对多次走私未经处理的，按照累计走私货物、物品的偷逃应缴税额处罚。

▶理解与适用

本条规定的"应缴税额"，包括进出口货物、物品应当缴纳的进出口关税和进口环节海关代征税的税额。应缴税额以走私行为实施时的税则、税率、汇率和完税价格计算；多次走私的，以每次走私行为实施时的税则、税率、汇率和完税价格逐票计算；走私行为实施时间不能确定的，以案发时的税则、税率、汇率和完税价格计算。第3款规定的"多次走私未经处理"，包括未经行政处理和刑事处理。

---

① 根据2011年2月25日《刑法修正案（八）》修改。原第一款条文为："走私本法第一百五十一条、第一百五十二条、第三百四十七条规定以外的货物、物品的，根据情节轻重，分别依照下列规定处罚：

"（一）走私货物、物品偷逃应缴税额在五十万元以上的，处十年以上有期徒刑或者无期徒刑，并处偷逃应缴税额一倍以上五倍以下罚金或者没收财产；情节特别严重的，依照本法第一百五十一条第四款的规定处罚。

"（二）走私货物、物品偷逃应缴税额在十五万元以上不满五十万元的，处三年以上十年以下有期徒刑，并处偷逃应缴税额一倍以上五倍以下罚金；情节特别严重的，处十年以上有期徒刑或者无期徒刑，并处偷逃应缴税额一倍以上五倍以下罚金或者没收财产。

"（三）走私货物、物品偷逃应缴税额在五万元以上不满十五万元的，处三年以下有期徒刑或者拘役，并处偷逃应缴税额一倍以上五倍以下罚金。"

▶条文参见

《最高人民法院、最高人民检察院关于办理走私刑事案件适用法律若干问题的解释》第4条、第16~18条、第22条

第一百五十四条 走私普通货物、物品罪的特殊形式

下列走私行为，根据本节规定构成犯罪的，依照本法第一百五十三条的规定定罪处罚：

（一）未经海关许可并且未补缴应缴税额，擅自将批准进口的来料加工、来件装配、补偿贸易的原材料、零件、制成品、设备等保税货物，在境内销售牟利的；

（二）未经海关许可并且未补缴应缴税额，擅自将特定减税、免税进口的货物、物品，在境内销售牟利的。

▶理解与适用

本条规定的"保税货物"，是指经海关批准，未办理纳税手续进境，在境内储存、加工、装配后应予复运出境的货物，包括通过加工贸易、补偿贸易等方式进口的货物，以及在保税仓库、保税工厂、保税区或者免税商店内等储存、加工、寄售的货物。

▶条文参见

《最高人民法院、最高人民检察院关于办理走私刑事案件适用法律若干问题的解释》第19条

第一百五十五条 以走私罪论处的间接走私行为

下列行为，以走私罪论处，依照本节的有关规定处罚：

（一）直接向走私人非法收购国家禁止进口物品的，或者直接向走私人非法收购走私进口的其他货物、物品，数额较大的；

（二）在内海、领海、界河、界湖运输、收购、贩卖国家禁止进出口物品的，或者运输、收购、贩卖国家限制进出口货物、物品，数额较大，没有合法证明的。①

▶理解与适用

本条第1项所列行为，要以犯罪论处必须符合以下两个条件：

1. 行为人在境内必须直接向走私人非法收购国家禁止进口或者走私进口的其他货物、物品。如果不是直接向走私分子收购走私进境的货物、物品，而是经过第二手、第三手甚至更多的收购环节后收购的，即使收购人明知是走私货物、物品，也不能以走私罪论处。

2. 直接向走私人非法收购武器、弹药、核材料或者伪造的货币和淫秽物品等禁止进口物品的，没有数额的限制；但收购走私进口的其他货物、物品，必须达到数额较大，才能构成犯罪。走私普通货物、物品，偷逃应缴税额在10万元以上不满50万元的，应当认定为刑法第153条第1款规定的"偷逃应缴税额较大"。

本条第2项所列行为，要以走私罪论处必须符合以下两个条件：

1. 行为人必须在内海、领海、界河、界湖运输、收购、贩卖国家禁止进出口物品或者国家限制进出口的货物、物品。"内海"，是指我国领海基线以内包括海港、领海、海峡、直基线与海岸之间的海域，还包括内河的入海口水域，它属于我国内水的范围。"领海"，是指邻接我国陆地领土和内水的一带海域。我国的领海宽度从领海基线量起为12海里。这里所说的"界河"，是指我国与另一国家之

---

① 根据2002年12月28日《刑法修正案（四）》修改。原条文为："下列行为，以走私罪论处，依照本节的有关规定处罚：

"（一）直接向走私人非法收购国家禁止进口物品的，或者直接向走私人非法收购走私进口的其他货物、物品，数额较大的；

"（二）在内海、领海运输、收购、贩卖国家禁止进出口物品的，或者运输、收购、贩卖国家限制进出口货物、物品，数额较大，没有合法证明的；

"（三）逃避海关监管将境外固体废物运输进境的。"

间的分界河流。"界湖",是指我国与另一国家之间的分界湖泊。界河和界湖都是可航水域。如果行为人不是在内海、领海、界河、界湖,而是在内地运输、收购、贩卖国家禁止进出口的货物、物品或者国家限制进出口的货物、物品,不能以走私罪论处。

2. 在内海、领海、界河、界湖运输、收购、贩卖国家限制进出口的货物、物品,必须达到数额较大,没有合法证明,才能构成犯罪。本项所称"国家限制进出口货物、物品",是指国家对进口或者出口实行配额或者许可证管理的货物、物品,其他一般应纳税物品不包括在内。本条所说的"合法证明",是指有关主管部门颁发的进出口货物、物品许可证、准运证等能证明其来源、用途合法的证明文件。只有数额达到较大,又无合法证明的,才能以走私罪论处。

第一百五十六条 走私共犯

与走私罪犯通谋,为其提供贷款、资金、帐号、发票、证明,或者为其提供运输、保管、邮寄或者其他方便的,以走私罪的共犯论处。

第一百五十七条 武装掩护走私、抗拒缉私的刑事处罚规定

武装掩护走私的,依照本法第一百五十一条第一款的规定从重处罚。①

以暴力、威胁方法抗拒缉私的,以走私罪和本法第二百七十七条规定的阻碍国家机关工作人员依法执行职务罪,依照数罪并罚的规定处罚。

---

① 根据2011年2月25日《刑法修正案(八)》修改。原第一款条文为:"武装掩护走私的,依照本法第一百五十一条第一款、第四款的规定从重处罚。"

第三节　妨害对公司、企业的管理秩序罪

第一百五十八条　虚报注册资本罪

申请公司登记使用虚假证明文件或者采取其他欺诈手段虚报注册资本，欺骗公司登记主管部门，取得公司登记，虚报注册资本数额巨大、后果严重或者有其他严重情节的，处三年以下有期徒刑或者拘役，并处或者单处虚报注册资本金额百分之一以上百分之五以下罚金。

单位犯前款罪的，对单位判处罚金，并对其直接负责的主管人员和其他直接责任人员，处三年以下有期徒刑或者拘役。

▶理解与适用

"取得公司登记"，是指经市场监督管理部门审查确认并签发营业执照，还包括取得公司设立登记和变更登记的情况。如果在申请登记过程中，市场监督管理部门发现其使用的是虚假的证明文件或者采取了欺诈手段，没有予以登记，不构成本罪。因此"取得公司登记"是区分罪与非罪的一个重要界限。虚报注册资本必须有"数额巨大"、后果严重或者有其他严重情节的，才构成犯罪，这是本罪区分罪与非罪的另一界限。如果虚报注册资本，欺骗公司登记主管机关，数额不大，后果不严重，也没有其他严重情节，就不构成犯罪。

这里需要补充说明的是，根据2014年4月24日通过的《全国人民代表大会常务委员会关于〈中华人民共和国刑法〉第一百五十八条、第一百五十九条的解释》规定，刑法第158条、第159条的规定只适用于依法实行注册资本实缴登记制的公司。全国人大常委会对公司法作出修改后，将一般公司的注册资本实缴登记制改为认缴登记制，取消注册资本最低限额制度。同时，明确对金融机构、具有准金融机构性质的企业、募集设立的股份有限公司、直销企业、对外劳务合作企业、劳务派遣企业等法律、行政法规和国务院另有规定的公司，仍然实行注册资本实缴登记制。根据修改后的公司法

的规定，除法律、行政法规和国务院另有规定实行注册资本实缴登记制的公司以外，对于实行注册资本认缴登记制的公司，法律已不再将实收资本作为公司登记的法定条件。实践中如果出现股东有虚假出资、抽逃出资等行为的，除应当按照公司章程规定向公司足额缴纳出资外，还应当依法承担相应的违约责任等，对此可由其他股东依法主张权利，可以不再依照刑法第158条、第159条的规定追究刑事责任。对于法律、行政法规和国务院规定实行注册资本实缴登记制的公司，刑法第158条、第159条的规定仍然适用。

第一百五十九条 虚假出资、抽逃出资罪

公司发起人、股东违反公司法的规定未交付货币、实物或者未转移财产权，虚假出资，或者在公司成立后又抽逃其出资，数额巨大、后果严重或者有其他严重情节的，处五年以下有期徒刑或者拘役，并处或者单处虚假出资金额或者抽逃出资金额百分之二以上百分之十以下罚金。

单位犯前款罪的，对单位判处罚金，并对其直接负责的主管人员和其他直接责任人员，处五年以下有期徒刑或者拘役。

▶理解与适用

本罪与虚报注册资本罪都有"虚假"的行为，但虚报注册资本罪"虚假"的目的是骗取公司登记，即欺骗的是公司登记机关，而虚假出资、抽逃出资罪中"虚假"的目的主要是吸引其他发起人或股东的投资，即欺骗的是其他发起人或股东。再者，虚报注册资本罪的行为只能发生在公司成立、登记之前，而虚假出资、抽逃出资罪则发生在公司成立过程中或公司成立之后。

第一百六十条　欺诈发行证券罪

在招股说明书、认股书、公司、企业债券募集办法等发行文件中隐瞒重要事实或者编造重大虚假内容，发行股票或者公司、企业债券、存托凭证或者国务院依法认定的其他证券，数额巨大、后果严重或者有其他严重情节的，处五年以下有期徒刑或者拘役，并处或者单处罚金；数额特别巨大、后果特别严重或者有其他特别严重情节的，处五年以上有期徒刑，并处罚金。

控股股东、实际控制人组织、指使实施前款行为的，处五年以下有期徒刑或者拘役，并处或者单处非法募集资金金额百分之二十以上一倍以下罚金；数额特别巨大、后果特别严重或者有其他特别严重情节的，处五年以上有期徒刑，并处非法募集资金金额百分之二十以上一倍以下罚金。

单位犯前两款罪的，对单位判处非法募集资金金额百分之二十以上一倍以下罚金，并对其直接负责的主管人员和其他直接责任人员，依照第一款的规定处罚。①

▶理解与适用

本条所说的"在招股说明书、认股书、公司、企业债券募集办法等发行文件中隐瞒重要事实或者编造重大虚假内容"，是指违反公司法及其有关法律、法规的规定，制作的招股说明书、认股书、公司、企业债券募集办法等发行文件的内容全部都是虚构的，或者对其中重要的事项和部分内容作虚假的陈述或记载，或者对某些重要事实进行夸大或者隐瞒，或者故意遗漏有关的重要事项等。例如，虚构发起人认购股份数额；故意夸大公司、企业生产经营利润和公司、

---

① 根据2020年12月26日《刑法修正案（十一）》修改。原条文为："在招股说明书、认股书、公司、企业债券募集办法中隐瞒重要事实或者编造重大虚假内容，发行股票或者公司、企业债券，数额巨大、后果严重或者有其他严重情节的，处五年以下有期徒刑或者拘役，并处或者单处非法募集资金金额百分之一以上百分之五以下罚金。

"单位犯前款罪的，对单位判处罚金，并对其直接负责的主管人员和其他直接责任人员，处五年以下有期徒刑或者拘役。"

企业净资产额；对所筹资金的使用提出虚假的计划和虚假的经营生产项目；故意隐瞒公司、企业所负债务和正在进行的重大诉讼；故意遗漏公司、企业签订的重要合同等。本条所说的"发行股票或者公司、企业债券、存托凭证或者国务院依法认定的其他证券"，是指实际已经发行了股票或者公司、企业债券、存托凭证或者国务院依法认定的其他证券，如果制作了虚假的招股说明书、认股书、公司、企业债券募集办法，但只锁在办公室抽屉里，或者还未来得及发行就被阻止，未实施向社会发行证券的行为，不构成犯罪。是否已经发行了前述证券是区分罪与非罪的一个重要界限。

第一百六十一条　违规披露、不披露重要信息罪

依法负有信息披露义务的公司、企业向股东和社会公众提供虚假的或者隐瞒重要事实的财务会计报告，或者对依法应当披露的其他重要信息不按照规定披露，严重损害股东或者其他人利益，或者有其他严重情节的，对其直接负责的主管人员和其他直接责任人员，处五年以下有期徒刑或者拘役，并处或者单处罚金；情节特别严重的，处五年以上十年以下有期徒刑，并处罚金。

前款规定的公司、企业的控股股东、实际控制人实施或者组织、指使实施前款行为的，或者隐瞒相关事项导致前款规定的情形发生的，依照前款的规定处罚。

犯前款罪的控股股东、实际控制人是单位的，对单位判处罚金，并对其直接负责的主管人员和其他直接责任人员，依照第一款的规定处罚。①

---

① 根据2006年6月29日《刑法修正案（六）》第一次修改。原条文为："公司向股东和社会公众提供虚假的或者隐瞒重要事实的财务会计报告，严重损害股东或者其他人利益的，对其直接负责的主管人员和其他直接责任人员，处三年以下有期徒刑或者拘役，并处或者单处二万元以上二十万元以下罚金。"

根据2020年12月26日《刑法修正案（十一）》第二次修改。原条文为："依法负有信息披露义务的公司、企业向股东和社会公众提供虚假的或者隐瞒重要事实的财务会计报告，或者对依法应当披露的其他重要信息不按照规定披露，严重损害股东或者其他人利益，或者有其他严重情节的，对其直接负责的主管人员和其他直接责任人员，处三年以下有期徒刑或者拘役，并处或者单处二万元以上二十万元以下罚金。"

▶理解与适用

本条规定对"严重损害股东或者其他人利益，或者有其他严重情节的"才追究刑事责任。关于损害标准《最高人民检察院、公安部关于公安机关管辖的刑事案件立案追诉标准的规定（二）》作了具体规定，如造成股东、债权人或者其他人直接经济损失数额累计在100万元以上的，致使不符合发行条件的公司、企业骗取发行核准或者注册并且上市交易的等。

第一百六十二条　妨害清算罪

公司、企业进行清算时，隐匿财产，对资产负债表或者财产清单作虚伪记载或者在未清偿债务前分配公司、企业财产，严重损害债权人或者其他人利益的，对其直接负责的主管人员和其他直接责任人员，处五年以下有期徒刑或者拘役，并处或者单处二万元以上二十万元以下罚金。

第一百六十二条之一　隐匿、故意销毁会计凭证、会计账簿、财务会计报告罪

隐匿或者故意销毁依法应当保存的会计凭证、会计帐簿、财务会计报告，情节严重的，处五年以下有期徒刑或者拘役，并处或者单处二万元以上二十万元以下罚金。

单位犯前款罪的，对单位判处罚金，并对其直接负责的主管人员和其他直接责任人员，依照前款的规定处罚。[1]

---

[1] 根据1999年12月25日《刑法修正案》增加。

第一百六十二条之二　　虚假破产罪

公司、企业通过隐匿财产、承担虚构的债务或者以其他方法转移、处分财产，实施虚假破产，严重损害债权人或者其他人利益的，对其直接负责的主管人员和其他直接责任人员，处五年以下有期徒刑或者拘役，并处或者单处二万元以上二十万元以下罚金。①

▶理解与适用

在实际执行中应注意本罪与刑法第162条规定的妨害清算罪的区别。这两个罪的主体都是公司、企业，犯罪目的可能都是为了逃避债务，行为上都可能有隐匿公司、企业财产的行为。但这两个罪有着明显的区别，妨害清算罪的犯罪行为发生在公司、企业进入清算程序以后，破坏的是对公司、企业进行清算的正确秩序，至于公司、企业进行清算的原因则是真实的；而本罪的犯罪行为主要发生在公司、企业进入破产程序之前，是制造不符合破产条件的公司、企业不能清偿到期债务或者资不抵债，需要进行破产清算的假象。是否进入清算程序是区分本罪和妨害清算罪的关键。

第一百六十三条　　非国家工作人员受贿罪

公司、企业或者其他单位的工作人员，利用职务上的便利，索取他人财物或者非法收受他人财物，为他人谋取利益，数额较大的，处三年以下有期徒刑或者拘役，并处罚金；数额巨大或者有其他严重情节的，处三年以上十年以下有期徒刑，并处罚金；数额特别巨大或者有其他特别严重情节的，处十年以上有期徒刑或者无期徒刑，并处罚金。②

---

① 根据2006年6月29日《刑法修正案（六）》增加。
② 根据2020年12月26日《刑法修正案（十一）》修改。原第一款条文为："公司、企业或者其他单位的工作人员利用职务上的便利，索取他人财物或者非法收受他人财物，为他人谋取利益，数额较大的，处五年以下有期徒刑或者拘役；数额巨大的，处五年以上有期徒刑，可以并处没收财产。"

公司、企业或者其他单位的工作人员在经济往来中，利用职务上的便利，违反国家规定，收受各种名义的回扣、手续费，归个人所有的，依照前款的规定处罚。

国有公司、企业或者其他国有单位中从事公务的人员和国有公司、企业或者其他国有单位委派到非国有公司、企业以及其他单位从事公务的人员有前两款行为的，依照本法第三百八十五条、第三百八十六条的规定定罪处罚。①

▶理解与适用

本条第2款中的"回扣"，是指在商品或者劳务活动中，由卖方从所收到的价款中，按照一定的比例扣出一部分返还给买方或者其经办人的款项。"手续费"，是指在经济活动中，除回扣以外，其他违反国家规定支付给公司、企业或者其他单位的工作人员的各种名义的钱，如信息费、顾问费、劳务费、辛苦费、好处费等。违反国家规定，收取各种名义的回扣、手续费，是否归个人所有，是区分罪与非罪的主要界限，如果收取的回扣、手续费，都上交给公司、企业或者本单位的，不构成犯罪；只有将收取的回扣、手续费归个人所有的，才构成犯罪。

---

① 根据2006年6月29日《刑法修正案（六）》修改。原条文为："公司、企业的工作人员利用职务上的便利，索取他人财物或者非法收受他人财物，为他人谋取利益，数额较大的，处五年以下有期徒刑或者拘役；数额巨大的，处五年以上有期徒刑，可以并处没收财产。

"公司、企业的工作人员在经济往来中，违反国家规定，收受各种名义的回扣、手续费，归个人所有的，依照前款的规定处罚。

"国有公司、企业中从事公务的人员和国有公司、企业委派到非国有公司、企业从事公务的人员有前两款行为的，依照本法第三百八十五条、第三百八十六条的规定定罪处罚。"

第一百六十四条

【对非国家工作人员行贿罪】为谋取不正当利益,给予公司、企业或者其他单位的工作人员以财物,数额较大的,处三年以下有期徒刑或者拘役,并处罚金;数额巨大的,处三年以上十年以下有期徒刑,并处罚金。

【对外国公职人员、国际公共组织官员行贿罪】为谋取不正当商业利益,给予外国公职人员或者国际公共组织官员以财物的,依照前款的规定处罚。

单位犯前两款罪的,对单位判处罚金,并对其直接负责的主管人员和其他直接责任人员,依照第一款的规定处罚。

行贿人在被追诉前主动交待行贿行为的,可以减轻处罚或者免除处罚。①

▶ 条文参见

《最高人民法院、最高人民检察院关于办理商业贿赂刑事案件适用法律若干问题的意见》

---

① 根据2006年6月29日《刑法修正案(六)》第一次修改。原第一款条文为:"为谋取不正当利益,给予公司、企业的工作人员以财物,数额较大的,处三年以下有期徒刑或者拘役;数额巨大的,处三年以上十年以下有期徒刑,并处罚金。"

根据2011年2月25日《刑法修正案(八)》第二次修改。原条文为:"为谋取不正当利益,给予公司、企业或者其他单位的工作人员以财物,数额较大的,处三年以下有期徒刑或者拘役;数额巨大的,处三年以上十年以下有期徒刑,并处罚金。

"单位犯前款罪的,对单位判处罚金,并对其直接负责的主管人员和其他直接责任人员,依照前款的规定处罚。

"行贿人在被追诉前主动交待行贿行为的,可以减轻处罚或者免除处罚。"

根据2015年8月29日《刑法修正案(九)》第三次修改。原第一款条文为:"为谋取不正当利益,给予公司、企业或者其他单位的工作人员以财物,数额较大的,处三年以下有期徒刑或者拘役;数额巨大的,处三年以上十年以下有期徒刑,并处罚金。"

第一百六十五条　非法经营同类营业罪

国有公司、企业的董事、监事、高级管理人员，利用职务便利，自己经营或者为他人经营与其所任职公司、企业同类的营业，获取非法利益，数额巨大的，处三年以下有期徒刑或者拘役，并处或者单处罚金；数额特别巨大的，处三年以上七年以下有期徒刑，并处罚金。①

其他公司、企业的董事、监事、高级管理人员违反法律、行政法规规定，实施前款行为，致使公司、企业利益遭受重大损失的，依照前款的规定处罚。②

▶理解与适用

公司法第184条规定，董事、监事、高级管理人员未向董事会或者股东会报告，并按照公司章程的规定经董事会或者股东会决议通过，不得自营或者为他人经营与其任职公司同类的业务。对公司相关人员从事同业营业行为作出了禁止性规定。为与公司法作出衔接，《刑法修正案（十二）》将本条第1款中的"国有公司、企业的董事、经理"改为"国有公司、企业的董事、监事、高级管理人员"。

此外，《刑法修正案（十二）》还将现行对国有公司、企业相关人员适用的犯罪扩展到民营企业，增加了第2款的规定。民营企业内部人员如有非法经营同类营业的行为，故意损害民营企业利益，造成重大损失的，也要追究刑事责任。这将进一步加大对民营企业产权和企业家权益保护力度，加强对民营企业平等保护。

---

① 根据2023年12月29日《刑法修正案（十二）》修改。原第一款条文为："国有公司、企业的董事、经理利用职务便利，自己经营或者为他人经营与其所任职公司、企业同类的营业，获取非法利益，数额巨大的，处三年以下有期徒刑或者拘役，并处或者单处罚金；数额特别巨大的，处三年以上七年以下有期徒刑，并处罚金。"

② 根据2023年12月29日《刑法修正案（十二）》增加一款，作为第二款。

第一百六十六条　为亲友非法牟利罪

国有公司、企业、事业单位的工作人员，利用职务便利，有下列情形之一，致使国家利益遭受重大损失的，处三年以下有期徒刑或者拘役，并处或者单处罚金；致使国家利益遭受特别重大损失的，处三年以上七年以下有期徒刑，并处罚金：

（一）将本单位的盈利业务交由自己的亲友进行经营的；

（二）以明显高于市场的价格从自己的亲友经营管理的单位采购商品、接受服务或者以明显低于市场的价格向自己的亲友经营管理的单位销售商品、提供服务的；

（三）从自己的亲友经营管理的单位采购、接受不合格商品、服务的。[1]

其他公司、企业的工作人员违反法律、行政法规规定，实施前款行为，致使公司、企业利益遭受重大损失的，依照前款的规定处罚。[2]

第一百六十七条　签订、履行合同失职被骗罪

国有公司、企业、事业单位直接负责的主管人员，在签订、履行合同过程中，因严重不负责任被诈骗，致使国家利益遭受重大损失的，处三年以下有期徒刑或者拘役；致使国家利益遭受特别重大损失的，处三年以上七年以下有期徒刑。

---

[1] 根据2023年12月29日《刑法修正案（十二）》修改。原第一款条文为："国有公司、企业、事业单位的工作人员，利用职务便利，有下列情形之一，使国家利益遭受重大损失的，处三年以下有期徒刑或者拘役，并处或者单处罚金；致使国家利益遭受特别重大损失的，处三年以上七年以下有期徒刑，并处罚金：

"（一）将本单位的盈利业务交由自己的亲友进行经营的；

"（二）以明显高于市场的价格向自己的亲友经营管理的单位采购商品或者以明显低于市场的价格向自己的亲友经营管理的单位销售商品的；

"（三）向自己的亲友经营管理的单位采购不合格商品的。"

[2] 根据2023年12月29日《刑法修正案（十二）》增加一款，作为第二款。

▶理解与适用

在实践中适用本条，应正确区分罪与非罪的界限，其中十分重要的是看行为人是正确履行职责还是严重不负责任。这关键看行为人应尽的职责和义务，在有条件、有可能履行的情况下，是正确履行，还是放弃职守、不积极履行、放任自流；看行为人是否滥用职权、超越职权、擅自作出决定；看行为人是否违反国家法律、政策、企业管理规章制度和经商原则。

第一百六十八条 国有公司、企业、事业单位人员失职罪 国有公司、企业、事业单位人员滥用职权罪

国有公司、企业的工作人员，由于严重不负责任或者滥用职权，造成国有公司、企业破产或者严重损失，致使国家利益遭受重大损失的，处三年以下有期徒刑或者拘役；致使国家利益遭受特别重大损失的，处三年以上七年以下有期徒刑。

国有事业单位的工作人员有前款行为，致使国家利益遭受重大损失的，依照前款的规定处罚。

国有公司、企业、事业单位的工作人员，徇私舞弊，犯前两款罪的，依照第一款的规定从重处罚。①

第一百六十九条 徇私舞弊低价折股、出售国有资产罪

国有公司、企业或者其上级主管部门直接负责的主管人员，徇私舞弊，将国有资产低价折股或者低价出售，致使国家利益遭受重大损失的，处三年以下有期徒刑或者拘役；致使国家利益遭受特别重大损失的，处三年以上七年以下有期徒刑。

其他公司、企业直接负责的主管人员，徇私舞弊，将公司、企业资产低价折股或者低价出售，致使公司、企业利益遭受重大损失的，依照前款的规定处罚。②

---

① 根据1999年12月25日《刑法修正案》修改。原条文为："国有公司、企业直接负责的主管人员，徇私舞弊，造成国有公司、企业破产或者严重亏损，致使国家利益遭受重大损失的，处三年以下有期徒刑或者拘役。"

② 根据2023年12月29日《刑法修正案（十二）》增加一款，作为第二款。

第一百六十九条之一　背信损害上市公司利益罪

上市公司的董事、监事、高级管理人员违背对公司的忠实义务，利用职务便利，操纵上市公司从事下列行为之一，致使上市公司利益遭受重大损失的，处三年以下有期徒刑或者拘役，并处或者单处罚金；致使上市公司利益遭受特别重大损失的，处三年以上七年以下有期徒刑，并处罚金：

（一）无偿向其他单位或者个人提供资金、商品、服务或者其他资产的；

（二）以明显不公平的条件，提供或者接受资金、商品、服务或者其他资产的；

（三）向明显不具有清偿能力的单位或者个人提供资金、商品、服务或者其他资产的；

（四）为明显不具有清偿能力的单位或者个人提供担保，或者无正当理由为其他单位或者个人提供担保的；

（五）无正当理由放弃债权、承担债务的；

（六）采用其他方式损害上市公司利益的。

上市公司的控股股东或者实际控制人，指使上市公司董事、监事、高级管理人员实施前款行为的，依照前款的规定处罚。

犯前款罪的上市公司的控股股东或者实际控制人是单位的，对单位判处罚金，并对其直接负责的主管人员和其他直接责任人员，依照第一款的规定处罚。①

第四节　破坏金融管理秩序罪

第一百七十条　伪造货币罪

伪造货币的，处三年以上十年以下有期徒刑，并处罚金；有下列情形之一的，处十年以上有期徒刑或者无期徒刑，并处罚金

---

① 根据 2006 年 6 月 29 日《刑法修正案（六）》增加。

117

或者没收财产：

（一）伪造货币集团的首要分子；

（二）伪造货币数额特别巨大的；

（三）有其他特别严重情节的。①

▶理解与适用

本条规定的"伪造货币"，是指仿照人民币或者外币的图案、色彩、形状等，使用印刷、复印、描绘、拓印等各种制作方法，将非货币的物质非法制造为假货币，冒充真货币的行为。同时，还包括实践中出现的制造货币版样的行为。制造货币版样的行为，是伪造货币活动中的一部分，这种行为为大量伪造货币提供了条件。至于行为人出于何种目的，是否牟利，使用何种方法，并不影响本罪的构成。只要行为人实施了制造货币版样或将非货币的物质非法制造为假货币，冒充真货币的行为，即构成本罪。"货币"是指可在国内市场流通或者兑换的人民币和境外货币。货币面额应当以人民币计算，其他币种以案发时国家外汇管理机关公布的外汇牌价折算成人民币。

《刑法修正案（九）》取消了伪造货币罪的死刑。

▶条文参见

《最高人民法院关于审理伪造货币等案件具体应用法律若干问题的解释》；《最高人民法院关于审理伪造货币等案件具体应用法律若干问题的解释（二）》

---

① 根据2015年8月29日《刑法修正案（九）》修改。原条文为："伪造货币的，处三年以上十年以下有期徒刑，并处五万元以上五十万元以下罚金；有下列情形之一的，处十年以上有期徒刑、无期徒刑或者死刑，并处五万元以上五十万元以下罚金或者没收财产：

"（一）伪造货币集团的首要分子；

"（二）伪造货币数额特别巨大的；

"（三）有其他特别严重情节的。"

第一百七十一条

【出售、购买、运输假币罪】出售、购买伪造的货币或者明知是伪造的货币而运输，数额较大的，处三年以下有期徒刑或者拘役，并处二万元以上二十万元以下罚金；数额巨大的，处三年以上十年以下有期徒刑，并处五万元以上五十万元以下罚金；数额特别巨大的，处十年以上有期徒刑或者无期徒刑，并处五万元以上五十万元以下罚金或者没收财产。

【金融工作人员购买假币、以假币换取货币罪】银行或者其他金融机构的工作人员购买伪造的货币或者利用职务上的便利，以伪造的货币换取货币的，处三年以上十年以下有期徒刑，并处二万元以上二十万元以下罚金；数额巨大或者有其他严重情节的，处十年以上有期徒刑或者无期徒刑，并处二万元以上二十万元以下罚金或者没收财产；情节较轻的，处三年以下有期徒刑或者拘役，并处或者单处一万元以上十万元以下罚金。

伪造货币并出售或者运输伪造的货币的，依照本法第一百七十条的规定定罪从重处罚。

▶理解与适用

金融机构工作人员购买假币与一般人购买假币构成犯罪的条件不同，前者不要求数额较大，而后者要求数额较大。

根据本条第1款和最高人民法院司法解释的规定，对出售、购买伪造的货币或者明知是伪造的货币而运输，数额较大的，即总面额在4千元以上不满5万元的，处3年以下有期徒刑或者拘役，并处2万元以上20万元以下罚金；数额巨大的，即总面额在5万元以上不满20万元的，处3年以上10年以下有期徒刑，并处5万元以上50万元以下罚金；数额特别巨大的，即总面额在20万元以上的，处10年以上有期徒刑或者无期徒刑，并处5万元以上50万元以下罚金或者没收财产。对于行为人购买伪造的货币后使用，构成犯罪的，依照本条规定的购买假币罪定罪，并从重处罚。对于行为人出售、运输假币构成犯罪，同时有使用假币行为进行犯罪的，应当分别依照本条和本法第172条的规定，实行数罪并罚。

▶条文参见

《最高人民法院关于审理伪造货币等案件具体应用法律若干问题的解释》第2、3条；《最高人民法院关于审理伪造货币等案件具体应用法律若干问题的解释（二）》

第一百七十二条　持有、使用假币罪

明知是伪造的货币而持有、使用，数额较大的，处三年以下有期徒刑或者拘役，并处或者单处一万元以上十万元以下罚金；数额巨大的，处三年以上十年以下有期徒刑，并处二万元以上二十万元以下罚金；数额特别巨大的，处十年以上有期徒刑，并处五万元以上五十万元以下罚金或者没收财产。

▶理解与适用

"持有"是指将假币置于行为人事实上的支配之下，不要求行为人实际上握有假币。必须是根据现有证据不能认定行为人是为了进行其他假币犯罪的，才能以持有假币罪处理。如果有证据证明其持有的假币已构成其他犯罪的，应当以其他假币犯罪处理。"使用"是指将假币作为真货币而使用。既可以是以外表合法的方式使用假币，也可以是以非法形式使用。

▶条文参见

《最高人民法院关于审理伪造货币等案件具体应用法律若干问题的解释》第5条；《最高人民法院关于审理伪造货币等案件具体应用法律若干问题的解释（二）》

第一百七十三条　变造货币罪

变造货币，数额较大的，处三年以下有期徒刑或者拘役，并处或者单处一万元以上十万元以下罚金；数额巨大的，处三年以上十年以下有期徒刑，并处二万元以上二十万元以下罚金。

▶理解与适用

本条规定的"变造货币",是指行为人在真人民币或外币的基础上或者以真货币为基本材料,通过挖补、剪接、涂改、揭层等加工处理,使原货币改变数量、形态和面值的行为。

第一百七十四条

【擅自设立金融机构罪】未经国家有关主管部门批准,擅自设立商业银行、证券交易所、期货交易所、证券公司、期货经纪公司、保险公司或者其他金融机构的,处三年以下有期徒刑或者拘役,并处或者单处二万元以上二十万元以下罚金;情节严重的,处三年以上十年以下有期徒刑,并处五万元以上五十万元以下罚金。

【伪造、变造、转让金融机构经营许可证、批准文件罪】伪造、变造、转让商业银行、证券交易所、期货交易所、证券公司、期货经纪公司、保险公司或者其他金融机构的经营许可证或者批准文件的,依照前款的规定处罚。

单位犯前两款罪的,对单位判处罚金,并对其直接负责的主管人员和其他直接责任人员,依照第一款的规定处罚。[①]

第一百七十五条　高利转贷罪

以转贷牟利为目的,套取金融机构信贷资金高利转贷他人,违法所得数额较大的,处三年以下有期徒刑或者拘役,并处违法所得一倍以上五倍以下罚金;数额巨大的,处三年以上七年以下

[①] 根据1999年12月25日《刑法修正案》修改。原条文为:"未经中国人民银行批准,擅自设立商业银行或者其他金融机构的,处三年以下有期徒刑或者拘役,并处或者单处二万元以上二十万元以下罚金;情节严重的,处三年以上十年以下有期徒刑,并处五万元以上五十万元以下罚金。
"伪造、变造、转让商业银行或者其他金融机构经营许可证的,依照前款的规定处罚。
"单位犯前两款罪的,对单位判处罚金,并对其直接负责的主管人员和其他直接责任人员,依照第一款的规定处罚。"

有期徒刑，并处违法所得一倍以上五倍以下罚金。

单位犯前款罪的，对单位判处罚金，并对其直接负责的主管人员和其他直接责任人员，处三年以下有期徒刑或者拘役。

第一百七十五条之一　骗取贷款、票据承兑、金融票证罪

以欺骗手段取得银行或者其他金融机构贷款、票据承兑、信用证、保函等，给银行或者其他金融机构造成重大损失的，处三年以下有期徒刑或者拘役，并处或者单处罚金；给银行或者其他金融机构造成特别重大损失或者有其他特别严重情节的，处三年以上七年以下有期徒刑，并处罚金。①

单位犯前款罪的，对单位判处罚金，并对其直接负责的主管人员和其他直接责任人员，依照前款的规定处罚。②

第一百七十六条　非法吸收公众存款罪

非法吸收公众存款或者变相吸收公众存款，扰乱金融秩序的，处三年以下有期徒刑或者拘役，并处或者单处罚金；数额巨大或者有其他严重情节的，处三年以上十年以下有期徒刑，并处罚金；数额特别巨大或者有其他特别严重情节的，处十年以上有期徒刑，并处罚金。

单位犯前款罪的，对单位判处罚金，并对其直接负责的主管人员和其他直接责任人员，依照前款的规定处罚。

---

① 根据2020年12月26日《刑法修正案（十一）》修改。原第一款条文为："以欺骗手段取得银行或者其他金融机构贷款、票据承兑、信用证、保函等，给银行或者其他金融机构造成重大损失或者有其他严重情节的，处三年以下有期徒刑或者拘役，并处或者单处罚金；给银行或者其他金融机构造成特别重大损失或者有其他特别严重情节的，处三年以上七年以下有期徒刑，并处罚金。"

② 根据2006年6月29日《刑法修正案（六）》增加。

有前两款行为，在提起公诉前积极退赃退赔，减少损害结果发生的，可以从轻或者减轻处罚。①

▶理解与适用

违反国家金融管理法律规定，向社会公众（包括单位和个人）吸收资金的行为，同时具备下列四个条件的，除刑法另有规定的以外，应当认定为本条规定的"非法吸收公众存款或者变相吸收公众存款"：（1）未经有关部门依法许可或者借用合法经营的形式吸收资金；（2）通过网络、媒体、推介会、传单、手机信息等途径向社会公开宣传；（3）承诺在一定期限内以货币、实物、股权等方式还本付息或者给付回报；（4）向社会公众即社会不特定对象吸收资金。未向社会公开宣传，在亲友或者单位内部针对特定对象吸收资金的，不属于非法吸收或者变相吸收公众存款。

▶条文参见

《最高人民法院关于审理非法集资刑事案件具体应用法律若干问题的解释》第1~6条、第13条、第14条；《关于办理非法集资刑事案件若干问题的意见》；《防范和处置非法集资条例》

第一百七十七条　伪造、变造金融票证罪

有下列情形之一，伪造、变造金融票证的，处五年以下有期徒刑或者拘役，并处或者单处二万元以上二十万元以下罚金；情节严重的，处五年以上十年以下有期徒刑，并处五万元以上五十万元以下罚金；情节特别严重的，处十年以上有期徒刑或者无期徒刑，并处五万元以上五十万元以下罚金或者没收财产：

---

① 根据2020年12月26日《刑法修正案（十一）》修改。原条文为："非法吸收公众存款或者变相吸收公众存款，扰乱金融秩序的，处三年以下有期徒刑或者拘役，并处或者单处二万元以上二十万元以下罚金；数额巨大或者有其他严重情节的，处三年以上十年以下有期徒刑，并处五万元以上五十万元以下罚金。

"单位犯前款罪的，对单位判处罚金，并对其直接负责的主管人员和其他直接责任人员，依照前款的规定处罚。"

(一）伪造、变造汇票、本票、支票的；
（二）伪造、变造委托收款凭证、汇款凭证、银行存单等其他银行结算凭证的；
（三）伪造、变造信用证或者附随的单据、文件的；
（四）伪造信用卡的。
单位犯前款罪的，对单位判处罚金，并对其直接负责的主管人员和其他直接责任人员，依照前款的规定处罚。

▶条文参见

《最高人民法院、最高人民检察院关于办理妨害信用卡管理刑事案件具体应用法律若干问题的解释》第1条；《支付结算办法》第253条

第一百七十七条之一

【妨害信用卡管理罪】有下列情形之一，妨害信用卡管理的，处三年以下有期徒刑或者拘役，并处或者单处一万元以上十万元以下罚金；数量巨大或者有其他严重情节的，处三年以上十年以下有期徒刑，并处二万元以上二十万元以下罚金：

（一）明知是伪造的信用卡而持有、运输的，或者明知是伪造的空白信用卡而持有、运输，数量较大的；
（二）非法持有他人信用卡，数量较大的；
（三）使用虚假的身份证明骗领信用卡的；
（四）出售、购买、为他人提供伪造的信用卡或者以虚假的身份证明骗领的信用卡的。

【窃取、收买、非法提供信用卡信息罪】窃取、收买或者非法提供他人信用卡信息资料的，依照前款规定处罚。

银行或者其他金融机构的工作人员利用职务上的便利，犯第二款罪的，从重处罚。[①]

[①] 根据2005年2月28日《刑法修正案（五）》增加。

▶条文参见

《全国人民代表大会常务委员会关于〈中华人民共和国刑法〉有关信用卡规定的解释》;《最高人民法院、最高人民检察院关于办理妨害信用卡管理刑事案件具体应用法律若干问题的解释》

第一百七十八条

【伪造、变造国家有价证券罪】伪造、变造国库券或者国家发行的其他有价证券,数额较大的,处三年以下有期徒刑或者拘役,并处或者单处二万元以上二十万元以下罚金;数额巨大的,处三年以上十年以下有期徒刑,并处五万元以上五十万元以下罚金;数额特别巨大的,处十年以上有期徒刑或者无期徒刑,并处五万元以上五十万元以下罚金或者没收财产。

【伪造、变造股票、公司、企业债券罪】伪造、变造股票或者公司、企业债券,数额较大的,处三年以下有期徒刑或者拘役,并处或者单处一万元以上十万元以下罚金;数额巨大的,处三年以上十年以下有期徒刑,并处二万元以上二十万元以下罚金。

单位犯前两款罪的,对单位判处罚金,并对其直接负责的主管人员和其他直接责任人员,依照前两款的规定处罚。

第一百七十九条 擅自发行股票、公司、企业债券罪

未经国家有关主管部门批准,擅自发行股票或者公司、企业债券,数额巨大、后果严重或者有其他严重情节的,处五年以下有期徒刑或者拘役,并处或者单处非法募集资金金额百分之一以上百分之五以下罚金。

单位犯前款罪的,对单位判处罚金,并对其直接负责的主管人员和其他直接责任人员,处五年以下有期徒刑或者拘役。

第一百八十条

【内幕交易、泄露内幕信息罪】证券、期货交易内幕信息的知情人员或者非法获取证券、期货交易内幕信息的人员，在涉及证券的发行，证券、期货交易或者其他对证券、期货交易价格有重大影响的信息尚未公开前，买入或者卖出该证券，或者从事与该内幕信息有关的期货交易，或者泄露该信息，或者明示、暗示他人从事上述交易活动，情节严重的，处五年以下有期徒刑或者拘役，并处或者单处违法所得一倍以上五倍以下罚金；情节特别严重的，处五年以上十年以下有期徒刑，并处违法所得一倍以上五倍以下罚金。

单位犯前款罪的，对单位判处罚金，并对其直接负责的主管人员和其他直接责任人员，处五年以下有期徒刑或者拘役。

内幕信息、知情人员的范围，依照法律、行政法规的规定确定。

【利用未公开信息交易罪】证券交易所、期货交易所、证券公司、期货经纪公司、基金管理公司、商业银行、保险公司等金融机构的从业人员以及有关监管部门或者行业协会的工作人员，利用因职务便利获取的内幕信息以外的其他未公开的信息，违反规定，从事与该信息相关的证券、期货交易活动，或者明示、暗示他人从事相关交易活动，情节严重的，依照第一款的规定处罚。①

---

① 根据1999年12月25日《刑法修正案》第一次修改。原条文为："证券交易内幕信息的知情人员或者非法获取证券交易内幕信息的人员，在涉及证券的发行、交易或者其他对证券的价格有重大影响的信息尚未公开前，买入或者卖出该证券，或者泄露该信息，情节严重的，处五年以下有期徒刑或者拘役，并处或者单处违法所得一倍以上五倍以下罚金；情节特别严重的，处五年以上十年以下有期徒刑，并处违法所得一倍以上五倍以下罚金。

"单位犯前款罪的，对单位判处罚金，并对其直接负责的主管人员和其他直接责任人员，处五年以下有期徒刑或者拘役。

"内幕信息的范围，依照法律、行政法规的规定确定。

"知情人员的范围，依照法律、行政法规的规定确定。"

根据2009年2月28日《刑法修正案（七）》第二次修改。原第一款条文为："证券、期货交易内幕信息的知情人员或者非法获取证券、期货交易内幕信息的人员，在涉及证券的发行，证券、期货交易或者其他对证券、期货交易价格有重大影响的信息尚未公开前，买入或者卖出该证券，或者从事与该内幕信息有关的期货交易，或者泄露该信息，情节严重的，处五年以下有期徒刑或者拘役，并处或者单处违法所得一倍以上五倍以下罚金；情节特别严重的，处五年以上十年以下有期徒刑，并处违法所得一倍以上五倍以下罚金。"

根据2009年2月28日《刑法修正案（七）》增加一款，作为第四款。

▶理解与适用

在实际执行中,内幕交易罪与侵犯商业秘密罪侵害的对象具有一定的相似性,都属于尚未公开的,可能给当事人带来经济利益的有关信息。但是在侵害对象、客体、行为主体等方面存在着区别:1. 从侵害对象而言,内幕信息是尚未公开的,涉及证券的发行、证券、期货交易或者其他对证券、期货交易价格有重大影响的信息;而商业秘密,是指不为公众所知悉,能为权利人带来经济利益,具有实用性并经权利人采取保密措施的技术信息和经营信息。2. 内幕交易罪侵犯的客体是国家金融管理秩序的正常运行,而侵犯商业秘密罪侵犯的是企事业单位经营活动的正常进行,二者侵犯的客体属于不同的领域和范畴。3. 内幕交易罪的主体为证券、期货交易内幕信息的知情人员或者非法获取证券、期货交易内幕信息的人员,具有相对的特殊性,而侵犯商业秘密罪的主体为一般主体。

▶典型案例指引

马乐利用未公开信息交易案(2016年5月31日最高人民检察院发布检例第24号)

案件适用要点:刑法第180第4款利用未公开信息交易罪为援引法定刑的情形,应当是对第一款法定刑的全部援引。其中,"情节严重"是入罪标准,在处罚上应当依照本条第一款内幕交易、泄露内幕信息罪的全部法定刑处罚,即区分不同情形分别依照第一款规定的"情节严重"和"情节特别严重"两个量刑档次处罚。

▶条文参见

《证券法》第50~61条;《最高人民法院、最高人民检察院关于办理内幕交易、泄露内幕信息刑事案件具体应用法律若干问题的解释》第6条、第7条;《最高人民检察院、公安部关于公安机关管辖的刑事案件立案追诉标准的规定(二)》第30条、第31条;《期货交易管理条例》第81条

第一百八十一条

【编造并传播证券、期货交易虚假信息罪】编造并且传播影响证券、期货交易的虚假信息,扰乱证券、期货交易市场,造成严重后果的,处五年以下有期徒刑或者拘役,并处或者单处一万元以上十万元以下罚金。

【诱骗投资者买卖证券、期货合约罪】证券交易所、期货交易所、证券公司、期货经纪公司的从业人员,证券业协会、期货业协会或者证券期货监督管理部门的工作人员,故意提供虚假信息或者伪造、变造、销毁交易记录,诱骗投资者买卖证券、期货合约,造成严重后果的,处五年以下有期徒刑或者拘役,并处或者单处一万元以上十万元以下罚金;情节特别恶劣的,处五年以上十年以下有期徒刑,并处二万元以上二十万元以下罚金。

单位犯前两款罪的,对单位判处罚金,并对其直接负责的主管人员和其他直接责任人员,处五年以下有期徒刑或者拘役。①

第一百八十二条 操纵证券、期货市场罪

有下列情形之一,操纵证券、期货市场,影响证券、期货交易价格或者证券、期货交易量,情节严重的,处五年以下有期徒刑或者拘役,并处或者单处罚金;情节特别严重的,处五年以上十年以下有期徒刑,并处罚金:

---

① 根据1999年12月25日《刑法修正案》修改。原条文为:"编造并且传播影响证券交易的虚假信息,扰乱证券交易市场,造成严重后果的,处五年以下有期徒刑或者拘役,并处或者单处一万元以上十万元以下罚金。

"证券交易所、证券公司的从业人员,证券业协会或者证券管理部门的工作人员,故意提供虚假信息或者伪造、变造、销毁交易记录,诱骗投资者买卖证券,造成严重后果的,处五年以下有期徒刑或者拘役,并处或者单处一万元以上十万元以下罚金;情节特别恶劣的,处五年以上十年以下有期徒刑,并处二万元以上二十万元以下罚金。

"单位犯前两款罪的,对单位判处罚金,并对其直接负责的主管人员和其他直接责任人员,处五年以下有期徒刑或者拘役。"

（一）单独或者合谋，集中资金优势、持股或者持仓优势或者利用信息优势联合或者连续买卖的；

（二）与他人串通，以事先约定的时间、价格和方式相互进行证券、期货交易的；

（三）在自己实际控制的帐户之间进行证券交易，或者以自己为交易对象，自买自卖期货合约的；

（四）不以成交为目的，频繁或者大量申报买入、卖出证券、期货合约并撤销申报的；

（五）利用虚假或者不确定的重大信息，诱导投资者进行证券、期货交易的；

（六）对证券、证券发行人、期货交易标的公开作出评价、预测或者投资建议，同时进行反向证券交易或者相关期货交易的；

（七）以其他方法操纵证券、期货市场的。

单位犯前款罪的，对单位判处罚金，并对其直接负责的主管人员和其他直接责任人员，依照前款的规定处罚。[1]

---

[1] 根据1999年12月25日《刑法修正案》第一次修改。原条文为："有下列情形之一，操纵证券交易价格，获取不正当利益或者转嫁风险，情节严重的，处五年以下有期徒刑或者拘役，并处或者单处违法所得一倍以上五倍以下罚金：

"（一）单独或者合谋，集中资金优势、持股优势或者利用信息优势联合或者连续买卖，操纵证券交易价格的；

"（二）与他人串通，以事先约定的时间、价格和方式相互进行证券交易或者相互买卖并不持有的证券，影响证券交易价格或者证券交易量的；

"（三）以自己为交易对象，进行不转移证券所有权的自买自卖，影响证券交易价格或者证券交易量的；

"（四）以其他方法操纵证券交易价格的。

"单位犯前款罪的，对单位判处罚金，并对其直接负责的主管人员和其他直接责任人员，处五年以下有期徒刑或者拘役。"

根据2006年6月29日《刑法修正案（六）》第二次修改。原条文为："有下列情形之一，操纵证券、期货交易价格，获取不正当利益或者转嫁风险，情节严重的，处五年以下有期徒刑或者拘役，并处或者单处违法所得一倍以上五倍以下罚金：

转下页注

第一百八十三条

【职务侵占罪】保险公司的工作人员利用职务上的便利，故意编造未曾发生的保险事故进行虚假理赔，骗取保险金归自己所有的，依照本法第二百七十一条的规定定罪处罚。

【贪污罪】国有保险公司工作人员和国有保险公司委派到非国有保险公司从事公务的人员有前款行为的，依照本法第三百八十二条、第三百八十三条的规定定罪处罚。

▶条文参见

《最高人民法院关于审理贪污、职务侵占案件如何认定共同犯罪几个问题的解释》

接上页注①

"（一）单独或者合谋，集中资金优势、持股或者持仓优势或者利用信息优势联合或者连续买卖，操纵证券、期货交易价格的；

"（二）与他人串通，以事先约定的时间、价格和方式相互进行证券、期货交易，或者相互买卖并不持有的证券，影响证券、期货交易价格或者证券、期货交易量的；

"（三）以自己为交易对象，进行不转移证券所有权的自买自卖，或者以自己为交易对象，自买自卖期货合约，影响证券、期货交易价格或者证券、期货交易量的；

"（四）以其他方法操纵证券、期货交易价格的。

"单位犯前款罪的，对单位判处罚金，并对其直接负责的主管人员和其他直接责任人员，处五年以下有期徒刑或者拘役。"

根据2020年12月26日《刑法修正案（十一）》第三次修改。原第一款条文为："有下列情形之一，操纵证券、期货市场，情节严重的，处五年以下有期徒刑或者拘役，并处或者单处罚金；情节特别严重的，处五年以上十年以下有期徒刑，并处罚金：

"（一）单独或者合谋，集中资金优势、持股或者持仓优势或者利用信息优势联合或者连续买卖，操纵证券、期货交易价格或者证券、期货交易量的；

"（二）与他人串通，以事先约定的时间、价格和方式相互进行证券、期货交易，影响证券、期货交易价格或者证券、期货交易量的；

"（三）在自己实际控制的帐户之间进行证券交易，或者以自己为交易对象，自买自卖期货合约，影响证券、期货交易价格或者证券、期货交易量的；

"（四）以其他方法操纵证券、期货市场的。"

第一百八十四条 金融机构工作人员受贿犯罪如何定罪处罚的规定

银行或者其他金融机构的工作人员在金融业务活动中索取他人财物或者非法收受他人财物,为他人谋取利益的,或者违反国家规定,收受各种名义的回扣、手续费,归个人所有的,依照本法第一百六十三条的规定定罪处罚。

国有金融机构工作人员和国有金融机构委派到非国有金融机构从事公务的人员有前款行为的,依照本法第三百八十五条、第三百八十六条的规定定罪处罚。

第一百八十五条

【挪用资金罪】商业银行、证券交易所、期货交易所、证券公司、期货经纪公司、保险公司或者其他金融机构的工作人员利用职务上的便利,挪用本单位或者客户资金的,依照本法第二百七十二条的规定定罪处罚。

【挪用公款罪】国有商业银行、证券交易所、期货交易所、证券公司、期货经纪公司、保险公司或者其他国有金融机构的工作人员和国有商业银行、证券交易所、期货交易所、证券公司、期货经纪公司、保险公司或者其他国有金融机构委派到前款规定中的非国有机构从事公务的人员有前款行为的,依照本法第三百八十四条的规定定罪处罚。[①]

[①] 根据1999年12月25日《刑法修正案》修改。原条文为:"银行或者其他金融机构的工作人员利用职务上的便利,挪用本单位或者客户资金的,依照本法第二百七十二条的规定定罪处罚。

"国有金融机构工作人员和国有金融机构委派到非国有金融机构从事公务的人员有前款行为的,依照本法第三百八十四条的规定定罪处罚。"

第一百八十五条之一

【背信运用受托财产罪】商业银行、证券交易所、期货交易所、证券公司、期货经纪公司、保险公司或者其他金融机构,违背受托义务,擅自运用客户资金或者其他委托、信托的财产,情节严重的,对单位判处罚金,并对其直接负责的主管人员和其他直接责任人员,处三年以下有期徒刑或者拘役,并处三万元以上三十万元以下罚金;情节特别严重的,处三年以上十年以下有期徒刑,并处五万元以上五十万元以下罚金。

【违法运用资金罪】社会保障基金管理机构、住房公积金管理机构等公众资金管理机构,以及保险公司、保险资产管理公司、证券投资基金管理公司,违反国家规定运用资金的,对其直接负责的主管人员和其他直接责任人员,依照前款的规定处罚。①

▶理解与适用

《最高人民检察院、公安部关于公安机关管辖的刑事案件立案追诉标准的规定(二)》中对违法运用资金罪的立案追诉标准作了规定,根据该规定第36条,社会保障基金管理机构、住房公积金管理机构等公众资金管理机构,以及保险公司、保险资产管理公司、证券投资基金管理公司,违反国家规定运用资金数额在30万元以上的;或者虽未达到上述数额标准,但多次违反国家规定运用资金的;或者有其他情节严重情形的,予以立案追诉。实践中在定罪量刑时,可以参照上述规定的数额,根据具体案件的性质、情节和危害后果,裁量刑罚。

第一百八十六条 违法发放贷款罪

银行或者其他金融机构的工作人员违反国家规定发放贷款,数额巨大或者造成重大损失的,处五年以下有期徒刑或者拘役,并处一万元以上十万元以下罚金;数额特别巨大或者造成特别重大损失

---

① 根据2006年6月29日《刑法修正案(六)》增加。

的，处五年以上有期徒刑，并处二万元以上二十万元以下罚金。

银行或者其他金融机构的工作人员违反国家规定，向关系人发放贷款的，依照前款的规定从重处罚。①

单位犯前两款罪的，对单位判处罚金，并对其直接负责的主管人员和其他直接责任人员，依照前两款的规定处罚。

关系人的范围，依照《中华人民共和国商业银行法》和有关金融法规确定。

第一百八十七条　吸收客户资金不入账罪

银行或者其他金融机构的工作人员吸收客户资金不入帐，数额巨大或者造成重大损失的，处五年以下有期徒刑或者拘役，并处二万元以上二十万元以下罚金；数额特别巨大或者造成特别重大损失的，处五年以上有期徒刑，并处五万元以上五十万元以下罚金。②

单位犯前款罪的，对单位判处罚金，并对其直接负责的主管人员和其他直接责任人员，依照前款的规定处罚。

---

① 根据2006年6月29日《刑法修正案（六）》修改。原第一款、第二款条文为："银行或者其他金融机构的工作人员违反法律、行政法规规定，向关系人发放信用贷款或者发放担保贷款的条件优于其他借款人同类贷款的条件，造成较大损失的，处五年以下有期徒刑或者拘役，并处一万元以上十万元以下罚金；造成重大损失的，处五年以上有期徒刑，并处二万元以上二十万元以下罚金。

"银行或者其他金融机构的工作人员违反法律、行政法规规定，向关系人以外的其他人发放贷款，造成重大损失的，处五年以下有期徒刑或者拘役，并处一万元以上十万元以下罚金；造成特别重大损失的，处五年以上有期徒刑，并处二万元以上二十万元以下罚金。"

② 根据2006年6月29日《刑法修正案（六）》修改。原第一款条文为："银行或者其他金融机构的工作人员以牟利为目的，采取吸收客户资金不入帐的方式，将资金用于非法拆借、发放贷款，造成重大损失的，处五年以下有期徒刑或者拘役，并处二万元以上二十万元以下罚金；造成特别重大损失的，处五年以上有期徒刑，并处五万元以上五十万元以下罚金。"

第一百八十八条　违规出具金融票证罪

银行或者其他金融机构的工作人员违反规定，为他人出具信用证或者其他保函、票据、存单、资信证明，情节严重的，处五年以下有期徒刑或者拘役；情节特别严重的，处五年以上有期徒刑。[①]

单位犯前款罪的，对单位判处罚金，并对其直接负责的主管人员和其他直接责任人员，依照前款的规定处罚。

▶理解与适用

"情节严重"不仅包括给金融机构造成了较大损失，还包括虽然还没有造成较大损失，但非法出具金融票证涉及金额巨大，或者多次非法出具金融票证等情形。如果行为人有以上违反规定的行为，但被及时发现并制止，情节不严重的，可作为违法行为处理，不宜以犯罪论处。至于具体什么是"情节严重"，由于各案情况不同，实践情况比较复杂，本条没有作出具体规定，可以由司法机关根据案件的具体情况确定，也可以在总结司法实践经验的基础上作出司法解释。

第一百八十九条　对违法票据承兑、付款、保证罪

银行或者其他金融机构的工作人员在票据业务中，对违反票据法规定的票据予以承兑、付款或者保证，造成重大损失的，处五年以下有期徒刑或者拘役；造成特别重大损失的，处五年以上有期徒刑。

单位犯前款罪的，对单位判处罚金，并对其直接负责的主管人员和其他直接责任人员，依照前款的规定处罚。

[①] 根据2006年6月29日《刑法修正案（六）》修改。原第一款条文为："银行或者其他金融机构的工作人员违反规定，为他人出具信用证或者其他保函、票据、存单、资信证明，造成较大损失的，处五年以下有期徒刑或者拘役；造成重大损失的，处五年以上有期徒刑。"

第一百九十条 逃汇罪

公司、企业或者其他单位,违反国家规定,擅自将外汇存放境外,或者将境内的外汇非法转移到境外,数额较大的,对单位判处逃汇数额百分之五以上百分之三十以下罚金,并对其直接负责的主管人员和其他直接责任人员,处五年以下有期徒刑或者拘役;数额巨大或者有其他严重情节的,对单位判处逃汇数额百分之五以上百分之三十以下罚金,并对其直接负责的主管人员和其他直接责任人员,处五年以上有期徒刑。[1]

▶理解与适用

根据1998年12月29日第九届全国人大常委会第六次会议通过的《关于惩治骗购外汇、逃汇和非法买卖外汇犯罪的决定》第5条的规定,海关、外汇管理部门以及金融机构、从事对外贸易经营活动的公司、企业或者其他单位的工作人员与本条规定的逃汇行为人通谋,为其提供购买外汇的有关凭证或者其他便利的,或者明知是伪造、变造的凭证和单据而售汇、付汇的,以逃汇罪的共犯论处,并从重处罚。这里所说的"从重处罚",是指在本条规定的罚金幅度内和量刑幅度内从重处罚。对于刑罚的从重,既可以选择较重的刑期,也可以选择较重的刑种。

▶条文参见

《全国人民代表大会常务委员会关于惩治骗购外汇、逃汇和非法买卖外汇犯罪的决定》第5条;《外汇管理条例》第9条、第21条

---

[1] 根据1998年12月29日通过的《全国人民代表大会常务委员会关于惩治骗购外汇、逃汇和非法买卖外汇犯罪的决定》修改。原条文为:"国有公司、企业或者其他国有单位,违反国家规定,擅自将外汇存放境外,或者将境内的外汇非法转移到境外,情节严重的,对单位判处罚金,并对其直接负责的主管人员和其他直接责任人员,处五年以下有期徒刑或者拘役。"

第一百九十一条　洗钱罪

为掩饰、隐瞒毒品犯罪、黑社会性质的组织犯罪、恐怖活动犯罪、走私犯罪、贪污贿赂犯罪、破坏金融管理秩序犯罪、金融诈骗犯罪的所得及其产生的收益的来源和性质，有下列行为之一的，没收实施以上犯罪的所得及其产生的收益，处五年以下有期徒刑或者拘役，并处或者单处罚金；情节严重的，处五年以上十年以下有期徒刑，并处罚金：

（一）提供资金帐户的；

（二）将财产转换为现金、金融票据、有价证券的；

（三）通过转帐或者其他支付结算方式转移资金的；

（四）跨境转移资产的；

（五）以其他方法掩饰、隐瞒犯罪所得及其收益的来源和性质的。

单位犯前款罪的，对单位判处罚金，并对其直接负责的主管人员和其他直接责任人员，依照前款的规定处罚。①

---

① 根据2001年12月29日《刑法修正案（三）》第一次修改。原条文为："明知是毒品犯罪、黑社会性质的组织犯罪、走私犯罪的违法所得及其产生的收益，为掩饰、隐瞒其来源和性质，有下列行为之一的，没收实施以上犯罪的违法所得及其产生的收益，处五年以下有期徒刑或者拘役，并处或者单处洗钱数额百分之五以上百分之二十以下罚金；情节严重的，处五年以上十年以下有期徒刑，并处洗钱数额百分之五以上百分之二十以下罚金：

"（一）提供资金帐户的；

"（二）协助将财产转换为现金或者金融票据的；

"（三）通过转帐或者其他结算方式协助资金转移的；

"（四）协助将资金汇往境外的；

"（五）以其他方法掩饰、隐瞒犯罪的违法所得及其收益的性质和来源的。

"单位犯前款罪的，对单位判处罚金，并对其直接负责的主管人员和其他直接责任人员，处五年以下有期徒刑或者拘役。"

根据2006年6月29日《刑法修正案（六）》第二次修改。原第一款条文为："明知是毒品犯罪、黑社会性质的组织犯罪、恐怖活动犯罪、走私犯罪的违法所得及其产生的收益，为掩饰、隐瞒其来源和性质，有下列行为之一的，没收实施以上犯罪的违法所得及其产生的收益，处五年以下有期徒刑或者拘役，并处或者单处洗钱数额百分之五以上百分之二十以下罚金；情节严重的，处五年以上十年以下有期徒刑，并处洗钱数额百分之五以上百分之二十以下罚金：

转下页注

▶理解与适用

洗钱罪的"上游犯罪"仅限于毒品犯罪、黑社会性质的组织犯罪、恐怖活动犯罪、走私犯罪、贪污贿赂犯罪、破坏金融管理秩序犯罪、金融诈骗犯罪七种特定犯罪。所谓"洗钱",是指把将毒品犯罪、黑社会性质组织犯罪、走私犯罪、恐怖活动犯罪等犯罪所得"赃钱"、"黑钱"进行清洗,转换成"合法"财产的过程。具体行为方式包括以提供账户、转换财产形式、以合法结算方式转移、跨境转移等手段掩饰、隐藏特定犯罪的违法所得及其收益的性质和来源。

▶典型案例指引

广州市海珠区人民检察院诉汪某洗钱案(《中华人民共和国最高人民法院公报》2004年第10期)

案件适用要点:被告人为获得不法利益,明知他人从事毒品犯罪活动,且掌握的大量资金可能是毒品犯罪所得,仍积极协助其以

接上页注①

"(一)提供资金帐户的;

"(二)协助将财产转换为现金或者金融票据的;

"(三)通过转帐或者其他结算方式协助资金转移的;

"(四)协助将资金汇往境外的;

"(五)以其他方法掩饰、隐瞒犯罪的违法所得及其收益的来源和性质的。"

根据2020年12月26日《刑法修正案(十一)》第三次修改。原条文为:"明知是毒品犯罪、黑社会性质的组织犯罪、恐怖活动犯罪、走私犯罪、贪污贿赂犯罪、破坏金融管理秩序犯罪、金融诈骗犯罪的所得及其产生的收益,为掩饰、隐瞒其来源和性质,有下列行为之一的,没收实施以上犯罪的所得及其产生的收益,处五年以下有期徒刑或者拘役,并处或者单处洗钱数额百分之五以上百分之二十以下罚金;情节严重的,处五年以上十年以下有期徒刑,并处洗钱数额百分之五以上百分之二十以下罚金:

"(一)提供资金帐户的;

"(二)协助将财产转换为现金、金融票据、有价证券的;

"(三)通过转帐或者其他结算方式协助资金转移的;

"(四)协助将资金汇往境外的;

"(五)以其他方法掩饰、隐瞒犯罪所得及其收益的来源和性质的。

"单位犯前款罪的,对单位判处罚金,并对其直接负责的主管人员和其他直接责任人员,处五年以下有期徒刑或者拘役;情节严重的,处五年以上十年以下有期徒刑。"

购买股份的方式投资企业经营,掩饰、隐藏资金的性质及来源,其行为构成了洗钱罪。

▶条文参见

《最高人民法院关于审理洗钱等刑事案件具体应用法律若干问题的解释》

第五节 金融诈骗罪

第一百九十二条 集资诈骗罪

以非法占有为目的,使用诈骗方法非法集资,数额较大的,处三年以上七年以下有期徒刑,并处罚金;数额巨大或者有其他严重情节的,处七年以上有期徒刑或者无期徒刑,并处罚金或者没收财产。

单位犯前款罪的,对单位判处罚金,并对其直接负责的主管人员和其他直接责任人员,依照前款的规定处罚。[1]

▶理解与适用

应当注意的是,本罪与非法吸收公众存款罪是有区别的,主要是:第一,犯罪的目的不同。用诈骗方法非法集资,行为人的目的是非法占有所募集的资金;而非法吸收公众存款罪的行为人在主观上不具有非法占有的目的。第二,犯罪的行为不同。非法集资的犯罪行为人必须使用诈骗的方法,而非法吸收公众存款或者变相吸收公众存款的犯罪行为则不以使用诈骗方法作为构成犯罪的要件。第三,侵犯的客体不同。集资诈骗罪侵犯的是双重客体,而非法吸收

---

[1] 根据2020年12月26日《刑法修正案(十一)》修改。原条文为:"以非法占有为目的,使用诈骗方法非法集资,数额较大的,处五年以下有期徒刑或者拘役,并处二万元以上二十万元以下罚金;数额巨大或者有其他严重情节的,处五年以上十年以下有期徒刑,并处五万元以上五十万元以下罚金;数额特别巨大或者有其他特别严重情节的,处十年以上有期徒刑或者无期徒刑,并处五万元以上五十万元以下罚金或者没收财产。"

公众存款的犯罪侵犯的客体在一般情况下主要是国家的金融管理秩序。当然，在有些情况下由于行为人经营不善等原因造成亏损，无法兑现其在吸收公众存款时的承诺，甚至给投资人、存款人造成了经济损失。但是，这种损失与直接侵犯公私财物的所有权是不同的。第四，侵犯的对象不同。非法吸收公众存款或者变相吸收公众存款犯罪行为侵犯的对象是公众的资金。而非法集资犯罪侵犯的对象可以是公众的资金，也可以是其他的单位、组织的资金。

▶条文参见

《最高人民法院关于审理非法集资刑事案件具体应用法律若干问题的解释》第7~9条、第13条、第14条

第一百九十三条　贷款诈骗罪

有下列情形之一，以非法占有为目的，诈骗银行或者其他金融机构的贷款，数额较大的，处五年以下有期徒刑或者拘役，并处二万元以上二十万元以下罚金；数额巨大或者有其他严重情节的，处五年以上十年以下有期徒刑，并处五万元以上五十万元以下罚金；数额特别巨大或者有其他特别严重情节的，处十年以上有期徒刑或者无期徒刑，并处五万元以上五十万元以下罚金或者没收财产：

（一）编造引进资金、项目等虚假理由的；

（二）使用虚假的经济合同的；

（三）使用虚假的证明文件的；

（四）使用虚假的产权证明作担保或者超出抵押物价值重复担保的；

（五）以其他方法诈骗贷款的。

▶理解与适用

单位不能构成贷款诈骗罪，对于单位实施的贷款诈骗行为，不能以贷款诈骗罪定罪处罚，也不能以贷款诈骗罪追究直接负责的主管人员和其他直接责任人员的刑事责任（这与单位实施盗窃行为如何处理的原则不同）。但是，在司法实践中，对于单位十分明显地以

非法占有为目的，利用签订、履行借款合同诈骗银行或者其他金融机构贷款，符合合同诈骗罪构成要件的，应当以合同诈骗罪定罪处罚。

▶条文参见

《全国法院审理金融犯罪案件工作座谈会纪要》（三）.2

第一百九十四条

【票据诈骗罪】有下列情形之一，进行金融票据诈骗活动，数额较大的，处五年以下有期徒刑或者拘役，并处二万元以上二十万元以下罚金；数额巨大或者有其他严重情节的，处五年以上十年以下有期徒刑，并处五万元以上五十万元以下罚金；数额特别巨大或者有其他特别严重情节的，处十年以上有期徒刑或者无期徒刑，并处五万元以上五十万元以下罚金或者没收财产：

（一）明知是伪造、变造的汇票、本票、支票而使用的；

（二）明知是作废的汇票、本票、支票而使用的；

（三）冒用他人的汇票、本票、支票的；

（四）签发空头支票或者与其预留印鉴不符的支票，骗取财物的；

（五）汇票、本票的出票人签发无资金保证的汇票、本票或者在出票时作虚假记载，骗取财物的。

【金融凭证诈骗罪】使用伪造、变造的委托收款凭证、汇款凭证、银行存单等其他银行结算凭证的，依照前款的规定处罚。

第一百九十五条　信用证诈骗罪

有下列情形之一，进行信用证诈骗活动的，处五年以下有期徒刑或者拘役，并处二万元以上二十万元以下罚金；数额巨大或者有其他严重情节的，处五年以上十年以下有期徒刑，并处五万元以上五十万元以下罚金；数额特别巨大或者有其他特别严重情节的，处十年以上有期徒刑或者无期徒刑，并处五万元以上五十万元以下罚金或者没收财产：

（一）使用伪造、变造的信用证或者附随的单据、文件的；
（二）使用作废的信用证的；
（三）骗取信用证的；
（四）以其他方法进行信用证诈骗活动的。

▶理解与适用

以其他方法进行信用证诈骗的手段很多，如有的利用"软条款"信用证进行诈骗活动。所谓"软条款"信用证，是指在开立信用证时，故意制造一些隐蔽性的条款，这些条款实际上赋予了开证人或开证行单方面的主动权，从而使信用证随时因开证行或开证申请人单方面的行为而解除，以达到骗取财物的目的。例如，有些不法分子利用远期信用证诈骗。由于采用远期信用证支付时，进口商是先取货后付款，在信用证到期付款前存有一段时间，犯罪分子就利用这段时间，制造付款障碍，以达到骗取货物的目的。有的是取得货物后，将财产转移，宣布企业破产；有的则是与银行勾结，在信用证到期付款前，将银行资金转移，宣布银行破产；甚至有的国外小银行，其本身的资金就少于信用证所开出的金额，仍以开证行名义为进口商开具信用证，待进口商取得货物后，宣告资不抵债。

第一百九十六条　信用卡诈骗罪

有下列情形之一，进行信用卡诈骗活动，数额较大的，处五年以下有期徒刑或者拘役，并处二万元以上二十万元以下罚金；数额巨大或者有其他严重情节的，处五年以上十年以下有期徒刑，并处五万元以上五十万元以下罚金；数额特别巨大或者有其他特别严重情节的，处十年以上有期徒刑或者无期徒刑，并处五万元以上五十万元以下罚金或者没收财产：

（一）使用伪造的信用卡，或者使用以虚假的身份证明骗领的信用卡的；
（二）使用作废的信用卡的；
（三）冒用他人信用卡的；

（四）恶意透支的。

前款所称恶意透支，是指持卡人以非法占有为目的，超过规定限额或者规定期限透支，并且经发卡银行催收后仍不归还的行为。

盗窃信用卡并使用的，依照本法第二百六十四条的规定定罪处罚。①

▶理解与适用

"使用伪造的信用卡，或者使用以虚假的身份证明骗领的信用卡"，包括用伪造的信用卡或者以虚假的身份证明骗领的信用卡购买商品、在银行或者自动柜员机上支取现金以及接受用信用卡进行支付结算的各种服务等。使用伪造的信用卡或者以虚假的身份证明骗领的信用卡，无论是进行购物或者接受各种有偿性的服务，在性质上都属于诈骗行为。使用伪造的信用卡或者以虚假的身份证明骗领的信用卡，既包括自己伪造或者骗领后供自己使用，也包括明知是他人伪造或者骗领后自己使用。

"使用作废的信用卡"，包括用作废的信用卡购买商品、在银行或者自动柜员机上支取现金以及接受用信用卡进行支付结算的各种服务等。"作废的信用卡"，是指因法定的原因失去效用的信用卡。

---

① 根据2005年2月28日《刑法修正案（五）》修改。原条文为："有下列情形之一，进行信用卡诈骗活动，数额较大的，处五年以下有期徒刑或者拘役，并处二万元以上二十万元以下罚金；数额巨大或者有其他严重情节的，处五年以上十年以下有期徒刑，并处五万元以上五十万元以下罚金；数额特别巨大或者有其他特别严重情节的，处十年以上有期徒刑或者无期徒刑，并处五万元以上五十万元以下罚金或者没收财产：

"（一）使用伪造的信用卡的；

"（二）使用作废的信用卡的；

"（三）冒用他人信用卡的；

"（四）恶意透支的。

"前款所称恶意透支，是指持卡人以非法占有为目的，超过规定限额或者规定期限透支，并且经发卡银行催收后仍不归还的行为。

"盗窃信用卡并使用的，依照本法第二百六十四条的规定定罪处罚。"

根据规定，信用卡作废主要有以下几种情况：1. 信用卡超过有效使用期而自动失效。2. 信用卡持卡人在信用卡有效期限内中途停止使用信用卡，并将信用卡交回发卡机构。由于种种原因，有的持卡人决定不再使用某种信用卡，而该信用卡还在有效使用期限内，持卡人可将该信用卡退回发卡机构办理退卡手续。此时该信用卡有效期虽未到，但在办理退卡手续后即属于作废的信用卡。3. 因挂失而使信用卡失效。

"冒用他人信用卡"，是指非持卡人以持卡人名义使用持卡人的信用卡骗取财物的行为，如使用捡得的信用卡的；未经持卡人同意，使用为持卡人代为保管的信用卡的。构成本项规定的冒用他人信用卡的犯罪，行为人主观上必须具备骗取他人财物的目的。只有主观上具备诈骗的故意，客观上有冒用他人信用卡的行为，才构成本项规定的犯罪。根据《最高人民法院、最高人民检察院关于办理妨害信用卡管理刑事案件具体应用法律若干问题的解释》第5条规定，具有下列情形的，属于"冒用他人信用卡"：1. 拾得他人信用卡并使用的；2. 骗取他人信用卡并使用的；3. 窃取、收买、骗取或者以其他非法方式获取他人信用卡信息资料，并通过互联网、通讯终端等使用的；4. 其他冒用他人信用卡的情形。

根据《最高人民法院、最高人民检察院关于办理妨害信用卡管理刑事案件具体应用法律若干问题的解释》第6条规定，持卡人以非法占有为目的，超过规定限额或者规定期限透支，经发卡银行两次有效催收后超过3个月仍不归还的，应当认定为"恶意透支"。对于是否以非法占有为目的，应当综合持卡人信用记录、还款能力和意愿、申领和透支信用卡的状况、透支资金的用途、透支后的表现、未按规定还款的原因等情节作出判断。不得单纯依据持卡人未按规定还款的事实认定非法占有目的。

▶条文参见

《全国人民代表大会常务委员会关于〈中华人民共和国刑法〉有关信用卡规定的解释》；《最高人民法院、最高人民检察院关于办理妨害信用卡管理刑事案件具体应用法律若干问题的解释》第5-13

条;《最高人民法院研究室关于信用卡犯罪法律适用若干问题的复函》;《最高人民检察院关于拾得他人信用卡并在自动柜员机(ATM机)上使用的行为如何定性问题的批复》

第一百九十七条　有价证券诈骗罪

使用伪造、变造的国库券或者国家发行的其他有价证券,进行诈骗活动,数额较大的,处五年以下有期徒刑或者拘役,并处二万元以上二十万元以下罚金;数额巨大或者有其他严重情节的,处五年以上十年以下有期徒刑,并处五万元以上五十万元以下罚金;数额特别巨大或者有其他特别严重情节的,处十年以上有期徒刑或者无期徒刑,并处五万元以上五十万元以下罚金或者没收财产。

第一百九十八条　保险诈骗罪

有下列情形之一,进行保险诈骗活动,数额较大的,处五年以下有期徒刑或者拘役,并处一万元以上十万元以下罚金;数额巨大或者有其他严重情节的,处五年以上十年以下有期徒刑,并处二万元以上二十万元以下罚金;数额特别巨大或者有其他特别严重情节的,处十年以上有期徒刑,并处二万元以上二十万元以下罚金或者没收财产:

(一)投保人故意虚构保险标的,骗取保险金的;

(二)投保人、被保险人或者受益人对发生的保险事故编造虚假的原因或者夸大损失的程度,骗取保险金的;

(三)投保人、被保险人或者受益人编造未曾发生的保险事故,骗取保险金的;

(四)投保人、被保险人故意造成财产损失的保险事故,骗取保险金的;

(五)投保人、受益人故意造成被保险人死亡、伤残或者疾病,骗取保险金的。

有前款第四项、第五项所列行为，同时构成其他犯罪的，依照数罪并罚的规定处罚。

单位犯第一款罪的，对单位判处罚金，并对其直接负责的主管人员和其他直接责任人员，处五年以下有期徒刑或者拘役；数额巨大或者有其他严重情节的，处五年以上十年以下有期徒刑；数额特别巨大或者有其他特别严重情节的，处十年以上有期徒刑。

保险事故的鉴定人、证明人、财产评估人故意提供虚假的证明文件，为他人诈骗提供条件的，以保险诈骗的共犯论处。

▶理解与适用

需要指出的是，本款所列 5 项情形，从主体上看是有区别的。这里主要是根据保险活动的各个阶段的特点和保险当事人参与保险活动的情况来确定的。如第 1 项规定的情形只列举了投保人，这是因为这类犯罪行为发生在保险活动的开始，一般只能由投保人所为。第 2 项和第 3 项所规定的情形则列举了投保人、被保险人和受益人，因为对发生保险事故编造虚假的原因或者夸大损失的程度和编造未曾发生的保险事故，这三种人都可能有条件实施此种行为。第 4 项规定的情形列举了投保人、被保险人，因为在一般情况下，对财产的投保，被保险人就是受益人。第 5 项规定的情形比较复杂，虽然也涉及投保人、受益人和被保险人，但故意造成被保险人死亡、伤残或者疾病的，通常情况下，多是投保人和受益人所为。当然也不排除实践中会发生被保险人为使受益人取得保险金而自杀、自残的情况。这类情况按照保险法的规定是不予赔偿的，可不作为犯罪处理。因此，本项只列举了投保人和受益人为犯罪主体。掌握了本条所列 5 项情形中有关主体的规定，对有效地防止和查清这类诈骗犯罪活动，有着重要意义。

第一百九十九条

（删去）①

第二百条　单位犯金融诈骗罪的处罚规定

单位犯本节第一百九十四条、第一百九十五条规定之罪的，对单位判处罚金，并对其直接负责的主管人员和其他直接责任人员，处五年以下有期徒刑或者拘役，可以并处罚金；数额巨大或者有其他严重情节的，处五年以上十年以下有期徒刑，并处罚金；数额特别巨大或者有其他特别严重情节的，处十年以上有期徒刑或者无期徒刑，并处罚金。②

---

① 根据2011年2月25日《刑法修正案（八）》修改。原条文为："犯本节第一百九十二条、第一百九十四条、第一百九十五条规定之罪，数额特别巨大并且给国家和人民利益造成特别重大损失的，处无期徒刑或者死刑，并处没收财产。"

根据2015年8月29日《刑法修正案（九）》删除。原条文为："犯本节第一百九十二条规定之罪，数额特别巨大并且给国家和人民利益造成特别重大损失的，处无期徒刑或者死刑，并处没收财产。"

② 根据2011年2月25日《刑法修正案（八）》第一次修改。原条文为："单位犯本节第一百九十二条、第一百九十四条、第一百九十五条规定之罪的，对单位判处罚金，并对其直接负责的主管人员和其他直接责任人员，处五年以下有期徒刑或者拘役；数额巨大或者有其他严重情节的，处五年以上十年以下有期徒刑；数额特别巨大或者有其他特别严重情节的，处十年以上有期徒刑或者无期徒刑。"

根据2020年12月26日《刑法修正案（十一）》第二次修改。原条文为："单位犯本节第一百九十二条、第一百九十四条、第一百九十五条规定之罪的，对单位判处罚金，并对其直接负责的主管人员和其他直接责任人员，处五年以下有期徒刑或者拘役，可以并处罚金；数额巨大或者有其他严重情节的，处五年以上十年以下有期徒刑，并处罚金；数额特别巨大或者有其他特别严重情节的，处十年以上有期徒刑或者无期徒刑，并处罚金。"

第六节　危害税收征管罪

第二百零一条　逃税罪

纳税人采取欺骗、隐瞒手段进行虚假纳税申报或者不申报,逃避缴纳税款数额较大并且占应纳税额百分之十以上的,处三年以下有期徒刑或者拘役,并处罚金;数额巨大并且占应纳税额百分之三十以上的,处三年以上七年以下有期徒刑,并处罚金。

扣缴义务人采取前款所列手段,不缴或者少缴已扣、已收税款,数额较大的,依照前款的规定处罚。

对多次实施前两款行为,未经处理的,按照累计数额计算。

有第一款行为,经税务机关依法下达追缴通知后,补缴应纳税款,缴纳滞纳金,已受行政处罚的,不予追究刑事责任;但是,五年内因逃避缴纳税款受过刑事处罚或者被税务机关给予二次以上行政处罚的除外。①

第二百零二条　抗税罪

以暴力、威胁方法拒不缴纳税款的,处三年以下有期徒刑或者拘役,并处拒缴税款一倍以上五倍以下罚金;情节严重的,处三年以上七年以下有期徒刑,并处拒缴税款一倍以上五倍以下罚金。

---

① 根据2009年2月28日《刑法修正案(七)》修改。原条文为:"纳税人采取伪造、变造、隐匿、擅自销毁帐簿、记帐凭证,在帐簿上多列支出或者不列、少列收入,经税务机关通知申报而拒不申报或者进行虚假的纳税申报的手段,不缴或者少缴应纳税款,偷税数额占应纳税额的百分之十以上不满百分之三十并且偷税数额在一万元以上不满十万元的,或者因偷税被税务机关给予二次行政处罚又偷税的,处三年以下有期徒刑或者拘役,并处偷税数额一倍以上五倍以下罚金;偷税数额占应纳税额的百分之三十以上并且偷税数额在十万元以上的,处三年以上七年以下有期徒刑,并处偷税数额一倍以上五倍以下罚金。

"扣缴义务人采取前款所列手段,不缴或者少缴已扣、已收税款,数额占应缴税额的百分之十以上并且数额在一万元以上的,依照前款的规定处罚。

"对多次犯有前两款行为,未经处理的,按照累计数额计算。"

▶理解与适用

这里所说的"情节严重",主要是指暴力抗税的方法特别恶劣、造成严重后果或者抗税数额巨大等。根据《最高人民法院关于审理偷税抗税刑事案件具体应用法律若干问题的解释》第5条规定,具有下列情形的属于刑法第202条规定的"情节严重":1.聚众抗税的首要分子;2.抗税数额在10万元以上的;3.多次抗税的;4.故意伤害致人轻伤的;5.具有其他严重情节。

▶条文参见

《最高人民法院关于审理偷税抗税刑事案件具体应用法律若干问题的解释》

第二百零三条　逃避追缴欠税罪

纳税人欠缴应纳税款,采取转移或者隐匿财产的手段,致使税务机关无法追缴欠缴的税款,数额在一万元以上不满十万元的,处三年以下有期徒刑或者拘役,并处或者单处欠缴税款一倍以上五倍以下罚金;数额在十万元以上的,处三年以上七年以下有期徒刑,并处欠缴税款一倍以上五倍以下罚金。

第二百零四条　骗取出口退税罪

以假报出口或者其他欺骗手段,骗取国家出口退税款,数额较大的,处五年以下有期徒刑或者拘役,并处骗取税款一倍以上五倍以下罚金;数额巨大或者有其他严重情节的,处五年以上十年以下有期徒刑,并处骗取税款一倍以上五倍以下罚金;数额特别巨大或者有其他特别严重情节的,处十年以上有期徒刑或者无期徒刑,并处骗取税款一倍以上五倍以下罚金或者没收财产。

纳税人缴纳税款后,采取前款规定的欺骗方法,骗取所缴纳的税款的,依照本法第二百零一条的规定定罪处罚;骗取税款超过所缴纳的税款部分,依照前款的规定处罚。

▶理解与适用

本条规定的"假报出口",是指以虚构已税货物出口事实为目的,具有下列情形之一的行为:1.伪造或者签订虚假的买卖合同;2.以伪造、变造或者其他非法手段取得出口货物报关单、出口收汇核销单、出口货物专用缴款书等有关出口退税单据、凭证;3.虚开、伪造、非法购买增值税专用发票或者其他可以用于出口退税的发票;4.其他虚构已税货物出口事实的行为。

"其他欺骗手段"是指具有下列情形之一的行为:1.骗取出口货物退税资格的;2.将未纳税或者免税货物作为已税货物出口的;3.虽有货物出口,但虚构该出口货物的品名、数量、单价等要素,骗取未实际纳税部分出口退税款的;4.以其他手段骗取出口退税款的。

骗取国家出口退税款5万元以上的,为本罪规定的"数额较大"。实施骗取国家出口退税行为,没有实际取得出口退税款的,可以比照既遂犯从轻或者减轻处罚。实施骗取出口退税犯罪,同时构成虚开增值税专用发票罪等其他犯罪的,依照刑法处罚较重的规定定罪处罚。

▶条文参见

《最高人民法院关于审理骗取出口退税刑事案件具体应用法律若干问题的解释》

第二百零五条　虚开增值税专用发票、用于骗取出口退税、抵扣税款发票罪

虚开增值税专用发票或者虚开用于骗取出口退税、抵扣税款的其他发票的,处三年以下有期徒刑或者拘役,并处二万元以上二十万元以下罚金;虚开的税款数额较大或者有其他严重情节的,处三年以上十年以下有期徒刑,并处五万元以上五十万元以下罚金;虚开的税款数额巨大或者有其他特别严重情节的,处十年以上有期徒刑或者无期徒刑,并处五万元以上五十万元以下罚金或者没收财产。

单位犯本条规定之罪的,对单位判处罚金,并对其直接负责的主管人员和其他直接责任人员,处三年以下有期徒刑或者拘役;

虚开的税款数额较大或者有其他严重情节的，处三年以上十年以下有期徒刑；虚开的税款数额巨大或者有其他特别严重情节的，处十年以上有期徒刑或者无期徒刑。

虚开增值税专用发票或者虚开用于骗取出口退税、抵扣税款的其他发票，是指有为他人虚开、为自己虚开、让他人为自己虚开、介绍他人虚开行为之一的。①

▶ 理解与适用

根据本条的规定，虚开增值税专用发票、用于骗取出口退税、抵扣税款发票罪属于行为犯，即只要具有虚开行为，便构成犯罪，没有"数额""情节"的限定。但是，任何犯罪行为都存在情节问题，因此，虚开行为情节显著轻微危害不大，根据刑法第13条的规定，应不认为是犯罪。如虚开的数额较小等。从这个意义上讲，构成虚开增值税专用发票、用于骗取出口退税、抵扣税款发票罪，也存在定罪的标准。根据《最高人民法院关于虚开增值税专用发票定罪量刑标准有关问题的通知》（法〔2018〕226号），自该通知下发之日起，人民法院在审判工作中不再参照执行《最高人民法院关于适用〈全国人民代表大会常务委员会关于惩治虚开、伪造和非法出售增值税专用发票犯罪的决定〉的若干问题的解释》（法发〔1996〕30号）第1条规定的虚开增值税专用发票罪的定罪量刑标准。在新的司法解释颁行前，对虚开增值税专用发票刑事案件定罪量刑的数额标准，可以参照《最高人民法院关于审理骗取出口退税刑事案件具体应用法律若干问题的解释》（法释〔2002〕30号）第3条的规定执行，即虚开的税款数额在5万元以上的，以虚开增值税专用发票罪处3年以下有期徒刑或者拘役，并处2万元以上20万元以下罚金；虚开的税款数额在50万元以上的，认定为刑法本条规定的"数额较大"；虚开的税款数额在250万元以上的，认定为本条规定的"数额巨大"。

---

① 根据2011年2月25日《刑法修正案（八）》修改，本条删去第二款。原第二款条文为："有前款行为骗取国家税款，数额特别巨大，情节特别严重，给国家利益造成特别重大损失的，处无期徒刑或者死刑，并处没收财产。"

▶条文参见

《全国人民代表大会常务委员会关于〈中华人民共和国刑法〉有关出口退税、抵扣税款的其他发票规定的解释》;《最高人民法院关于适用〈全国人民代表大会常务委员会关于惩治虚开、伪造和非法出售增值税专用发票犯罪的决定〉的若干问题的解释》二~七

第二百零五条之一　虚开发票罪

虚开本法第二百零五条规定以外的其他发票,情节严重的,处二年以下有期徒刑、拘役或者管制,并处罚金;情节特别严重的,处二年以上七年以下有期徒刑,并处罚金。

单位犯前款罪的,对单位判处罚金,并对其直接负责的主管人员和其他直接责任人员,依照前款的规定处罚。①

第二百零六条　伪造、出售伪造的增值税专用发票罪

伪造或者出售伪造的增值税专用发票的,处三年以下有期徒刑、拘役或者管制,并处二万元以上二十万元以下罚金;数量较大或者有其他严重情节的,处三年以上十年以下有期徒刑,并处五万元以上五十万元以下罚金;数量巨大或者有其他特别严重情节的,处十年以上有期徒刑或者无期徒刑,并处五万元以上五十万元以下罚金或者没收财产。

单位犯本条规定之罪的,对单位判处罚金,并对其直接负责的主管人员和其他直接责任人员,处三年以下有期徒刑、拘役或者管制;数量较大或者有其他严重情节的,处三年以上十年以下有期徒刑;数量巨大或者有其他特别严重情节的,处十年以上有期徒刑或者无期徒刑。②

---

① 根据2011年2月25日《刑法修正案(八)》增加。
② 根据2011年2月25日《刑法修正案(八)》修改,本条删去第二款。原第二款内容为:"伪造并出售伪造的增值税专用发票,数量特别巨大,情节特别严重,严重破坏经济秩序的,处无期徒刑或者死刑,并处没收财产。"

151

▶ 理解与适用

根据本条的规定，构成本罪，只要具有伪造或者出售伪造的增值税专用发票的其中一种行为即可，不要求同时具备两种行为。如果同一主体同时具有伪造和出售伪造的增值税专用发票的行为，则应以伪造、出售伪造的增值税专用发票罪定罪处刑，而不数罪并罚，但出售行为应作为量刑情节在量刑时予以考虑。

第二百零七条　非法出售增值税专用发票罪

非法出售增值税专用发票的，处三年以下有期徒刑、拘役或者管制，并处二万元以上二十万元以下罚金；数量较大的，处三年以上十年以下有期徒刑，并处五万元以上五十万元以下罚金；数量巨大的，处十年以上有期徒刑或者无期徒刑，并处五万元以上五十万元以下罚金或者没收财产。

第二百零八条　非法购买增值税专用发票、购买伪造的增值税专用发票罪

非法购买增值税专用发票或者购买伪造的增值税专用发票的，处五年以下有期徒刑或者拘役，并处或者单处二万元以上二十万元以下罚金。

非法购买增值税专用发票或者购买伪造的增值税专用发票又虚开或者出售的，分别依照本法第二百零五条、第二百零六条、第二百零七条的规定定罪处罚。

第二百零九条

【非法制造、出售非法制造的用于骗取出口退税、抵扣税款发票罪】伪造、擅自制造或者出售伪造、擅自制造的可以用于骗取出口退税、抵扣税款的其他发票的，处三年以下有期徒刑、拘役或者管制，并处二万元以上二十万元以下罚金；数量巨大的，处三年以上七年以下有期徒刑，并处五万元以上五十万元以下罚金；数量特别巨大的，处七年以上有期徒刑，并处五万元以上五十万元以下罚金或者没收财产。

【非法制造、出售非法制造的发票罪】 伪造、擅自制造或者出售伪造、擅自制造的前款规定以外的其他发票的,处二年以下有期徒刑、拘役或者管制,并处或者单处一万元以上五万元以下罚金;情节严重的,处二年以上七年以下有期徒刑,并处五万元以上五十万元以下罚金。

【非法出售用于骗取出口退税、抵扣税款发票罪】 非法出售可以用于骗取出口退税、抵扣税款的其他发票的,依照第一款的规定处罚。

【非法出售发票罪】 非法出售第三款规定以外的其他发票的,依照第二款的规定处罚。

▶理解与适用

本条第4款是关于非法出售第3款规定以外的其他发票的犯罪及其处刑的规定。其中,"非法出售第三款规定以外的其他发票",是指非法出售不能用于骗取出口退税、抵扣税款的其他发票的行为。本款关于处刑的规定是,"依照第二款的规定处罚",即处2年以下有期徒刑、拘役或者管制,并处或者单处1万元以上5万元以下罚金;情节严重的,处2年以上7年以下有期徒刑,并处5万元以上50万元以下罚金。根据《最高人民检察院、公安部关于公安机关管辖的刑事案件立案追诉标准的规定(二)》的规定,非法出售增值税专用发票、用于骗取出口退税、抵扣税款的其他发票以外的发票100份以上且票面金额累计在30万元以上的;或者票面金额累计在50万元以上的;或者非法获利数额在1万元以上的,应予立案追诉。

第二百一十条

【盗窃罪】 盗窃增值税专用发票或者可以用于骗取出口退税、抵扣税款的其他发票的,依照本法第二百六十四条的规定定罪处罚。

【诈骗罪】 使用欺骗手段骗取增值税专用发票或者可以用于骗取出口退税、抵扣税款的其他发票的,依照本法第二百六十六条的规定定罪处罚。

第二百一十条之一　持有伪造的发票罪

明知是伪造的发票而持有,数量较大的,处二年以下有期徒刑、拘役或者管制,并处罚金;数量巨大的,处二年以上七年以下有期徒刑,并处罚金。

单位犯前款罪的,对单位判处罚金,并对其直接负责的主管人员和其他直接责任人员,依照前款的规定处罚。①

第二百一十一条　单位犯危害税收征管罪的处罚规定

单位犯本节第二百零一条、第二百零三条、第二百零四条、第二百零七条、第二百零八条、第二百零九条规定之罪的,对单位判处罚金,并对其直接负责的主管人员和其他直接责任人员,依照各该条的规定处罚。

第二百一十二条　税收征缴优先原则

犯本节第二百零一条至第二百零五条规定之罪,被判处罚金、没收财产的,在执行前,应当先由税务机关追缴税款和所骗取的出口退税款。

第七节　侵犯知识产权罪

第二百一十三条　假冒注册商标罪

未经注册商标所有人许可,在同一种商品、服务上使用与其注册商标相同的商标,情节严重的,处三年以下有期徒刑,并处或者单处罚金;情节特别严重的,处三年以上十年以下有期徒刑,并处罚金。②

---

① 根据2011年2月25日《刑法修正案(八)》增加。
② 根据2020年12月26日《刑法修正案(十一)》修改。原条文为:"未经注册商标所有人许可,在同一种商品上使用与其注册商标相同的商标,情节严重的,处三年以下有期徒刑或者拘役,并处或者单处罚金;情节特别严重的,处三年以上七年以下有期徒刑,并处罚金。"

▶理解与适用

构成本条规定的犯罪,行为人在客观上要实施了在同一种商品、服务上使用与他人注册商标相同的商标的行为,即商标相同、使用该商标的商品、服务为同一种类,这两个条件必须同时具备。如果行为人在同一种商品、服务上使用与他人注册商标近似的商标,或者在类似商品、服务上使用与他人注册商标相同的商标,或者在类似商品、服务上使用与他人注册商标近似的商标,均属商标侵权行为,不构成本罪。

本条规定的"相同的商标",是指与被假冒的注册商标完全相同,或者与被假冒的注册商标在视觉上基本无差别、足以对公众产生误导的商标。具有下列情形之一,可以认定为"与其注册商标相同的商标":(1)改变注册商标的字体、字母大小写或者文字横竖排列,与注册商标之间基本无差别的;(2)改变注册商标的文字、字母、数字等之间的间距,与注册商标之间基本无差别的;(3)改变注册商标颜色,不影响体现注册商标显著特征的;(4)在注册商标上仅增加商品通用名称、型号等缺乏显著特征要素,不影响体现注册商标显著特征的;(5)与立体注册商标的三维标志及平面要素基本无差别的;(6)其他与注册商标基本无差别、足以对公众产生误导的商标。"使用",是指将注册商标或者假冒的注册商标用于商品、商品包装或者容器以及产品说明书、商品交易文书,或者将注册商标或者假冒的注册商标用于广告宣传、展览以及其他商业活动等行为。

▶典型案例指引

郭某升、郭某锋、孙某标假冒注册商标案(最高人民法院指导案例87号)

案件适用要点:假冒注册商标犯罪的非法经营数额、违法所得数额,应当综合被告人供述、证人证言、被害人陈述、网络销售电子数据、被告人银行账户往来记录、送货单、快递公司电脑系统记录、被告人等所作记账等证据认定。被告人辩解称网络销售记录存在刷信誉的非真实交易,但无证据证实的,对其辩解不予采纳。

▶条文参见

《最高人民法院、最高人民检察院关于办理侵犯知识产权刑事案件具体应用法律若干问题的解释》第1、8、13条;《最高人民法院、最高人民检察院关于办理侵犯知识产权刑事案件具体应用法律若干问题的解释(三)》第1条;《最高人民法院、最高人民检察院、公安部关于办理侵犯知识产权刑事案件适用法律若干问题的意见》五、七

第二百一十四条 销售假冒注册商标的商品罪

> 销售明知是假冒注册商标的商品,违法所得数额较大或者有其他严重情节的,处三年以下有期徒刑,并处或者单处罚金;违法所得数额巨大或者有其他特别严重情节的,处三年以上十年以下有期徒刑,并处罚金。①

▶理解与适用

具有下列情形之一的,属于本条规定的"明知":(1)知道自己销售的商品上的注册商标被涂改、调换或者覆盖的;(2)因销售假冒注册商标的商品受到过行政处罚或者承担过民事责任又销售同一种假冒注册商标的商品的;(3)伪造、涂改商标注册人授权文件或者知道该文件被伪造、涂改的;(4)其他知道或者应当知道是假冒注册商标的商品的情形。

销售明知是假冒注册商标的商品,具有下列情形之一的,依照本条规定,以销售假冒注册商标的商品罪(未遂)定罪处罚:(1)假冒注册商标的商品尚未销售,货值金额在15万元以上的;(2)假冒注册商标的商品部分销售,已销售金额不满5万元,但与尚未销售的假冒注册商标的商品的货值金额合计在15万元以上的。假冒注册商标的商品尚未销售,货值金额分别达到15万元以上不满25万元、25万元以上的,分别依照本条规定的各法定刑幅度定罪处罚。

---

① 根据2020年12月26日《刑法修正案(十一)》修改。原条文为:"销售明知是假冒注册商标的商品,销售金额数额较大的,处三年以下有期徒刑或者拘役,并处或者单处罚金;销售金额数额巨大的,处三年以上七年以下有期徒刑,并处罚金。"

销售金额和未销售货值金额分别达到不同的法定刑幅度或者均达到同一法定刑幅度的，在处罚较重的法定刑或者同一法定刑幅度内酌情从重处罚。

▶条文参见

《最高人民法院、最高人民检察院关于办理侵犯知识产权刑事案件具体应用法律若干问题的解释》第2、9条；《最高人民法院、最高人民检察院、公安部关于办理侵犯知识产权刑事案件适用法律若干问题的意见》八

第二百一十五条 非法制造、销售非法制造的注册商标标识罪

伪造、擅自制造他人注册商标标识或者销售伪造、擅自制造的注册商标标识，情节严重的，处三年以下有期徒刑，并处或者单处罚金；情节特别严重的，处三年以上十年以下有期徒刑，并处罚金。[1]

▶条文参见

《最高人民法院、最高人民检察院关于办理侵犯知识产权刑事案件具体应用法律若干问题的解释》第3条；《最高人民法院、最高人民检察院、公安部关于办理侵犯知识产权刑事案件适用法律若干问题的意见》九

第二百一十六条 假冒专利罪

假冒他人专利，情节严重的，处三年以下有期徒刑或者拘役，并处或者单处罚金。

---

[1] 根据2020年12月26日《刑法修正案（十一）》修改。原条文为："伪造、擅自制造他人注册商标标识或者销售伪造、擅自制造的注册商标标识，情节严重的，处三年以下有期徒刑、拘役或者管制，并处或者单处罚金；情节特别严重的，处三年以上七年以下有期徒刑，并处罚金。"

▶理解与适用

本条规定的"假冒他人专利",是指侵权人在自己产品上加上他人的专利标记和专利号,或使其与专利产品相类似,使公众认为该产品是他人的专利产品,以假乱真,侵害他人合法权利的行为。专利侵权,主要是指未经专利权人许可,使用其专利的行为。"专利权人"包括单位和个人,也包括在我国申请专利的国外的单位和个人。"使用其专利",是指行为人为生产经营目的,将他人专利用于生产、制造产品的行为。

实施下列行为之一的,属于本条规定的"假冒他人专利"的行为:(1)未经许可,在其制造或者销售的产品、产品的包装上标注他人专利号的;(2)未经许可,在广告或者其他宣传材料中使用他人的专利号,使人将所涉及的技术误认为是他人专利技术的;(3)未经许可,在合同中使用他人的专利号,使人将合同涉及的技术误认为是他人专利技术的;(4)伪造或者变造他人的专利证书、专利文件或者专利申请文件的。

▶条文参见

《最高人民法院、最高人民检察院关于办理侵犯知识产权刑事案件具体应用法律若干问题的解释》第4、10条

第二百一十七条 侵犯著作权罪

以营利为目的,有下列侵犯著作权或者与著作权有关的权利的情形之一,违法所得数额较大或者有其他严重情节的,处三年以下有期徒刑,并处或者单处罚金;违法所得数额巨大或者有其他特别严重情节的,处三年以上十年以下有期徒刑,并处罚金:

(一)未经著作权人许可,复制发行、通过信息网络向公众传播其文字作品、音乐、美术、视听作品、计算机软件及法律、行政法规规定的其他作品的;

(二)出版他人享有专有出版权的图书的;

(三)未经录音录像制作者许可,复制发行、通过信息网络向公众传播其制作的录音录像的;

（四）未经表演者许可，复制发行录有其表演的录音录像制品，或者通过信息网络向公众传播其表演的；

（五）制作、出售假冒他人署名的美术作品的；

（六）未经著作权人或者与著作权有关的权利人许可，故意避开或者破坏权利人为其作品、录音录像制品等采取的保护著作权或者与著作权有关的权利的技术措施的。①

▶理解与适用

以刊登收费广告等方式直接或者间接收取费用的情形，属于本条规定的"以营利为目的"。"未经著作权人许可"，是指没有得到著作权人授权或者伪造、涂改著作权人授权许可文件或者超出授权许可范围的情形。

另外，实施本条规定的侵犯著作权犯罪，又销售该侵权复制品，构成犯罪的，应当依照本条的规定，以侵犯著作权罪定罪处罚。实施本条规定的侵犯著作权犯罪，又销售明知是他人的侵权复制品，构成犯罪的，应当实行数罪并罚。

▶条文参见

《最高人民法院关于审理非法出版物刑事案件具体应用法律若干问题的解释》；《最高人民法院、最高人民检察院关于办理侵犯知识产权刑事案件具体应用法律若干问题的解释》第5、11、14条；《最高人民法院、最高人民检察院关于办理侵犯知识产权刑事案件具体应用法律若干问题的解释（二）》；《最高人民法院、最高人民检察

---

① 根据2020年12月26日《刑法修正案（十一）》修改。原条文为："以营利为目的，有下列侵犯著作权情形之一，违法所得数额较大或者有其他严重情节的，处三年以下有期徒刑或者拘役，并处或者单处罚金；违法所得数额巨大或者有其他特别严重情节的，处三年以上七年以下有期徒刑，并处罚金：

"（一）未经著作权人许可，复制发行其文字作品、音乐、电影、电视、录像作品、计算机软件及其他作品的；

"（二）出版他人享有专有出版权的图书的；

"（三）未经录音录像制作者许可，复制发行其制作的录音录像的；

"（四）制作、出售假冒他人署名的美术作品的。"

院关于办理侵犯知识产权刑事案件具体应用法律若干问题的解释（三）》第2、7-10条；《最高人民法院、最高人民检察院、公安部关于办理侵犯知识产权刑事案件适用法律若干问题的意见》十~十三

第二百一十八条　销售侵权复制品罪

以营利为目的，销售明知是本法第二百一十七条规定的侵权复制品，违法所得数额巨大或者有其他严重情节的，处五年以下有期徒刑，并处或者单处罚金。[①]

▶条文参见

《最高人民法院、最高人民检察院关于办理侵犯知识产权刑事案件具体应用法律若干问题的解释》第6条

第二百一十九条　侵犯商业秘密罪

有下列侵犯商业秘密行为之一，情节严重的，处三年以下有期徒刑，并处或者单处罚金；情节特别严重的，处三年以上十年以下有期徒刑，并处罚金：

（一）以盗窃、贿赂、欺诈、胁迫、电子侵入或者其他不正当手段获取权利人的商业秘密的；

（二）披露、使用或者允许他人使用以前项手段获取的权利人的商业秘密的；

（三）违反保密义务或者违反权利人有关保守商业秘密的要求，披露、使用或者允许他人使用其所掌握的商业秘密的。

明知前款所列行为，获取、披露、使用或者允许他人使用该商业秘密的，以侵犯商业秘密论。

[①] 根据2020年12月26日《刑法修正案（十一）》修改。原条文为："以营利为目的，销售明知是本法第二百一十七条规定的侵权复制品，违法所得数额巨大的，处三年以下有期徒刑或者拘役，并处或者单处罚金。"

> 本条所称权利人,是指商业秘密的所有人和经商业秘密所有人许可的商业秘密使用人。①

▶**典型案例指引**

上海市人民检察院第二分院诉周某等人侵犯商业秘密案(《中华人民共和国最高人民法院公报》2005年第3期)

案件适用要点：违反与原单位的保密约定，伙同他人利用原单位专利技术以外不为公众知悉的工艺技术信息，生产与原单位相同的产品，并给原单位造成重大经济损失的，应按侵犯商业秘密罪论处。明知他人违反与原单位的保密约定，仍伙同其利用掌握原单位专利技术以外不为公众知悉的工艺技术信息，生产与其原单位相同的产品，并给其原单位造成重大经济损失的，应按侵犯商业秘密罪论处。

▶**条文参见**

《最高人民法院、最高人民检察院关于办理侵犯知识产权刑事案件具体应用法律若干问题的解释(三)》第3-6条

---

① 根据2020年12月26日《刑法修正案(十一)》修改。原条文为:"有下列侵犯商业秘密行为之一，给商业秘密的权利人造成重大损失的，处三年以下有期徒刑或者拘役，并处或者单处罚金；造成特别严重后果的，处三年以上七年以下有期徒刑，并处罚金：

"(一)以盗窃、利诱、胁迫或者其他不正当手段获取权利人的商业秘密的；

"(二)披露、使用或者允许他人使用以前项手段获取的权利人的商业秘密的；

"(三)违反约定或者违反权利人有关保守商业秘密的要求，披露、使用或者允许他人使用其所掌握的商业秘密的。

"明知或者应知前款所列行为，获取、使用或者披露他人的商业秘密的，以侵犯商业秘密论。

"本条所称商业秘密，是指不为公众所知悉，能为权利人带来经济利益，具有实用性并经权利人采取保密措施的技术信息和经营信息。

"本条所称权利人，是指商业秘密的所有人和经商业秘密所有人许可的商业秘密使用人。"

第二百一十九条之一　为境外窃取、刺探、收买、非法提供商业秘密罪

为境外的机构、组织、人员窃取、刺探、收买、非法提供商业秘密的,处五年以下有期徒刑,并处或者单处罚金;情节严重的,处五年以上有期徒刑,并处罚金。①

第二百二十条　单位犯侵犯知识产权罪的处罚规定

单位犯本节第二百一十三条至第二百一十九条之一规定之罪的,对单位判处罚金,并对其直接负责的主管人员和其他直接责任人员,依照本节各该条的规定处罚。②

第八节　扰乱市场秩序罪

第二百二十一条　损害商业信誉、商品声誉罪

捏造并散布虚伪事实,损害他人的商业信誉、商品声誉,给他人造成重大损失或者有其他严重情节的,处二年以下有期徒刑或者拘役,并处或者单处罚金。

第二百二十二条　虚假广告罪

广告主、广告经营者、广告发布者违反国家规定,利用广告对商品或者服务作虚假宣传,情节严重的,处二年以下有期徒刑或者拘役,并处或者单处罚金。

---

① 根据 2020 年 12 月 26 日《刑法修正案(十一)》增加。
② 根据 2020 年 12 月 26 日《刑法修正案(十一)》修改。原条文为:"单位犯本节第二百一十三条至第二百一十九条规定之罪的,对单位判处罚金,并对其直接负责的主管人员和其他直接责任人员,依照本节各该条的规定处罚。"

第二百二十三条 **串通投标罪**

投标人相互串通投标报价，损害招标人或者其他投标人利益，情节严重的，处三年以下有期徒刑或者拘役，并处或者单处罚金。

投标人与招标人串通投标，损害国家、集体、公民的合法利益的，依照前款的规定处罚。

第二百二十四条 **合同诈骗罪**

有下列情形之一，以非法占有为目的，在签订、履行合同过程中，骗取对方当事人财物，数额较大的，处三年以下有期徒刑或者拘役，并处或者单处罚金；数额巨大或者有其他严重情节的，处三年以上十年以下有期徒刑，并处罚金；数额特别巨大或者有其他特别严重情节的，处十年以上有期徒刑或者无期徒刑，并处罚金或者没收财产：

（一）以虚构的单位或者冒用他人名义签订合同的；

（二）以伪造、变造、作废的票据或者其他虚假的产权证明作担保的；

（三）没有实际履行能力，以先履行小额合同或者部分履行合同的方法，诱骗对方当事人继续签订和履行合同的；

（四）收受对方当事人给付的货物、货款、预付款或者担保财产后逃匿的；

（五）以其他方法骗取对方当事人财物的。

第二百二十四条之一 **组织、领导传销活动罪**

组织、领导以推销商品、提供服务等经营活动为名，要求参加者以缴纳费用或者购买商品、服务等方式获得加入资格，并按照一定顺序组成层级，直接或者间接以发展人员的数量作为计酬或者返利依据，引诱、胁迫参加者继续发展他人参加，骗取财物，扰乱经济社会秩序的传销活动的，处五年以下有期徒刑或者拘役，并处罚金；情节严重的，处五年以上有期徒刑，并处罚金。①

▶条文参见

《最高人民法院、最高人民检察院、公安部关于办理组织领导传销活动刑事案件适用法律若干问题的意见》；《最高人民检察院、公安部关于公安机关管辖的刑事案件立案追诉标准的规定（二）》第70条

第二百二十五条　非法经营罪

违反国家规定，有下列非法经营行为之一，扰乱市场秩序，情节严重的，处五年以下有期徒刑或者拘役，并处或者单处违法所得一倍以上五倍以下罚金；情节特别严重的，处五年以上有期徒刑，并处违法所得一倍以上五倍以下罚金或者没收财产：

（一）未经许可经营法律、行政法规规定的专营、专卖物品或者其他限制买卖的物品的；

（二）买卖进出口许可证、进出口原产地证明以及其他法律、行政法规规定的经营许可证或者批准文件的；

（三）未经国家有关主管部门批准非法经营证券、期货、保险业务的，或者非法从事资金支付结算业务的；②

（四）其他严重扰乱市场秩序的非法经营行为。

▶典型案例指引

王某某非法经营再审改判无罪案（最高人民法院指导案例97号）
案件适用要点： 1. 对于刑法第二百二十五条第四项规定的"其他严重扰乱市场秩序的非法经营行为"的适用，应当根据相关行为

---

① 根据2009年2月28日《刑法修正案（七）》增加。
② 根据1999年12月25日《刑法修正案》增加一项，作为第三项，原第三项改为第四项。根据2009年2月28日《刑法修正案（七）》修改。1999年12月25日增加的第三项原条文为："未经国家有关主管部门批准，非法经营证券、期货或者保险业务的"。

是否具有与刑法第二百二十五条前三项规定的非法经营行为相当的社会危害性、刑事违法性和刑事处罚必要性进行判断。

2. 判断违反行政管理有关规定的经营行为是否构成非法经营罪，应当考虑该经营行为是否属于严重扰乱市场秩序。对于虽然违反行政管理有关规定，但尚未严重扰乱市场秩序的经营行为，不应当认定为非法经营罪。

▶条文参见

《最高人民检察院关于非法经营国际或港澳台地区电信业务行为法律适用问题的批复》；《最高人民法院关于审理非法出版物刑事案件具体应用法律若干问题的解释》第11~17条；《最高人民法院、最高人民检察院、公安部办理骗汇、逃汇犯罪案件联席会议纪要》二、四、五；《最高人民法院关于审理骗购外汇、非法买卖外汇刑事案件具体应用法律若干问题的解释》第3~6条；《最高人民检察院、公安部关于公安机关管辖的刑事案件立案追诉标准的规定（二）》第71条；《最高人民法院、最高人民检察院关于办理非法生产、销售烟草专卖品等刑事案件具体应用法律若干问题的解释》第1条、第3条；《最高人民法院、最高人民检察院关于办理妨害预防、控制突发传染病疫情等灾害的刑事案件具体应用法律若干问题的解释》第6条；《最高人民法院、最高人民检察院关于办理非法生产、销售、使用禁止在饲料和动物饮用水中使用的药品等刑事案件具体应用法律若干问题的解释》第1条、第2条；《最高人民法院关于审理扰乱电信市场管理秩序案件具体应用法律若干问题的解释》第1~4条；《最高人民法院关于审理走私、非法经营、非法使用兴奋剂刑事案件适用法律若干问题的解释》第2条；《最高人民法院关于审理非法集资刑事案件具体应用法律若干问题的解释》第11条；《最高人民法院、最高人民检察院关于办理妨害信用卡管理刑事案件具体应用法律若干问题的解释》第7条；《最高人民法院、最高人民检察院关于办理非法从事资金支付结算业务、非法买卖外汇刑事案件适用法律若干问题的解释》；《关于办理非法放贷刑事案件若干问题的意见》。

第二百二十六条　强迫交易罪

以暴力、威胁手段，实施下列行为之一，情节严重的，处三年以下有期徒刑或者拘役，并处或者单处罚金；情节特别严重的，处三年以上七年以下有期徒刑，并处罚金：

（一）强买强卖商品的；

（二）强迫他人提供或者接受服务的；

（三）强迫他人参与或者退出投标、拍卖的；

（四）强迫他人转让或者收购公司、企业的股份、债券或者其他资产的；

（五）强迫他人参与或者退出特定的经营活动的。[①]

第二百二十七条

【伪造、倒卖伪造的有价票证罪】伪造或者倒卖伪造的车票、船票、邮票或者其他有价票证，数额较大的，处二年以下有期徒刑、拘役或者管制，并处或者单处票证价额一倍以上五倍以下罚金；数额巨大的，处二年以上七年以下有期徒刑，并处票证价额一倍以上五倍以下罚金。

【倒卖车票、船票罪】倒卖车票、船票，情节严重的，处三年以下有期徒刑、拘役或者管制，并处或者单处票证价额一倍以上五倍以下罚金。

[①] 根据2011年2月25日《刑法修正案（八）》修改。原条文为："以暴力、威胁手段强买强卖商品、强迫他人提供服务或者强迫他人接受服务，情节严重的，处三年以下有期徒刑或者拘役，并处或者单处罚金。"

第二百二十八条　非法转让、倒卖土地使用权罪

以牟利为目的，违反土地管理法规，非法转让、倒卖土地使用权，情节严重的，处三年以下有期徒刑或者拘役，并处或者单处非法转让、倒卖土地使用权价额百分之五以上百分之二十以下罚金；情节特别严重的，处三年以上七年以下有期徒刑，并处非法转让、倒卖土地使用权价额百分之五以上百分之二十以下罚金。

▶条文参见

《全国人民代表大会常务委员会关于〈中华人民共和国刑法〉第二百二十八条、第三百四十二条、第四百一十条的解释》；《最高人民法院关于审理破坏土地资源刑事案件具体应用法律若干问题的解释》

第二百二十九条

【提供虚假证明文件罪】承担资产评估、验资、验证、会计、审计、法律服务、保荐、安全评价、环境影响评价、环境监测等职责的中介组织的人员故意提供虚假证明文件，情节严重的，处五年以下有期徒刑或者拘役，并处罚金；有下列情形之一的，处五年以上十年以下有期徒刑，并处罚金：

（一）提供与证券发行相关的虚假的资产评估、会计、审计、法律服务、保荐等证明文件，情节特别严重的；

（二）提供与重大资产交易相关的虚假的资产评估、会计、审计等证明文件，情节特别严重的；

（三）在涉及公共安全的重大工程、项目中提供虚假的安全评价、环境影响评价等证明文件，致使公共财产、国家和人民利益遭受特别重大损失的。

有前款行为，同时索取他人财物或者非法收受他人财物构成犯罪的，依照处罚较重的规定定罪处罚。

【出具证明文件重大失实罪】第一款规定的人员,严重不负责任,出具的证明文件有重大失实,造成严重后果的,处三年以下有期徒刑或者拘役,并处或者单处罚金。①

▶条文参见

《最高人民法院、最高人民检察院关于办理渎职刑事案件适用法律若干问题的解释(一)》;《最高人民法院、最高人民检察院关于办理药品、医疗器械注册申请材料造假刑事案件适用法律若干问题的解释》第1、2、4~9条;《最高人民法院、最高人民检察院关于办理危害生产安全刑事案件适用法律若干问题的解释(二)》第7~9条

第二百三十条　逃避商检罪

违反进出口商品检验法的规定,逃避商品检验,将必须经商检机构检验的进口商品未报经检验而擅自销售、使用,或者将必须经商检机构检验的出口商品未报经检验合格而擅自出口,情节严重的,处三年以下有期徒刑或者拘役,并处或者单处罚金。

第二百三十一条　单位犯扰乱市场秩序罪的处罚规定

单位犯本节第二百二十一条至第二百三十条规定之罪的,对单位判处罚金,并对其直接负责的主管人员和其他直接责任人员,依照本节各该条的规定处罚。

---

① 根据2020年12月26日《刑法修正案(十一)》修改。原条文为:"承担资产评估、验资、验证、会计、审计、法律服务等职责的中介组织的人员故意提供虚假证明文件,情节严重的,处五年以下有期徒刑或者拘役,并处罚金。

"前款规定的人员,索取他人财物或者非法收受他人财物,犯前款罪的,处五年以上十年以下有期徒刑,并处罚金。

"第一款规定的人员,严重不负责任,出具的证明文件有重大失实,造成严重后果的,处三年以下有期徒刑或者拘役,并处或者单处罚金。"

第四章　侵犯公民人身权利、民主权利罪

第二百三十二条　故意杀人罪

故意杀人的，处死刑、无期徒刑或者十年以上有期徒刑；情节较轻的，处三年以上十年以下有期徒刑。

▶理解与适用

实践中应当注意的是，认定故意杀人罪不能客观归罪，不能只看行为的后果，要根据行为人的故意内容来认定。如果行为人不是要故意非法剥夺他人生命，而是出于其他故意行为致人死亡的，如故意伤害致人死亡的，强奸妇女致使被害人死亡的，使用暴力进行抢劫致人死亡的等，不能认定为故意杀人罪，而应将致人死亡这一后果作为各该罪的量刑情节考虑。

第二百三十三条　过失致人死亡罪

过失致人死亡的，处三年以上七年以下有期徒刑；情节较轻的，处三年以下有期徒刑。本法另有规定的，依照规定。

▶理解与适用

过失致人死亡罪属于过失犯罪，是指由于过失导致他人死亡后果的行为。过失致人死亡，包括疏忽大意的过失致人死亡和过于自信的过失致人死亡。前者是指行为人应当预见自己的行为可能造成他人死亡的结果，由于疏忽大意而没有预见，以致造成他人死亡。后者是指行为人已经预见到其行为可能会造成他人死亡的结果，但由于轻信能够避免以致造成他人死亡。如果行为人主观上没有过失，而是由于其他无法预见的原因导致他人死亡的，属于意外事件，行为人不负刑事责任。

过失致人死亡，除本条的一般规定外，刑法规定的其他犯罪中也有过失致人死亡的情况，根据特殊规定优于一般规定的原则，对

于本法另有特殊规定的，适用特殊规定，而不按本条定罪处罚，如本法第115条关于失火、过失决水、过失爆炸、过失投放危险物质等的规定；第133条关于交通肇事致人死亡的规定；第134条关于重大责任事故致人死亡的规定等。

本条在实践中应当注意区分过于自信的过失致人死亡与间接故意杀人的区别。虽然二者行为人都预见到可能发生他人死亡的后果，但前者行为人并不希望或放任这种结果发生，而只是轻信能够避免；后者行为人则对结果的发生采取放任、听之任之和漠不关心的态度。

第二百三十四条　故意伤害罪

故意伤害他人身体的，处三年以下有期徒刑、拘役或者管制。

犯前款罪，致人重伤的，处三年以上十年以下有期徒刑；致人死亡或者以特别残忍手段致人重伤造成严重残疾的，处十年以上有期徒刑、无期徒刑或者死刑。本法另有规定的，依照规定。

▶理解与适用

本条在实践中应当注意划清以下两个界限：1. 故意伤害罪与故意杀人罪的界限。两罪的主要区别在于是否以非法剥夺他人生命为故意内容，如果行为人没有这种非法剥夺他人生命的故意，而只有伤害他人身体健康的故意，即使行为导致了他人的死亡，也只能定故意伤害罪；如果行为人有非法剥夺他人生命的故意，即使其行为没有造成他人死亡的结果，也构成故意杀人罪（未遂）。2. 故意伤害罪与过失致人重伤罪的界限。过失致人重伤罪在主观上是过失的，而且法律要求必须造成他人重伤的结果才能构成犯罪，而故意伤害罪在主观上是故意的，即使致人轻伤，也构成故意伤害罪。

▶典型案例指引

邢台市人民检察院诉陈某故意伤害案（《中华人民共和国最高人民法院公报》2005年第7期）

案件适用要点： 被告人受雇佣，召集并带领其他人去伤害被害人，构成故意伤害罪。但鉴于被告人没有直接实施伤害被害人的行为，他人实施的致被害人死亡的行为超出被告人的犯意，且被告人归案后认罪态度好，对其判处死刑可不立即执行。

第二百三十四条之一　组织出卖人体器官罪

组织他人出卖人体器官的，处五年以下有期徒刑，并处罚金；情节严重的，处五年以上有期徒刑，并处罚金或者没收财产。

未经本人同意摘取其器官，或者摘取不满十八周岁的人的器官，或者强迫、欺骗他人捐献器官的，依照本法第二百三十四条、第二百三十二条的规定定罪处罚。

违背本人生前意愿摘取其尸体器官，或者本人生前未表示同意，违反国家规定，违背其近亲属意愿摘取其尸体器官的，依照本法第三百零二条的规定定罪处罚。①

第二百三十五条　过失致人重伤罪

过失伤害他人致人重伤的，处三年以下有期徒刑或者拘役。本法另有规定的，依照规定。

▶理解与适用

过失致人重伤罪，是指过失伤害他人身体，致人重伤的行为。本罪是过失犯罪，行为人对于伤害他人的结果不是持希望或者放任的态度，而是由于疏忽大意或轻信能够避免而致使他人重伤的结果发生。其中疏忽大意的过失重伤他人，是指行为人应当预见自己的行为可能造成他人重伤的结果，由于疏忽大意而没有预见，以致造成他人重伤。过于自信的过失致人重伤，是指行为人已经预见到其行为可能会造成他人重伤的结果，但由于轻信能够避免以致造成他人重伤。行为人的过失行为，只有造成他人重伤的才能构成犯罪，造成他人轻伤的不构成犯罪。

---

① 根据2011年2月25日《刑法修正案（八）》增加。

第二百三十六条　强奸罪

以暴力、胁迫或者其他手段强奸妇女的,处三年以上十年以下有期徒刑。

奸淫不满十四周岁的幼女的,以强奸论,从重处罚。

强奸妇女、奸淫幼女,有下列情形之一的,处十年以上有期徒刑、无期徒刑或者死刑:

（一）强奸妇女、奸淫幼女情节恶劣的;

（二）强奸妇女、奸淫幼女多人的;

（三）在公共场所当众强奸妇女、奸淫幼女的;

（四）二人以上轮奸的;

（五）奸淫不满十周岁的幼女或者造成幼女伤害的;

（六）致使被害人重伤、死亡或者造成其他严重后果的。[①]

▶ 理解与适用

强奸罪,是指违背妇女意志,使用暴力、胁迫或者其他手段,强行与其发生性行为或者奸淫幼女的行为。判断与妇女发生性关系是否违背妇女的意志,要结合性关系发生的时间、周围环境、妇女的性格、体质等各种因素进行综合分析,不能将妇女抗拒作为违背其意愿的唯一要件。对于有的被害妇女由于害怕等原因而不敢反抗、失去反抗能力的,也应认定是违背了妇女的真实意愿。同无责任能力的妇女发生性关系的,由于这些妇女无法正常表达自己的真实意愿,因此无论其

[①] 根据2020年12月26日《刑法修正案（十一）》修改。原条文为:"以暴力、胁迫或者其他手段强奸妇女的,处三年以上十年以下有期徒刑。

"奸淫不满十四周岁的幼女的,以强奸论,从重处罚。

"强奸妇女、奸淫幼女,有下列情形之一的,处十年以上有期徒刑、无期徒刑或者死刑:

"（一）强奸妇女、奸淫幼女情节恶劣的;

"（二）强奸妇女、奸淫幼女多人的;

"（三）在公共场所当众强奸妇女的;

"（四）二人以上轮奸的;

"（五）致使被害人重伤、死亡或者造成其他严重后果的。"

是否"同意",均构成强奸妇女罪。本罪的犯罪主体一般是男子,教唆、帮助男子强奸妇女的女子,也可以成为强奸罪的共犯。注意强奸行为被其他犯罪所包容的情形:在拐卖妇女的犯罪过程中,奸淫被拐卖的妇女的,强奸行为被拐卖妇女罪所包容,适用更重的法定刑。

奸淫幼女,是指与不满14周岁的幼女发生性关系的行为。不论行为人采用什么手段,也不论幼女是否同意,只要与幼女发生了性关系,就构成本罪,依照本条第2款的规定从重处罚。具有下列情形之一的,应当适用较重的从重处罚幅度:(1)负有特殊职责的人员实施奸淫的;(2)采用暴力、胁迫等手段实施奸淫的;(3)侵入住宅或者学生集体宿舍实施奸淫的;(4)对农村留守女童、严重残疾或者精神发育迟滞的被害人实施奸淫的;(5)利用其他未成年人诱骗、介绍、胁迫被害人的;(6)曾因强奸、猥亵犯罪被判处刑罚的。强奸已满14周岁的未成年女性,具有前述第(1)项、第(3)项至第(6)项规定的情形之一,或者致使被害人轻伤、患梅毒、淋病等严重性病的,依照本条第1款的规定定罪,从重处罚。

知道或者应当知道对方是不满14周岁的幼女,而实施奸淫等性侵害行为的,应当认定行为人"明知"对方是幼女。对不满12周岁的被害人实施奸淫等性侵害行为的,应当认定行为人"明知"对方是幼女。对已满12周岁不满14周岁的被害人,从其身体发育状况、言谈举止、衣着特征、生活作息规律等观察可能是幼女,而实施奸淫等性侵害行为的,应当认定行为人"明知"对方是幼女。

▶ 条文参见

《最高人民法院、最高人民检察院关于办理强奸、猥亵未成年人刑事案件适用法律若干问题的解释》;《最高人民法院、最高人民检察院、公安部、司法部关于办理性侵害未成年人刑事案件的意见》

第二百三十六条之一　负有照护职责人员性侵罪

对已满十四周岁不满十六周岁的未成年女性负有监护、收养、看护、教育、医疗等特殊职责的人员,与该未成年女性发生性关系的,处三年以下有期徒刑;情节恶劣的,处三年以上十年以下有期徒刑。

173

有前款行为,同时又构成本法第二百三十六条规定之罪的,依照处罚较重的规定定罪处罚。①

第二百三十七条

【强制猥亵、侮辱罪】以暴力、胁迫或者其他方法强制猥亵他人或者侮辱妇女的,处五年以下有期徒刑或者拘役。

聚众或者在公共场所当众犯前款罪的,或者有其他恶劣情节的,处五年以上有期徒刑。②

【猥亵儿童罪】猥亵儿童的,处五年以下有期徒刑;有下列情形之一的,处五年以上有期徒刑:

(一)猥亵儿童多人或者多次的;

(二)聚众猥亵儿童的,或者在公共场所当众猥亵儿童,情节恶劣的;

(三)造成儿童伤害或者其他严重后果的;

(四)猥亵手段恶劣或者有其他恶劣情节的。③

▶理解与适用

猥亵,是指以满足性刺激为目的,进行性交以外的淫秽行为。需注意的是,强制猥亵罪的对象包括年满14周岁的男性。本条中的妇女,是指14周岁以上的女性;儿童,是指不满14周岁的男童或女童。猥亵儿童罪中的猥亵行为可以是强制性的,也可以是非强制性的。

---

① 根据2020年12月26日《刑法修正案(十一)》增加。

② 根据2015年8月29日《刑法修正案(九)》修改。原条文为:"以暴力、胁迫或者其他方法强制猥亵妇女或者侮辱妇女的,处五年以下有期徒刑或者拘役。

"聚众或者在公共场所当众犯前款罪的,处五年以上有期徒刑。

"猥亵儿童的,依照前两款的规定从重处罚。"

③ 根据2020年12月26日《刑法修正案(十一)》修改。原第三款条文为:"猥亵儿童的,依照前两款的规定从重处罚。"

第二百三十八条　非法拘禁罪

非法拘禁他人或者以其他方法非法剥夺他人人身自由的，处三年以下有期徒刑、拘役、管制或者剥夺政治权利。具有殴打、侮辱情节的，从重处罚。

犯前款罪，致人重伤的，处三年以上十年以下有期徒刑；致人死亡的，处十年以上有期徒刑。使用暴力致人伤残、死亡的，依照本法第二百三十四条、第二百三十二条的规定定罪处罚。

为索取债务非法扣押、拘禁他人的，依照前两款的规定处罚。

国家机关工作人员利用职权犯前三款罪的，依照前三款的规定从重处罚。

▶理解与适用

非法拘禁罪，是指故意非法拘禁他人或者以其他方法非法剥夺他人人身自由的行为。行为人为索取高利贷、赌债等法律不予保护的债务，非法扣押、拘禁他人的，依照本条的规定定罪处罚。

▶条文参见

《最高人民法院关于对为索取法律不予保护的债务非法拘禁他人行为如何定罪问题的解释》

第二百三十九条　绑架罪

以勒索财物为目的绑架他人的，或者绑架他人作为人质的，处十年以上有期徒刑或者无期徒刑，并处罚金或者没收财产；情节较轻的，处五年以上十年以下有期徒刑，并处罚金。

犯前款罪，杀害被绑架人的，或者故意伤害被绑架人，致人重伤、死亡的，处无期徒刑或者死刑，并处没收财产。

以勒索财物为目的偷盗婴幼儿的，依照前两款的规定处罚。①

▶理解与适用

本条第1款是关于绑架罪的构成及其处刑的规定：(1)"以勒索财物为目的绑架他人的"勒索型绑架，即通常说的"绑票"或者"掳人勒赎"。"勒索财物"是指行为人在绑架他人以后，以不答应要求就杀害或伤害人质相威胁，勒令与人质有特殊关系的人于指定时间，以特定方式，在指定地点交付一定数量的金钱或财物。在勒索型绑架犯罪中，犯罪既遂与否的实质标准是看绑架行为是否实施，从而使被害人丧失行动自由并受到行为人的实际支配。至于勒索财物的行为是否来得及实施，以及虽实施了勒索行为，但由于行为人意志以外的原因而未达到勒索财物的目的，都不影响勒索型绑架既遂的成立。勒索财物目的是否实现仅是一个量刑加以考虑的情节。(2)绑架他人作为人质的情形。行为人实施绑架行为是为了要求对方作出妥协、让步或满足某种要求，有时还具有政治目的。绑架行为作为一种持续性犯罪，犯罪既遂以后所造成的不法状态在一段时间内仍然延续，会给被害人造成长期的身心折磨和伤害。应当注意的是，以出卖为目的，使用暴力、胁迫或者麻醉方法绑架妇女、儿童的行为不属于本条所规定的绑架罪的范围，而应当依照本法第240条关于拐卖妇女、儿童犯罪的规定处罚。

第2款是关于对绑架罪加重处罚的规定。"杀害被绑架人"即通常说的"撕票"，是指以剥夺被绑架人生命为目的实施的各种行为。"杀害"只需要行为人有杀人的故意及行为，并不要求"杀死"被绑

---

① 根据2009年2月28日《刑法修正案（七）》第一次修改。原条文为："以勒索财物为目的绑架他人的，或者绑架他人作为人质的，处十年以上有期徒刑或者无期徒刑，并处罚金或者没收财产；致使被绑架人死亡或者杀害被绑架人的，处死刑，并处没收财产。"

"以勒索财物为目的偷盗婴幼儿的，依照前款的规定处罚。"

根据2015年8月29日《刑法修正案（九）》第二次修改。原第二款条文为："犯前款罪，致使被绑架人死亡或者杀害被绑架人的，处死刑，并处没收财产。"

架人的结果。"杀害"既可以是积极作为也可以是消极不作为。积极作为指以杀害为目的,将被绑架人抛入深潭或水库中让其溺毙等情形;消极不作为,指以杀害为目的,将被绑架人抛弃在人迹罕至的地方等待其冻饿死等情形。实践中,杀害被绑架人未遂的情况时有发生。对于被绑架人基于各种原因最终生还的,并不影响"杀害"行为的认定。此外,本款还规定了"故意伤害被绑架人,致人重伤、死亡的"加重处罚情形。这里规定的"故意伤害"是指以伤害被绑架人的身体为目的实施各种行为。"致人重伤、死亡",是指造成被绑架人重伤、死亡的结果。依照本款规定,故意伤害被绑架人,致人重伤、死亡的,处无期徒刑或者死刑。需要注意的是,这里的故意伤害被绑架人的行为应与被绑架人重伤、死亡的加重结果具有直接因果关系,两者仅具有间接关系的,如行为人实施故意伤害行为,被绑架人自杀而造成重伤或死亡结果的,可依本条第1款的规定处罚。此外,对行为人过失造成被绑架人重伤、死亡后果的,可以依照第1款规定,最高处以无期徒刑。

司法实践中,应当注意行为人为索要债务而实施"绑架"行为的问题。这里涉及了绑架罪与非法拘禁罪的区别。"索财型"绑架罪与"索债型"非法拘禁罪都实施了剥夺他人的人身自由并向他人索要财物的行为,但两罪主要有以下三方面区别:一是行为人非法限制他人人身自由的主观目的不同。绑架罪以勒索财物为目的,对财物无因而索;索要债务的非法拘禁行为,索债是事出有因。二是行为人侵犯的客体不同。"索财型"绑架罪侵犯的是复杂客体,即他人的人身权利和财产权利;"索债型"非法拘禁罪侵犯的客体是简单客体,即他人的人身权利。三是危险性不同。绑架罪需以暴力、胁迫等犯罪方法,对被害人的健康、生命有较大的危害;非法拘禁在实施扣押、拘禁他人的过程中也可能出现捆绑、推搡、殴打等行为,但更多的是侵害他人的人身自由,而非他人的生命健康。

▶ 典型案例指引

上海市黄浦区人民检察院诉陈某某绑架案(《中华人民共和国最高人民法院公报》2005年第2期)

案件适用要点:勒索财物型的绑架罪,是指行为人绑架他人作

177

为人质,以人质的安危来要挟被绑架人以外的第三人,向该第三人勒索财物的行为。行为人虽然控制了被害人的人身自由,但其目的不是以被害人为人质来要挟被害人以外的第三人并向第三人勒索财物,而是对被害人实施暴力、胁迫以直接劫取财物,其行为不构成绑架罪。

行为人以暴力、胁迫的方法要求被害人交出自己的财产,由于被害人的财产不在身边,行为人不得不同意被害人通知其他人送来财产,也不得不与被害人一起等待财产的到来。这种行为不是以被害人为人质向被害人以外的第三人勒索财物,而是符合"使用暴力、胁迫方法当场强行劫取财物"的抢劫罪特征,应当按照刑法第263条的规定定罪处罚。

▶ 条文参见

《最高人民法院关于对在绑架过程中以暴力、胁迫等手段当场劫取被害人财物的行为如何适用法律问题的答复》

第二百四十条 拐卖妇女、儿童罪

拐卖妇女、儿童的,处五年以上十年以下有期徒刑,并处罚金;有下列情形之一的,处十年以上有期徒刑或者无期徒刑,并处罚金或者没收财产;情节特别严重的,处死刑,并处没收财产:

(一)拐卖妇女、儿童集团的首要分子;

(二)拐卖妇女、儿童三人以上的;

(三)奸淫被拐卖的妇女的;

(四)诱骗、强迫被拐卖的妇女卖淫或者将被拐卖的妇女卖给他人迫使其卖淫的;

(五)以出卖为目的,使用暴力、胁迫或者麻醉方法绑架妇女、儿童的;

(六)以出卖为目的,偷盗婴幼儿的;

(七)造成被拐卖的妇女、儿童或者其亲属重伤、死亡或者其他严重后果的;

(八)将妇女、儿童卖往境外的。

拐卖妇女、儿童是指以出卖为目的,有拐骗、绑架、收买、贩卖、接送、中转妇女、儿童的行为之一的。

▶ 理解与适用

本罪的对象仅限妇女、儿童，不包括已满14周岁的男子。其中的"妇女"，是指已满14周岁的女性，既包括具有中国国籍的妇女，也包括具有外国国籍和无国籍的妇女。被拐卖的外国妇女没有身份证明的，不影响对犯罪分子的定罪处罚。"儿童"，是指不满14周岁的男童或女童。

注意拐卖妇女罪的规定存在包容犯的情况，即在拐卖妇女的犯罪过程中，行为人又强奸被拐卖的妇女的，或者引诱、强迫被拐卖的妇女卖淫的，仅定拐卖妇女罪一罪，适用更重的法定刑。

本罪是一个选择性罪名，只要实施上述一种行为的，就构成本罪，同时实施上述几种行为的，或者既拐卖妇女，又拐卖儿童的，只构成一个罪，不实行数罪并罚。收买被拐卖的妇女、儿童后又出卖的，构成拐卖妇女、儿童罪。

▶ 条文参见

《最高人民法院关于审理拐卖妇女案件适用法律有关问题的解释》；《最高人民法院、最高人民检察院、公安部、司法部关于依法惩治拐卖妇女儿童犯罪的意见》；《最高人民法院关于审理拐卖妇女儿童犯罪案件具体应用法律若干问题的解释》

第二百四十一条　收买被拐卖的妇女、儿童罪

收买被拐卖的妇女、儿童的，处三年以下有期徒刑、拘役或者管制。

收买被拐卖的妇女，强行与其发生性关系的，依照本法第二百三十六条的规定定罪处罚。

收买被拐卖的妇女、儿童，非法剥夺、限制其人身自由或者有伤害、侮辱等犯罪行为的，依照本法的有关规定定罪处罚。

收买被拐卖的妇女、儿童，并有第二款、第三款规定的犯罪行为的，依照数罪并罚的规定处罚。

收买被拐卖的妇女、儿童又出卖的，依照本法第二百四十条的规定定罪处罚。

收买被拐卖的妇女、儿童,对被买儿童没有虐待行为,不阻碍对其进行解救的,可以从轻处罚;按照被买妇女的意愿,不阻碍其返回原居住地的,可以从轻或者减轻处罚。①

第二百四十二条

【妨害公务罪】 以暴力、威胁方法阻碍国家机关工作人员解救被收买的妇女、儿童的,依照本法第二百七十七条的规定定罪处罚。

【聚众阻碍解救被收买的妇女、儿童罪】 聚众阻碍国家机关工作人员解救被收买的妇女、儿童的首要分子,处五年以下有期徒刑或者拘役;其他参与者使用暴力、威胁方法的,依照前款的规定处罚。

第二百四十三条　诬告陷害罪

捏造事实诬告陷害他人,意图使他人受刑事追究,情节严重的,处三年以下有期徒刑、拘役或者管制;造成严重后果的,处三年以上十年以下有期徒刑。

国家机关工作人员犯前款罪的,从重处罚。

不是有意诬陷,而是错告,或者检举失实的,不适用前两款的规定。

▶理解与适用

在实践中应当注意本罪与诽谤罪的区别:1.诽谤罪的目的是损害他人的人格和名誉,而诬告陷害罪的目的是使被诬陷人受刑事追究;2.诽谤罪捏造的事实不一定是他人犯罪的事实,而诬告陷害罪捏造的必须是他人犯罪的事实;3.诽谤罪行为人的手段是散布其捏

---

① 根据2015年8月29日《刑法修正案(九)》修改。原第六款条文为:"收买被拐卖的妇女、儿童,按照被买妇女的意愿,不阻碍其返回原居住地的,对被买儿童没有虐待行为,不阻碍对其进行解救的,可以不追究刑事责任。"

造的事实，诬告陷害罪行为人的手段是向有关机关告发其捏造的他人的犯罪事实；4.诽谤罪属于亲告罪，即告诉的才处理，但是严重危害社会秩序和国家利益的除外。而诬告陷害罪不是亲告罪，属于国家公诉案件。

第二百四十四条　强迫劳动罪

以暴力、威胁或者限制人身自由的方法强迫他人劳动的，处三年以下有期徒刑或者拘役，并处罚金；情节严重的，处三年以上十年以下有期徒刑，并处罚金。

明知他人实施前款行为，为其招募、运送人员或者有其他协助强迫他人劳动行为的，依照前款的规定处罚。

单位犯前两款罪的，对单位判处罚金，并对其直接负责的主管人员和其他直接责任人员，依照第一款的规定处罚。①

第二百四十四条之一　雇用童工从事危重劳动罪

违反劳动管理法规，雇用未满十六周岁的未成年人从事超强度体力劳动的，或者从事高空、井下作业的，或者在爆炸性、易燃性、放射性、毒害性等危险环境下从事劳动，情节严重的，对直接责任人员，处三年以下有期徒刑或者拘役，并处罚金；情节特别严重的，处三年以上七年以下有期徒刑，并处罚金。

有前款行为，造成事故，又构成其他犯罪的，依照数罪并罚的规定处罚。②

---

① 根据2011年2月25日《刑法修正案（八）》修改。原条文为："用人单位违反劳动管理法规，以限制人身自由方法强迫职工劳动，情节严重的，对直接责任人员，处三年以下有期徒刑或者拘役，并处或者单处罚金。"

② 根据2002年12月28日《刑法修正案（四）》增加。

第二百四十五条　非法搜查罪　非法侵入住宅罪

非法搜查他人身体、住宅，或者非法侵入他人住宅的，处三年以下有期徒刑或者拘役。

司法工作人员滥用职权，犯前款罪的，从重处罚。

第二百四十六条　侮辱罪　诽谤罪

以暴力或者其他方法公然侮辱他人或者捏造事实诽谤他人，情节严重的，处三年以下有期徒刑、拘役、管制或者剥夺政治权利。

前款罪，告诉的才处理，但是严重危害社会秩序和国家利益的除外。

通过信息网络实施第一款规定的行为，被害人向人民法院告诉，但提供证据确有困难的，人民法院可以要求公安机关提供协助。[①]

▶理解与适用

侮辱罪，是指使用暴力或者其他方法公然贬低他人人格，破坏他人名誉，情节严重的行为。诽谤罪，是指捏造并散布虚构的事实，损害他人人格和名誉，情节严重的行为。侮辱、诽谤罪都是告诉才处理，但严重危害社会秩序和国家利益的除外。

侮辱罪与诽谤罪的主体、主观方面、客体等基本相同，二者不同点在于犯罪的客观方面：侮辱的方法可以用暴力方法，而诽谤不可能用暴力方法；侮辱表现为公然对被害人进行嘲弄、辱骂等令人难堪、损害人格尊严的行为，并不是捏造有损他人名誉的事实，而诽谤则必须是捏造有损于他人名誉的事实并加以散布的行为；侮辱行为必须是"公然"地进行，即当着公众之面进行，而诽谤则可以是私下的，但只要使第三人或公众知道的方式散布捏造的事实即可构成。

侮辱罪与强制猥亵、侮辱妇女罪的区别：关键在于行为人的动

[①] 根据2015年8月29日《刑法修正案（九）》增加一款，作为第三款。

机。强制猥亵、侮辱妇女罪具有满足性刺激的动机，而侮辱罪的行为人没有该动机。

▶ 条文参见

《最高人民法院、最高人民检察院关于办理利用信息网络实施诽谤等刑事案件适用法律若干问题的解释》

第二百四十七条　刑讯逼供罪　暴力取证罪

> 司法工作人员对犯罪嫌疑人、被告人实行刑讯逼供或者使用暴力逼取证人证言的，处三年以下有期徒刑或者拘役。致人伤残、死亡的，依照本法第二百三十四条、第二百三十二条的规定定罪从重处罚。

▶ 理解与适用

这两个罪的主体是特殊主体，即国家司法工作人员，包括负有侦查、检察、审判、监管职责的工作人员。其他人员与司法工作人员伙同刑讯逼供时，构成共犯。非司法工作人员私设公堂，非法审讯，对他人捆绑、逼供、拷打，可以构成非法拘禁罪、故意伤害罪，但不构成刑讯逼供罪。刑讯逼供罪的犯罪对象是犯罪嫌疑人、被告人。犯罪嫌疑人、被告人的行为实际上是否构成犯罪，不影响本罪的成立。暴力取证罪的犯罪对象是证人。

注意刑讯逼供（暴力取证）的转化。行为人的行为具备刑讯逼供（暴力取证）罪的基本犯罪构成，而且致人伤残、死亡的，刑讯逼供（暴力取证）罪则转化为故意伤害罪、故意杀人罪，应依照故意伤害罪、故意杀人罪从重处罚。这里的"伤残"应理解为重伤与残废，不包括轻伤在内。刑讯逼供（暴力取证）致人死亡，是指由于暴力摧残或者其他虐待行为，致使被害人当场死亡或者经抢救无效后死亡。刑讯逼供（暴力取证）导致被害人自杀、自残的，不能认定为刑讯逼供（暴力取证）致人死亡、伤残。

值得注意的是，刑讯逼供（暴力取证）转化为故意杀人、故意伤害罪的条件与非法拘禁转化为故意杀人、故意伤害罪的条件不同，前者是刑讯逼供（暴力取证）致人伤残、死亡的，转化为故意伤害罪、故意杀人罪；后者必须是使用暴力手段才发生转化。因此，前者的转化条件比后者的要求低，这也体现了从严打击刑讯逼供（暴力取证）这种犯罪行为的刑事政策。

第二百四十八条　虐待被监管人罪

监狱、拘留所、看守所等监管机构的监管人员对被监管人进行殴打或者体罚虐待，情节严重的，处三年以下有期徒刑或者拘役；情节特别严重的，处三年以上十年以下有期徒刑。致人伤残、死亡的，依照本法第二百三十四条、第二百三十二条的规定定罪从重处罚。

监管人员指使被监管人殴打或者体罚虐待其他被监管人的，依照前款的规定处罚。

第二百四十九条　煽动民族仇恨、民族歧视罪

煽动民族仇恨、民族歧视，情节严重的，处三年以下有期徒刑、拘役、管制或者剥夺政治权利；情节特别严重的，处三年以上十年以下有期徒刑。

第二百五十条　出版歧视、侮辱少数民族作品罪

在出版物中刊载歧视、侮辱少数民族的内容，情节恶劣，造成严重后果的，对直接责任人员，处三年以下有期徒刑、拘役或者管制。

第二百五十一条　非法剥夺公民宗教信仰自由罪　侵犯少数民族风俗习惯罪

国家机关工作人员非法剥夺公民的宗教信仰自由和侵犯少数民族风俗习惯，情节严重的，处二年以下有期徒刑或者拘役。

第二百五十二条　侵犯通信自由罪

隐匿、毁弃或者非法开拆他人信件，侵犯公民通信自由权利，情节严重的，处一年以下有期徒刑或者拘役。

第二百五十三条　私自开拆、隐匿、毁弃邮件、电报罪

邮政工作人员私自开拆或者隐匿、毁弃邮件、电报的，处二年以下有期徒刑或者拘役。

犯前款罪而窃取财物的，依照本法第二百六十四条的规定定罪从重处罚。

第二百五十三条之一　侵犯公民个人信息罪

违反国家有关规定，向他人出售或者提供公民个人信息，情节严重的，处三年以下有期徒刑或者拘役，并处或者单处罚金；情节特别严重的，处三年以上七年以下有期徒刑，并处罚金。

违反国家有关规定，将在履行职责或者提供服务过程中获得的公民个人信息，出售或者提供给他人的，依照前款的规定从重处罚。

窃取或者以其他方法非法获取公民个人信息的，依照第一款的规定处罚。

单位犯前三款罪的，对单位判处罚金，并对其直接负责的主管人员和其他直接责任人员，依照各该款的规定处罚。①

---

① 根据2009年2月28日《刑法修正案（七）》增加。根据2015年8月29日《刑法修正案（九）》修改。原条文为："国家机关或者金融、电信、交通、教育、医疗等单位的工作人员，违反国家规定，将本单位在履行职责或者提供服务过程中获得的公民个人信息，出售或者非法提供给他人，情节严重的，处三年以下有期徒刑或者拘役，并处或者单处罚金。

"窃取或者以其他方法非法获取上述信息，情节严重的，依照前款的规定处罚。

"单位犯前两款罪的，对单位判处罚金，并对其直接负责的主管人员和其他直接责任人员，依照各该款的规定处罚。"

185

▶典型案例指引

1. 李某某侵犯公民个人信息刑事附带民事公益诉讼案（最高人民法院指导案例192号）

案件适用要点：使用人脸识别技术处理的人脸信息以及基于人脸识别技术生成的人脸信息均具有高度的可识别性，能够单独或者与其他信息结合识别特定自然人身份或者反映特定自然人活动情况，属于刑法规定的公民个人信息。行为人未经公民本人同意，未具备获得法律、相关部门授权等个人信息保护法规定的处理个人信息的合法事由，利用软件程序等方式窃取或者以其他方法非法获取上述信息，情节严重的，应依规定定罪处罚。

2. 闻某等侵犯公民个人信息案（最高人民法院指导案例193号）

案件适用要点：居民身份证信息包含自然人姓名、人脸识别信息、身份号码、户籍地址等多种个人信息，属于《最高人民法院、最高人民检察院关于办理侵犯公民个人信息刑事案件适用法律若干问题的解释》第5条第1款第4项规定的"其他可能影响人身、财产安全的公民个人信息"。非法获取、出售或者提供居民身份证信息，情节严重的，依照刑法第253条之一第1款规定，构成侵犯公民个人信息罪。

3. 熊某等侵犯公民个人信息案（最高人民法院指导案例194号）

案件适用要点：违反国家有关规定，购买已注册但未使用的微信账号等社交媒体账号，通过具有智能群发、添加好友、建立讨论群组等功能的营销软件，非法制作带有公民个人信息可用于社交活动的微信账号等社交媒体账号出售、提供给他人，情节严重的，属于刑法第253条之一第1款规定的"违反国家有关规定，向他人出售或者提供公民个人信息"行为，构成侵犯公民个人信息罪。

未经公民本人同意，或未具备具有法律授权等个人信息保护法规定的理由，通过购买、收受、交换等方式获取在一定范围内已公开的公民个人信息进行非法利用，改变了公民公开个人信息的范围、目的和用途，不属于法律规定的合理处理，属于刑法第253条之一第3款规定的"以其他方法非法获取公民个人信息"行为，情节严重的，构成侵犯公民个人信息罪。

4.罗某某、瞿某某侵犯公民个人信息刑事附带民事公益诉讼案（最高人民法院指导案例195号）

案件适用要点： 服务提供者专门发给特定手机号码的数字、字母等单独或者其组合构成的验证码具有独特性、隐秘性，能够单独或者与其他信息结合识别特定自然人身份或者反映特定自然人活动情况的，属于刑法规定的公民个人信息。行为人将提供服务过程中获得的验证码及对应手机号码出售给他人，情节严重的，依照侵犯公民个人信息罪定罪处罚。

▶条文参见

《居民身份证法》第13条、第20条；《最高人民法院、最高人民检察院关于办理侵犯公民个人信息刑事案件适用法律若干问题的解释》

第二百五十四条　报复陷害罪

国家机关工作人员滥用职权、假公济私，对控告人、申诉人、批评人、举报人实行报复陷害的，处二年以下有期徒刑或者拘役；情节严重的，处二年以上七年以下有期徒刑。

第二百五十五条　打击报复会计、统计人员罪

公司、企业、事业单位、机关、团体的领导人，对依法履行职责、抵制违反会计法、统计法行为的会计、统计人员实行打击报复，情节恶劣的，处三年以下有期徒刑或者拘役。

第二百五十六条　破坏选举罪

在选举各级人民代表大会代表和国家机关领导人员时，以暴力、威胁、欺骗、贿赂、伪造选举文件、虚报选举票数等手段破坏选举或者妨害选民和代表自由行使选举权和被选举权，情节严重的，处三年以下有期徒刑、拘役或者剥夺政治权利。

▶理解与适用

破坏选举罪，是指在选举各级人民代表大会代表和国家机关领导人员时，以暴力、威胁、欺骗、贿赂、伪造选举文件、虚报选举票数等手段破坏选举或者妨害选民和代表自由行使选举权和被选举权，情节严重的行为。依照本条规定，构成破坏选举罪必须具备以下几个条件：

1. 破坏的选举活动必须是选举各级人民代表大会代表和国家机关领导人员的选举活动。

2. 破坏选举必须是以暴力、威胁、欺骗、贿赂、伪造选举文件、虚报选举票数等手段进行的。

3. 构成破坏选举罪必须是足以造成破坏选举或者妨害选民和代表自由行使选举权和被选举权的后果的行为。

4. 构成破坏选举罪必须是情节严重的行为。这里所说的"情节严重"，主要是指破坏选举手段恶劣、后果严重或者造成恶劣影响的等。

第二百五十七条　暴力干涉婚姻自由罪

以暴力干涉他人婚姻自由的，处二年以下有期徒刑或者拘役。

犯前款罪，致使被害人死亡的，处二年以上七年以下有期徒刑。

第一款罪，告诉的才处理。

▶理解与适用

婚姻自由，是我国公民享有的一项重要权利。婚姻自由包括结婚自由和离婚自由。暴力干涉婚姻自由罪，是指以暴力手段干涉他人行使结婚自由或离婚自由权利的行为。"暴力干涉"是构成本罪的重要特征，没有使用暴力的，不构成本罪。所谓"暴力"，是指使用殴打、捆绑、禁闭等手段，使被害人不敢、不能行使婚姻自由权利。

本条第2款中"致使被害人死亡的"，是指在实施暴力干涉他人婚姻自由的行为过程中致被害人死亡，或者被害人因婚姻自由权无法行使而自杀的情形。如果行为人在暴力干涉他人婚姻自由过程中故意实施杀害或伤害行为致使被害人死亡的,应当按照故意杀人罪追究刑事责任。

本罪是告诉才处理的案件,但"致使被害人死亡的"除外。

第二百五十八条　重婚罪

有配偶而重婚的,或者明知他人有配偶而与之结婚的,处二年以下有期徒刑或者拘役。

▶理解与适用

应当注意行为人前后两次婚姻都是法定婚的,是典型的重婚罪,如果前一次是法定婚、后一次是事实婚,也以重婚论。但前一次是事实婚,后一次是法定婚或前后两次都是事实婚的,不构成重婚罪。

所谓"事实婚",是指男女双方没有进行结婚登记而对外以夫妻名义长期共同生活,并且其他人也以为他们是夫妻关系的情形。

第二百五十九条　破坏军婚罪

明知是现役军人的配偶而与之同居或者结婚的,处三年以下有期徒刑或者拘役。

利用职权、从属关系,以胁迫手段奸淫现役军人的妻子的,依照本法第二百三十六条的规定定罪处罚。

第二百六十条　虐待罪

虐待家庭成员,情节恶劣的,处二年以下有期徒刑、拘役或者管制。

犯前款罪,致使被害人重伤、死亡的,处二年以上七年以下有期徒刑。

第一款罪,告诉的才处理,但被害人没有能力告诉,或者因受到强制、威吓无法告诉的除外。[1]

---

[1] 根据2015年8月29日《刑法修正案(九)》修改。原第二款条文为:"第款罪,告诉的才处理。"

▶理解与适用

本罪的犯罪主体与犯罪对象必须是共同生活的同一家庭的成员。客观方面的行为方式表现为对共同生活的家庭成员经常以打骂、捆绑、冻饿、有病不给治、强迫超体力劳作、限制自由或侮辱、咒骂、讥讽、凌辱人格等方式，从肉体上或者精神上摧残、折磨的行为。虐待行为必须具有经常性、一贯性。构成本罪还必须要求"情节恶劣"，所谓"情节恶劣"主要是指虐待手段凶狠残忍、虐待动机卑鄙、虐待时间长、虐待老人、孩子、重病患者、残疾人或者虐待多人、因虐待激起民愤等情形。

本条第2款中"致使被害人重伤、死亡的"，是指在实施虐待行为过程中致被害人重伤、死亡，或者被害人不堪受虐而自杀的情形。如果行为人故意造成被害人重伤或死亡的，应当按照故意伤害罪或故意杀人罪追究刑事责任。

本罪是告诉才处理的案件。所谓"告诉才处理"，是指被害人告诉才处理。但本条第3款同时规定，对于属于被害人没有能力告诉，或者因受到强制、威吓无法告诉的情形，应按照公诉案件处理，由人民检察院提起公诉，而不属于刑法第98条规定的代为告诉的情形。

第二百六十条之一　　虐待被监护、看护人罪

对未成年人、老年人、患病的人、残疾人等负有监护、看护职责的人虐待被监护、看护的人，情节恶劣的，处三年以下有期徒刑或者拘役。

单位犯前款罪的，对单位判处罚金，并对其直接负责的主管人员和其他直接责任人员，依照前款的规定处罚。

有第一款行为，同时构成其他犯罪的，依照处罚较重的规定定罪处罚。[①]

[①] 根据2015年8月29日《刑法修正案（九）》增加。

▶条文参见

《最高人民法院关于审理走私、非法经营、非法使用兴奋剂刑事案件适用法律若干问题的解释》第3条

第二百六十一条　遗弃罪

对于年老、年幼、患病或者其他没有独立生活能力的人,负有扶养义务而拒绝扶养,情节恶劣的,处五年以下有期徒刑、拘役或者管制。

▶理解与适用

关于本条中的"情节恶劣"如何理解的问题,《最高人民法院、最高人民检察院、公安部、司法部关于依法办理家庭暴力犯罪案件的意见》中列举了一些常见的情形:对被害人长期不予照顾、不提供生活来源;驱赶、逼迫被害人离家,致使被害人流离失所或者生存困难;遗弃患严重疾病或者生活不能自理的被害人;遗弃致使被害人身体严重损害或者造成其他严重后果等情形。

第二百六十二条　拐骗儿童罪

拐骗不满十四周岁的未成年人,脱离家庭或者监护人的,处五年以下有期徒刑或者拘役。

第二百六十二条之一　组织残疾人、儿童乞讨罪

以暴力、胁迫手段组织残疾人或者不满十四周岁的未成年人乞讨的,处三年以下有期徒刑或者拘役,并处罚金;情节严重的,处三年以上七年以下有期徒刑,并处罚金。[①]

▶理解与适用

本罪的犯罪主体是一般主体。凡达到刑法规定的刑事责任年龄的自然人均可以犯本罪。在司法实践中,对于父母、监护人或者近

---

① 根据2006年6月29日《刑法修正案(六)》增加。

亲属因为生计所迫，带领残疾亲属或者未成年子女乞讨满足基本生活需要的，甚至为了筹集子女、亲属的医药费、学费等乞讨的，不应按照犯罪处理。但是，对于有的监护人，并非生活所迫而是因贪图钱财，不顾未成年人健康成长的利益，利用未成年人乞讨牟利的，应当根据未成年人保护法等的规定，考虑其是否适宜继续作为监护人，必要时，可依法撤销其监护人资格。

▶条文参见

《最高人民法院、最高人民检察院、公安部、民政部关于依法处理监护人侵害未成年人权益行为若干问题的意见》

第二百六十二条之二　组织未成年人进行违反治安管理活动罪

组织未成年人进行盗窃、诈骗、抢夺、敲诈勒索等违反治安管理活动的，处三年以下有期徒刑或者拘役，并处罚金；情节严重的，处三年以上七年以下有期徒刑，并处罚金。[①]

第五章　侵犯财产罪

第二百六十三条　抢劫罪

以暴力、胁迫或者其他方法抢劫公私财物的，处三年以上十年以下有期徒刑，并处罚金；有下列情形之一的，处十年以上有期徒刑、无期徒刑或者死刑，并处罚金或者没收财产：

（一）入户抢劫的；

（二）在公共交通工具上抢劫的；

（三）抢劫银行或者其他金融机构的；

（四）多次抢劫或者抢劫数额巨大的；

（五）抢劫致人重伤、死亡的；

---

① 根据2009年2月28日《刑法修正案（七）》增加。

> （六）冒充军警人员抢劫的；
> （七）持枪抢劫的；
> （八）抢劫军用物资或者抢险、救灾、救济物资的。

▶理解与适用

抢劫罪是指以非法占有为目的，当场使用暴力、胁迫或者其他方法，当场劫取公私财物的行为。注意抢劫罪犯罪构成中"两个当场"，这也是抢劫罪与敲诈勒索罪的重要区别。

本条第1项规定的"入户抢劫"，是指为实施抢劫行为而进入他人生活的与外界相对隔离的住所，包括封闭的院落、牧民的帐篷、渔民作为家庭生活场所的渔船、为生活租用的房屋等进行抢劫的行为。认定"入户抢劫"时，应当注意以下三个问题：一是"户"的范围。"户"在这里是指住所，其特征表现为供他人家庭生活和与外界相对隔离两个方面，前者为功能特征，后者为场所特征。一般情况下，集体宿舍、旅店宾馆、临时搭建工棚等不应认定为"户"，但在特定情况下，如果确实具有上述两个特征的，也可以认定为"户"。二是"入户"目的的非法性。进入他人住所须以实施抢劫等犯罪为目的。抢劫行为虽然发生在户内，但行为人不以实施抢劫等犯罪为目的进入他人住所，而是在户内临时起意实施抢劫的，不属于"入户抢劫"。三是暴力或者暴力胁迫行为必须发生在户内。入户实施盗窃被发现，行为人为窝藏赃物、抗拒抓捕或者毁灭罪证而当场使用暴力或者以暴力相威胁的，如果暴力或者暴力胁迫行为发生在户内，可以认定为"入户抢劫"；如果发生在户外，不能认定为"入户抢劫"。

第2项规定的"在公共交通工具上抢劫"，既包括在从事旅客运输的各种公共汽车，大、中型出租车，火车，船只，飞机等正在运营中的机动公共交通工具上对旅客、司售、乘务人员实施的抢劫，也包括对运行途中的机动公共交通工具加以拦截后，对公共交通工具上的人员实施的抢劫。在未运营中的大、中型公共交通工具上针对司售、乘务人员抢劫的，或者在小型出租车上抢劫的，不属于

"在公共交通工具上抢劫"。

第3项规定的"抢劫银行或者其他金融机构",是指抢劫银行或者其他金融机构的经营资金、有价证券和客户的资金等。抢劫正在使用中的银行或者其他金融机构的运钞车的,视为"抢劫银行或者其他金融机构"。

第4项中的"多次抢劫"是指抢劫3次以上。对于"多次"的认定,应以行为人实施的每一次抢劫行为均已构成犯罪为前提,综合考虑犯罪故意的产生、犯罪行为实施的时间、地点等因素,客观分析、认定。对于行为人基于一个犯意实施犯罪的,如在同一地点同时对在场的多人实施抢劫的;或基于同一犯意在同一地点实施连续抢劫犯罪的,如在同一地点连续地对途经此地的多人进行抢劫的;或在一次犯罪中对一栋居民楼房中的几户居民连续实施入户抢劫的,一般应认定为一次犯罪。"抢劫数额巨大"的认定标准,参照各地确定的盗窃罪数额巨大的认定标准执行。

第7项规定的"持枪抢劫",是指行为人使用枪支或者向被害人显示持有、佩带的枪支进行抢劫的行为。"枪支"的概念和范围,适用《枪支管理法》的规定。

关于抢劫犯罪数额的计算。抢劫信用卡后使用、消费的,其实际使用、消费的数额为抢劫数额;抢劫信用卡后未实际使用、消费的,不计数额,根据情节轻重量刑。所抢信用卡数额巨大,但未实际使用、消费或者实际使用、消费的数额未达到巨大标准的,不适用"抢劫数额巨大"的法定刑。为抢劫其他财物,劫取机动车辆当作犯罪工具或者逃跑工具使用的,被劫取机动车辆的价值计入抢劫数额;为实施抢劫以外的其他犯罪劫取机动车辆的,以抢劫罪和实施的其他犯罪实行数罪并罚。

关于抢劫特定财物行为的定性。以毒品、假币、淫秽物品等违禁品为对象,实施抢劫的,以抢劫罪定罪;抢劫的违禁品数量作为量刑情节予以考虑。抢劫违禁品后又以违禁品实施其他犯罪的,应以抢劫罪与具体实施的其他犯罪实行数罪并罚。抢劫赌资、犯罪所得的赃款赃物的,以抢劫罪定罪,但行为人仅以其所输赌资或所赢赌债为抢劫对象,一般不以抢劫罪定罪处罚。构成其他犯罪的，依照刑法的相关规定处罚。为个人使用，以暴力、胁迫等手段取得家庭成员或近亲属财产的，一般不以抢劫罪定罪处罚，构成其他犯罪的，依照刑法的相关规定处理；教唆或者伙同他人采取暴力、胁迫等手段劫取家庭成员或近亲属财产的，可以抢劫罪定罪处罚。

行为人为劫取财物而预谋故意杀人，或者在劫取财物过程中，为制服被害人反抗而故意杀人的，以抢劫罪定罪处罚。行为人实施抢劫后，为灭口而故意杀人的，以抢劫罪和故意杀人罪定罪，实行数罪并罚。行为人实施伤害、强奸等犯罪行为，在被害人未失去知觉时，利用被害人不能反抗、不敢反抗的处境，临时起意劫取他人财物的，应以此前所实施的具体犯罪与抢劫罪实行数罪并罚；在被害人失去知觉或者没有发觉的情形下，以及实施故意杀人犯罪行为之后，临时起意拿走他人财物的，应以此前所实施的具体犯罪与盗窃罪实行数罪并罚。

▶典型案例指引

1. 上海市嘉定区人民检察院诉魏某等人抢劫案（《中华人民共和国最高人民法院公报》2005年第4期）

案件适用要点：被告人假借购物为由，进入他人经营和生活区域缺乏明显隔离的商店抢劫财物的行为，虽构成抢劫罪，但不构成入户抢劫的情节。

2. 陈某某抢劫、盗窃，付某某盗窃案（最高人民检察院指导案例17号）

案件适用要点：原判决以"暴力行为虽然发生在户内，但是其不以实施抢劫为目的，而是在户内临时起意并以暴力相威胁，且未造成被害人任何损害"为由，未认定被告人陈邓昌所犯抢劫罪具有"入户"情节。根据2005年7月《最高人民法院关于审理抢劫、抢夺刑事案件适用法律若干问题的意见》关于认定"入户抢劫"的规定，"入户"必须以实施抢劫等犯罪为目的。但是，这里"目的"的非法性不是以抢劫罪为限，还应当包括盗窃等其他犯罪。

2000年11月《最高人民法院关于审理抢劫案件具体应用法律若

干问题的解释》（以下简称《解释》）第一条第二款规定，"对于入户盗窃，因被发现而当场使用暴力或者以暴力相威胁的行为，应当认定为入户抢劫。"依据刑法和《解释》的有关规定，本案中，被告人陈邓昌入室盗窃被发现后当场使用暴力相威胁的行为，应当认定为"入户抢劫"。

▶条文参见

《最高人民法院关于审理抢劫案件具体应用法律若干问题的解释》；《最高人民法院关于审理抢劫、抢夺刑事案件适用法律若干问题的意见》

第二百六十四条　盗窃罪

盗窃公私财物，数额较大的，或者多次盗窃、入户盗窃、携带凶器盗窃、扒窃的，处三年以下有期徒刑、拘役或者管制，并处或者单处罚金；数额巨大或者有其他严重情节的，处三年以上十年以下有期徒刑，并处罚金；数额特别巨大或者有其他特别严重情节的，处十年以上有期徒刑或者无期徒刑，并处罚金或者没收财产。①

▶理解与适用

2年内盗窃3次以上的，应当认定为"多次盗窃"。非法进入供他人家庭生活，与外界相对隔离的住所盗窃的，应当认定为"入户盗窃"。携带枪支、爆炸物、管制刀具等国家禁止个人携带的器械盗窃，或者为了实施违法犯罪携带其他足以危害他人人身安全的器械盗窃的，应当认定为"携带凶器盗窃"。在公共场所或者公共交通工

---

① 根据2011年2月25日《刑法修正案（八）》修改。原条文为："盗窃公私财物，数额较大或者多次盗窃的，处三年以下有期徒刑、拘役或者管制，并处或者单处罚金；数额巨大或者有其他严重情节的，处三年以上十年以下有期徒刑，并处罚金；数额特别巨大或者有其他特别严重情节的，处十年以上有期徒刑或者无期徒刑，并处罚金或者没收财产；有下列情形之一的，处无期徒刑或者死刑，并处没收财产：

"（一）盗窃金融机构，数额特别巨大的；

"（二）盗窃珍贵文物，情节严重的。"

具上盗窃他人随身携带的财物的,应当认定为"扒窃"。

盗窃公私财物价值1000元至3000元以上、30000元至100000元以上、300000元至500000元以上的,应当分别认定为刑法第264条规定的"数额较大"、"数额巨大"、"数额特别巨大"。在跨地区运行的公共交通工具上盗窃,盗窃地点无法查证的,盗窃数额是否达到"数额较大"、"数额巨大"、"数额特别巨大",应当根据受理案件所在地省、自治区、直辖市高级人民法院、人民检察院确定的有关数额标准认定。盗窃毒品等违禁品,应当按照盗窃罪处理的,根据情节轻重量刑。

盗窃公私财物,具有下列情形之一的,"数额较大"的标准可以按照前述规定标准的50%确定:(1)曾因盗窃受过刑事处罚的;(2)1年内曾因盗窃受过行政处罚的;(3)组织、控制未成年人盗窃的;(4)自然灾害、事故灾害、社会安全事件等突发事件期间,在事件发生地盗窃的;(5)盗窃残疾人、孤寡老人、丧失劳动能力人的财物的;(6)在医院盗窃病人或者其亲友财物的;(7)盗窃救灾、抢险、防汛、优抚、扶贫、移民、救济款物的;(8)因盗窃造成严重后果的。如果具有第3项至第8项规定情形之一,或者入户盗窃、携带凶器盗窃,数额达到前述"数额巨大"、"数额特别巨大"50%的,可以分别认定为本条规定的"其他严重情节"或者"其他特别严重情节"。

盗窃公私财物并造成财物损毁的,按照下列规定处理:(1)采用破坏性手段盗窃公私财物,造成其他财物损毁的,以盗窃罪从重处罚;同时构成盗窃罪和其他犯罪的,择一重罪从重处罚;(2)实施盗窃犯罪后,为掩盖罪行或者报复等,故意毁坏其他财物构成犯罪的,以盗窃罪和构成的其他犯罪数罪并罚;(3)盗窃行为未构成犯罪,但损毁财物构成其他犯罪的,以其他犯罪定罪处罚。

盗窃未遂,具有下列情形之一的,应当依法追究刑事责任:(1)以数额巨大的财物为盗窃目标的;(2)以珍贵文物为盗窃目标的;(3)其他情节严重的情形。盗窃既有既遂,又有未遂,分别达到不同量刑幅度的,依照处罚较重的规定处罚,达到同一量刑幅度的,以盗窃罪既遂处罚。

偷拿家庭成员或者近亲属的财物，获得谅解的，一般可以不认为是犯罪；追究刑事责任的，应当酌情从宽。

▶典型案例指引

1. 臧某某等盗窃、诈骗案（最高人民法院指导案例27号）

案件适用要点：行为人利用信息网络，诱骗他人点击虚假链接而实际通过预先植入的计算机程序窃取财物构成犯罪的，以盗窃罪定罪处罚；虚构可供交易的商品或者服务，欺骗他人点击付款链接而骗取财物构成犯罪的，以诈骗罪定罪处罚。

2. 张某某盗窃案（2017年10月12日最高人民检察院发布检例第37号）

案件适用要点：网络域名是网络用户进入门户网站的一种便捷途径，是吸引网络用户进入其网站的窗口。网络域名注册人注册了某域名后，该域名将不能再被其他人申请注册并使用，因此网络域名具有专属性和唯一性。网络域名属稀缺资源，其所有人可以对域名行使出售、变更、注销、抛弃等处分权利。网络域名具有市场交换价值，所有人可以以货币形式进行交易。通过合法途径获得的网络域名，其注册人利益受法律承认和保护。本案中，行为人利用技术手段，通过变更网络域名绑定邮箱及注册ID，实现了对域名的非法占有，并使原所有人丧失了对网络域名的合法占有和控制，其目的是非法获取网络域名的财产价值，其行为给网络域名的所有人带来直接的经济损失。该行为符合以非法占有为目的窃取他人财产利益的盗窃罪本质属性，应以盗窃罪论处。对于网络域名的价值，当前可综合考虑网络域名的购入价、销赃价、域名升值潜力、市场热度等综合认定。

▶条文参见

《最高人民法院、最高人民检察院关于办理盗窃刑事案件适用法律若干问题的解释》

第二百六十五条　盗窃罪

以牟利为目的，盗接他人通信线路、复制他人电信码号或者明知是盗接、复制的电信设备、设施而使用的，依照本法第二百六十四条的规定定罪处罚。

第二百六十六条　诈骗罪

诈骗公私财物，数额较大的，处三年以下有期徒刑、拘役或者管制，并处或者单处罚金；数额巨大或者有其他严重情节的，处三年以上十年以下有期徒刑，并处罚金；数额特别巨大或者有其他特别严重情节的，处十年以上有期徒刑或者无期徒刑，并处罚金或者没收财产。本法另有规定的，依照规定。

▶理解与适用

诈骗罪是指以非法占有为目的，采用虚构事实或隐瞒真相的方法，骗取数额较大公私财物的行为。

实践中应注意区分诈骗罪与盗窃罪。诈骗罪是由于行为人虚构事实或隐瞒真相，使被害人信以为真，以致"自愿"将自己所有或持有的财物交给行为人或者放弃自己的财产权。但应注意，在犯罪过程中并不是采取了欺骗手段的一定都构成诈骗罪。如果看似采取欺骗手段，但最终取得财物是通过和平手段并且非出于被害人"自愿"处分财产的，构成盗窃罪。

还应注意区分诈骗罪与敲诈勒索罪。两罪区别的要点不在于有无欺骗行为，在敲诈的场合，也可能虚构加害的事实恐吓他人。要点在于是通过欺骗使他人自愿交付财物还是通过恐吓迫使他人违心交付财物，即交付财物的自愿和非自愿。

▶典型案例指引

董某等四人诈骗案（2017年10月12日最高人民检察院发布检例第38号）

案件适用要点：行为人以非法占有为目的，采用自我交易方式，虚构提供服务事实，骗取互联网公司垫付费用及订单补贴，数额较大的行为，应认定为诈骗罪。

▶条文参见

《最高人民法院、最高人民检察院关于办理诈骗刑事案件具体应用法律若干问题的解释》；《最高人民法院、最高人民检察院、公安部关于办理电信网络诈骗等刑事案件适用法律若干问题的意见》

第二百六十七条　抢夺罪

抢夺公私财物，数额较大的，或者多次抢夺的，处三年以下有期徒刑、拘役或者管制，并处或者单处罚金；数额巨大或者有其他严重情节的，处三年以上十年以下有期徒刑，并处罚金；数额特别巨大或者有其他特别严重情节的，处十年以上有期徒刑或者无期徒刑，并处罚金或者没收财产。[1]

携带凶器抢夺的，依照本法第二百六十三条的规定定罪处罚。

▶理解与适用

本条第2款规定的"携带凶器抢夺"，是指行为人随身携带枪支、爆炸物、管制刀具等国家禁止个人携带的器械进行抢夺或者为了实施犯罪而携带其他器械进行抢夺的行为。行为人随身携带国家禁止个人携带的器械以外的其他器械抢夺，但有证据证明该器械确实不是为了实施犯罪准备的，不以抢劫罪定罪；行为人将随身携带的凶器有意加以显示、能为被害人察觉到的，直接适用第263条的规定定罪处罚；行为人携带凶器抢夺后，在逃跑过程中为窝藏赃物、抗拒抓捕或者毁灭罪证而当场使用暴力或者以暴力相威胁的，适用本条第2款的规定定罪处罚。

---

[1] 根据2015年8月29日《刑法修正案（九）》修改。原第一款条文为："抢夺公私财物，数额较大的，处三年以下有期徒刑、拘役或者管制，并处或者单处罚金；数额巨大或者有其他严重情节的，处三年以上十年以下有期徒刑，并处罚金；数额特别巨大或者有其他特别严重情节的，处十年以上有期徒刑或者无期徒刑，并处罚金或者没收财产。"

对于驾驶机动车、非机动车（以下简称"驾驶车辆"）夺取他人财物的，一般以抢夺罪从重处罚。但具有下列情形之一，应当以抢劫罪定罪处罚：（1）驾驶车辆，逼挤、撞击或强行逼倒他人以排除他人反抗，乘机夺取财物的；（2）驾驶车辆强抢财物时，因被害人不放手而采取强拉硬拽方法劫取财物的；（3）行为人明知其驾驶车辆强行夺取他人财物的手段会造成他人伤亡的后果，仍然强行夺取并放任造成财物持有人轻伤以上后果的。

▶条文参见

《最高人民法院、最高人民检察院关于办理抢夺刑事案件适用法律若干问题的解释》；《最高人民法院关于审理抢劫、抢夺刑事案件适用法律若干问题的意见》四、十一

第二百六十八条　聚众哄抢罪

聚众哄抢公私财物，数额较大或者有其他严重情节的，对首要分子和积极参加的，处三年以下有期徒刑、拘役或者管制，并处罚金；数额巨大或者有其他特别严重情节的，处三年以上十年以下有期徒刑，并处罚金。

第二百六十九条　转化的抢劫罪

犯盗窃、诈骗、抢夺罪，为窝藏赃物、抗拒抓捕或者毁灭罪证而当场使用暴力或者以暴力相威胁的，依照本法第二百六十三条的规定定罪处罚。

▶理解与适用

行为人实施盗窃、诈骗、抢夺行为，未达到"数额较大"，为窝藏赃物、抗拒抓捕或者毁灭罪证当场使用暴力或者以暴力相威胁，情节较轻、危害不大的，一般不以犯罪论处；但具有下列情节之一的，可依照本条的规定，以抢劫罪定罪处罚：（1）盗窃、诈骗、抢夺接近"数额较大"标准的；（2）入户或在公共交通工具上盗窃、诈骗、抢夺后在户外或交通工具外实施上述行为的；（3）使用暴力

致人轻微伤以上后果的；（4）使用凶器或以凶器相威胁的；（5）具有其他严重情节的。

相对刑事责任年龄的人实施了本规定的行为的，应当依照刑法第263条的规定，以抢劫罪追究刑事责任。但对情节显著轻微，危害不大的，可根据刑法第13条的规定，不予追究刑事责任。

▶条文参见

《最高人民法院关于审理抢劫、抢夺刑事案件适用法律若干问题的意见》五；《最高人民法院关于审理未成年人刑事案件具体应用法律若干问题的解释》第10条；《最高人民检察院关于相对刑事责任年龄的人承担刑事责任范围有关问题的答复》二

第二百七十条 侵占罪

将代为保管的他人财物非法占为己有，数额较大，拒不退还的，处二年以下有期徒刑、拘役或者罚金；数额巨大或者有其他严重情节的，处二年以上五年以下有期徒刑，并处罚金。

将他人的遗忘物或者埋藏物非法占为己有，数额较大，拒不交出的，依照前款的规定处罚。

本条罪，告诉的才处理。

▶理解与适用

侵占罪的犯罪对象只限于三种财物：一是代为保管的他人财物；二是他人的遗忘物；三是他人的埋藏物。

侵占罪与其他侵犯财产犯罪的一个关键区别在于侵占包括两个密不可分的行为特点，即合法持有、非法侵占。行为人将自己业已合法持有的他人财物非法转归为己有，并且拒不交出，拒不交还。

注意本罪与职务侵占罪的界限，关键在于行为主体是否特殊主体以及行为人是否利用了自己的职务便利，同时，侵占行为的对象范围不同。

犯本罪的，告诉的才处理。司法机关不能主动追究行为人的刑事责任。

第二百七十一条　职务侵占罪

> 公司、企业或者其他单位的工作人员，利用职务上的便利，将本单位财物非法占为己有，数额较大的，处三年以下有期徒刑或者拘役，并处罚金；数额巨大的，处三年以上十年以下有期徒刑，并处罚金；数额特别巨大的，处十年以上有期徒刑或者无期徒刑，并处罚金。①
>
> 国有公司、企业或者其他国有单位中从事公务的人员和国有公司、企业或者其他国有单位委派到非国有公司、企业以及其他单位从事公务的人员有前款行为的，依照本法第三百八十二条、第三百八十三条的规定定罪处罚。

▶理解与适用

本罪主体为特殊主体，即公司、企业或者其他单位的工作人员。"利用职务之便"是指利用自己职务上所具有的管理、经手本单位财物的方便条件。如果行为人仅是利用自己因工作关系对本单位环境、情况等比较熟悉的方便条件，非法占有本单位财物的，不能构成本罪。

对村民小组组长利用职务上的便利，将村民小组集体财产非法占为己有，数额较大的行为，应当依照本条第1款的规定，以职务侵占罪定罪处罚。

行为人与公司、企业或者其他单位的人员勾结，利用公司、企业或者其他单位人员的职务便利，共同将该单位财物非法占为己有，数额较大的，以职务侵占罪共犯论处。

在国有资本控股、参股的股份有限公司中从事管理工作的人员，除受国家机关、国有公司、企业、事业单位委派从事公务的以外，

---

① 根据2020年12月26日《刑法修正案（十一）》修改。原第一款条文为："公司、企业或者其他单位的人员，利用职务上的便利，将本单位财物非法占为己有，数额较大的，处五年以下有期徒刑或者拘役；数额巨大的，处五年以上有期徒刑，可以并处没收财产。"

不属于国家工作人员。对其利用职务上的便利，将本单位财物非法占为己有，数额较大的，应当依照本条第1款的规定，以职务侵占罪定罪处罚。

公司、企业或者其他单位中，不具有国家工作人员身份的人与国家工作人员勾结，分别利用各自的职务便利，共同将本单位财物非法占为己有的，按照主犯的犯罪性质定罪。

公司、企业或者其他单位的人员，利用职务上的便利，将本单位财物非法占为己有，数额在5000元至1万元以上的，应予立案追诉。

▶条文参见

《最高人民法院关于村民小组组长利用职务便利非法占有公共财物行为如何定性问题的批复》；《最高人民法院关于审理贪污、职务侵占案件如何认定共同犯罪几个问题的解释》第2、3条；《最高人民法院关于在国有资本控股、参股的股份有限公司中从事管理工作的人员利用职务便利非法占有本公司财物如何定罪问题的批复》；《最高人民检察院、公安部关于公安机关管辖的刑事案件立案追诉标准的规定（二）》第76条

第二百七十二条　挪用资金罪

公司、企业或者其他单位的工作人员，利用职务上的便利，挪用本单位资金归个人使用或者借贷给他人，数额较大、超过三个月未还的，或者虽未超过三个月，但数额较大、进行营利活动的，或者进行非法活动的，处三年以下有期徒刑或者拘役；挪用本单位资金数额巨大的，处三年以上七年以下有期徒刑；数额特别巨大的，处七年以上有期徒刑。

国有公司、企业或者其他国有单位中从事公务的人员和国有公司、企业或者其他国有单位委派到非国有公司、企业以及其他单位从事公务的人员有前款行为的，依照本法第三百八十四条的规定定罪处罚。

有第一款行为，在提起公诉前将挪用的资金退还的，可以从轻或者减轻处罚。其中，犯罪较轻的，可以减轻或者免除处罚。①

▶典型案例指引

滨海县人民检察院诉刘某合同诈骗案（《中华人民共和国最高人民法院公报》2006年第2期）

案件适用要点：福利彩票是国家为筹集社会福利事业发展资金，特许中国福利彩票发行中心垄断发行的有价凭证。受彩票发行机构委托，在彩票投注站代销福利彩票，是侵犯彩票发行机构管理的社会公益性财产的行为。根据刑法规定应当按挪用资金罪定罪处罚。

第二百七十三条 挪用特定款物罪

挪用用于救灾、抢险、防汛、优抚、扶贫、移民、救济款物，情节严重，致使国家和人民群众利益遭受重大损害的，对直接责任人员，处三年以下有期徒刑或者拘役；情节特别严重的，处三年以上七年以下有期徒刑。

---

① 根据2020年12月26日《刑法修正案（十一）》修改。原条文为："公司、企业或者其他单位的工作人员，利用职务上的便利，挪用本单位资金归个人使用或者借贷给他人，数额较大、超过三个月未还的，或者虽未超过三个月，但数额较大、进行营利活动的，或者进行非法活动的，处三年以下有期徒刑或者拘役；挪用本单位资金数额巨大的，或者数额较大不退还的，处三年以上十年以下有期徒刑。"

"国有公司、企业或者其他国有单位中从事公务的人员和国有公司、企业或者其他国有单位委派到非国有公司、企业以及其他单位从事公务的人员有前款行为的，依照本法第三百八十四条的规定定罪处罚。"

第二百七十四条　敲诈勒索罪

敲诈勒索公私财物，数额较大或者多次敲诈勒索的，处三年以下有期徒刑、拘役或者管制，并处或者单处罚金；数额巨大或者有其他严重情节的，处三年以上十年以下有期徒刑，并处罚金；数额特别巨大或者有其他特别严重情节的，处十年以上有期徒刑，并处罚金。[1]

▶理解与适用

敲诈勒索罪是指以非法占有为目的，以对被害人实施威胁或者要挟的方法，强索公私财物的行为。

在实践中，划清敲诈勒索罪与抢劫罪的界限。两者相区别的关键在于犯罪客观方面，具体表现为：（1）行为实施的内容不同。抢劫罪以当场实施暴力、暴力相威胁为其行为内容。敲诈勒索罪仅限于威胁，不当场实施暴力，而且威胁的内容不只是暴力，还包括非暴力威胁。（2）犯罪行为方式不同。抢劫罪的威胁当着被害人的面实施，一般是用言语或动作来表示；敲诈勒索罪的威胁可以是当着被害人的面，也可以是通过第三者来实现，可以用口头的方式来表示，也可通过书信的方式来表示。（3）非法取得财物的时间不同。抢劫罪是当场取得财物，而敲诈勒索罪可以是当场，也可以是在实施威胁、要挟之后取得他人财物。行为人以暴力相威胁迫使被害人限期交出财物的行为，不应定为抢劫罪，而应当以敲诈勒索罪论处。

划清敲诈勒索罪与诈骗罪的界限。两者主要区别在于犯罪客观方面。敲诈勒索罪以威胁、要挟的方法，造成被害人心理上的恐惧从而迫使被害人交出财物，诈骗罪则是用虚构事实或隐瞒事实真相的欺诈手段，使被害人信以为真，从而仿佛是"自愿地交出财物"。

划清敲诈勒索罪与绑架罪的界限。绑架罪中包括了向被绑架人

---

[1] 根据2011年2月25日《刑法修正案（八）》修改。原条文为："敲诈勒索公私财物，数额较大的，处三年以下有期徒刑、拘役或者管制；数额巨大或者有其他严重情节的，处三年以上十年以下有期徒刑。"

的近亲属及其他人勒索财物的情况，它与敲诈勒索罪的关键区别是是否实际上绑架了他人。

▶条文参见

《最高人民法院、最高人民检察院关于办理敲诈勒索刑事案件适用法律若干问题的解释》

第二百七十五条　**故意毁坏财物罪**

故意毁坏公私财物，数额较大或者有其他严重情节的，处三年以下有期徒刑、拘役或者罚金；数额巨大或者有其他特别严重情节的，处三年以上七年以下有期徒刑。

▶典型案例指引

上海市静安区人民检察院诉朱某故意毁坏财物案（《中华人民共和国最高人民法院公报》2004年第4期）

案件适用要点：被告人为泄私愤，侵入他人股票交易账户并修改秘密，在他人股票交易账户内，采用高进低出股票的手段，造成他人资金损失数额巨大的行为，构成刑法第275条规定的故意毁坏财物罪。

第二百七十六条　**破坏生产经营罪**

由于泄愤报复或者其他个人目的，毁坏机器设备、残害耕畜或者以其他方法破坏生产经营的，处三年以下有期徒刑、拘役或者管制；情节严重的，处三年以上七年以下有期徒刑。

第二百七十六条之一　**拒不支付劳动报酬罪**

以转移财产、逃匿等方法逃避支付劳动者的劳动报酬或者有能力支付而不支付劳动者的劳动报酬，数额较大，经政府有关部门责令支付仍不支付的，处三年以下有期徒刑或者拘役，并处或者单处罚金；造成严重后果的，处三年以上七年以下有期徒刑，并处罚金。

单位犯前款罪的，对单位判处罚金，并对其直接负责的主管人员和其他直接责任人员，依照前款的规定处罚。

有前两款行为，尚未造成严重后果，在提起公诉前支付劳动者的劳动报酬，并依法承担相应赔偿责任的，可以减轻或者免除处罚。①

▶典型案例指引

胡某某拒不支付劳动报酬案（最高人民法院指导案例28号）

案件适用要点：（1）不具备用工主体资格的单位或者个人（包工头），违法用工且拒不支付劳动者报酬，数额较大，经政府有关部门责令支付仍不支付的，应当以拒不支付劳动报酬罪追究刑事责任。

（2）不具备用工主体资格的单位或者个人（包工头）拒不支付劳动报酬，即使其他单位或者个人在刑事立案前为其垫付了劳动报酬的，也不影响追究该用工单位或者个人（包工头）拒不支付劳动报酬罪的刑事责任。

▶条文参见

《最高人民法院关于审理拒不支付劳动报酬刑事案件适用法律若干问题的解释》

第六章 妨害社会管理秩序罪

第一节 扰乱公共秩序罪

第二百七十七条　妨害公务罪

以暴力、威胁方法阻碍国家机关工作人员依法执行职务的，处三年以下有期徒刑、拘役、管制或者罚金。

---

① 根据2011年2月25日《刑法修正案（八）》增加。

以暴力、威胁方法阻碍全国人民代表大会和地方各级人民代表大会代表依法执行代表职务的,依照前款的规定处罚。

在自然灾害和突发事件中,以暴力、威胁方法阻碍红十字会工作人员依法履行职责的,依照第一款的规定处罚。

故意阻碍国家安全机关、公安机关依法执行国家安全工作任务,未使用暴力、威胁方法,造成严重后果的,依照第一款的规定处罚。

【袭警罪】暴力袭击正在依法执行职务的人民警察的,处三年以下有期徒刑、拘役或者管制;使用枪支、管制刀具,或者以驾驶机动车撞击等手段,严重危及其人身安全的,处三年以上七年以下有期徒刑。[1]

▶理解与适用

注意本罪的犯罪对象是正在依法执行职务的国家机关工作人员、人大代表、红十字会工作人员、国家安全机关、公安机关。

如果以暴力、威胁的方法阻碍人大代表执行公务的,要求必须是依法执行代表职务,如果是以暴力、威胁方法阻碍红十字会工作人员依法履行职责的,还要求必须是发生在自然灾害和突发事件中,这是特定时间要件;对于故意阻碍国家安全机关或者公安机关依法执行国家安全工作任务,则不需要必须以暴力、威胁方法作为特定的手段要件,但此种情形构成本罪的要满足两个要件:一是依法执行的是国家安全工作任务;二是要求必须造成严重后果。

对于以暴力、威胁方法阻碍国有事业单位人员依照法律、行政法规的规定执行行政执法职务的,或者以暴力、威胁方法阻碍国家机关中受委托从事行政执法活动的事业编制人员执行行政执法职务的,可以对侵害人以妨害公务罪追究刑事责任。

---

[1] 根据2015年8月29日《刑法修正案(九)》增加一款,作为第五款。
根据2020年12月26日《刑法修正案(十一)》修改,原第五款条文为:"暴力袭击正在依法执行职务的人民警察的,依照第一款的规定从重处罚。"

需注意的是,《刑法修正案（十一）》对于本条第5款关于暴力袭警犯罪的处罚做出了进一步的细化规定。

▶条文参见

《最高人民检察院关于以暴力威胁方法阻碍事业编制人员依法执行行政执法职务是否可对侵害人以妨害公务罪论处的批复》

第二百七十八条　煽动暴力抗拒法律实施罪

煽动群众暴力抗拒国家法律、行政法规实施的，处三年以下有期徒刑、拘役、管制或者剥夺政治权利；造成严重后果的，处三年以上七年以下有期徒刑。

第二百七十九条　招摇撞骗罪

冒充国家机关工作人员招摇撞骗的，处三年以下有期徒刑、拘役、管制或者剥夺政治权利；情节严重的，处三年以上十年以下有期徒刑。

冒充人民警察招摇撞骗的，依照前款的规定从重处罚。

▶理解与适用

实践中，应当注意区分招摇撞骗罪与诈骗罪的界限。诈骗罪骗取的对象只限于公私财物，并且要求财物达到一定的数额，侵害的是公私合法财产利益；招摇撞骗罪骗取的对象主要不是财产，而是财产以外的其他利益，如地位、待遇等，侵害的主要是国家机关的威信和形象。如果行为人冒充国家机关工作人员为了骗取财物，应当以诈骗罪处罚。

第二百八十条

【伪造、变造、买卖国家机关公文、证件、印章罪】【盗窃、抢夺、毁灭国家机关公文、证件、印章罪】伪造、变造、买卖或者盗窃、抢夺、毁灭国家机关的公文、证件、印章的，处三年以下有期徒刑、拘役、管制或者剥夺政治权利，并处罚金；情节严重的，处三年以上十年以下有期徒刑，并处罚金。

【伪造公司、企业、事业单位、人民团体印章罪】伪造公司、企业、事业单位、人民团体的印章的，处三年以下有期徒刑、拘役、管制或者剥夺政治权利，并处罚金。

【伪造、变造、买卖身份证件罪】伪造、变造、买卖居民身份证、护照、社会保障卡、驾驶证等依法可以用于证明身份的证件的，处三年以下有期徒刑、拘役、管制或者剥夺政治权利，并处罚金；情节严重的，处三年以上七年以下有期徒刑，并处罚金。①

▶ 典型案例指引

金华市人民检察院诉胡某诈骗案（《中华人民共和国最高人民法院公报》2005年第2期）

案件适用要点：被告人借款后，私自改变借款用途，将借款用于其他商业活动，且为应付借款人的催讨，指使他人伪造与其合同开发工程项目的企业印章和收款收据的，因对借款不具有非法占有的目的，不构成诈骗罪。但其指使他人伪造企业印章的行为，构成伪造公司印章罪。

第二百八十条之一　使用虚假身份证件、盗用身份证件罪

在依照国家规定应当提供身份证明的活动中，使用伪造、变造的或者盗用他人的居民身份证、护照、社会保障卡、驾驶证等依法可以用于证明身份的证件，情节严重的，处拘役或者管制，并处或者单处罚金。

有前款行为，同时构成其他犯罪的，依照处罚较重的规定定罪处罚。②

---

① 根据2015年8月29日《刑法修正案（九）》修改。原条文为："伪造、变造、买卖或者盗窃、抢夺、毁灭国家机关的公文、证件、印章的，处三年以下有期徒刑、拘役、管制或者剥夺政治权利；情节严重的，处三年以上十年以下有期徒刑。"

"伪造公司、企业、事业单位、人民团体的印章的，处三年以下有期徒刑、拘役、管制或者剥夺政治权利。"

"伪造、变造居民身份证的，处三年以下有期徒刑、拘役、管制或者剥夺政治权利；情节严重的，处三年以上七年以下有期徒刑。"

② 根据2015年8月29日《刑法修正案（九）》增加。

第二百八十条之二　　冒名顶替罪

盗用、冒用他人身份，顶替他人取得的高等学历教育入学资格、公务员录用资格、就业安置待遇的，处三年以下有期徒刑、拘役或者管制，并处罚金。

组织、指使他人实施前款行为的，依照前款的规定从重处罚。

国家工作人员有前两款行为，又构成其他犯罪的，依照数罪并罚的规定处罚。①

第二百八十一条　　非法生产、买卖警用装备罪

非法生产、买卖人民警察制式服装、车辆号牌等专用标志、警械，情节严重的，处三年以下有期徒刑、拘役或者管制，并处或者单处罚金。

单位犯前款罪的，对单位判处罚金，并对其直接负责的主管人员和其他直接责任人员，依照前款的规定处罚。

第二百八十二条

【非法获取国家秘密罪】以窃取、刺探、收买方法，非法获取国家秘密的，处三年以下有期徒刑、拘役、管制或者剥夺政治权利；情节严重的，处三年以上七年以下有期徒刑。

【非法持有国家绝密、机密文件、资料、物品罪】非法持有属于国家绝密、机密的文件、资料或者其他物品，拒不说明来源与用途的，处三年以下有期徒刑、拘役或者管制。

---

① 根据 2020 年 12 月 26 日《刑法修正案（十一）》增加。

第二百八十三条 非法生产、销售专用间谍器材、窃听、窃照专用器材罪

非法生产、销售专用间谍器材或者窃听、窃照专用器材的,处三年以下有期徒刑、拘役或者管制,并处或者单处罚金;情节严重的,处三年以上七年以下有期徒刑,并处罚金。

单位犯前款罪的,对单位判处罚金,并对其直接负责的主管人员和其他直接责任人员,依照前款的规定处罚。①

第二百八十四条 非法使用窃听、窃照专用器材罪

非法使用窃听、窃照专用器材,造成严重后果的,处二年以下有期徒刑、拘役或者管制。

第二百八十四条之一

【组织考试作弊罪】在法律规定的国家考试中,组织作弊的,处三年以下有期徒刑或者拘役,并处或者单处罚金;情节严重的,处三年以上七年以下有期徒刑,并处罚金。

为他人实施前款犯罪提供作弊器材或者其他帮助的,依照前款的规定处罚。

【非法出售、提供试题、答案罪】为实施考试作弊行为,向他人非法出售或者提供第一款规定的考试的试题、答案的,依照第一款的规定处罚。

【代替考试罪】代替他人或者让他人代替自己参加第一款规定的考试的,处拘役或者管制,并处或者单处罚金。②

▶条文参见

《最高人民法院、最高人民检察院关于办理组织考试作弊等刑事案件适用法律若干问题的解释》;《最高人民法院关于审理走私、非法经营、非法使用兴奋剂刑事案件适用法律若干问题的解释》第4条

---

① 根据2015年8月29日《刑法修正案(九)》修改。原条文为:"非法生产、销售窃听、窃照等专用间谍器材的,处三年以下有期徒刑、拘役或者管制。"
② 根据2015年8月29日《刑法修正案(九)》增加。

213

第二百八十五条

【非法侵入计算机信息系统罪】违反国家规定，侵入国家事务、国防建设、尖端科学技术领域的计算机信息系统的，处三年以下有期徒刑或者拘役。

【非法获取计算机信息系统数据、非法控制计算机信息系统罪】违反国家规定，侵入前款规定以外的计算机信息系统或者采用其他技术手段，获取该计算机信息系统中存储、处理或者传输的数据，或者对该计算机信息系统实施非法控制，情节严重的，处三年以下有期徒刑或者拘役，并处或者单处罚金；情节特别严重的，处三年以上七年以下有期徒刑，并处罚金。

【提供侵入、非法控制计算机信息系统程序、工具罪】提供专门用于侵入、非法控制计算机信息系统的程序、工具，或者明知他人实施侵入、非法控制计算机信息系统的违法犯罪行为而为其提供程序、工具，情节严重的，依照前款的规定处罚。

单位犯前三款罪的，对单位判处罚金，并对其直接负责的主管人员和其他直接责任人员，依照各该款的规定处罚。[①]

▶典型案例指引

张某某等非法控制计算机信息系统案（最高人民法院指导案例145号）

案件适用要点：通过植入木马程序的方式，非法获取网站服务器的控制权限，进而通过修改、增加计算机信息系统数据，向相关计算机信息系统上传网页链接代码的，应当认定为刑法第285条第2款"采用其他技术手段"非法控制计算机信息系统的行为。

通过修改、增加计算机信息系统数据，对该计算机信息系统实施非法控制，但未造成系统功能实质性破坏或者不能正常运行的，不应当认定为破坏计算机信息系统罪，符合刑法第285条第2款规

[①] 根据2009年2月28日《刑法修正案（七）》增加两款，作为第二款、第三款。根据2015年8月29日《刑法修正案（九）》增加一款，作为第四款。

定的，应当认定为非法控制计算机信息系统罪。

▶条文参见

《最高人民法院、最高人民检察院关于办理危害计算机信息系统安全刑事案件应用法律若干问题的解释》第1~3条、第8~10条；《最高人民法院关于审理危害军事通信刑事案件具体应用法律若干问题的解释》第6条

第二百八十六条　破坏计算机信息系统罪

违反国家规定，对计算机信息系统功能进行删除、修改、增加、干扰，造成计算机信息系统不能正常运行，后果严重的，处五年以下有期徒刑或者拘役；后果特别严重的，处五年以上有期徒刑。

违反国家规定，对计算机信息系统中存储、处理或者传输的数据和应用程序进行删除、修改、增加的操作，后果严重的，依照前款的规定处罚。

故意制作、传播计算机病毒等破坏性程序，影响计算机系统正常运行，后果严重的，依照第一款的规定处罚。

单位犯前三款罪的，对单位判处罚金，并对其直接负责的主管人员和其他直接责任人员，依照第一款的规定处罚。①

▶典型案例指引

1. 李某某破坏计算机信息系统案（2017年10月12日最高人民检察院发布检例第33号）

案件适用要点： 修改域名解析服务器指向，强制用户偏离目标网站或网页进入指定网站或网页，是典型的域名劫持行为。行为人使用恶意代码修改目标网站域名解析服务器，目标网站域名被恶意解析到其他IP地址，无法正常发挥网站服务功能，这种行为实质是对计算机信息系统功能的修改、干扰，符合刑法第286条第1款"对计算机信息系统功能进行删除、修改、增加、干扰"的规定。

---

① 根据2015年8月29日《刑法修正案（九）》增加一款，作为第四款。213

认定遭受破坏的计算机信息系统服务用户数，可以根据计算机信息系统的功能和使用特点，结合网站注册用户、浏览用户等具体情况，作出客观判断。

2. 李某某等破坏计算机信息系统案（2017年10月12日最高人民检察院发布检例第34号）

案件适用要点：侵入评价系统删改购物评价，其实质是对计算机信息系统内存储的数据进行删除、修改操作的行为。这种行为危害到计算机信息系统数据采集和流量分配体系运行，使网站注册商户及其商品、服务的搜索受到影响，导致网站商品、服务评价功能无法正常运作，侵害了购物网站所属公司的信息系统安全和消费者的知情权。行为人因删除、修改某购物网站中差评数据违法所得25000元以上，构成破坏计算机信息系统罪，属于"后果特别严重"的情形，应当依法判处五年以上有期徒刑。

3. 付某某、黄某某破坏计算机信息系统案（最高人民法院指导案例102号）

案件适用要点：（1）通过修改路由器、浏览器设置、锁定主页或者弹出新窗口等技术手段，强制网络用户访问指定网站的"DNS劫持"行为，属于破坏计算机信息系统，后果严重的，构成破坏计算机信息系统罪。

（2）对于"DNS劫持"，应当根据造成不能正常运行的计算机信息系统数量、相关计算机信息系统不能正常运行的时间，以及所造成的损失或者影响等，认定其是"后果严重"还是"后果特别严重"。

4. 徐某破坏计算机信息系统案（最高人民法院指导案例103号）

案件适用要点：企业的机械远程监控系统属于计算机信息系统。违反国家规定，对企业的机械远程监控系统功能进行破坏，造成计算机信息系统不能正常运行，后果严重的，构成破坏计算机信息系统罪。

5. 李某、何某某、张某某等人破坏计算机信息系统案（最高人民法院指导案例104号）

案件适用要点：环境质量监测系统属于计算机信息系统。用棉纱等物品堵塞环境质量监测采样设备，干扰采样，致使监测数据严重失真的，构成破坏计算机信息系统罪。

▶条文参见

《最高人民法院、最高人民检察院关于办理危害计算机信息系统安全刑事案件应用法律若干问题的解释》第4~6条、第8~10条

第二百八十六条之一　拒不履行信息网络安全管理义务罪

网络服务提供者不履行法律、行政法规规定的信息网络安全管理义务，经监管部门责令采取改正措施而拒不改正，有下列情形之一的，处三年以下有期徒刑、拘役或者管制，并处或者单处罚金：

（一）致使违法信息大量传播的；

（二）致使用户信息泄露，造成严重后果的；

（三）致使刑事案件证据灭失，情节严重的；

（四）有其他严重情节的。

单位犯前款罪的，对单位判处罚金，并对其直接负责的主管人员和其他直接责任人员，依照前款的规定处罚。

有前两款行为，同时构成其他犯罪的，依照处罚较重的规定定罪处罚。[①]

▶条文参见

《最高人民法院、最高人民检察院关于办理非法利用信息网络、帮助信息网络犯罪活动等刑事案件适用法律若干问题的解释》第1~6条、第14~18条

第二百八十七条　利用计算机实施犯罪的定罪处罚

利用计算机实施金融诈骗、盗窃、贪污、挪用公款、窃取国家秘密或者其他犯罪的，依照本法有关规定定罪处罚。

---

① 根据2015年8月29日《刑法修正案（九）》增加。

第二百八十七条之一　非法利用信息网络罪

利用信息网络实施下列行为之一,情节严重的,处三年以下有期徒刑或者拘役,并处或者单处罚金:

(一)设立用于实施诈骗、传授犯罪方法、制作或者销售违禁物品、管制物品等违法犯罪活动的网站、通讯群组的;

(二)发布有关制作或者销售毒品、枪支、淫秽物品等违禁物品、管制物品或者其他违法犯罪信息的;

(三)为实施诈骗等违法犯罪活动发布信息的。

单位犯前款罪的,对单位判处罚金,并对其直接负责的主管人员和其他直接责任人员,依照第一款的规定处罚。

有前两款行为,同时构成其他犯罪的,依照处罚较重的规定定罪处罚。[①]

▶条文参见

《最高人民法院、最高人民检察院关于办理非法利用信息网络、帮助信息网络犯罪活动等刑事案件适用法律若干问题的解释》第7~10条、第14~18条

第二百八十七条之二　帮助信息网络犯罪活动罪

明知他人利用信息网络实施犯罪,为其犯罪提供互联网接入、服务器托管、网络存储、通讯传输等技术支持,或者提供广告推广、支付结算等帮助,情节严重的,处三年以下有期徒刑或者拘役,并处或者单处罚金。

单位犯前款罪的,对单位判处罚金,并对其直接负责的主管人员和其他直接责任人员,依照第一款的规定处罚。

有前两款行为,同时构成其他犯罪的,依照处罚较重的规定定罪处罚。[②]

---

① 根据 2015 年 8 月 29 日《刑法修正案(九)》增加。
② 根据 2015 年 8 月 29 日《刑法修正案(九)》增加。

▶条文参见

《最高人民法院、最高人民检察院关于办理非法利用信息网络、帮助信息网络犯罪活动等刑事案件适用法律若干问题的解释》第11~13条、第14~18条

第二百八十八条　扰乱无线电通讯管理秩序罪

违反国家规定,擅自设置、使用无线电台(站),或者擅自使用无线电频率,干扰无线电通讯秩序,情节严重的,处三年以下有期徒刑、拘役或者管制,并处或者单处罚金;情节特别严重的,处三年以上七年以下有期徒刑,并处罚金。①

单位犯前款罪的,对单位判处罚金,并对其直接负责的主管人员和其他直接责任人员,依照前款的规定处罚。

▶条文参见

《最高人民法院、最高人民检察院关于办理扰乱无线电通讯管理秩序等刑事案件适用法律若干问题的解释》

第二百八十九条　故意伤害罪　故意杀人罪　抢劫罪

聚众"打砸抢",致人伤残、死亡的,依照本法第二百三十四条、第二百三十二条的规定定罪处罚。毁坏或者抢走公私财物的,除判令退赔外,对首要分子,依照本法第二百六十三条的规定定罪处罚。

---

① 根据2015年8月29日《刑法修正案(九)》修改。原第一款条文为:"违反国家规定,擅自设置、使用无线电台(站),或者擅自占用频率,经责令停止使用后拒不停止使用,干扰无线电通讯正常进行,造成严重后果的,处三年以下有期徒刑、拘役或者管制,并处或者单处罚金。"

第二百九十条

【聚众扰乱社会秩序罪】 聚众扰乱社会秩序,情节严重,致使工作、生产、营业和教学、科研、医疗无法进行,造成严重损失的,对首要分子,处三年以上七年以下有期徒刑;对其他积极参加的,处三年以下有期徒刑、拘役、管制或者剥夺政治权利。

【聚众冲击国家机关罪】 聚众冲击国家机关,致使国家机关工作无法进行,造成严重损失的,对首要分子,处五年以上十年以下有期徒刑;对其他积极参加的,处五年以下有期徒刑、拘役、管制或者剥夺政治权利。

【扰乱国家机关工作秩序罪】 多次扰乱国家机关工作秩序,经行政处罚后仍不改正,造成严重后果的,处三年以下有期徒刑、拘役或者管制。

【组织、资助非法聚集罪】 多次组织、资助他人非法聚集,扰乱社会秩序,情节严重的,依照前款的规定处罚。①

第二百九十一条 聚众扰乱公共场所秩序、交通秩序罪

聚众扰乱车站、码头、民用航空站、商场、公园、影剧院、展览会、运动场或者其他公共场所秩序,聚众堵塞交通或者破坏交通秩序,抗拒、阻碍国家治安管理工作人员依法执行职务,情节严重的,对首要分子,处五年以下有期徒刑、拘役或者管制。

---

① 根据2015年8月29日《刑法修正案(九)》修改。原第一款条文为:"聚众扰乱社会秩序,情节严重,致使工作、生产、营业和教学、科研无法进行,造成严重损失的,对首要分子,处三年以上七年以下有期徒刑;对其他积极参加的,处三年以下有期徒刑、拘役、管制或者剥夺政治权利。"增加二款,作为第三款、第四款。

第二百九十一条之一

【投放虚假危险物质罪】【编造、故意传播虚假恐怖信息罪】投放虚假的爆炸性、毒害性、放射性、传染病病原体等物质,或者编造爆炸威胁、生化威胁、放射威胁等恐怖信息,或者明知是编造的恐怖信息而故意传播,严重扰乱社会秩序的,处五年以下有期徒刑、拘役或者管制;造成严重后果的,处五年以上有期徒刑。

【编造、故意传播虚假信息罪】编造虚假的险情、疫情、灾情、警情,在信息网络或者其他媒体上传播,或者明知是上述虚假信息,故意在信息网络或者其他媒体上传播,严重扰乱社会秩序的,处三年以下有期徒刑、拘役或者管制;造成严重后果的,处三年以上七年以下有期徒刑。①

▶理解与适用

关于恐怖信息的范围,2013年《最高人民法院关于审理编造、故意传播虚假恐怖信息刑事案件适用法律若干问题的解释》作了进一步的细化。根据该解释,虚假恐怖信息包括以发生爆炸威胁、生化威胁、放射威胁、劫持航空器威胁、重大灾情、重大疫情等严重威胁公共安全的事件为内容,可能引起社会恐慌或者公共安全危机的不真实信息。

▶条文参见

《最高人民法院关于审理编造、故意传播虚假恐怖信息刑事案件适用法律若干问题的解释》

---

① 根据2001年12月29日《刑法修正案(三)》增加。根据2015年8月29日《刑法修正案(九)》增加一款,作为第二款。

第二百九十一条之二 高空抛物罪

从建筑物或者其他高空抛掷物品,情节严重的,处一年以下有期徒刑、拘役或者管制,并处或者单处罚金。

有前款行为,同时构成其他犯罪的,依照处罚较重的规定定罪处罚。①

第二百九十二条 聚众斗殴罪

聚众斗殴的,对首要分子和其他积极参加的,处三年以下有期徒刑、拘役或者管制;有下列情形之一的,对首要分子和其他积极参加的,处三年以上十年以下有期徒刑:

(一)多次聚众斗殴的;

(二)聚众斗殴人数多,规模大,社会影响恶劣的;

(三)在公共场所或者交通要道聚众斗殴,造成社会秩序严重混乱的;

(四)持械聚众斗殴的。

聚众斗殴,致人重伤、死亡的,依照本法第二百三十四条、第二百三十二条的规定定罪处罚。

▶理解与适用

本条所称"多次聚众斗殴",一般是指聚众斗殴三次或者三次以上的;"聚众斗殴人数多,规模大,社会影响恶劣的",主要是指流氓团伙大规模打群架,在群众中造成很坏的影响;"在公共场所或者交通要道聚众斗殴,造成社会秩序严重混乱的",是指在人群聚集的场所中或者车辆、行人频繁通行的道路上聚众斗殴,造成公共场所秩序和交通秩序严重混乱;"持械聚众斗殴的",主要是指参加聚众斗殴的人员使用棍棒、刀具以及各种枪支武器进行斗殴。

---

① 根据 2020 年 12 月 26 日《刑法修正案(十一)》增加。

第二百九十三条　　寻衅滋事罪

有下列寻衅滋事行为之一，破坏社会秩序的，处五年以下有期徒刑、拘役或者管制：

（一）随意殴打他人，情节恶劣的；

（二）追逐、拦截、辱骂、恐吓他人，情节恶劣的；

（三）强拿硬要或者任意损毁、占用公私财物，情节严重的；

（四）在公共场所起哄闹事，造成公共场所秩序严重混乱的。

纠集他人多次实施前款行为，严重破坏社会秩序的，处五年以上十年以下有期徒刑，可以并处罚金。①

▶条文参见

《最高人民法院、最高人民检察院关于办理寻衅滋事刑事案件适用法律若干问题的解释》

第二百九十三条之一　　催收非法债务罪

有下列情形之一，催收高利放贷等产生的非法债务，情节严重的，处三年以下有期徒刑、拘役或者管制，并处或者单处罚金：

（一）使用暴力、胁迫方法的；

（二）限制他人人身自由或者侵入他人住宅的；

（三）恐吓、跟踪、骚扰他人的。②

▶理解与适用

《刑法修正案（十一）》总结"扫黑除恶"专项斗争实践经验，将采取暴力、"软暴力"等手段催收高利放贷产生的债务以及其他法律不予保护的债务，并以此为业的行为规定为犯罪。

---

① 根据2011年2月25日《刑法修正案（八）》修改。原条文为："有下列寻衅滋事行为之一，破坏社会秩序的，处五年以下有期徒刑、拘役或者管制：

"（一）随意殴打他人，情节恶劣的；

"（二）追逐、拦截、辱骂他人，情节恶劣的；

"（三）强拿硬要或者任意损毁、占用公私财物，情节严重的；

"（四）在公共场所起哄闹事，造成公共场所秩序严重混乱的。"

② 根据2020年12月26日《刑法修正案（十一）》增加。

第二百九十四条

【组织、领导、参加黑社会性质组织罪】组织、领导黑社会性质的组织的，处七年以上有期徒刑，并处没收财产；积极参加的，处三年以上七年以下有期徒刑，可以并处罚金或者没收财产；其他参加的，处三年以下有期徒刑、拘役、管制或者剥夺政治权利，可以并处罚金。

【入境发展黑社会组织罪】境外的黑社会组织的人员到中华人民共和国境内发展组织成员的，处三年以上十年以下有期徒刑。

【包庇、纵容黑社会性质组织罪】国家机关工作人员包庇黑社会性质的组织，或者纵容黑社会性质的组织进行违法犯罪活动的，处五年以下有期徒刑；情节严重的，处五年以上有期徒刑。

犯前三款罪又有其他犯罪行为的，依照数罪并罚的规定处罚。

黑社会性质的组织应当同时具备以下特征：

（一）形成较稳定的犯罪组织，人数较多，有明确的组织者、领导者，骨干成员基本固定；

（二）有组织地通过违法犯罪活动或者其他手段获取经济利益，具有一定的经济实力，以支持该组织的活动；

（三）以暴力、威胁或者其他手段，有组织地多次进行违法犯罪活动，为非作恶，欺压、残害群众；

（四）通过实施违法犯罪活动，或者利用国家工作人员的包庇或者纵容，称霸一方，在一定区域或者行业内，形成非法控制或者重大影响，严重破坏经济、社会生活秩序。[1]

---

[1] 根据2011年2月25日《刑法修正案（八）》修改。原条文为："组织、领导和积极参加以暴力、威胁或者其他手段，有组织地进行违法犯罪活动，称霸一方，为非作恶，欺压、残害群众，严重破坏经济、社会生活秩序的黑社会性质的组织的，处三年以上十年以下有期徒刑；其他参加的，处三年以下有期徒刑、拘役、管制或者剥夺政治权利。

"境外的黑社会组织的人员到中华人民共和国境内发展组织成员的，处三年以上十年以下有期徒刑。

"犯前两款罪又有其他犯罪行为的，依照数罪并罚的规定处罚。

"国家机关工作人员包庇黑社会性质的组织，或者纵容黑社会性质的组织进行违法犯罪活动的，处三年以下有期徒刑、拘役或者剥夺政治权利；情节严重的，处三年以上十年以下有期徒刑。"

▶典型案例指引

1. 龚某某等组织、领导、参加黑社会性质组织案（最高人民法院指导案例186号）

案件适用要点： 犯罪组织以其势力、影响和暴力手段的现实可能性为依托，有组织地长期采用多种"软暴力"手段实施大量违法犯罪行为，同时辅之以"硬暴力"，"软暴力"有向"硬暴力"转化的现实可能性，足以使群众产生恐惧、恐慌进而形成心理强制，并已造成严重危害后果，严重破坏经济、社会生活秩序的，应认定该犯罪组织具有黑社会性质组织的行为特征。

2. 史某等组织、领导、参加黑社会性质组织案（最高人民法院指导案例188号）

案件适用要点： 在涉黑社会性质组织犯罪案件审理中，应当对查封、扣押、冻结财物及其孳息的权属进行调查，案外人对查封、扣押、冻结财物及其孳息提出权属异议的，人民法院应当听取其意见，确有必要的，人民法院可以通知其出庭，以查明相关财物权属。

第二百九十五条　传授犯罪方法罪

传授犯罪方法的，处五年以下有期徒刑、拘役或者管制；情节严重的，处五年以上十年以下有期徒刑；情节特别严重的，处十年以上有期徒刑或者无期徒刑。①

第二百九十六条　非法集会、游行、示威罪

举行集会、游行、示威，未依照法律规定申请或者申请未获许可，或者未按照主管机关许可的起止时间、地点、路线进行，又拒不服从解散命令，严重破坏社会秩序的，对集会、游行、示威的负责人和直接责任人员，处五年以下有期徒刑、拘役、管制或者剥夺政治权利。

---

① 根据2011年2月25日《刑法修正案（八）》修改，原条文为："传授犯罪方法的，处五年以下有期徒刑、拘役或者管制；情节严重的，处五年以上有期徒刑；情节特别严重的，处无期徒刑或者死刑。"

第二百九十七条　非法携带武器、管制刀具、爆炸物参加集会、游行、示威罪

违反法律规定，携带武器、管制刀具或者爆炸物参加集会、游行、示威的，处三年以下有期徒刑、拘役、管制或者剥夺政治权利。

第二百九十八条　破坏集会、游行、示威罪

扰乱、冲击或者以其他方法破坏依法举行的集会、游行、示威，造成公共秩序混乱的，处五年以下有期徒刑、拘役、管制或者剥夺政治权利。

第二百九十九条　侮辱国旗、国徽、国歌罪

在公共场合，故意以焚烧、毁损、涂划、玷污、践踏等方式侮辱中华人民共和国国旗、国徽的，处三年以下有期徒刑、拘役、管制或者剥夺政治权利。

在公共场合，故意篡改中华人民共和国国歌歌词、曲谱，以歪曲、贬损方式奏唱国歌，或者以其他方式侮辱国歌，情节严重的，依照前款的规定处罚。[1]

第二百九十九条之一　侵害英雄烈士名誉、荣誉罪

侮辱、诽谤或者以其他方式侵害英雄烈士的名誉、荣誉，损害社会公共利益，情节严重的，处三年以下有期徒刑、拘役、管制或者剥夺政治权利。[2]

---

[1] 根据 2017 年 11 月 4 日《刑法修正案（十）》增加第二款。原条文为："在公众场合故意以焚烧、毁损、涂划、玷污、践踏等方式侮辱中华人民共和国国旗、国徽的，处三年以下有期徒刑、拘役、管制或者剥夺政治权利。"

[2] 根据 2020 年 12 月 26 日《刑法修正案（十一）》增加。

第三百条

【组织、利用会道门、邪教组织、利用迷信破坏法律实施罪】组织、利用会道门、邪教组织或者利用迷信破坏国家法律、行政法规实施的,处三年以上七年以下有期徒刑,并处罚金;情节特别严重的,处七年以上有期徒刑或者无期徒刑,并处罚金或者没收财产;情节较轻的,处三年以下有期徒刑、拘役、管制或者剥夺政治权利,并处或者单处罚金。

【组织、利用会道门、邪教组织、利用迷信致人重伤、死亡罪】组织、利用会道门、邪教组织或者利用迷信蒙骗他人,致人重伤、死亡的,依照前款的规定处罚。

犯第一款罪又有奸淫妇女、诈骗财物等犯罪行为的,依照数罪并罚的规定处罚。①

▶ 条文参见

《最高人民法院、最高人民检察院关于办理组织、利用邪教组织破坏法律实施等刑事案件适用法律若干问题的解释》

第三百零一条

【聚众淫乱罪】聚众进行淫乱活动的,对首要分子或者多次参加的,处五年以下有期徒刑、拘役或者管制。

【引诱未成年人聚众淫乱罪】引诱未成年人参加聚众淫乱活动的,依照前款的规定从重处罚。

---

① 根据2015年8月29日《刑法修正案(九)》修改。原条文为:"组织和利用会道门、邪教组织或者利用迷信破坏国家法律、行政法规实施的,处三年以上七年以下有期徒刑;情节特别严重的,处七年以上有期徒刑。"

"组织和利用会道门、邪教组织或者利用迷信蒙骗他人,致人死亡的,依照前款的规定处罚。"

"组织和利用会道门、邪教组织或者利用迷信奸淫妇女、诈骗财物的,分别依照本法第二百三十六条、第二百六十六条的规定定罪处罚。"

第三百零二条　盗窃、侮辱、故意毁坏尸体、尸骨、骨灰罪

盗窃、侮辱、故意毁坏尸体、尸骨、骨灰的，处三年以下有期徒刑、拘役或者管制。①

第三百零三条

【赌博罪】以营利为目的，聚众赌博或者以赌博为业的，处三年以下有期徒刑、拘役或者管制，并处罚金。

【开设赌场罪】开设赌场的，处五年以下有期徒刑、拘役或者管制，并处罚金；情节严重的，处五年以上十年以下有期徒刑，并处罚金。

【组织参与国（境）外赌博罪】组织中华人民共和国公民参与国（境）外赌博，数额巨大或者有其他严重情节的，依照前款的规定处罚。②

▶典型案例指引

1. 陈某豪、陈某娟、赵某海开设赌场案（最高人民法院指导案例146号）

案件适用要点：以"二元期权"交易的名义，在法定期货交易场所之外利用互联网招揽"投资者"，以未来某段时间外汇品种的价格走势为交易对象，按照"买涨""买跌"确定盈亏，买对涨跌方向的"投资者"得利，买错的本金归网站（庄家）所有，盈亏结果

---

① 根据2015年8月29日《刑法修正案（九）》修改。原条文为："盗窃、侮辱尸体的，处三年以下有期徒刑、拘役或者管制。"

② 根据2006年6月29日《刑法修正案（六）》第一次修改。原条文为："以营利为目的，聚众赌博、开设赌场或者以赌博为业的，处三年以下有期徒刑、拘役或者管制，并处罚金。"

根据2020年12月26日《刑法修正案（十一）》第二次修改。原条文为："以营利为目的，聚众赌博或者以赌博为业的，处三年以下有期徒刑、拘役或者管制，并处罚金。

"开设赌场的，处三年以下有期徒刑、拘役或者管制，并处罚金；情节严重的，处三年以上十年以下有期徒刑，并处罚金。"

不与价格实际涨跌幅度挂钩的，本质是"押大小、赌输赢"，是披着期权交易外衣的赌博行为。对相关网站应当认定为赌博网站。

2. 洪某强、洪某沃、洪某泉、李某荣开设赌场案（最高人民法院指导案例105号）

案件适用要点：以营利为目的，通过邀请人员加入微信群的方式招揽赌客，根据竞猜游戏网站的开奖结果等方式进行赌博，设定赌博规则，利用微信群进行控制管理，在一段时间内持续组织网络赌博活动的，属于刑法第三百零三条第二款规定的"开设赌场"。

3. 谢某某、高某、高某樵、杨某某开设赌场案（最高人民法院指导案例106号）

案件适用要点：以营利为目的，通过邀请人员加入微信群，利用微信群进行控制管理，以抢红包方式进行赌博，在一段时间内持续组织赌博活动的行为，属于刑法第303条第2款规定的"开设赌场"。

第三百零四条　故意延误投递邮件罪

邮政工作人员严重不负责任，故意延误投递邮件，致使公共财产、国家和人民利益遭受重大损失的，处二年以下有期徒刑或者拘役。

第二节　妨害司法罪

第三百零五条　伪证罪

在刑事诉讼中，证人、鉴定人、记录人、翻译人对与案件有重要关系的情节，故意作虚假证明、鉴定、记录、翻译，意图陷害他人或者隐匿罪证的，处三年以下有期徒刑或者拘役；情节严重的，处三年以上七年以下有期徒刑。

第三百零六条 辩护人、诉讼代理人毁灭证据、伪造证据、妨害作证罪

在刑事诉讼中,辩护人、诉讼代理人毁灭、伪造证据,帮助当事人毁灭、伪造证据,威胁、引诱证人违背事实改变证言或者作伪证的,处三年以下有期徒刑或者拘役;情节严重的,处三年以上七年以下有期徒刑。

辩护人、诉讼代理人提供、出示、引用的证人证言或者其他证据失实,不是有意伪造的,不属于伪造证据。

第三百零七条

【妨害作证罪】以暴力、威胁、贿买等方法阻止证人作证或者指使他人作伪证的,处三年以下有期徒刑或者拘役;情节严重的,处三年以上七年以下有期徒刑。

【帮助毁灭、伪造证据罪】帮助当事人毁灭、伪造证据,情节严重的,处三年以下有期徒刑或者拘役。

司法工作人员犯前两款罪的,从重处罚。

第三百零七条之一 虚假诉讼罪

以捏造的事实提起民事诉讼,妨害司法秩序或者严重侵害他人合法权益的,处三年以下有期徒刑、拘役或者管制,并处或者单处罚金;情节严重的,处三年以上七年以下有期徒刑,并处罚金。

单位犯前款罪的,对单位判处罚金,并对其直接负责的主管人员和其他直接责任人员,依照前款的规定处罚。

有第一款行为,非法占有他人财产或者逃避合法债务,又构成其他犯罪的,依照处罚较重的规定定罪从重处罚。

司法工作人员利用职权,与他人共同实施前三款行为的,从重处罚;同时构成其他犯罪的,依照处罚较重的规定定罪从重处罚。[1]

---

[1] 根据 2015 年 8 月 29 日《刑法修正案(九)》增加。

▶理解与适用

本条规定的是以凭空捏造的事实提起民事诉讼,妨害司法秩序或者严重侵害他人合法权益的犯罪。对于提起诉讼的基本事实是真实的,但在一些证据材料上弄虚作假,企图欺骗司法机关,获取有利于自己的裁判的行为,不适用本条规定。

▶条文参见

《最高人民法院、最高人民检察院关于办理虚假诉讼刑事案件适用法律若干问题的解释》

第三百零八条　打击报复证人罪

对证人进行打击报复的,处三年以下有期徒刑或者拘役;情节严重的,处三年以上七年以下有期徒刑。

第三百零八条之一

【泄露不应公开的案件信息罪】司法工作人员、辩护人、诉讼代理人或者其他诉讼参与人,泄露依法不公开审理的案件中不应当公开的信息,造成信息公开传播或者其他严重后果的,处三年以下有期徒刑、拘役或者管制,并处或者单处罚金。

有前款行为,泄露国家秘密的,依照本法第三百九十八条的规定定罪处罚。

【披露、报道不应公开的案件信息罪】公开披露、报道第一款规定的案件信息,情节严重的,依照第一款的规定处罚。

单位犯前款罪的,对单位判处罚金,并对其直接负责的主管人员和其他直接责任人员,依照第一款的规定处罚。①

第三百零九条　扰乱法庭秩序罪

有下列扰乱法庭秩序情形之一的,处三年以下有期徒刑、拘役、管制或者罚金:

---

① 根据2015年8月29日《刑法修正案(九)》增加。

（一）聚众哄闹、冲击法庭的；
（二）殴打司法工作人员或者诉讼参与人的；
（三）侮辱、诽谤、威胁司法工作人员或者诉讼参与人，不听法庭制止，严重扰乱法庭秩序的；
（四）有毁坏法庭设施，抢夺、损毁诉讼文书、证据等扰乱法庭秩序行为，情节严重的。①

第三百一十条　窝藏、包庇罪

明知是犯罪的人而为其提供隐藏处所、财物，帮助其逃匿或者作假证明包庇的，处三年以下有期徒刑、拘役或者管制；情节严重的，处三年以上十年以下有期徒刑。

犯前款罪，事前通谋的，以共同犯罪论处。

▶条文参见

《最高人民法院、最高人民检察院关于办理窝藏、包庇刑事案件适用法律若干问题的解释》

第三百一十一条　拒绝提供间谍犯罪、恐怖主义犯罪、极端主义犯罪证据罪

明知他人有间谍犯罪或者恐怖主义、极端主义犯罪行为，在司法机关向其调查有关情况、收集有关证据时，拒绝提供，情节严重的，处三年以下有期徒刑、拘役或者管制。②

---

① 根据2015年8月29日《刑法修正案（九）》修改。原条文为："聚众哄闹、冲击法庭，或者殴打司法工作人员，严重扰乱法庭秩序的，处三年以下有期徒刑、拘役、管制或者罚金。"

② 根据2015年8月29日《刑法修正案（九）》修改。原条文为："明知他人有间谍犯罪行为，在国家安全机关向其调查有关情况、收集有关证据时，拒绝提供，情节严重的，处三年以下有期徒刑、拘役或者管制。"

第三百一十二条 掩饰、隐瞒犯罪所得、犯罪所得收益罪

明知是犯罪所得及其产生的收益而予以窝藏、转移、收购、代为销售或者以其他方法掩饰、隐瞒的,处三年以下有期徒刑、拘役或者管制,并处或者单处罚金;情节严重的,处三年以上七年以下有期徒刑,并处罚金。

单位犯前款罪的,对单位判处罚金,并对其直接负责的主管人员和其他直接责任人员,依照前款的规定处罚。①

▶条文参见

《最高人民法院关于审理掩饰、隐瞒犯罪所得、犯罪所得收益刑事案件适用法律若干问题的解释》

第三百一十三条 拒不执行判决、裁定罪

对人民法院的判决、裁定有能力执行而拒不执行,情节严重的,处三年以下有期徒刑、拘役或者罚金;情节特别严重的,处三年以上七年以下有期徒刑,并处罚金。

单位犯前款罪的,对单位判处罚金,并对其直接负责的主管人员和其他直接责任人员,依照前款的规定处罚。②

▶理解与适用

本条规定的"人民法院的判决、裁定",是指人民法院依法作出的具有执行内容并已发生法律效力的判决、裁定。人民法院为依法执行支付令、生效的调解书、仲裁裁决、公证债权文书等所作的裁定属于该条规定的裁定。

---

① 根据2006年6月29日《刑法修正案(六)》修改。原条文为:"明知是犯罪所得的赃物而予以窝藏、转移、收购或者代为销售的,处三年以下有期徒刑、拘役或者管制,并处或者单处罚金。"

根据2009年2月28日《刑法修正案(七)》增加一款,作为第二款。

② 根据2015年8月29日《刑法修正案(九)》修改。原条文为:"对人民法院的判决、裁定有能力执行而拒不执行,情节严重的,处三年以下有期徒刑、拘役或者罚金。"

下列情形属于本条规定的"有能力执行而拒不执行,情节严重"的情形:(1)被执行人隐藏、转移、故意毁损财产或者无偿转让财产、以明显不合理的低价转让财产,致使判决、裁定无法执行的;(2)担保人或者被执行人隐藏、转移、故意毁损或者转让已向人民法院提供担保的财产,致使判决、裁定无法执行的;(3)协助执行义务人接到人民法院协助执行通知书后,拒不协助执行,致使判决、裁定无法执行的;(4)被执行人、担保人、协助执行义务人与国家机关工作人员通谋,利用国家机关工作人员的职权妨害执行,致使判决、裁定无法执行的;(5)其他有能力执行而拒不执行,情节严重的情形。

国家机关工作人员有上述(4)中行为的,以拒不执行判决、裁定罪的共犯追究刑事责任。国家机关工作人员收受贿赂或者滥用职权,有上述(4)中行为的,同时又构成第385条、第397条规定之罪的,依照处罚较重的规定定罪处罚。

▶条文参见

《全国人民代表大会常务委员会关于〈中华人民共和国刑法〉第三百一十三条的解释》

第三百一十四条　非法处置查封、扣押、冻结的财产罪

隐藏、转移、变卖、故意毁损已被司法机关查封、扣押、冻结的财产,情节严重的,处三年以下有期徒刑、拘役或者罚金。

第三百一十五条　破坏监管秩序罪

依法被关押的罪犯,有下列破坏监管秩序行为之一,情节严重的,处三年以下有期徒刑:

(一)殴打监管人员的;

(二)组织其他被监管人破坏监管秩序的;

(三)聚众闹事,扰乱正常监管秩序的;

(四)殴打、体罚或者指使他人殴打、体罚其他被监管人的。

第三百一十六条

【脱逃罪】依法被关押的罪犯、被告人、犯罪嫌疑人脱逃的,处五年以下有期徒刑或者拘役。

【劫夺被押解人员罪】劫夺押解途中的罪犯、被告人、犯罪嫌疑人的,处三年以上七年以下有期徒刑;情节严重的,处七年以上有期徒刑。

第三百一十七条

【组织越狱罪】组织越狱的首要分子和积极参加的,处五年以上有期徒刑;其他参加的,处五年以下有期徒刑或者拘役。

【暴动越狱罪】【聚众持械劫狱罪】暴动越狱或者聚众持械劫狱的首要分子和积极参加的,处十年以上有期徒刑或者无期徒刑;情节特别严重的,处死刑;其他参加的,处三年以上十年以下有期徒刑。

第三节 妨害国(边)境管理罪

第三百一十八条 组织他人偷越国(边)境罪

组织他人偷越国(边)境的,处二年以上七年以下有期徒刑,并处罚金;有下列情形之一的,处七年以上有期徒刑或者无期徒刑,并处罚金或者没收财产:

(一)组织他人偷越国(边)境集团的首要分子;

(二)多次组织他人偷越国(边)境或者组织他人偷越国(边)境人数众多的;

(三)造成被组织人重伤、死亡的;

(四)剥夺或者限制被组织人人身自由的;

(五)以暴力、威胁方法抗拒检查的;

(六)违法所得数额巨大的;

(七)有其他特别严重情节的。

犯前款罪，对被组织人有杀害、伤害、强奸、拐卖等犯罪行为，或者对检查人员有杀害、伤害等犯罪行为的，依照数罪并罚的规定处罚。

▶条文参见

《最高人民法院、最高人民检察院关于办理妨害国（边）境管理刑事案件应用法律若干问题的解释》第1条、第2条；《关于依法惩治妨害国（边）境管理违法犯罪的意见》

第三百一十九条　骗取出境证件罪

以劳务输出、经贸往来或者其他名义，弄虚作假，骗取护照、签证等出境证件，为组织他人偷越国（边）境使用的，处三年以下有期徒刑，并处罚金；情节严重的，处三年以上十年以下有期徒刑，并处罚金。

单位犯前款罪的，对单位判处罚金，并对其直接负责的主管人员和其他直接责任人员，依照前款的规定处罚。

▶理解与适用

所谓"情节严重"，根据《最高人民法院、最高人民检察院关于办理妨害国（边）境管理刑事案件应用法律若干问题的解释》的规定，主要指：(1) 骗取出境证件5份以上的；(2) 非法收取费用30万元以上的；(3) 明知是国家规定的不准出境的人员而为其骗取出境证件的；(4) 其他情节严重的情形。

第三百二十条　提供伪造、变造的出入境证件罪　出售出入境证件罪

为他人提供伪造、变造的护照、签证等出入境证件，或者出售护照、签证等出入境证件的，处五年以下有期徒刑，并处罚金；情节严重的，处五年以上有期徒刑，并处罚金。

▶理解与适用

"情节严重"，根据《最高人民法院、最高人民检察院关于办理妨害国（边）境管理刑事案件应用法律若干问题的解释》的规定，主要指：（1）为他人提供伪造、变造的出入境证件或者出售出入境证件 5 份以上的；（2）非法收取费用 30 万元以上的；（3）明知是国家规定的不准出入境的人员而为其提供伪造、变造的出入境证件或者向其出售出入境证件的；（4）其他情节严重的情形。

第三百二十一条　运送他人偷越国（边）境罪

运送他人偷越国（边）境的，处五年以下有期徒刑、拘役或者管制，并处罚金；有下列情形之一的，处五年以上十年以下有期徒刑，并处罚金：

（一）多次实施运送行为或者运送人数众多的；

（二）所使用的船只、车辆等交通工具不具备必要的安全条件，足以造成严重后果的；

（三）违法所得数额巨大的；

（四）有其他特别严重情节的。

在运送他人偷越国（边）境中造成被运送人重伤、死亡，或者以暴力、威胁方法抗拒检查的，处七年以上有期徒刑，并处罚金。

犯前两款罪，对被运送人有杀害、伤害、强奸、拐卖等犯罪行为，或者对检查人员有杀害、伤害等犯罪行为的，依照数罪并罚的规定处罚。

第三百二十二条　偷越国（边）境罪

违反国（边）境管理法规，偷越国（边）境，情节严重的，处一年以下有期徒刑、拘役或者管制，并处罚金；为参加恐怖活动组织、接受恐怖活动培训或者实施恐怖活动，偷越国（边）境的，处一年以上三年以下有期徒刑，并处罚金。①

---

① 根据 2015 年 8 月 29 日《刑法修正案（九）》修改。原条文为："违反国（边）境管理法规，偷越国（边）境，情节严重的，处一年以下有期徒刑、拘役或者管制，并处罚金。"

▶条文参见

《最高人民法院、最高人民检察院关于办理妨害国（边）境管理刑事案件应用法律若干问题的解释》第5条

第三百二十三条　破坏界碑、界桩罪　破坏永久性测量标志罪

故意破坏国家边境的界碑、界桩或者永久性测量标志的，处三年以下有期徒刑或者拘役。

第四节　妨害文物管理罪

第三百二十四条

【故意损毁文物罪】故意损毁国家保护的珍贵文物或者被确定为全国重点文物保护单位、省级文物保护单位的文物的，处三年以下有期徒刑或者拘役，并处或者单处罚金；情节严重的，处三年以上十年以下有期徒刑，并处罚金。

【故意损毁名胜古迹罪】故意损毁国家保护的名胜古迹，情节严重的，处五年以下有期徒刑或者拘役，并处或者单处罚金。

【过失损毁文物罪】过失损毁国家保护的珍贵文物或者被确定为全国重点文物保护单位、省级文物保护单位的文物，造成严重后果的，处三年以下有期徒刑或者拘役。

▶典型案例指引

张某明、毛某明、张某故意损毁名胜古迹案（最高人民法院指导案例147号）

案件适用要点：风景名胜区的核心景区属于刑法第324条第2款规定的"国家保护的名胜古迹"。对核心景区内的世界自然遗产实施打岩钉等破坏活动，严重破坏自然遗产的自然性、原始性、完整性和稳定性的，综合考虑有关地质遗迹的特点、损坏程度等，可以认定为故意损毁国家保护的名胜古迹"情节严重"。

对刑事案件中的专门性问题需要鉴定，但没有鉴定机构的，可

以指派、聘请有专门知识的人就案件的专门性问题出具报告，相关报告在刑事诉讼中可以作为证据使用。

第三百二十五条　非法向外国人出售、赠送珍贵文物罪

违反文物保护法规，将收藏的国家禁止出口的珍贵文物私自出售或者私自赠送给外国人的，处五年以下有期徒刑或者拘役，可以并处罚金。

单位犯前款罪的，对单位判处罚金，并对其直接负责的主管人员和其他直接责任人员，依照前款的规定处罚。

第三百二十六条　倒卖文物罪

以牟利为目的，倒卖国家禁止经营的文物，情节严重的，处五年以下有期徒刑或者拘役，并处罚金；情节特别严重的，处五年以上十年以下有期徒刑，并处罚金。

单位犯前款罪的，对单位判处罚金，并对其直接负责的主管人员和其他直接责任人员，依照前款的规定处罚。

第三百二十七条　非法出售、私赠文物藏品罪

违反文物保护法规，国有博物馆、图书馆等单位将国家保护的文物藏品出售或者私自送给非国有单位或者个人的，对单位判处罚金，并对其直接负责的主管人员和其他直接责任人员，处三年以下有期徒刑或者拘役。

第三百二十八条

【盗掘古文化遗址、古墓葬罪】盗掘具有历史、艺术、科学价值的古文化遗址、古墓葬的，处三年以上十年以下有期徒刑，并处罚金；情节较轻的，处三年以下有期徒刑、拘役或者管制，并处罚金；有下列情形之一的，处十年以上有期徒刑或者无期徒刑，并处罚金或者没收财产：

（一）盗掘确定为全国重点文物保护单位和省级文物保护单位的古文化遗址、古墓葬的；

（二）盗掘古文化遗址、古墓葬集团的首要分子；

（三）多次盗掘古文化遗址、古墓葬的；

（四）盗掘古文化遗址、古墓葬，并盗窃珍贵文物或者造成珍贵文物严重破坏的。①

【盗掘古人类化石、古脊椎动物化石罪】盗掘国家保护的具有科学价值的古人类化石和古脊椎动物化石的，依照前款的规定处罚。

第三百二十九条

【抢夺、窃取国有档案罪】抢夺、窃取国家所有的档案的，处五年以下有期徒刑或者拘役。

【擅自出卖、转让国有档案罪】违反档案法的规定，擅自出卖、转让国家所有的档案，情节严重的，处三年以下有期徒刑或者拘役。

有前两款行为，同时又构成本法规定的其他犯罪的，依照处罚较重的规定定罪处罚。

---

① 根据2011年2月25日《刑法修正案（八）》修改。原第一款条文为："盗掘具有历史、艺术、科学价值的古文化遗址、古墓葬的，处三年以上十年以下有期徒刑，并处罚金；情节较轻的，处三年以下有期徒刑、拘役或者管制，并处罚金；有下列情形之一的，处十年以上有期徒刑、无期徒刑或者死刑，并处罚金或者没收财产：

"（一）盗掘确定为全国重点文物保护单位和省级文物保护单位的古文化遗址、古墓葬的；

"（二）盗掘古文化遗址、古墓葬集团的首要分子；

"（三）多次盗掘古文化遗址、古墓葬的；

"（四）盗掘古文化遗址、古墓葬，并盗窃珍贵文物或者造成珍贵文物严重破坏的。"

第五节　危害公共卫生罪

第三百三十条　妨害传染病防治罪

违反传染病防治法的规定，有下列情形之一，引起甲类传染病以及依法确定采取甲类传染病预防、控制措施的传染病传播或者有传播严重危险的，处三年以下有期徒刑或者拘役；后果特别严重的，处三年以上七年以下有期徒刑：

（一）供水单位供应的饮用水不符合国家规定的卫生标准的；

（二）拒绝按照疾病预防控制机构提出的卫生要求，对传染病病原体污染的污水、污物、场所和物品进行消毒处理的；

（三）准许或者纵容传染病病人、病原携带者和疑似传染病病人从事国务院卫生行政部门规定禁止从事的易使该传染病扩散的工作的；

（四）出售、运输疫区中被传染病病原体污染或者可能被传染病病原体污染的物品，未进行消毒处理的；

（五）拒绝执行县级以上人民政府、疾病预防控制机构依照传染病防治法提出的预防、控制措施的。[1]

单位犯前款罪的，对单位判处罚金，并对其直接负责的主管人员和其他直接责任人员，依照前款的规定处罚。

甲类传染病的范围，依照《中华人民共和国传染病防治法》和国务院有关规定确定。

---

[1] 根据2020年12月26日《刑法修正案（十一）》修改。原第一款条文为："违反传染病防治法的规定，有下列情形之一，引起甲类传染病传播或者有传播严重危险的，处三年以下有期徒刑或者拘役；后果特别严重的，处三年以上七年以下有期徒刑：

"（一）供水单位供应的饮用水不符合国家规定的卫生标准的；

"（二）拒绝按照卫生防疫机构提出的卫生要求，对传染病病原体污染的污水、污物、粪便进行消毒处理的；

"（三）准许或者纵容传染病病人、病原携带者和疑似传染病病人从事国务院卫生行政部门规定禁止从事的易使该传染病扩散的工作的；

"（四）拒绝执行卫生防疫机构依照传染病防治法提出的预防、控制措施的。"

▶理解与适用

《刑法修正案（十一）》修改妨害传染病防治罪，明确新冠肺炎等依法确定的采取甲类传染病管理措施的传染病，属于本罪调整范围。

第三百三十一条　传染病菌种、毒种扩散罪

从事实验、保藏、携带、运输传染病菌种、毒种的人员，违反国务院卫生行政部门的有关规定，造成传染病菌种、毒种扩散，后果严重的，处三年以下有期徒刑或者拘役；后果特别严重的，处三年以上七年以下有期徒刑。

第三百三十二条　妨害国境卫生检疫罪

违反国境卫生检疫规定，引起检疫传染病传播或者有传播严重危险的，处三年以下有期徒刑或者拘役，并处或者单处罚金。

单位犯前款罪的，对单位判处罚金，并对其直接负责的主管人员和其他直接责任人员，依照前款的规定处罚。

第三百三十三条　非法组织卖血罪　强迫卖血罪

非法组织他人出卖血液的，处五年以下有期徒刑，并处罚金；以暴力、威胁方法强迫他人出卖血液的，处五年以上十年以下有期徒刑，并处罚金。

有前款行为，对他人造成伤害的，依照本法第二百三十四条的规定定罪处罚。

第三百三十四条

【非法采集、供应血液、制作、供应血液制品罪】非法采集、供应血液或者制作、供应血液制品，不符合国家规定的标准，足以危害人体健康的，处五年以下有期徒刑或者拘役，并处罚金；对人体健康造成严重危害的，处五年以上十年以下有期徒刑，并处罚金；造成特别严重后果的，处十年以上有期徒刑或者无期徒刑，并处罚金或者没收财产。

【采集、供应血液、制作、供应血液制品事故罪】经国家主管部门批准采集、供应血液或者制作、供应血液制品的部门，不依照规定进行检测或者违背其他操作规定，造成危害他人身体健康后果的，对单位判处罚金，并对其直接负责的主管人员和其他直接责任人员，处五年以下有期徒刑或者拘役。

第三百三十四条之一　非法采集人类遗传资源、走私人类遗传资源材料罪

违反国家有关规定，非法采集我国人类遗传资源或者非法运送、邮寄、携带我国人类遗传资源材料出境，危害公众健康或者社会公共利益，情节严重的，处三年以下有期徒刑、拘役或者管制，并处或者单处罚金；情节特别严重的，处三年以上七年以下有期徒刑，并处罚金。①

第三百三十五条　医疗事故罪

医务人员由于严重不负责任，造成就诊人死亡或者严重损害就诊人身体健康的，处三年以下有期徒刑或者拘役。

第三百三十六条

【非法行医罪】未取得医生执业资格的人非法行医，情节严重的，处三年以下有期徒刑、拘役或者管制，并处或者单处罚金；严重损害就诊人身体健康的，处三年以上十年以下有期徒刑，并处罚金；造成就诊人死亡的，处十年以上有期徒刑，并处罚金。

【非法进行节育手术罪】未取得医生执业资格的人擅自为他人进行节育复通手术、假节育手术、终止妊娠手术或者摘取宫内节育器，情节严重的，处三年以下有期徒刑、拘役或者管制，并处或者单处罚金；严重损害就诊人身体健康的，处三年以上十年以下有期徒刑，并处罚金；造成就诊人死亡的，处十年以上有期徒刑，并处罚金。

---

① 根据 2020 年 12 月 26 日《刑法修正案（十一）》增加。

▶理解与适用

根据《最高人民法院关于审理非法行医刑事案件具体应用法律若干问题的解释》规定，"情节严重"包括：1. 造成就诊人轻度残疾、器官组织损伤导致一般功能障碍的；2. 造成甲类传染病传播、流行或者有传播、流行危险的；3. 使用假药、劣药或不符合国家规定标准的卫生材料、医疗器械，足以严重危害人体健康的；4. 非法行医被卫生行政部门行政处罚两次以后，再次非法行医的；5. 其他情节严重的情形。

▶条文参见

《最高人民法院关于审理非法行医刑事案件具体应用法律若干问题的解释》

第三百三十六条之一　非法植入基因编辑、克隆胚胎罪

将基因编辑、克隆的人类胚胎植入人体或者动物体内，或者将基因编辑、克隆的动物胚胎植入人体内，情节严重的，处三年以下有期徒刑或者拘役，并处罚金；情节特别严重的，处三年以上七年以下有期徒刑，并处罚金。①

第三百三十七条　妨害动植物防疫、检疫罪

违反有关动植物防疫、检疫的国家规定，引起重大动植物疫情的，或者有引起重大动植物疫情危险，情节严重的，处三年以下有期徒刑或者拘役，并处或者单处罚金。②

单位犯前款罪的，对单位判处罚金，并对其直接负责的主管人员和其他直接责任人员，依照前款的规定处罚。

---

① 根据2020年12月26日《刑法修正案（十一）》增加。
② 根据2009年2月28日《刑法修正案（七）》修改。原第一款条文为："违反进出境动植物检疫法的规定，逃避动植物检疫，引起重大动植物疫情的，处三年以下有期徒刑或者拘役，并处或者单处罚金。"

第六节　破坏环境资源保护罪

第三百三十八条　污染环境罪

违反国家规定，排放、倾倒或者处置有放射性的废物、含传染病病原体的废物、有毒物质或者其他有害物质，严重污染环境的，处三年以下有期徒刑或者拘役，并处或者单处罚金；情节严重的，处三年以上七年以下有期徒刑，并处罚金；有下列情形之一的，处七年以上有期徒刑，并处罚金：

（一）在饮用水水源保护区、自然保护地核心保护区等依法确定的重点保护区域排放、倾倒、处置有放射性的废物、含传染病病原体的废物、有毒物质，情节特别严重的；

（二）向国家确定的重要江河、湖泊水域排放、倾倒、处置有放射性的废物、含传染病病原体的废物、有毒物质，情节特别严重的；

（三）致使大量永久基本农田基本功能丧失或者遭受永久性破坏的；

（四）致使多人重伤、严重疾病，或者致人严重残疾、死亡的。

有前款行为，同时构成其他犯罪的，依照处罚较重的规定定罪处罚。①

---

① 根据2011年2月25日《刑法修正案（八）》第一次修改。原条文为："违反国家规定，向土地、水体、大气排放、倾倒或者处置有放射性的废物、含传染病病原体的废物、有毒物质或者其他危险废物，造成重大环境污染事故，致使公私财产遭受重大损失或者人身伤亡的严重后果的，处三年以下有期徒刑或者拘役，并处或者单处罚金；后果特别严重的，处三年以上七年以下有期徒刑，并处罚金。"

根据2020年12月26日《刑法修正案（十一）》第二次修改。原条文为："违反国家规定，排放、倾倒或者处置有放射性的废物、含传染病病原体的废物、有毒物质或者其他有害物质，严重污染环境的，处三年以下有期徒刑或者拘役，并处或者单处罚金；后果特别严重的，处三年以上七年以下有期徒刑，并处罚金。"

▶典型案例指引

1. 武汉某贸易有限公司、向某等12人污染环境刑事附带民事公益诉讼案（最高人民法院指导案例202号）

案件适用要点：船舶偷排含油污水案件中，人民法院可以根据船舶航行轨迹、污染防治设施运行状况、污染物处置去向，结合被告人供述、证人证言、专家意见等证据对违法排放污染物的行为及其造成的损害作出认定。

认定船舶偷排的含油污水是否属于有毒物质时，由于客观原因无法取样的，可以依据来源相同、性质稳定的舱底残留污水进行污染物性质鉴定。

2. 左某、徐某污染环境刑事附带民事公益诉讼案（最高人民法院指导案例203号）

案件适用要点：对于必要、合理、适度的环境污染处置费用，人民法院应当认定为属于污染环境刑事附带民事公益诉讼案件中的公私财产损失及生态环境损害赔偿范围。对于明显超出必要合理范围的处置费用，不应当作为追究被告人刑事责任，以及附带民事公益诉讼被告承担生态环境损害赔偿责任的依据。

▶条文参见

《最高人民法院、最高人民检察院关于办理环境污染刑事案件适用法律若干问题的解释》

第三百三十九条

【非法处置进口的固体废物罪】违反国家规定，将境外的固体废物进境倾倒、堆放、处置的，处五年以下有期徒刑或者拘役，并处罚金；造成重大环境污染事故，致使公私财产遭受重大损失或者严重危害人体健康的，处五年以上十年以下有期徒刑，并处罚金；后果特别严重的，处十年以上有期徒刑，并处罚金。

【擅自进口固体废物罪】未经国务院有关主管部门许可，擅自进口固体废物用作原料，造成重大环境污染事故，致使公私财产遭受重大损失或者严重危害人体健康的，处五年以下有期徒刑或者拘役，并处罚金；后果特别严重的，处五年以上十年以下有期徒刑，并处罚金。

以原料利用为名，进口不能用作原料的固体废物、液态废物和气态废物的，依照本法第一百五十二条第二款、第三款的规定定罪处罚。①

第三百四十条　非法捕捞水产品罪

违反保护水产资源法规，在禁渔区、禁渔期或者使用禁用的工具、方法捕捞水产品，情节严重的，处三年以下有期徒刑、拘役、管制或者罚金。

▶ **典型案例指引**

黄某辉、陈某等8人非法捕捞水产品刑事附带民事公益诉讼案（最高人民法院指导案例213号）

案件适用要点： 破坏环境资源刑事案件中，附带民事公益诉讼被告具有认罪认罚、主动修复受损生态环境等情节的，可以依法从轻处罚。

人民法院判决生态环境侵权人采取增殖放流方式恢复水生生物资源、修复水域生态环境的，应当遵循自然规律，遵守水生生物增殖放流管理规定，根据专业修复意见合理确定放流水域、物种、规格、种群结构、时间、方式等，并可以由渔业行政主管部门协助监督执行。

---

① 根据2002年12月28日《刑法修正案（四）》修改，原第三款条文为："以原料利用为名，进口不能用作原料的固体废物的，依照本法第一百五十五条的规定定罪处罚。"

第三百四十一条

【危害珍贵、濒危野生动物罪】非法猎捕、杀害国家重点保护的珍贵、濒危野生动物的，或者非法收购、运输、出售国家重点保护的珍贵、濒危野生动物及其制品的，处五年以下有期徒刑或者拘役，并处罚金；情节严重的，处五年以上十年以下有期徒刑，并处罚金；情节特别严重的，处十年以上有期徒刑，并处罚金或者没收财产。

【非法狩猎罪】违反狩猎法规，在禁猎区、禁猎期或者使用禁用的工具、方法进行狩猎，破坏野生动物资源，情节严重的，处三年以下有期徒刑、拘役、管制或者罚金。

【非法猎捕、收购、运输、出售陆生野生动物罪】违反野生动物保护管理法规，以食用为目的非法猎捕、收购、运输、出售第一款规定以外的在野外环境自然生长繁殖的陆生野生动物，情节严重的，依照前款的规定处罚。①

▶条文参见

《最高人民法院、最高人民检察院关于办理破坏野生动物资源刑事案件适用法律若干问题的解释》第4~8条

第三百四十二条　非法占用农用地罪

违反土地管理法规，非法占用耕地、林地等农用地，改变被占用土地用途，数量较大，造成耕地、林地等农用地大量毁坏的，处五年以下有期徒刑或者拘役，并处或者单处罚金。②

▶条文参见

《最高人民法院关于审理破坏森林资源刑事案件适用法律若干问题的解释》第1条；《最高人民法院关于审理破坏土地资源刑事案件具体应用法律若干问题的解释》第3条

---

① 根据2020年12月26日《刑法修正案（十一）》增加。
② 根据2001年8月31日《刑法修正案（二）》修改。原条文为："违反土地管理法规，非法占用耕地改作他用，数量较大，造成耕地大量毁坏的，处五年以下有期徒刑或者拘役，并处或者单处罚金。"

第三百四十二条之一 　　**破坏自然保护地罪**

　　违反自然保护地管理法规，在国家公园、国家级自然保护区进行开垦、开发活动或者修建建筑物，造成严重后果或者有其他恶劣情节的，处五年以下有期徒刑或者拘役，并处或者单处罚金。

　　有前款行为，同时构成其他犯罪的，依照处罚较重的规定定罪处罚。①

第三百四十三条

　　【非法采矿罪】违反矿产资源法的规定，未取得采矿许可证擅自采矿，擅自进入国家规划矿区、对国民经济具有重要价值的矿区和他人矿区范围采矿，或者擅自开采国家规定实行保护性开采的特定矿种，情节严重的，处三年以下有期徒刑、拘役或者管制，并处或者单处罚金；情节特别严重的，处三年以上七年以下有期徒刑，并处罚金。②

　　【破坏性采矿罪】违反矿产资源法的规定，采取破坏性的开采方法开采矿产资源，造成矿产资源严重破坏的，处五年以下有期徒刑或者拘役，并处罚金。

▶条文参见

　　《最高人民法院、最高人民检察院关于办理盗窃油气、破坏油气设备等刑事案件具体应用法律若干问题的解释》第6条；《最高人民法院、最高人民检察院关于办理非法采矿、破坏性采矿刑事案件适用法律若干问题的解释》

---

① 根据2020年12月26日《刑法修正案（十一）》增加。
② 根据2011年2月25日《刑法修正案（八）》修改。原第一款条文为："违反矿产资源法的规定，未取得采矿许可证擅自采矿的，擅自进入国家规划矿区、对国民经济具有重要价值的矿区和他人矿区范围采矿的，擅自开采国家规定实行保护性开采的特定矿种，经责令停止开采后拒不停止开采，造成矿产资源破坏的，处三年以下有期徒刑、拘役或者管制，并处或者单处罚金；造成矿产资源严重破坏的，处三年以上七年以下有期徒刑，并处罚金。"

第三百四十四条　危害国家重点保护植物罪

违反国家规定，非法采伐、毁坏珍贵树木或者国家重点保护的其他植物的，或者非法收购、运输、加工、出售珍贵树木或者国家重点保护的其他植物及其制品的，处三年以下有期徒刑、拘役或者管制，并处罚金；情节严重的，处三年以上七年以下有期徒刑，并处罚金。①

▶条文参见

《最高人民法院、最高人民检察院关于适用〈中华人民共和国刑法〉第三百四十四条有关问题的批复》；《最高人民法院关于审理破坏森林资源刑事案件适用法律若干问题的解释》第2条、第12~19条

第三百四十四条之一　非法引进、释放、丢弃外来入侵物种罪

违反国家规定，非法引进、释放或者丢弃外来入侵物种，情节严重的，处三年以下有期徒刑或者拘役，并处或者单处罚金。②

第三百四十五条

【盗伐林木罪】盗伐森林或者其他林木，数量较大的，处三年以下有期徒刑、拘役或者管制，并处或者单处罚金；数量巨大的，处三年以上七年以下有期徒刑，并处罚金；数量特别巨大的，处七年以上有期徒刑，并处罚金。

---

① 根据2002年12月28日《刑法修正案（四）》修改。原条文为："违反森林法的规定，非法采伐、毁坏珍贵树木的，处三年以下有期徒刑、拘役或者管制，并处罚金；情节严重的，处三年以上七年以下有期徒刑，并处罚金。"

② 根据2020年12月26日《刑法修正案（十一）》增加。

【滥伐林木罪】违反森林法的规定，滥伐森林或者其他林木，数量较大的，处三年以下有期徒刑、拘役或者管制，并处或者单处罚金；数量巨大的，处三年以上七年以下有期徒刑，并处罚金。

【非法收购、运输盗伐、滥伐的林木罪】非法收购、运输明知是盗伐、滥伐的林木，情节严重的，处三年以下有期徒刑、拘役或者管制，并处或者单处罚金；情节特别严重的，处三年以上七年以下有期徒刑，并处罚金。

盗伐、滥伐国家级自然保护区内的森林或者其他林木的，从重处罚。①

▶条文参见

《最高人民法院关于审理破坏森林资源刑事案件适用法律若干问题的解释》第3~9条、第12~19条

第三百四十六条　单位犯破坏环境资源保护罪的处罚规定

单位犯本节第三百三十八条至第三百四十五条规定之罪的，对单位判处罚金，并对其直接负责的主管人员和其他直接责任人员，依照本节各该条的规定处罚。

---

① 根据2002年12月28日《刑法修正案（四）》修改。原条文为："盗伐森林或者其他林木，数量较大的，处三年以下有期徒刑、拘役或者管制，并处或者单处罚金；数量巨大的，处三年以上七年以下有期徒刑，并处罚金；数量特别巨大的，处七年以上有期徒刑，并处罚金。

"违反森林法的规定，滥伐森林或者其他林木，数量较大的，处三年以下有期徒刑、拘役或者管制，并处或者单处罚金；数量巨大的，处三年以上七年以下有期徒刑，并处罚金。

"以牟利为目的，在林区非法收购明知是盗伐、滥伐的林木，情节严重的，处三年以下有期徒刑、拘役或者管制，并处或者单处罚金；情节特别严重的，处三年以上七年以下有期徒刑，并处罚金。

"盗伐、滥伐国家级自然保护区内的森林或者其他林木的，从重处罚。"

第七节　走私、贩卖、运输、制造毒品罪

第三百四十七条　走私、贩卖、运输、制造毒品罪

走私、贩卖、运输、制造毒品，无论数量多少，都应当追究刑事责任，予以刑事处罚。

走私、贩卖、运输、制造毒品，有下列情形之一的，处十五年有期徒刑、无期徒刑或者死刑，并处没收财产：

（一）走私、贩卖、运输、制造鸦片一千克以上、海洛因或者甲基苯丙胺五十克以上或者其他毒品数量大的；

（二）走私、贩卖、运输、制造毒品集团的首要分子；

（三）武装掩护走私、贩卖、运输、制造毒品的；

（四）以暴力抗拒检查、拘留、逮捕，情节严重的；

（五）参与有组织的国际贩毒活动的。

走私、贩卖、运输、制造鸦片二百克以上不满一千克、海洛因或者甲基苯丙胺十克以上不满五十克或者其他毒品数量较大的，处七年以上有期徒刑，并处罚金。

走私、贩卖、运输、制造鸦片不满二百克、海洛因或者甲基苯丙胺不满十克或者其他少量毒品的，处三年以下有期徒刑、拘役或者管制，并处罚金；情节严重的，处三年以上七年以下有期徒刑，并处罚金。

单位犯第二款、第三款、第四款罪的，对单位判处罚金，并对其直接负责的主管人员和其他直接责任人员，依照各该款的规定处罚。

利用、教唆未成年人走私、贩卖、运输、制造毒品，或者向未成年人出售毒品的，从重处罚。

对多次走私、贩卖、运输、制造毒品，未经处理的，毒品数量累计计算。

▶理解与适用

本条第1款是关于走私、贩卖、运输、制造毒品，不论数量多

少，都应予以刑事处罚的规定。只要有走私、贩卖、运输、制造毒品行为的，不论走私、贩卖、运输、制造毒品数量多少，一律构成犯罪，予以刑事处罚。

本条第2款是对走私、贩卖、运输、制造毒品情节严重的如何处罚的规定。其中，"走私"毒品是指携带、运输、邮寄毒品非法进出国（边）境的行为。"贩卖"毒品是指非法销售毒品，包括批发和零售；以贩卖为目的收买毒品的，也属于贩卖毒品。"运输"毒品是指利用飞机、火车、汽车、轮船等交通工具或者采用随身携带的方法，将毒品从这一地点运往另一地点的行为。贩毒者运输毒品的，应按照贩卖毒品定罪；贩毒集团或者共同犯罪中分工负责运输毒品的，应按照集团犯罪、共同犯罪的罪名定罪。"制造"毒品是指非法从毒品原植物中提炼毒品或者利用化学分解、合成等方法制成毒品的行为。为医疗、科研、教学需要，依照国家法律、法规生产、制造、运输、销售麻醉药品、精神药品，不能适用本条规定。

本条第7款是关于多次走私、贩卖、运输、制造毒品，未经处理的，毒品数量累计计算的规定。"多次走私、贩卖、运输、制造毒品，未经处理的"，其中"多次"是指两次以上，包括本数在内。"累计计算"是指将犯罪分子每次未经处理的走私、贩卖、运输、制造毒品的数量相加。需要特别注意的是，本款是基于本法总则关于追诉犯罪的原则规定的，对于已过追诉时效的犯罪，毒品数量不应再累计计算。另外，对已经处理过的毒品犯罪，应视为已经结案，不应再将已经处理案件中的毒品数量与未经处理案件中的毒品数量累计相加。

▶条文参见

《最高人民法院、最高人民检察院、公安部关于办理毒品犯罪案件适用法律若干问题的意见》三；《最高人民法院关于审理毒品犯罪案件适用法律若干问题的解释》

第三百四十八条 非法持有毒品罪

非法持有鸦片一千克以上、海洛因或者甲基苯丙胺五十克以上或者其他毒品数量大的，处七年以上有期徒刑或者无期徒刑，并处罚金；非法持有鸦片二百克以上不满一千克、海洛因或者甲基苯丙胺十克以上不满五十克或者其他毒品数量较大的，处三年以下有期徒刑、拘役或者管制，并处罚金；情节严重的，处三年以上七年以下有期徒刑，并处罚金。

▶理解与适用

适用本条时需要注意的是，对于被查获的非法持有毒品者，首先应当尽力调查犯罪事实，如果经查证是以走私、贩卖毒品为目的而非法持有毒品的，应当以走私、贩卖毒品罪定罪量刑。根据《最高人民法院、最高人民检察院、公安部关于办理毒品犯罪案件适用法律若干问题的意见》的规定，走私、贩卖、运输、非法持有毒品主观故意中的"明知"，是指行为人知道或者应当知道所实施的行为是走私、贩卖、运输、非法持有毒品行为。具有下列情形之一，并且犯罪嫌疑人、被告人不能做出合理解释的，可以认定其"应当知道"，但有证据证明确属被蒙骗的除外：（1）执法人员在口岸、机场、车站、港口和其他检查站检查时，要求行为人申报为他人携带的物品和其他疑似毒品物，并告知其法律责任，而行为人未如实申报，在其所携带的物品内查获毒品的；（2）以伪报、藏匿、伪装等蒙蔽手段逃避海关、边防等检查，在其携带、运输、邮寄的物品中查获毒品的；（3）执法人员检查时，有逃跑、丢弃携带物品或逃避、抗拒检查等行为，在其携带或丢弃的物品中查获毒品的；（4）体内藏匿毒品的；（5）为获取不同寻常的高额或不等值的报酬而携带、运输毒品的；（6）采用高度隐蔽的方式携带、运输毒品的；（7）采用高度隐蔽的方式交接毒品，明显违背合法物品惯常交接方式的；（8）其他有证据足以证明行为人应当知道的。只有在确实难以查实犯罪分子走私、贩卖毒品证据的情况下，才能适用前述规定对犯罪分子进行处罚。

第三百四十九条　包庇毒品犯罪分子罪　窝藏、转移、隐瞒毒品、毒赃罪

包庇走私、贩卖、运输、制造毒品的犯罪分子的，为犯罪分子窝藏、转移、隐瞒毒品或者犯罪所得的财物的，处三年以下有期徒刑、拘役或者管制；情节严重的，处三年以上十年以下有期徒刑。

缉毒人员或者其他国家机关工作人员掩护、包庇走私、贩卖、运输、制造毒品的犯罪分子的，依照前款的规定从重处罚。

犯前两款罪，事先通谋的，以走私、贩卖、运输、制造毒品罪的共犯论处。

第三百五十条　非法生产、买卖、运输制毒物品、走私制毒物品罪

违反国家规定，非法生产、买卖、运输醋酸酐、乙醚、三氯甲烷或者其他用于制造毒品的原料、配剂，或者携带上述物品进出境，情节较重的，处三年以下有期徒刑、拘役或者管制，并处罚金；情节严重的，处三年以上七年以下有期徒刑，并处罚金；情节特别严重的，处七年以上有期徒刑，并处罚金或者没收财产。

明知他人制造毒品而为其生产、买卖、运输前款规定的物品的，以制造毒品罪的共犯论处。[1]

单位犯前两款罪的，对单位判处罚金，并对其直接负责的主管人员和其他直接责任人员，依照前两款的规定处罚。

---

[1] 根据2015年8月29日《刑法修正案（九）》修改。原第一款、第二款条文为："违反国家规定，非法运输、携带醋酸酐、乙醚、三氯甲烷或者其他用于制造毒品的原料或者配剂进出境的，或者违反国家规定，在境内非法买卖上述物品的，处三年以下有期徒刑、拘役或者管制，并处罚金；数量大的，处三年以上十年以下有期徒刑，并处罚金。

"明知他人制造毒品而为其提供前款规定的物品的，以制造毒品罪的共犯论处。"

▶理解与适用

本条第 1 款是关于违反国家规定，非法生产、买卖、运输醋酸酐、乙醚、三氯甲烷或者其他用于制造毒品的原料、配剂，或者携带上述物品进出境的犯罪及其刑事处罚的规定。需要指出的是，有些原料本身就是毒品，如提炼海洛因的鸦片、黄皮、吗啡，如果非法生产、买卖、运输、携带进出境的是这些本身属于毒品的原料，应以走私、贩卖、运输、制造毒品罪定罪处罚。

本条第 2 款是对明知他人制造毒品而为其生产、买卖、运输制造毒品所需原料或者配剂的，以制造毒品罪的共犯论处的规定。本款是关于构成制造毒品罪共犯的提示性规定，对于有证据证明行为人明知他人实施制造毒品犯罪，而为其生产、运输、买卖制毒物品的，其行为是整个制造毒品犯罪过程中的一个环节，应当依照本法总则有关共同犯罪的规定，适用本法第 347 条的规定定罪处罚，而不能以违反国家规定，非法生产、买卖、运输制毒物品的犯罪定罪处罚，避免重罪轻罚。这里的"明知"，是指行为人知道他人所需要的原料及配剂是用于制造毒品，但仍然为其生产、买卖、运输这种物品的。明知他人制造毒品而为其走私制毒物品的，也应当以制造毒品罪的共犯处理。

第三百五十一条　非法种植毒品原植物罪

非法种植罂粟、大麻等毒品原植物的，一律强制铲除。有下列情形之一的，处五年以下有期徒刑、拘役或者管制，并处罚金：

（一）种植罂粟五百株以上不满三千株或者其他毒品原植物数量较大的；

（二）经公安机关处理后又种植的；

（三）抗拒铲除的。

非法种植罂粟三千株以上或者其他毒品原植物数量大的，处五年以上有期徒刑，并处罚金或者没收财产。

非法种植罂粟或者其他毒品原植物，在收获前自动铲除的，可以免除处罚。

▶条文参见

《最高人民法院关于审理毒品犯罪案件适用法律若干问题的解释》第9条

第三百五十二条　非法买卖、运输、携带、持有毒品原植物种子、幼苗罪

非法买卖、运输、携带、持有未经灭活的罂粟等毒品原植物种子或者幼苗，数量较大的，处三年以下有期徒刑、拘役或者管制，并处或者单处罚金。

第三百五十三条

【引诱、教唆、欺骗他人吸毒罪】引诱、教唆、欺骗他人吸食、注射毒品的，处三年以下有期徒刑、拘役或者管制，并处罚金；情节严重的，处三年以上七年以下有期徒刑，并处罚金。

【强迫他人吸毒罪】强迫他人吸食、注射毒品的，处三年以上十年以下有期徒刑，并处罚金。

引诱、教唆、欺骗或者强迫未成年人吸食、注射毒品的，从重处罚。

第三百五十四条　容留他人吸毒罪

容留他人吸食、注射毒品的，处三年以下有期徒刑、拘役或者管制，并处罚金。

第三百五十五条　非法提供麻醉药品、精神药品罪

依法从事生产、运输、管理、使用国家管制的麻醉药品、精神药品的人员，违反国家规定，向吸食、注射毒品的人提供国家规定管制的能够使人形成瘾癖的麻醉药品、精神药品的，处三年以下有期徒刑或者拘役，并处罚金；情节严重的，处三年以上七年以下有期徒刑，并处罚金。向走私、贩卖毒品的犯罪分子或者

以牟利为目的,向吸食、注射毒品的人提供国家规定管制的能够使人形成瘾癖的麻醉药品、精神药品的,依照本法第三百四十七条的规定定罪处罚。

单位犯前款罪的,对单位判处罚金,并对其直接负责的主管人员和其他直接责任人员,依照前款的规定处罚。

第三百五十五条之一　妨害兴奋剂管理罪

引诱、教唆、欺骗运动员使用兴奋剂参加国内、国际重大体育竞赛,或者明知运动员参加上述竞赛而向其提供兴奋剂,情节严重的,处三年以下有期徒刑或者拘役,并处罚金。

组织、强迫运动员使用兴奋剂参加国内、国际重大体育竞赛的,依照前款的规定从重处罚。[①]

第三百五十六条　毒品犯罪的再犯

因走私、贩卖、运输、制造、非法持有毒品罪被判过刑,又犯本节规定之罪的,从重处罚。

第三百五十七条　毒品犯罪及毒品数量的计算

本法所称的毒品,是指鸦片、海洛因、甲基苯丙胺(冰毒)、吗啡、大麻、可卡因以及国家规定管制的其他能够使人形成瘾癖的麻醉药品和精神药品。

毒品的数量以查证属实的走私、贩卖、运输、制造、非法持有毒品的数量计算,不以纯度折算。

[①] 根据 2020 年 12 月 26 日《刑法修正案(十一)》增加。

第八节 组织、强迫、引诱、容留、介绍卖淫罪

第三百五十八条

【组织卖淫罪】【强迫卖淫罪】组织、强迫他人卖淫的,处五年以上十年以下有期徒刑,并处罚金;情节严重的,处十年以上有期徒刑或者无期徒刑,并处罚金或者没收财产。

组织、强迫未成年人卖淫的,依照前款的规定从重处罚。

犯前两款罪,并有杀害、伤害、强奸、绑架等犯罪行为的,依照数罪并罚的规定处罚。

【协助组织卖淫罪】为组织卖淫的人招募、运送人员或者有其他协助组织他人卖淫行为的,处五年以下有期徒刑,并处罚金;情节严重的,处五年以上十年以下有期徒刑,并处罚金。[①]

▶理解与适用

《刑法修正案(九)》取消了组织卖淫罪、强迫卖淫罪的死刑。

▶条文参见

《最高人民法院、最高人民检察院关于办理组织、强迫、引诱、容留、介绍卖淫刑事案件适用法律若干问题的解释》

---

① 根据2011年2月25日《刑法修正案(八)》第一次修改。原第三款条文为:"协助组织他人卖淫的,处五年以下有期徒刑,并处罚金;情节严重的,处五年以上十年以下有期徒刑,并处罚金。"

根据2015年8月29日《刑法修正案(九)》第二次修改。原条文为:"组织他人卖淫或者强迫他人卖淫的,处五年以上十年以下有期徒刑,并处罚金;有下列情形之一的,处十年以上有期徒刑或者无期徒刑,并处罚金或者没收财产:

"(一)组织他人卖淫,情节严重的;

"(二)强迫不满十四周岁的幼女卖淫的;

"(三)强迫多人卖淫或者多次强迫他人卖淫的;

"(四)强奸后迫使卖淫的;

"(五)造成被强迫卖淫的人重伤、死亡或者其他严重后果的。

"有前款所列情形之一,情节特别严重的,处无期徒刑或者死刑,并处没收财产。

"为组织卖淫的人招募、运送人员或者有其他协助组织他人卖淫行为的,处五年以下有期徒刑,并处罚金;情节严重的,处五年以上十年以下有期徒刑,并处罚金。"

第三百五十九条

【引诱、容留、介绍卖淫罪】引诱、容留、介绍他人卖淫的，处五年以下有期徒刑、拘役或者管制，并处罚金；情节严重的，处五年以上有期徒刑，并处罚金。

【引诱幼女卖淫罪】引诱不满十四周岁的幼女卖淫的，处五年以上有期徒刑，并处罚金。

第三百六十条 传播性病罪

明知自己患有梅毒、淋病等严重性病卖淫、嫖娼的，处五年以下有期徒刑、拘役或者管制，并处罚金。①

第三百六十一条 利用本单位条件犯罪的定罪及处罚规定

旅馆业、饮食服务业、文化娱乐业、出租汽车业等单位的人员，利用本单位的条件，组织、强迫、引诱、容留、介绍他人卖淫的，依照本法第三百五十八条、第三百五十九条的规定定罪处罚。

前款所列单位的主要负责人，犯前款罪的，从重处罚。

第三百六十二条 为违法犯罪分子通风报信的定罪及处罚

旅馆业、饮食服务业、文化娱乐业、出租汽车业等单位的人员，在公安机关查处卖淫、嫖娼活动时，为违法犯罪分子通风报信，情节严重的，依照本法第三百一十条的规定定罪处罚。

---

① 根据2015年8月29日《刑法修正案（九）》修改，本条删去第二款。原第二款条文为："嫖宿不满十四周岁的幼女的，处五年以上有期徒刑，并处罚金。"

第九节 制作、贩卖、传播淫秽物品罪

第三百六十三条

【制作、复制、出版、贩卖、传播淫秽物品牟利罪】以牟利为目的，制作、复制、出版、贩卖、传播淫秽物品的，处三年以下有期徒刑、拘役或者管制，并处罚金；情节严重的，处三年以上十年以下有期徒刑，并处罚金；情节特别严重的，处十年以上有期徒刑或者无期徒刑，并处罚金或者没收财产。

【为他人提供书号出版淫秽书刊罪】为他人提供书号，出版淫秽书刊的，处三年以下有期徒刑、拘役或者管制，并处或者单处罚金；明知他人用于出版淫秽书刊而提供书号的，依照前款的规定处罚。

第三百六十四条

【传播淫秽物品罪】传播淫秽的书刊、影片、音像、图片或者其他淫秽物品，情节严重的，处二年以下有期徒刑、拘役或者管制。

【组织播放淫秽音像制品罪】组织播放淫秽的电影、录像等音像制品的，处三年以下有期徒刑、拘役或者管制，并处罚金；情节严重的，处三年以上十年以下有期徒刑，并处罚金。

制作、复制淫秽的电影、录像等音像制品组织播放的，依照第二款的规定从重处罚。

向不满十八周岁的未成年人传播淫秽物品的，从重处罚。

▶ 条文参见

《最高人民法院关于审理非法出版物刑事案件具体应用法律若干问题的解释》第10条；《最高人民法院、最高人民检察院关于办理利用互联网、移动通讯终端、声讯台制作、复制、出版、贩卖、传播淫秽电子信息刑事案件具体应用法律若干问题的解释》第3条；《最高人民法院、最高人民检察院关于办理利用互联网、移动通讯终

端、声讯台制作、复制、出版、贩卖、传播淫秽电子信息刑事案件具体应用法律若干问题的解释（二）》第2条

第三百六十五条　组织淫秽表演罪

组织进行淫秽表演的，处三年以下有期徒刑、拘役或者管制，并处罚金；情节严重的，处三年以上十年以下有期徒刑，并处罚金。

第三百六十六条　单位实施有关淫秽物品犯罪的处罚

单位犯本节第三百六十三条、第三百六十四条、第三百六十五条规定之罪的，对单位判处罚金，并对其直接负责的主管人员和其他直接责任人员，依照各该条的规定处罚。

第三百六十七条　淫秽物品的界定

本法所称淫秽物品，是指具体描绘性行为或者露骨宣扬色情的诲淫性的书刊、影片、录像带、录音带、图片及其他淫秽物品。

有关人体生理、医学知识的科学著作不是淫秽物品。

包含有色情内容的有艺术价值的文学、艺术作品不视为淫秽物品。

▶条文参见

《最高人民法院、最高人民检察院关于办理利用互联网、移动通讯终端、声讯台制作、复制、出版、贩卖、传播淫秽电子信息刑事案件具体应用法律若干问题的解释》第9条

第七章　危害国防利益罪

第三百六十八条

【阻碍军人执行职务罪】以暴力、威胁方法阻碍军人依法执行职务的，处三年以下有期徒刑、拘役、管制或者罚金。

【阻碍军事行动罪】故意阻碍武装部队军事行动，造成严重后果的，处五年以下有期徒刑或者拘役。

第三百六十九条

【破坏武器装备、军事设施、军事通信罪】破坏武器装备、军事设施、军事通信的,处三年以下有期徒刑、拘役或者管制;破坏重要武器装备、军事设施、军事通信的,处三年以上十年以下有期徒刑;情节特别严重的,处十年以上有期徒刑、无期徒刑或者死刑。

【过失损坏武器装备、军事设施、军事通信罪】过失犯前款罪,造成严重后果的,处三年以下有期徒刑或者拘役;造成特别严重后果的,处三年以上七年以下有期徒刑。

战时犯前两款罪的,从重处罚。①

▶理解与适用

根据《最高人民法院关于审理危害军事通信刑事案件具体应用法律若干问题的解释》的规定,实施破坏军事通信行为,具有下列情形之一的,属于刑法第369条第1款规定的"情节特别严重",以破坏军事通信罪定罪,处十年以上有期徒刑、无期徒刑或者死刑:(1)造成重要军事通信中断或者严重障碍,严重影响部队完成作战任务或者致使部队在作战中遭受损失的;(2)造成部队执行抢险救灾、军事演习或者处置突发性事件等任务的通信中断或者严重障碍,并因此贻误部队行动,致使死亡3人以上、重伤10人以上或者财产损失100万元以上的;(3)破坏重要军事通信3次以上的;(4)其他情节特别严重的情形。实践中,建设、施工单位直接负责的主管人员、施工管理人员,明知是军事通信线路、设备而指使、强令、纵容他人予以损毁的,或者不听管护人员劝阻,指使、强令、纵容他人违章作业,造成军事通信线路、设备损毁的,以破坏军事通信罪定罪处罚。

---

① 根据2005年2月28日《刑法修正案(五)》修改。原条文为:"破坏武器装备、军事设施、军事通信的,处三年以下有期徒刑、拘役或者管制;破坏重要武器装备、军事设施、军事通信的,处三年以上十年以下有期徒刑;情节特别严重的,处十年以上有期徒刑、无期徒刑或者死刑。战时从重处罚。"

▶条文参见

《最高人民法院关于审理危害军事通信刑事案件具体应用法律若干问题的解释》第1~4条、第7条

第三百七十条

【故意提供不合格武器装备、军事设施罪】明知是不合格的武器装备、军事设施而提供给武装部队的,处五年以下有期徒刑或者拘役;情节严重的,处五年以上十年以下有期徒刑;情节特别严重的,处十年以上有期徒刑、无期徒刑或者死刑。

【过失提供不合格武器装备、军事设施罪】过失犯前款罪,造成严重后果的,处三年以下有期徒刑或者拘役;造成特别严重后果的,处三年以上七年以下有期徒刑。

单位犯第一款罪的,对单位判处罚金,并对其直接负责的主管人员和其他直接责任人员,依照第一款的规定处罚。

第三百七十一条

【聚众冲击军事禁区罪】聚众冲击军事禁区,严重扰乱军事禁区秩序的,对首要分子,处五年以上十年以下有期徒刑;对其他积极参加的,处五年以下有期徒刑、拘役、管制或者剥夺政治权利。

【聚众扰乱军事管理区秩序罪】聚众扰乱军事管理区秩序,情节严重,致使军事管理区工作无法进行,造成严重损失的,对首要分子,处三年以上七年以下有期徒刑;对其他积极参加的,处三年以下有期徒刑、拘役、管制或者剥夺政治权利。

第三百七十二条　冒充军人招摇撞骗罪

冒充军人招摇撞骗的,处三年以下有期徒刑、拘役、管制或者剥夺政治权利;情节严重的,处三年以上十年以下有期徒刑。

▶条文参见

《最高人民法院、最高人民检察院关于办理妨害武装部队制式服

装、车辆号牌管理秩序等刑事案件具体应用法律若干问题的解释》第6条

第三百七十三条　煽动军人逃离部队罪　雇用逃离部队军人罪

煽动军人逃离部队或者明知是逃离部队的军人而雇用，情节严重的，处三年以下有期徒刑、拘役或者管制。

第三百七十四条　接送不合格兵员罪

在征兵工作中徇私舞弊，接送不合格兵员，情节严重的，处三年以下有期徒刑或者拘役；造成特别严重后果的，处三年以上七年以下有期徒刑。

第三百七十五条

【伪造、变造、买卖武装部队公文、证件、印章罪】【盗窃、抢夺武装部队公文、证件、印章罪】伪造、变造、买卖或者盗窃、抢夺武装部队公文、证件、印章的，处三年以下有期徒刑、拘役、管制或者剥夺政治权利；情节严重的，处三年以上十年以下有期徒刑。

【非法生产、买卖武装部队制式服装罪】非法生产、买卖武装部队制式服装，情节严重的，处三年以下有期徒刑、拘役或者管制，并处或者单处罚金。[①]

【伪造、盗窃、买卖、非法提供、非法使用武装部队专用标志罪】伪造、盗窃、买卖或者非法提供、使用武装部队车辆号牌等专用标志，情节严重的，处三年以下有期徒刑、拘役或者管制，并处或者单处罚金；情节特别严重的，处三年以上七年以下有期徒刑，并处罚金。[②]

[①] 根据2009年2月28日《刑法修正案（七）》修改。原第二款条文为："非法生产、买卖武装部队制式服装、车辆号牌等专用标志，情节严重的，处三年以下有期徒刑、拘役或者管制，并处或者单处罚金。"

[②] 根据2009年2月28日《刑法修正案（七）》增加一款，作为第三款。原第三款改为第四款。

单位犯第二款、第三款罪的，对单位判处罚金，并对其直接负责的主管人员和其他直接责任人员，依照各该款的规定处罚。①

▶条文参见

《最高人民法院、最高人民检察院关于办理妨害武装部队制式服装、车辆号牌管理秩序等刑事案件具体应用法律若干问题的解释》

第三百七十六条

【战时拒绝、逃避征召、军事训练罪】预备役人员战时拒绝、逃避征召或者军事训练，情节严重的，处三年以下有期徒刑或者拘役。

【战时拒绝、逃避服役罪】公民战时拒绝、逃避服役，情节严重的，处二年以下有期徒刑或者拘役。

第三百七十七条　战时故意提供虚假敌情罪

战时故意向武装部队提供虚假敌情，造成严重后果的，处三年以上十年以下有期徒刑；造成特别严重后果的，处十年以上有期徒刑或者无期徒刑。

第三百七十八条　战时造谣扰乱军心罪

战时造谣惑众，扰乱军心的，处三年以下有期徒刑、拘役或者管制；情节严重的，处三年以上十年以下有期徒刑。

第三百七十九条　战时窝藏逃离部队军人罪

战时明知是逃离部队的军人而为其提供隐蔽处所、财物，情节严重的，处三年以下有期徒刑或者拘役。

---

① 根据2009年2月28日《刑法修正案（七）》修改。本款原条文为："单位犯第二款罪的，对单位判处罚金，并对其直接负责的主管人员和其他直接责任人员，依照该款的规定处罚。"

第三百八十条 战时拒绝、故意延误军事订货罪

战时拒绝或者故意延误军事订货,情节严重的,对单位判处罚金,并对其直接负责的主管人员和其他直接责任人员,处五年以下有期徒刑或者拘役;造成严重后果的,处五年以上有期徒刑。

第三百八十一条 战时拒绝军事征收、征用罪

战时拒绝军事征收、征用,情节严重的,处三年以下有期徒刑或者拘役。

第八章 贪污贿赂罪

第三百八十二条 贪污罪

国家工作人员利用职务上的便利,侵吞、窃取、骗取或者以其他手段非法占有公共财物的,是贪污罪。

受国家机关、国有公司、企业、事业单位、人民团体委托管理、经营国有财产的人员,利用职务上的便利,侵吞、窃取、骗取或者以其他手段非法占有国有财物的,以贪污论。

与前两款所列人员勾结,伙同贪污的,以共犯论处。

▶理解与适用

贪污罪的主体是特殊主体。应注意:贪污罪的犯罪主体与受贿罪、挪用公款罪等本章其他罪都有不同,即贪污罪的主体不仅包括国家工作人员,还包括本条第2款规定的人员,而受贿罪、挪用公款罪的主体都不包括这些人员。

本条第2款规定的受委托管理、经营国有财产,是指因承包、租赁、临时聘用等管理、经营国有财产。

贪污罪既遂与未遂的认定。应当以行为人是否实际控制财物作为区分贪污罪既遂与未遂的标准。对于行为人利用职务上的便利,实施了虚假平账等贪污行为，但公共财物尚未实际转移，或者尚未被行为人控制就被查获的，应当认定为贪污未遂。行为人控制公共财物后，是否将财物据为己有，不影响贪污既遂的认定。

国家工作人员与非国家工作人员勾结共同非法占有单位财物行为的认定。行为人与国家工作人员勾结，利用国家工作人员的职务便利，共同侵吞、窃取、骗取或者以其他手段非法占有公共财物的，以贪污罪共犯论处。公司、企业或者其他单位中，不具有国家工作人员身份的人与国家工作人员勾结，分别利用各自的职务便利，共同将本单位财物非法占为己有的，按照主犯的犯罪性质定罪。司法实践中，如果根据案件的实际情况，各共同犯罪人在共同犯罪中的地位、作用相当，难以区分主从犯的，可以贪污罪定罪处罚。携带挪用的公款潜逃的，以贪污罪论处。

▶典型案例指引

1. 杨某某等贪污案（最高人民法院指导案例11号）

案件适用要点： 贪污罪中的"利用职务上的便利"，是指利用职务上主管、管理、经手公共财物的权力及方便条件，既包括利用本人职务上主管、管理公共财物的职务便利，也包括利用职务上有隶属关系的其他国家工作人员的职务便利。

土地使用权具有财产性利益，属于刑法第三百八十二条第一款规定中的"公共财物"，可以成为贪污的对象。

2. 上海市人民检察院第二分院诉王某贪污案（《中华人民共和国最高人民法院公报》2004年第5期）

案件适用要点： 在企业改制过程中，国有企业工作人员利用受委派在国有、集体联营企业中从事公务的职务便利，将国有、集体联营企业的公共财产转移至自己及亲属控股的个人股份制企业并非法占有，应认定构成贪污罪。

▶条文参见

《全国法院审理经济犯罪案件工作座谈会纪要》

第三百八十三条　对贪污罪的处罚

对犯贪污罪的，根据情节轻重，分别依照下列规定处罚：

（一）贪污数额较大或者有其他较重情节的，处三年以下有期徒刑或者拘役，并处罚金。

（二）贪污数额巨大或者有其他严重情节的，处三年以上十年以下有期徒刑，并处罚金或者没收财产。

（三）贪污数额特别巨大或者有其他特别严重情节的，处十年以上有期徒刑或者无期徒刑，并处罚金或者没收财产；数额特别巨大，并使国家和人民利益遭受特别重大损失的，处无期徒刑或者死刑，并处没收财产。

对多次贪污未经处理的，按照累计贪污数额处罚。

犯第一款罪，在提起公诉前如实供述自己罪行、真诚悔罪、积极退赃、避免、减少损害结果的发生，有第一项规定情形的，可以从轻、减轻或者免除处罚；有第二项、第三项规定情形的，可以从轻处罚。

犯第一款罪，有第三项规定情形被判处死刑缓期执行的，人民法院根据犯罪情节等情况可以同时决定在其死刑缓期执行二年期满依法减为无期徒刑后，终身监禁，不得减刑、假释。[1]

---

[1] 根据2015年8月29日《刑法修正案（九）》修改。原条文为："对犯贪污罪的，根据情节轻重，分别依照下列规定处罚：

"（一）个人贪污数额在十万元以上的，处十年以上有期徒刑或者无期徒刑，可以并处没收财产；情节特别严重的，处死刑，并处没收财产。

"（二）个人贪污数额在五万元以上不满十万元的，处五年以上有期徒刑，可以并处没收财产；情节特别严重的，处无期徒刑，并处没收财产。

"（三）个人贪污数额在五千元以上不满五万元的，处一年以上七年以下有期徒刑；情节严重的，处七年以上十年以下有期徒刑。个人贪污数额在五千元以上不满一万元，犯罪后有悔改表现、积极退赃的，可以减轻处罚或者免予刑事处罚，由其所在单位或者上级主管机关给予行政处分。

"（四）个人贪污数额不满五千元，情节较重的，处二年以下有期徒刑或者拘役；情节较轻的，由其所在单位或者上级主管机关酌情给予行政处分。

"对多次贪污未经处理的，按照累计贪污数额处罚。"

▶理解与适用

本条第2款是对多次贪污未经处理的如何计算贪污数额的规定。多次贪污未经处理,是指两次以上的贪污行为,以前既没有受过刑事处罚,也没有受过行政处理,追究其刑事责任时,应当累计计算贪污数额。

本条第3款是关于对贪污犯罪可以从宽处理的规定。对贪污犯罪从宽处理必须同时符合以下条件:一是,在提起公诉前。"提起公诉"是人民检察院对监察机关、公安机关移送起诉或者人民检察院自行侦查终结认为应当起诉的案件,经全面审查,对事实清楚、证据确实充分,依法应当判处刑罚的,提交人民法院审判的诉讼活动。二是,行为人必须如实供述自己罪行、真诚悔罪、积极退赃。如实供述自己罪行,是指犯罪分子对于自己所犯的罪行,无论司法机关是否掌握,都要如实地、全部地、无保留地向司法机关供述。需要指出的是"如实供述自己罪行、真诚悔罪、积极退赃"是并列条件,要求全部具备。三是,避免、减少损害结果的发生。犯罪分子真诚悔罪、积极退赃的表现,必须要达到避免或者减少损害结果发生的实际效果。在同时具备以上前提的条件下,本款根据贪污受贿的不同情形,规定可以从宽处罚。

本条第4款规定只是明确了可以适用"终身监禁"的人员的范围,并不是所有贪污受贿犯罪被判处死刑缓期执行的都要"终身监禁",是否"终身监禁",应由人民法院根据其所实施犯罪的具体情节等情况综合考虑。这里规定的"同时",是指被判处死刑缓期执行的同时,不是在死刑缓期执行二年期满以后减刑的"同时"。根据刑事诉讼法第265条的规定,可以暂予监外执行的对象是被判处有期徒刑和拘役的罪犯,因此,终身监禁的罪犯,不得减刑、假释,也不得暂予监外执行。

▶条文参见

《最高人民法院、最高人民检察院关于办理贪污贿赂刑事案件适用法律若干问题的解释》;《最高人民法院关于办理减刑、假释案件具体应用法律的规定》;《最高人民法院关于减刑、假释案件审理程序的规定》;《最高人民检察院关于贪污养老、医疗等社会保险基金能否适用〈最高人民法院、最高人民检察院关于办理贪污贿赂刑事案件适用法律若干问题的解释〉第一条第二款第一项规定的批复》

第三百八十四条 挪用公款罪

国家工作人员利用职务上的便利,挪用公款归个人使用,进行非法活动的,或者挪用公款数额较大、进行营利活动的,或者挪用公款数额较大、超过三个月未还的,是挪用公款罪,处五年以下有期徒刑或者拘役;情节严重的,处五年以上有期徒刑。挪用公款数额巨大不退还的,处十年以上有期徒刑或者无期徒刑。

挪用用于救灾、抢险、防汛、优抚、扶贫、移民、救济款物归个人使用的,从重处罚。

▶理解与适用

本条第1款规定的挪用公款"归个人使用"的含义,是指下列情形:(1)将公款供本人、亲友或者其他自然人使用的;(2)以个人名义将公款供其他单位使用的;(3)个人决定以单位名义将公款供其他单位使用,谋取个人利益的。

挪用公款罪与贪污罪的主要区别在于行为人主观上是否具有非法占有公款的目的;挪用公款是否转化为贪污,应当按照主客观相一致的原则,具体判断和认定行为人主观上是否具有非法占有公款的目的。在司法实践中,具有以下情形之一的可以认定行为人具有非法占有公款的目的:(1)行为人"携带挪用的公款潜逃的",对其携带挪用的公款部分,以贪污罪定罪处罚。(2)行为人挪用公款后采取虚假发票平账、销毁有关账目等手段,使所挪用的公款已难以在单位财务账目上反映出来,且没有归还行为的,应当以贪污罪定罪处罚。(3)行为人截取单位收入不入账,非法占有,使所占有的公款难以在单位财务账目上反映出来,且没有归还行为的,应当以贪污罪定罪处罚。(4)有证据证明行为人有能力归还所挪用的公款而拒不归还,并隐瞒挪用的公款去向的,应当以贪污罪定罪处罚。

▶条文参见

《全国人民代表大会常务委员会关于〈中华人民共和国刑法〉第三百八十四条第一款的解释》；《最高人民法院关于审理挪用公款案件具体应用法律若干问题的解释》；《最高人民法院关于挪用公款犯罪如何计算追诉期限问题的批复》

第三百八十五条　受贿罪

> 国家工作人员利用职务上的便利，索取他人财物的，或者非法收受他人财物，为他人谋取利益的，是受贿罪。
>
> 国家工作人员在经济往来中，违反国家规定，收受各种名义的回扣、手续费，归个人所有的，以受贿论处。

▶理解与适用

受贿罪的犯罪构成。受贿罪的犯罪形式有三种：索贿、被动受贿和斡旋受贿（本法第388条）。索贿不要求为他人谋取利益，这一点不同于第163条的公司、企业、其他单位人员受贿犯罪中的索贿。被动受贿必须要求有收受他人财物和为他人谋取利益两方面，利益的性质和是否实际为他人谋取利益则在所不问。斡旋受贿要求为请托人谋取不正当利益，而不是一切利益。

关于事后受贿问题。国家工作人员利用职务上的便利为请托人谋取利益，并与请托人事先约定，在其离职后收受请托人财物，构成犯罪的，以受贿罪定罪处罚。

此外，在认定受贿罪时，还应注意：

关于"利用职务上的便利"的认定。本条第1款规定的"利用职务上的便利"，既包括利用本人职务上主管、负责、承办某项公共事务的职权，也包括利用职务上有隶属、制约关系的其他国家工作人员的职权。担任单位领导职务的国家工作人员通过不属自己主管的下级部门的国家工作人员的职务为他人谋取利益的，应当认定为"利用职务上的便利"为他人谋取利益。

"为他人谋取利益"的认定。为他人谋取利益包括承诺、实施和实现三个阶段的行为。只要具有其中一个阶段的行为，如国家工作人员收受他人财物时，根据他人提出的具体请托事项，承诺为他人谋取利益的，就具备了为他人谋取利益的要件。明知他人有具体请托事项而收受其财物的，视为承诺为他人谋取利益。

共同受贿犯罪的认定。根据刑法关于共同犯罪的规定，非国家工作人员与国家工作人员勾结伙同受贿的，应当以受贿罪的共犯追究刑事责任。非国家工作人员是否构成受贿罪共犯，取决于双方有无共同受贿的故意和行为，国家工作人员的近亲属向国家工作人员代为转达请托事项，收受请托人财物并告知该国家工作人员，或者国家工作人员明知其近亲属收受了他人财物，仍按照近亲属的要求利用职权为他人谋取利益的，对该国家工作人员应认定为受贿罪，其近亲属以受贿罪共犯论处。近亲属以外的其他人与国家工作人员通谋，由国家工作人员利用职务上的便利为请托人谋取利益，收受请托人财物后双方共同占有的，构成受贿罪共犯。国家工作人员利用职务上的便利为他人谋取利益，并指定他人将财物送给其他人，构成犯罪的，应以受贿罪定罪处罚。

以借款为名索取或者非法收受财物行为的认定。国家工作人员利用职务上的便利以借款为名向他人索取财物，或者非法收受财物为他人谋取利益的，应当认定为受贿。具体认定时，不能仅仅看是否有书面借款手续，应当根据以下因素综合判定：(1) 有无正当、合理的借款事由；(2) 款项的去向；(3) 双方平时关系如何、有无经济往来；(4) 出借方是否要求国家工作人员利用职务上的便利为其谋取利益；(5) 借款后是否有归还的意思表示及行为；(6) 是否有归还的能力；(7) 未归还的原因等。

▶ 典型案例指引

1. 潘某某、陈某受贿案（最高人民法院指导案例3号）

案件适用要点：国家工作人员利用职务上的便利为请托人谋取利益，并与请托人以"合办"公司的名义获取"利润"，没有实际出资和参与经营管理的，以受贿论处。

国家工作人员明知他人有请托事项而收受其财物，视为承诺"为他人谋取利益"，是否已实际为他人谋取利益或谋取到利益，不影响受贿的认定。

国家工作人员利用职务上的便利为请托人谋取利益,以明显低于市场的价格向请托人购买房屋等物品的,以受贿论处,受贿数额按照交易时当地市场价格与实际支付价格的差额计算。

国家工作人员收受财物后,因与其受贿有关联的人、事被查处,为掩饰犯罪而退还的,不影响认定受贿罪。

2. 北京市第二检察分院诉程某受贿案(《中华人民共和国最高人民法院公报》2004年第1期)

案件适用要点:国家工作人员,利用职务上的便利,为他人谋取利益,收受他人银行卡并改动密码,至案发时虽未实际支取卡中存款,但主观上明具有非法占有的故意,应视为收受钱款的行为已经实施终了,构成了受贿罪。

▶条文参见

《最高人民法院关于国家工作人员利用职务上的便利为他人谋取利益离退休后收受财物行为如何处理问题的批复》;《全国法院审理经济犯罪案件工作座谈会纪要》三

第三百八十六条 对受贿罪的处罚

对犯受贿罪的,根据受贿所得数额及情节,依照本法第三百八十三条的规定处罚。索贿的从重处罚。

第三百八十七条 单位受贿罪

国家机关、国有公司、企业、事业单位、人民团体、索取、非法收受他人财物,为他人谋取利益,情节严重的,对单位判处罚金,并对其直接负责的主管人员和其他直接责任人员,处三年以下有期徒刑或者拘役;情节特别严重的,处三年以上十年以下有期徒刑。[①]

[①] 根据2023年12月29日《刑法修正案(十二)》修改。原第一款条文为:"国家机关、国有公司、企业、事业单位、人民团体、索取、非法收受他人财物,为他人谋取利益,情节严重的,对单位判处罚金,并对其直接负责的主管人员和其他直接责任人员,处五年以下有期徒刑或者拘役。"

前款所列单位,在经济往来中,在帐外暗中收受各种名义的回扣、手续费的,以受贿论,依照前款的规定处罚。

第三百八十八条　受贿罪

国家工作人员利用本人职权或者地位形成的便利条件,通过其他国家工作人员职务上的行为,为请托人谋取不正当利益,索取请托人财物或者收受请托人财物的,以受贿论处。

▶理解与适用

本条规定的"利用本人职权或者地位形成的便利条件",是指行为人与被其利用的国家工作人员之间在职务上虽然没有隶属、制约关系,但是行为人利用了本人职权或者地位产生的影响和一定的工作联系,如单位内不同部门的国家工作人员之间、上下级单位没有职务上隶属、制约关系的国家工作人员之间、有工作联系的不同单位的国家工作人员之间等。

▶条文参见

《全国法院审理经济犯罪案件工作座谈会纪要》三(三)

第三百八十八条之一　利用影响力受贿罪

国家工作人员的近亲属或者其他与该国家工作人员关系密切的人,通过该国家工作人员职务上的行为,或者利用该国家工作人员职权或者地位形成的便利条件,通过其他国家工作人员职务上的行为,为请托人谋取不正当利益,索取请托人财物或者收受请托人财物,数额较大或者有其他较重情节的,处三年以下有期徒刑或者拘役,并处罚金;数额巨大或者有其他严重情节的,处三年以上七年以下有期徒刑,并处罚金;数额特别巨大或者有其他特别严重情节的,处七年以上有期徒刑,并处罚金或者没收财产。

离职的国家工作人员或者其近亲属以及其他与其关系密切的人，利用该离职的国家工作人员原职权或者地位形成的便利条件实施前款行为的，依照前款的规定定罪处罚。①

第三百八十九条　行贿罪

为谋取不正当利益，给予国家工作人员以财物的，是行贿罪。

在经济往来中，违反国家规定，给予国家工作人员以财物，数额较大的，或者违反国家规定，给予国家工作人员以各种名义的回扣、手续费的，以行贿论处。

因被勒索给予国家工作人员以财物，没有获得不正当利益的，不是行贿。

▶理解与适用

"谋取不正当利益"，是指谋取违反法律、法规、国家政策和国务院各部门规章规定的利益，以及谋取违反法律、法规、国家政策和国务院各部门规章规定的帮助或者方便条件。

▶条文参见

《最高人民检察院关于人民检察院直接受理立案侦查案件立案标准的规定（试行）》四（五）

第三百九十条　对行贿罪的处罚

对犯行贿罪的，处三年以下有期徒刑或者拘役，并处罚金；因行贿谋取不正当利益，情节严重的，或者使国家利益遭受重大损失的，处三年以上十年以下有期徒刑，并处罚金；情节特别严重的，或者使国家利益遭受特别重大损失的，处十年以上有期徒刑或者无期徒刑，并处罚金或者没收财产。

有下列情形之一的，从重处罚：

（一）多次行贿或者向多人行贿的；

---

① 根据 2009 年 2 月 28 日《刑法修正案（七）》增加。

（二）国家工作人员行贿的；

（三）在国家重点工程、重大项目中行贿的；

（四）为谋取职务、职级晋升、调整行贿的；

（五）对监察、行政执法、司法工作人员行贿的；

（六）在生态环境、财政金融、安全生产、食品药品、防灾救灾、社会保障、教育、医疗等领域行贿，实施违法犯罪活动的；

（七）将违法所得用于行贿的。

行贿人在被追诉前主动交待行贿行为的，可以从轻或者减轻处罚。其中，犯罪较轻的，对调查突破、侦破重大案件起关键作用的，或者有重大立功表现的，可以减轻或者免除处罚。[①]

▶理解与适用

《刑法修正案（十二）》修改完善了本条对于行贿罪的处罚规定。行贿罪的最高刑是无期徒刑，在法定刑上体现了严厉惩治。这次修改主要是将党中央确定要重点查处的行贿行为在立法上进一步加强惩治，增加一款规定：对多次行贿、向多人行贿，国家工作人员行贿等七类情形从重处罚。同时，调整行贿罪的起刑点和刑罚档次，与受贿罪相衔接。

▶条文参见

《最高人民法院、最高人民检察院关于办理行贿刑事案件具体应

[①] 根据2015年8月29日《刑法修正案（九）》第一次修改。原条文为："对犯行贿罪的，处五年以下有期徒刑或者拘役；因行贿谋取不正当利益，情节严重的，或者使国家利益遭受重大损失的，处五年以上十年以下有期徒刑；情节特别严重的，处十年以上有期徒刑或者无期徒刑，可以并处没收财产。

"行贿人在被追诉前主动交待行贿行为的，可以减轻处罚或者免除处罚。"

根据2023年12月29日《刑法修正案（十二）》第二次修改。原条文为："对犯行贿罪的，处五年以下有期徒刑或者拘役，并处罚金；因行贿谋取不正当利益，情节严重的，或者使国家利益遭受重大损失的，处五年以上十年以下有期徒刑，并处罚金；情节特别严重的，或者使国家利益遭受特别重大损失的，处十年以上有期徒刑或者无期徒刑，并处罚金或者没收财产。

"行贿人在被追诉前主动交待行贿行为的，可以从轻或者减轻处罚。其中，犯罪较轻的，对侦破重大案件起关键作用的，或者有重大立功表现的，可以减轻或者免除处罚。"

用法律若干问题的解释》;《最高人民检察院关于行贿罪立案标准的规定》

第三百九十条之一　对有影响力的人行贿罪

为谋取不正当利益,向国家工作人员的近亲属或者其他与该国家工作人员关系密切的人,或者向离职的国家工作人员或者其近亲属以及其他与其关系密切的人行贿的,处三年以下有期徒刑或者拘役,并处罚金;情节严重的,或者使国家利益遭受重大损失的,处三年以上七年以下有期徒刑,并处罚金;情节特别严重的,或者使国家利益遭受特别重大损失的,处七年以上十年以下有期徒刑,并处罚金。

单位犯前款罪的,对单位判处罚金,并对其直接负责的主管人员和其他直接责任人员,处三年以下有期徒刑或者拘役,并处罚金。①

第三百九十一条　对单位行贿罪

为谋取不正当利益,给予国家机关、国有公司、企业、事业单位、人民团体以财物的,或者在经济往来中,违反国家规定,给予各种名义的回扣、手续费的,处三年以下有期徒刑或者拘役,并处罚金;情节严重的,处三年以上七年以下有期徒刑,并处罚金。②

单位犯前款罪的,对单位判处罚金,并对其直接负责的主管人员和其他直接责任人员,依照前款的规定处罚。

---

① 根据2015年8月29日《刑法修正案(九)》增加。
② 根据2015年8月29日《刑法修正案(九)》第一次修改。原第一款条文为:"为谋取不正当利益,给予国家机关、国有公司、企业、事业单位、人民团体以财物的,或者在经济往来中,违反国家规定,给予各种名义的回扣、手续费的,处三年以下有期徒刑或者拘役。"

根据2023年12月29日《刑法修正案(十二)》第二次修改。原第一款条文为:"为谋取不正当利益,给予国家机关、国有公司、企业、事业单位、人民团体以财物的,或者在经济往来中,违反国家规定,给予各种名义的回扣、手续费的,处三年以下有期徒刑或者拘役,并处罚金。"

第三百九十二条　介绍贿赂罪

向国家工作人员介绍贿赂，情节严重的，处三年以下有期徒刑或者拘役，并处罚金。①

介绍贿赂人在被追诉前主动交待介绍贿赂行为的，可以减轻处罚或者免除处罚。

▶理解与适用

《最高人民检察院关于人民检察院直接受理立案侦查案件立案标准的规定（试行）》中规定，"介绍贿赂"是指在行贿人与受贿人之间沟通关系、撮合条件，使贿赂行为得以实现的行为。

第三百九十三条　单位行贿罪

单位为谋取不正当利益而行贿，或者违反国家规定，给予国家工作人员以回扣、手续费，情节严重的，对单位判处罚金，并对其直接负责的主管人员和其他直接责任人员，处三年以下有期徒刑或者拘役，并处罚金；情节特别严重的，处三年以上十年以下有期徒刑，并处罚金。因行贿取得的违法所得归个人所有的，依照本法第三百八十九条、第三百九十条的规定定罪处罚。②

---

① 根据2015年8月29日《刑法修正案（九）》修改。原第一款条文为："向国家工作人员介绍贿赂，情节严重的，处三年以下有期徒刑或者拘役。"

② 根据2015年8月29日《刑法修正案（九）》第一次修改。原条文为："单位为谋取不正当利益而行贿，或者违反国家规定，给予国家工作人员以回扣、手续费，情节严重的，对单位判处罚金，并对其直接负责的主管人员和其他直接责任人员，处五年以下有期徒刑或者拘役。因行贿取得的违法所得归个人所有的，依照本法第三百八十九条、第三百九十条的规定定罪处罚。"

根据2023年12月29日《刑法修正案（十二）》第二次修改。原条文为："单位为谋取不正当利益而行贿，或者违反国家规定，给予国家工作人员以回扣、手续费，情节严重的，对单位判处罚金，并对其直接负责的主管人员和其他直接责任人员，处五年以下有期徒刑或者拘役，并处罚金。因行贿取得的违法所得归个人所有的，依照本法第三百八十九条、第三百九十条的规定定罪处罚。"

▶理解与适用

《刑法修正案（十二）》调整、提高了本条单位行贿罪的刑罚。实践中单位行贿案件较多，与个人行贿相比法定刑相差悬殊。一些行贿人以单位名义行贿，规避处罚，导致案件处理不平衡，惩处力度不足。这次修改将单位行贿罪刑罚由原来最高判处五年有期徒刑的一档刑罚，修改为"三年以下有期徒刑或者拘役，并处罚金"和"三年以上十年以下有期徒刑，并处罚金"两档刑罚。

第三百九十四条　贪污罪

国家工作人员在国内公务活动或者对外交往中接受礼物，依照国家规定应当交公而不交公，数额较大的，依照本法第三百八十二条、第三百八十三条的规定定罪处罚。

▶理解与适用

"国内公务活动"，主要是指在国内参加的各种与本人工作有关的公务活动。"礼物"，包括各种作为赠礼的物品、礼金、礼券等。"依照国家有关规定应当交公而不交公"，是指违反国家有关法律、行政法规、政策文件中关于国家工作人员在国内外公务活动中接受礼物应当交公的规定。

▶条文参见

《刑法》第382条、第383条；《国务院关于在对外公务活动中赠送和接受礼品的规定》第1条、第2条、第7条、第8条、第12条；《国家行政机关及其工作人员在国内公务活动中不得赠送和接受礼品的规定》第2~4条、第8条、第9条

第三百九十五条

【巨额财产来源不明罪】国家工作人员的财产、支出明显超过合法收入，差额巨大的，可以责令该国家工作人员说明来源，不能说明来源的，差额部分以非法所得论，处五年以下有期徒刑或者拘役；差额特别巨大的，处五年以上十年以下有期徒刑。财产的

差额部分予以追缴。[1]

【隐瞒境外存款罪】国家工作人员在境外的存款，应当依照国家规定申报。数额较大、隐瞒不报的，处二年以下有期徒刑或者拘役；情节较轻的，由其所在单位或者上级主管机关酌情给予行政处分。

▶ 理解与适用

本条第1款在实际执行中应当注意，在清查、核实行为人的财产来源时，司法机关应当尽量查清其财产是通过何种非法方式取得的，如果能够查清其财产是以贪污、受贿或者其他犯罪方法取得的，应当按照贪污、受贿或者其他犯罪追究刑事责任。只有在确实无法查清其巨额财产非法来源，本人又不能说明的情况下，才应按巨额财产来源不明罪进行追究。

隐瞒境外存款罪是指国家工作人员隐瞒在境外的存款，不按照国家规定申报，并且数额较大的行为。

第三百九十六条

【私分国有资产罪】国家机关、国有公司、企业、事业单位、人民团体，违反国家规定，以单位名义将国有资产集体私分给个人，数额较大的，对其直接负责的主管人员和其他直接责任人员，处三年以下有期徒刑或者拘役，并处或者单处罚金；数额巨大的，处三年以上七年以下有期徒刑，并处罚金。

【私分罚没财物罪】司法机关、行政执法机关违反国家规定，将应当上缴国家的罚没财物，以单位名义集体私分给个人的，依照前款的规定处罚。

---

[1] 根据2009年2月28日《刑法修正案（七）》修改。原第一款条文为："国家工作人员的财产或者支出明显超过合法收入，差额巨大的，可以责令说明来源。本人不能说明其来源是合法的，差额部分以非法所得论，处五年以下有期徒刑或者拘役，财产的差额部分予以追缴。"

第九章 渎职罪

第三百九十七条　滥用职权罪　玩忽职守罪

> 国家机关工作人员滥用职权或者玩忽职守，致使公共财产、国家和人民利益遭受重大损失的，处三年以下有期徒刑或者拘役；情节特别严重的，处三年以上七年以下有期徒刑。本法另有规定的，依照规定。
>
> 国家机关工作人员徇私舞弊，犯前款罪的，处五年以下有期徒刑或者拘役；情节特别严重的，处五年以上十年以下有期徒刑。本法另有规定的，依照规定。

▶理解与适用

在依照法律、法规规定行使国家行政管理职权的组织中从事公务的人员，或者在受国家机关委托代表国家机关行使职权的组织中从事公务的人员，或者虽未列入国家机关人员编制但在国家机关中从事公务的人员，在代表国家机关行使职权时，有渎职行为，构成犯罪的，依照刑法关于渎职罪的规定追究刑事责任。

此外，在适用本条规定时，还应注意：

渎职犯罪行为造成的公共财产重大损失的认定。根据刑法规定，玩忽职守、滥用职权等渎职犯罪是以致使公共财产、国家和人民利益遭受重大损失为构成要件的。其中，公共财产的重大损失，通常是指渎职行为已经造成的重大经济损失。"经济损失"，是指渎职犯罪或者与渎职犯罪相关联的犯罪立案时已经实际造成的财产损失，包括为挽回渎职犯罪所造成损失而支付的各种开支、费用等。立案后至提起公诉前持续发生的经济损失，应一并计入渎职犯罪造成的经济损失。债务人经法定程序被宣告破产，债务人潜逃、去向不明，或者因行为人的责任超过诉讼时效等，致使债权已经无法实现的，无法实现的债权部分应当认定为渎职犯罪的经济损失。

渎职犯罪或者与渎职犯罪相关联的犯罪立案后，犯罪分子及其亲友自行挽回的经济损失，司法机关或者犯罪分子所在单位及其上级主管部门挽回的经济损失，或者因客观原因减少的经济损失，不予扣减，但可以作为酌定从轻处罚的情节。

玩忽职守罪的追诉时效。玩忽职守行为造成的重大损失当时没有发生，而是玩忽职守行为之后一定时间发生的，应从危害结果发生之日起计算玩忽职守罪的追诉期限。

滥用职权行为和玩忽职守行为是渎职犯罪中最典型的两种行为，两种行为的构成要件，除客观方面不一样以外，其他均相同，在实践中正确认定和区分这两种犯罪具有重要意义。

滥用职权罪和玩忽职守罪具有以下共同特征：1. 滥用职权罪和玩忽职守罪侵犯的客体均是国家机关的正常管理活动。虽然滥用职权和玩忽职守行为往往还同时侵犯了公民权利或者社会主义市场经济秩序，但两罪所侵犯的主要客体还是国家机关的正常管理活动。2. 两罪的犯罪主体均为国家机关工作人员。3. 滥用职权和玩忽职守的行为只有"致使公共财产、国家和人民利益遭受重大损失"的，才能构成犯罪。是否造成"重大损失"是区分罪与非罪的重要标准，未造成重大损失的，属于一般工作过失的渎职行为，可以由有关部门给予批评教育或者行政处分。"致使公共财产、国家和人民利益遭受重大损失"的具体标准，可参考《最高人民检察院关于渎职侵权犯罪案件立案标准的规定》有关滥用职权案和玩忽职守案立案标准的规定。

两罪在客观方面有明显的不同：滥用职权罪客观方面表现为违反或者超越法律规定的权限和程序而使用手中的职权，致使公共财产、国家和人民利益遭受重大损失的行为。滥用职权的行为，必须是行为人手中有"权"，并且滥用权力与危害结果有直接的因果关系，如果行为人手中并无此权力，或者虽然有权但行使权力与危害结果没有直接的因果关系，则不能构成本罪，而应当按照其他规定处理。玩忽职守罪客观方面表现为不履行、不正确履行或者放弃履行职责，致使公共财产、国家和人民利益遭受重大损失的行为。玩忽职守的行为，必须是违反国家的工作纪律和规章制度的行为，通常表现是工作马虎草率，极端不负责任；或是放弃职守，对自己应当负责的工作撒手不管等。

▶条文参见

《全国人民代表大会常务委员会关于〈中华人民共和国刑法〉第九章渎职罪主体适用问题的解释》;《最高人民检察院关于渎职侵权犯罪案件立案标准的规定》;《最高人民法院、最高人民检察院关于办理渎职刑事案件适用法律若干问题的解释（一）》;《全国法院审理经济犯罪案件工作座谈会纪要》六;《最高人民检察院关于企业事业单位的公安机构在机构改革过程中其工作人员能否构成渎职侵权犯罪主体问题的批复》;《最高人民检察院关于属工人编制的乡（镇）工商所所长能否依照刑法第397条的规定追究刑事责任问题的批复》;《最高人民检察院关于合同制民警能否成为玩忽职守罪主体问题的批复》;《最高人民检察院关于镇财政所所长是否适用国家机关工作人员的批复》

第三百九十八条　故意泄露国家秘密罪　过失泄露国家秘密罪

国家机关工作人员违反保守国家秘密法的规定，故意或者过失泄露国家秘密，情节严重的，处三年以下有期徒刑或者拘役；情节特别严重的，处三年以上七年以下有期徒刑。

非国家机关工作人员犯前款罪的，依照前款的规定酌情处罚。

▶典型案例指引

河南省沁阳市人民检察院诉于某故意泄露国家秘密案（《中华人民共和国最高人民法院公报》2004年第2期）

案件适用要点：律师在担任刑事被告人的辩护人期间，将通过合法程序获得的案件证据材料让当事人的亲属查阅，不构成故意泄露国家秘密罪。

▶条文参见

《最高人民检察院关于渎职侵权犯罪案件立案标准的规定》一；《最高人民法院关于审理为境外窃取、刺探、收买、非法提供国家秘密、情报案件具体应用法律若干问题的解释》第6条

第三百九十九条

【徇私枉法罪】司法工作人员徇私枉法、徇情枉法，对明知是无罪的人而使他受追诉、对明知是有罪的人而故意包庇不使他受追诉，或者在刑事审判活动中故意违背事实和法律作枉法裁判的，处五年以下有期徒刑或者拘役；情节严重的，处五年以上十年以下有期徒刑；情节特别严重的，处十年以上有期徒刑。

【民事、行政枉法裁判罪】在民事、行政审判活动中故意违背事实和法律作枉法裁判，情节严重的，处五年以下有期徒刑或者拘役；情节特别严重的，处五年以上十年以下有期徒刑。

【执行判决、裁定失职罪】【执行判决、裁定滥用职权罪】在执行判决、裁定活动中，严重不负责任或者滥用职权，不依法采取诉讼保全措施、不履行法定执行职责，或者违法采取诉讼保全措施、强制执行措施，致使当事人或者其他人的利益遭受重大损失的，处五年以下有期徒刑或者拘役；致使当事人或者其他人的利益遭受特别重大损失的，处五年以上十年以下有期徒刑。

司法工作人员收受贿赂，有前三款行为的，同时又构成本法第三百八十五条规定之罪的，依照处罚较重的规定定罪处罚。[1]

第三百九十九条之一 枉法仲裁罪

依法承担仲裁职责的人员，在仲裁活动中故意违背事实和法律作枉法裁决，情节严重的，处三年以下有期徒刑或者拘役；情节特别严重的，处三年以上七年以下有期徒刑。[2]

---

[1] 根据2002年12月28日《刑法修正案（四）》修改。原条文为："司法工作人员徇私枉法、徇情枉法，对明知是无罪的人而使他受追诉、对明知是有罪的人而故意包庇不使他受追诉，或者在刑事审判活动中故意违背事实和法律作枉法裁判的，处五年以下有期徒刑或者拘役；情节严重的，处五年以上十年以下有期徒刑；情节特别严重的，处十年以上有期徒刑。

"在民事、行政审判活动中故意违背事实和法律作枉法裁判，情节严重的，处五年以下有期徒刑或者拘役；情节特别严重的，处五年以上十年以下有期徒刑。

"司法工作人员贪赃枉法，有前两款行为的，同时又构成本法第三百八十五条规定之罪的，依照处罚较重的规定定罪处罚。"

[2] 根据2006年6月29日《刑法修正案（六）》增加。

第四百条

【私放在押人员罪】司法工作人员私放在押的犯罪嫌疑人、被告人或者罪犯的，处五年以下有期徒刑或者拘役；情节严重的，处五年以上十年以下有期徒刑；情节特别严重的，处十年以上有期徒刑。

【失职致使在押人员脱逃罪】司法工作人员由于严重不负责任，致使在押的犯罪嫌疑人、被告人或者罪犯脱逃，造成严重后果的，处三年以下有期徒刑或者拘役；造成特别严重后果的，处三年以上十年以下有期徒刑。

▶条文参见

《最高人民检察院关于渎职侵权犯罪案件立案标准的规定》；《最高人民检察院关于工人等非监管机关在编监管人员私放在押人员行为和失职致使在押人员脱逃行为适用法律问题的解释》

第四百零一条　徇私舞弊减刑、假释、暂予监外执行罪

司法工作人员徇私舞弊，对不符合减刑、假释、暂予监外执行条件的罪犯，予以减刑、假释或者暂予监外执行的，处三年以下有期徒刑或者拘役；情节严重的，处三年以上七年以下有期徒刑。

第四百零二条　徇私舞弊不移交刑事案件罪

行政执法人员徇私舞弊，对依法应当移交司法机关追究刑事责任的不移交，情节严重的，处三年以下有期徒刑或者拘役；造成严重后果的，处三年以上七年以下有期徒刑。

第四百零三条　滥用管理公司、证券职权罪

国家有关主管部门的国家机关工作人员，徇私舞弊，滥用职权，对不符合法律规定条件的公司设立、登记申请或者股票、债券发行、上市申请，予以批准或者登记，致使公共财产、国家和人民利益遭受重大损失的，处五年以下有期徒刑或者拘役。

上级部门强令登记机关及其工作人员实施前款行为的，对其直接负责的主管人员，依照前款的规定处罚。

第四百零四条　徇私舞弊不征、少征税款罪

税务机关的工作人员徇私舞弊，不征或者少征应征税款，致使国家税收遭受重大损失的，处五年以下有期徒刑或者拘役；造成特别重大损失的，处五年以上有期徒刑。

第四百零五条

【徇私舞弊发售发票、抵扣税款、出口退税罪】税务机关的工作人员违反法律、行政法规的规定，在办理发售发票、抵扣税款、出口退税工作中，徇私舞弊，致使国家利益遭受重大损失的，处五年以下有期徒刑或者拘役；致使国家利益遭受特别重大损失的，处五年以上有期徒刑。

【违法提供出口退税凭证罪】其他国家机关工作人员违反国家规定，在提供出口货物报关单、出口收汇核销单等出口退税凭证的工作中，徇私舞弊，致使国家利益遭受重大损失的，依照前款的规定处罚。

第四百零六条　国家机关工作人员签订、履行合同失职被骗罪

国家机关工作人员在签订、履行合同过程中，因严重不负责任被诈骗，致使国家利益遭受重大损失的，处三年以下有期徒刑或者拘役；致使国家利益遭受特别重大损失的，处三年以上七年以下有期徒刑。

第四百零七条　违法发放林木采伐许可证罪

林业主管部门的工作人员违反森林法的规定，超过批准的年采伐限额发放林木采伐许可证或者违反规定滥发林木采伐许可证，情节严重，致使森林遭受严重破坏的，处三年以下有期徒刑或者拘役。

第四百零八条　环境监管失职罪

负有环境保护监督管理职责的国家机关工作人员严重不负责任，导致发生重大环境污染事故，致使公私财产遭受重大损失或者造成人身伤亡的严重后果的，处三年以下有期徒刑或者拘役。

第四百零八条之一　食品、药品监管渎职罪

负有食品药品安全监督管理职责的国家机关工作人员，滥用职权或者玩忽职守，有下列情形之一，造成严重后果或者有其他严重情节的，处五年以下有期徒刑或者拘役；造成特别严重后果或者有其他特别严重情节的，处五年以上十年以下有期徒刑：

（一）瞒报、谎报食品安全事故、药品安全事件的；
（二）对发现的严重食品药品安全违法行为未按规定查处的；
（三）在药品和特殊食品审批审评过程中，对不符合条件的申请准予许可的；
（四）依法应当移交司法机关追究刑事责任不移交的；
（五）有其他滥用职权或者玩忽职守行为的。[1]
徇私舞弊犯前款罪的，从重处罚。[2]

▶ 条文参见

《最高人民法院、最高人民检察院关于办理危害食品安全刑事案件适用法律若干问题的解释》第20条

第四百零九条　传染病防治失职罪

从事传染病防治的政府卫生行政部门的工作人员严重不负责任，导致传染病传播或者流行，情节严重的，处三年以下有期徒刑或者拘役。

---

[1] 根据2020年12月26日《刑法修正案（十一）》修改。原第一款条文为："负有食品安全监督管理职责的国家机关工作人员，滥用职权或者玩忽职守，导致发生重大食品安全事故或者造成其他严重后果的，处五年以下有期徒刑或者拘役；造成特别严重后果的，处五年以上十年以下有期徒刑。"

[2] 根据2011年2月25日《刑法修正案（八）》增加。

▶条文参见

《最高人民法院、最高人民检察院关于办理妨害预防、控制突发传染病疫情等灾害的刑事案件具体应用法律若干问题的解释》第16条

第四百一十条 非法批准征收、征用、占用土地罪 非法低价出让国有土地使用权罪

国家机关工作人员徇私舞弊,违反土地管理法规,滥用职权,非法批准征收、征用、占用土地,或者非法低价出让国有土地使用权,情节严重的,处三年以下有期徒刑或者拘役;致使国家或者集体利益遭受特别重大损失的,处三年以上七年以下有期徒刑。

▶条文参见

《全国人民代表大会常务委员会关于〈中华人民共和国刑法〉第二百二十八条、第三百四十二条、第四百一十条的解释》;《最高人民法院关于审理破坏林地资源刑事案件具体适用法律若干问题的解释》第2~5条;《最高人民法院关于审理破坏土地资源刑事案件具体应用法律若干问题的解释》第4~7条;《最高人民法院关于审理破坏草原资源刑事案件应用法律若干问题的解释》第3条

第四百一十一条 放纵走私罪

海关工作人员徇私舞弊,放纵走私,情节严重的,处五年以下有期徒刑或者拘役;情节特别严重的,处五年以上有期徒刑。

▶条文参见

《最高人民法院、最高人民检察院、海关总署办理走私刑事案件适用法律若干问题的意见》十六

第四百一十二条

【商检徇私舞弊罪】国家商检部门、商检机构的工作人员徇私舞弊,伪造检验结果的,处五年以下有期徒刑或者拘役;造成严重后果的,处五年以上十年以下有期徒刑。

【商检失职罪】前款所列人员严重不负责任，对应当检验的物品不检验，或者延误检验出证、错误出证，致使国家利益遭受重大损失的，处三年以下有期徒刑或者拘役。

第四百一十三条

【动植物检疫徇私舞弊罪】动植物检疫机关的检疫人员徇私舞弊，伪造检疫结果的，处五年以下有期徒刑或者拘役；造成严重后果的，处五年以上十年以下有期徒刑。

【动植物检疫失职罪】前款所列人员严重不负责任，对应当检疫的检疫物不检疫，或者延误检疫出证、错误出证，致使国家利益遭受重大损失的，处三年以下有期徒刑或者拘役。

第四百一十四条　放纵制售伪劣商品犯罪行为罪

对生产、销售伪劣商品犯罪行为负有追究责任的国家机关工作人员，徇私舞弊，不履行法律规定的追究职责，情节严重的，处五年以下有期徒刑或者拘役。

▶条文参见

《最高人民法院、最高人民检察院关于办理生产、销售伪劣商品刑事案件具体应用法律若干问题的解释》第8条

第四百一十五条　办理偷越国（边）境人员出入境证件罪　放行偷越国（边）境人员罪

负责办理护照、签证以及其他出入境证件的国家机关工作人员，对明知是企图偷越国（边）境的人员，予以办理出入境证件的，或者边防、海关等国家机关工作人员，对明知是偷越国（边）境的人员，予以放行的，处三年以下有期徒刑或者拘役；情节严重的，处三年以上七年以下有期徒刑。

第四百一十六条

【不解救被拐卖、绑架妇女、儿童罪】对被拐卖、绑架的妇女、儿童负有解救职责的国家机关工作人员，接到被拐卖、绑架的妇女、儿童及其家属的解救要求或者接到其他人的举报，而对被拐卖、绑架的妇女、儿童不进行解救，造成严重后果的，处五年以下有期徒刑或者拘役。

【阻碍解救被拐卖、绑架妇女、儿童罪】负有解救职责的国家机关工作人员利用职务阻碍解救的，处二年以上七年以下有期徒刑；情节较轻的，处二年以下有期徒刑或者拘役。

第四百一十七条　帮助犯罪分子逃避处罚罪

有查禁犯罪活动职责的国家机关工作人员，向犯罪分子通风报信、提供便利，帮助犯罪分子逃避处罚的，处三年以下有期徒刑或者拘役；情节严重的，处三年以上十年以下有期徒刑。

第四百一十八条　招收公务员、学生徇私舞弊罪

国家机关工作人员在招收公务员、学生工作中徇私舞弊，情节严重的，处三年以下有期徒刑或者拘役。

第四百一十九条　失职造成珍贵文物损毁、流失罪

国家机关工作人员严重不负责任，造成珍贵文物损毁或者流失，后果严重的，处三年以下有期徒刑或者拘役。

第十章　军人违反职责罪

第四百二十条　军人违反职责罪的概念

军人违反职责，危害国家军事利益，依照法律应当受刑罚处罚的行为，是军人违反职责罪。

第四百二十一条　战时违抗命令罪

战时违抗命令，对作战造成危害的，处三年以上十年以下有期徒刑；致使战斗、战役遭受重大损失的，处十年以上有期徒刑、无期徒刑或者死刑。

第四百二十二条　隐瞒、谎报军情罪　拒传、假传军令罪

故意隐瞒、谎报军情或者拒传、假传军令，对作战造成危害的，处三年以上十年以下有期徒刑；致使战斗、战役遭受重大损失的，处十年以上有期徒刑、无期徒刑或者死刑。

第四百二十三条　投降罪

在战场上贪生怕死，自动放下武器投降敌人的，处三年以上十年以下有期徒刑；情节严重的，处十年以上有期徒刑或者无期徒刑。

投降后为敌人效劳的，处十年以上有期徒刑、无期徒刑或者死刑。

第四百二十四条　战时临阵脱逃罪

战时临阵脱逃的，处三年以下有期徒刑；情节严重的，处三年以上十年以下有期徒刑；致使战斗、战役遭受重大损失的，处十年以上有期徒刑、无期徒刑或者死刑。

▶理解与适用

这里规定的"临阵脱逃"，是指在战场上或者在临战或战斗状态下，擅自脱离岗位逃避战斗的行为。应当注意的是，如果指挥人员、值班、值勤人员在战时不是由于畏惧战斗临阵脱逃，而是由于其他原因擅自离开自己的岗位的，不构成本罪，而应按照本法第425条关于擅离、玩忽军事职守罪的规定追究刑事责任。

第四百二十五条　擅离、玩忽军事职守罪

指挥人员和值班、值勤人员擅离职守或者玩忽职守，造成严重后果的，处三年以下有期徒刑或者拘役；造成特别严重后果的，处三年以上七年以下有期徒刑。

战时犯前款罪的，处五年以上有期徒刑。

▶理解与适用

应当注意的是，指挥人员和值班、值勤人员战时擅离职守的犯罪与军人战时临阵脱逃的犯罪是不同的。前者的主体是特定的，即指挥人员和值班、值勤人员，后者的主体则是一般军人；前者的行为是擅离职守行为，后者的行为则是贪生怕死，畏惧战斗，临阵脱逃行为；前者要求造成了严重的后果，后者则不要求造成后果即可构成犯罪。

第四百二十六条　阻碍执行军事职务罪

以暴力、威胁方法，阻碍指挥人员或者值班、值勤人员执行职务的，处五年以下有期徒刑或者拘役；情节严重的，处五年以上十年以下有期徒刑；情节特别严重的，处十年以上有期徒刑或者无期徒刑。战时从重处罚。[①]

▶理解与适用

《刑法修正案（九）》取消了阻碍执行军事职务罪的死刑。

第四百二十七条　指使部属违反职责罪

滥用职权，指使部属进行违反职责的活动，造成严重后果的，处五年以下有期徒刑或者拘役；情节特别严重的，处五年以上十年以下有期徒刑。

[①] 根据2015年8月29日《刑法修正案（九）》修改。原条文为："以暴力、威胁方法，阻碍指挥人员或者值班、值勤人员执行职务的，处五年以下有期徒刑或者拘役；情节严重的，处五年以上有期徒刑；致人重伤、死亡，或者有其他特别严重情节的，处无期徒刑或者死刑。战时从重处罚。"

第四百二十八条　违令作战消极罪

指挥人员违抗命令，临阵畏缩，作战消极，造成严重后果的，处五年以下有期徒刑；致使战斗、战役遭受重大损失或者有其他特别严重情节的，处五年以上有期徒刑。

第四百二十九条　拒不救援友邻部队罪

在战场上明知友邻部队处境危急请求救援，能救援而不救援，致使友邻部队遭受重大损失的，对指挥人员，处五年以下有期徒刑。

第四百三十条　军人叛逃罪

在履行公务期间，擅离岗位，叛逃境外或者在境外叛逃，危害国家军事利益的，处五年以下有期徒刑或者拘役；情节严重的，处五年以上有期徒刑。

驾驶航空器、舰船叛逃的，或者有其他特别严重情节的，处十年以上有期徒刑、无期徒刑或者死刑。

第四百三十一条

【非法获取军事秘密罪】以窃取、刺探、收买方法，非法获取军事秘密的，处五年以下有期徒刑；情节严重的，处五年以上十年以下有期徒刑；情节特别严重的，处十年以上有期徒刑。

【为境外窃取、刺探、收买、非法提供军事秘密罪】为境外的机构、组织、人员窃取、刺探、收买、非法提供军事秘密的，处五年以上十年以下有期徒刑；情节严重的，处十年以上有期徒刑、无期徒刑或者死刑。[1]

---

[1] 根据2020年12月26日《刑法修正案（十一）》修改。原第二款条文为："为境外的机构、组织、人员窃取、刺探、收买、非法提供军事秘密的，处十年以上有期徒刑、无期徒刑或者死刑。"

第四百三十二条　故意泄露军事秘密罪　过失泄露军事秘密罪

违反保守国家秘密法规，故意或者过失泄露军事秘密，情节严重的，处五年以下有期徒刑或者拘役；情节特别严重的，处五年以上十年以下有期徒刑。

战时犯前款罪的，处五年以上十年以下有期徒刑；情节特别严重的，处十年以上有期徒刑或者无期徒刑。

第四百三十三条　战时造谣惑众罪

战时造谣惑众，动摇军心的，处三年以下有期徒刑；情节严重的，处三年以上十年以下有期徒刑；情节特别严重的，处十年以上有期徒刑或者无期徒刑。[①]

▶理解与适用

《刑法修正案（九）》取消了战时造谣惑众罪的死刑。

第四百三十四条　战时自伤罪

战时自伤身体，逃避军事义务的，处三年以下有期徒刑；情节严重的，处三年以上七年以下有期徒刑。

第四百三十五条　逃离部队罪

违反兵役法规，逃离部队，情节严重的，处三年以下有期徒刑或者拘役。

战时犯前款罪的，处三年以上七年以下有期徒刑。

[①] 根据2015年8月29日《刑法修正案（九）》修改。原条文为："战时造谣惑众，动摇军心的，处三年以下有期徒刑；情节严重的，处三年以上十年以下有期徒刑。

"勾结敌人造谣惑众，动摇军心的，处十年以上有期徒刑或者无期徒刑；情节特别严重的，可以判处死刑。"

第四百三十六条　武器装备肇事罪

违反武器装备使用规定，情节严重，因而发生责任事故，致人重伤、死亡或者造成其他严重后果的，处三年以下有期徒刑或者拘役；后果特别严重的，处三年以上七年以下有期徒刑。

第四百三十七条　擅自改变武器装备编配用途罪

违反武器装备管理规定，擅自改变武器装备的编配用途，造成严重后果的，处三年以下有期徒刑或者拘役；造成特别严重后果的，处三年以上七年以下有期徒刑。

第四百三十八条　盗窃、抢夺武器装备、军用物资罪

盗窃、抢夺武器装备或者军用物资的，处五年以下有期徒刑或者拘役；情节严重的，处五年以上十年以下有期徒刑；情节特别严重的，处十年以上有期徒刑、无期徒刑或者死刑。

盗窃、抢夺枪支、弹药、爆炸物的，依照本法第一百二十七条的规定处罚。

第四百三十九条　非法出卖、转让武器装备罪

非法出卖、转让军队武器装备的，处三年以上十年以下有期徒刑；出卖、转让大量武器装备或者有其他特别严重情节的，处十年以上有期徒刑、无期徒刑或者死刑。

第四百四十条　遗弃武器装备罪

违抗命令，遗弃武器装备的，处五年以下有期徒刑或者拘役；遗弃重要或者大量武器装备的，或者有其他严重情节的，处五年以上有期徒刑。

第四百四十一条　遗失武器装备罪

遗失武器装备,不及时报告或者有其他严重情节的,处三年以下有期徒刑或者拘役。

第四百四十二条　擅自出卖、转让军队房地产罪

违反规定,擅自出卖、转让军队房地产,情节严重的,对直接责任人员,处三年以下有期徒刑或者拘役;情节特别严重的,处三年以上十年以下有期徒刑。

第四百四十三条　虐待部属罪

滥用职权,虐待部属,情节恶劣,致人重伤或者造成其他严重后果的,处五年以下有期徒刑或者拘役;致人死亡的,处五年以上有期徒刑。

第四百四十四条　遗弃伤病军人罪

在战场上故意遗弃伤病军人,情节恶劣的,对直接责任人员,处五年以下有期徒刑。

第四百四十五条　战时拒不救治伤病军人罪

战时在救护治疗职位上,有条件救治而拒不救治危重伤病军人的,处五年以下有期徒刑或者拘役;造成伤病军人重残、死亡或者有其他严重情节的,处五年以上十年以下有期徒刑。

第四百四十六条　战时残害居民、掠夺居民财物罪

战时在军事行动地区,残害无辜居民或者掠夺无辜居民财物的,处五年以下有期徒刑;情节严重的,处五年以上十年以下有期徒刑;情节特别严重的,处十年以上有期徒刑、无期徒刑或者死刑。

第四百四十七条 私放俘虏罪

私放俘虏的,处五年以下有期徒刑;私放重要俘虏、私放俘虏多人或者有其他严重情节的,处五年以上有期徒刑。

第四百四十八条 虐待俘虏罪

虐待俘虏,情节恶劣的,处三年以下有期徒刑。

第四百四十九条 战时缓刑

在战时,对被判处三年以下有期徒刑没有现实危险宣告缓刑的犯罪军人,允许其戴罪立功,确有立功表现时,可以撤销原判刑罚,不以犯罪论处。

第四百五十条 本章适用范围

本章适用于中国人民解放军的现役军官、文职干部、士兵及具有军籍的学员和中国人民武装警察部队的现役警官、文职干部、士兵及具有军籍的学员以及文职人员、执行军事任务的预备役人员和其他人员。[1]

第四百五十一条 战时的概念

本章所称战时,是指国家宣布进入战争状态、部队受领作战任务或者遭敌突然袭击时。

部队执行戒严任务或者处置突发性暴力事件时,以战时论。

---

[1] 根据2020年12月26日《刑法修正案(十一)》修改。原条文为:"本章适用于中国人民解放军的现役军官、文职干部、士兵及具有军籍的学员和中国人民武装警察部队的现役警官、文职干部、士兵及具有军籍的学员以及执行军事任务的预备役人员和其他人员。"

附　则

第四百五十二条　施行日期

本法自 1997 年 10 月 1 日起施行。

列于本法附件一的全国人民代表大会常务委员会制定的条例、补充规定和决定，已纳入本法或者已不适用，自本法施行之日起，予以废止。

列于本法附件二的全国人民代表大会常务委员会制定的补充规定和决定予以保留。其中，有关行政处罚和行政措施的规定继续有效；有关刑事责任的规定已纳入本法，自本法施行之日起，适用本法规定。

附件一

全国人民代表大会常务委员会制定的下列条例、补充规定和决定，已纳入本法或者已不适用，自本法施行之日起，予以废止：

1. 中华人民共和国惩治军人违反职责罪暂行条例
2. 关于严惩严重破坏经济的罪犯的决定
3. 关于严惩严重危害社会治安的犯罪分子的决定
4. 关于惩治走私罪的补充规定
5. 关于惩治贪污罪贿赂罪的补充规定
6. 关于惩治泄露国家秘密犯罪的补充规定
7. 关于惩治捕杀国家重点保护的珍贵、濒危野生动物犯罪的补充规定
8. 关于惩治侮辱中华人民共和国国旗国徽罪的决定
9. 关于惩治盗掘古文化遗址古墓葬犯罪的补充规定
10. 关于惩治劫持航空器犯罪分子的决定
11. 关于惩治假冒注册商标犯罪的补充规定

12. 关于惩治生产、销售伪劣商品犯罪的决定
13. 关于惩治侵犯著作权的犯罪的决定
14. 关于惩治违反公司法的犯罪的决定
15. 关于处理逃跑或者重新犯罪的劳改犯和劳教人员的决定

附件二

全国人民代表大会常务委员会制定的下列补充规定和决定予以保留,其中,有关行政处罚和行政措施的规定继续有效;有关刑事责任的规定已纳入本法,自本法施行之日起,适用本法规定:

1. 关于禁毒的决定①
2. 关于惩治走私、制作、贩卖、传播淫秽物品的犯罪分子的决定
3. 关于严禁卖淫嫖娼的决定②
4. 关于严惩拐卖、绑架妇女、儿童的犯罪分子的决定
5. 关于惩治偷税、抗税犯罪的补充规定③
6. 关于严惩组织、运送他人偷越国(边)境犯罪的补充规定④
7. 关于惩治破坏金融秩序犯罪的决定
8. 关于惩治虚开、伪造和非法出售增值税专用发票犯罪的决定

---

① 根据《中华人民共和国禁毒法》第七十一条的规定,本决定自2008年6月1日起废止。
② 根据《全国人民代表大会常务委员会关于废止有关收容教育法律规定和制度的决定》,该决定第四条第二款、第四款,以及据此实行的收容教育制度自2019年12月29日起废止。
③ 根据《全国人民代表大会常务委员会关于废止部分法律的决定》,该补充规定自2009年6月27日起废止。
④ 根据《全国人民代表大会常务委员会关于废止部分法律的决定》,该补充规定自2009年6月27日起废止。

实用核心法规

中华人民共和国刑法修正案

(1999年12月25日第九届全国人民代表大会常务委员会第十三次会议通过 1999年12月25日中华人民共和国主席令第二十七号公布 自公布之日起施行)

为了惩治破坏社会主义市场经济秩序的犯罪,保障社会主义现代化建设的顺利进行,对刑法作如下补充修改:

一、第一百六十二条后增加一条,作为第一百六十二条之一:"隐匿或者故意销毁依法应当保存的会计凭证、会计帐簿、财务会计报告,情节严重的,处五年以下有期徒刑或者拘役,并处或者单处二万元以上二十万元以下罚金。

"单位犯前款罪的,对单位判处罚金,并对其直接负责的主管人员和其他直接责任人员,依照前款的规定处罚。"

二、将刑法第一百六十八条修改为:"国有公司、企业的工作人员,由于严重不负责任或者滥用职权,造成国有公司、企业破产或者严重损失,致使国家利益遭受重大损失的,处三年以下有期徒刑或者拘役;致使国家利益遭受特别重大损失的,处三年以上七年以下有期徒刑。

"国有事业单位的工作人员有前款行为,致使国家利益遭受重大损失的,依照前款的规定处罚。

"国有公司、企业、事业单位的工作人员,徇私舞弊,犯前两款罪的,依照第一款的规定从重处罚。"

三、将刑法第一百七十四条修改为:"未经国家有关主管部门批准,擅自设立商业银行、证券交易所、期货交易所、证券公司、期货经纪公司、保险公司或者其他金融机构的,处三年以下有期徒刑或者拘役,并处或者单处二万元以上二十万元以下罚金;情节严重的,处三年以上十年以下有期徒刑,并处五万元以上五十万元以下罚金。

"伪造、变造、转让商业银行、证券交易所、期货交易所、证券公司、期货经纪公司、保险公司或者其他金融机构的经营许可证或者批准文件的，依照前款的规定处罚。

"单位犯前两款罪的，对单位判处罚金，并对其直接负责的主管人员和其他直接责任人员，依照第一款的规定处罚。"

四、将刑法第一百八十条修改为："证券、期货交易内幕信息的知情人员或者非法获取证券、期货交易内幕信息的人员，在涉及证券的发行，证券、期货交易或者其他对证券、期货交易价格有重大影响的信息尚未公开前，买入或者卖出该证券，或者从事与该内幕信息有关的期货交易，或者泄露该信息，情节严重的，处五年以下有期徒刑或者拘役，并处或者单处违法所得一倍以上五倍以下罚金；情节特别严重的，处五年以上十年以下有期徒刑，并处违法所得一倍以上五倍以下罚金。

"单位犯前款罪的，对单位判处罚金，并对其直接负责的主管人员和其他直接责任人员，处五年以下有期徒刑或者拘役。

"内幕信息、知情人员的范围，依照法律、行政法规的规定确定。"

五、将刑法第一百八十一条修改为："编造并且传播影响证券、期货交易的虚假信息，扰乱证券、期货交易市场，造成严重后果的，处五年以下有期徒刑或者拘役，并处或者单处一万元以上十万元以下罚金。

"证券交易所、期货交易所、证券公司、期货经纪公司的从业人员，证券业协会、期货业协会或者证券期货监督管理部门的工作人员，故意提供虚假信息或者伪造、变造、销毁交易记录，诱骗投资者买卖证券、期货合约，造成严重后果的，处五年以下有期徒刑或者拘役，并处或者单处一万元以上十万元以下罚金；情节特别恶劣的，处五年以上十年以下有期徒刑，并处二万元以上二十万元以下罚金。

"单位犯前两款罪的，对单位判处罚金，并对其直接负责的主管人员和其他直接责任人员，处五年以下有期徒刑或者拘役。"

六、将刑法第一百八十二条修改为："有下列情形之一，操纵证券、期货交易价格，获取不正当利益或者转嫁风险，情节严重的，处五年以下有期徒刑或者拘役，并处或者单处违法所得一倍以上五倍以下罚金：

（一）单独或者合谋，集中资金优势、持股或者持仓优势或者利用信息优势联合或者连续买卖，操纵证券、期货交易价格的；

（二）与他人串通，以事先约定的时间、价格和方式相互进行证券、期货交易，或者相互买卖并不持有的证券，影响证券、期货交易价格或者证券、期货交易量的；

（三）以自己为交易对象，进行不转移证券所有权的自买自卖，或者以自己为交易对象，自买自卖期货合约，影响证券、期货交易价格或者证券、期货交易量的；

（四）以其他方法操纵证券、期货交易价格的。

"单位犯前款罪的，对单位判处罚金，并对其直接负责的主管人员和其他直接责任人员，处五年以下有期徒刑或者拘役。"

七、将刑法第一百八十五条修改为："商业银行、证券交易所、期货交易所、证券公司、期货经纪公司、保险公司或者其他金融机构的工作人员利用职务上的便利，挪用本单位或者客户资金的，依照本法第二百七十二条的规定定罪处罚。

"国有商业银行、证券交易所、期货交易所、证券公司、期货经纪公司、保险公司或者其他国有金融机构的工作人员和国有商业银行、证券交易所、期货交易所、证券公司、期货经纪公司、保险公司或者其他国有金融机构委派到前款规定中的非国有机构从事公务的人员有前款行为的，依照本法第三百八十四条的规定定罪处罚。"

八、刑法第二百二十五条增加一项，作为第三项："未经国家有关主管部门批准，非法经营证券、期货或者保险业务的；"原第三项改为第四项。

九、本修正案自公布之日起施行。

中华人民共和国刑法修正案（二）

（2001年8月31日第九届全国人民代表大会常务委员会第二十三次会议通过 2001年8月31日中华人民共和国主席令第五十六号公布 自公布之日起施行）

为了惩治毁林开垦和乱占滥用林地的犯罪，切实保护森林资源，将刑法第三百四十二条修改为：

"违反土地管理法规，非法占用耕地、林地等农用地，改变被占用土地用途,数量较大,造成耕地、林地等农用地大量毁坏的,处五年以下有期徒刑或者拘役,并处或者单处罚金。"

本修正案自公布之日起施行。

中华人民共和国刑法修正案(三)

(2001年12月29日第九届全国人民代表大会常务委员会第二十五次会议通过 2001年12月29日中华人民共和国主席令第六十四号公布 自公布之日起施行)

为了惩治恐怖活动犯罪,保障国家和人民生命、财产安全,维护社会秩序,对刑法作如下补充修改:

一、将刑法第一百一十四条修改为:"放火、决水、爆炸以及投放毒害性、放射性、传染病病原体等物质或者以其他危险方法危害公共安全,尚未造成严重后果的,处三年以上十年以下有期徒刑。"

二、将刑法第一百一十五条第一款修改为:"放火、决水、爆炸以及投放毒害性、放射性、传染病病原体等物质或者以其他危险方法致人重伤、死亡或者使公私财产遭受重大损失的,处十年以上有期徒刑、无期徒刑或者死刑。"

三、将刑法第一百二十条第一款修改为:"组织、领导恐怖活动组织的,处十年以上有期徒刑或者无期徒刑;积极参加的,处三年以上十年以下有期徒刑;其他参加的,处三年以下有期徒刑、拘役、管制或者剥夺政治权利。"

四、刑法第一百二十条后增加一条,作为第一百二十条之一:"资助恐怖活动组织或者实施恐怖活动的个人的,处五年以下有期徒刑、拘役、管制或者剥夺政治权利,并处罚金;情节严重的,处五年以上有期徒刑,并处罚金或者没收财产。

"单位犯前款罪的,对单位判处罚金,并对其直接负责的主管人员和其他直接责任人员,依照前款的规定处罚。"

五、将刑法第一百二十五条第二款修改为:"非法制造、买卖、运输、储存毒害性、放射性、传染病病原体等物质,危害公共安全的,依照前款的规定处罚。"

六、将刑法第一百二十七条修改为:"盗窃、抢夺枪支、弹药、爆炸物的,或者盗窃、抢夺毒害性、放射性、传染病病原体等物质,危害公共安全的,处三年以上十年以下有期徒刑;情节严重的,处十年以上有期徒刑、无期徒刑或者死刑。

"抢劫枪支、弹药、爆炸物的,或者抢劫毒害性、放射性、传染病病原体等物质,危害公共安全的,或者盗窃、抢夺国家机关、军警人员、民兵的枪支、弹药、爆炸物的,处十年以上有期徒刑、无期徒刑或者死刑。"

七、将刑法第一百九十一条修改为:"明知是毒品犯罪、黑社会性质的组织犯罪、恐怖活动犯罪、走私犯罪的违法所得及其产生的收益,为掩饰、隐瞒其来源和性质,有下列行为之一的,没收实施以上犯罪的违法所得及其产生的收益,处五年以下有期徒刑或者拘役,并处或者单处洗钱数额百分之五以上百分之二十以下罚金;情节严重的,处五年以上十年以下有期徒刑,并处洗钱数额百分之五以上百分之二十以下罚金:(一)提供资金帐户的;(二)协助将财产转换为现金或者金融票据的;(三)通过转帐或者其他结算方式协助资金转移的;(四)协助将资金汇往境外的;(五)以其他方法掩饰、隐瞒犯罪的违法所得及其收益的来源和性质的。

"单位犯前款罪的,对单位判处罚金,并对其直接负责的主管人员和其他直接责任人员,处五年以下有期徒刑或者拘役;情节严重的,处五年以上十年以下有期徒刑。"

八、刑法第二百九十一条后增加一条,作为第二百九十一条之一:"投放虚假的爆炸性、毒害性、放射性、传染病病原体等物质,或者编造爆炸威胁、生化威胁、放射威胁等恐怖信息,或者明知是编造的恐怖信息而故意传播,严重扰乱社会秩序的,处五年以下有期徒刑、拘役或者管制;造成严重后果的,处五年以上有期徒刑。"

九、本修正案自公布之日起施行。

中华人民共和国刑法修正案（四）

（2002年12月28日第九届全国人民代表大会常务委员会第三十一次会议通过 2002年12月28日中华人民共和国主席令第八十三号公布 自公布之日起施行）

为了惩治破坏社会主义市场经济秩序、妨害社会管理秩序和国家机关工作人员的渎职犯罪行为，保障社会主义现代化建设的顺利进行，保障公民的人身安全，对刑法作如下修改和补充：

一、将刑法第一百四十五条修改为："生产不符合保障人体健康的国家标准、行业标准的医疗器械、医用卫生材料，或者销售明知是不符合保障人体健康的国家标准、行业标准的医疗器械、医用卫生材料，足以严重危害人体健康的，处三年以下有期徒刑或者拘役，并处销售金额百分之五十以上二倍以下罚金；对人体健康造成严重危害的，处三年以上十年以下有期徒刑，并处销售金额百分之五十以上二倍以下罚金；后果特别严重的，处十年以上有期徒刑或者无期徒刑，并处销售金额百分之五十以上二倍以下罚金或者没收财产。"

二、在第一百五十二条中增加一款作为第二款："逃避海关监管将境外固体废物、液态废物和气态废物运输进境，情节严重的，处五年以下有期徒刑，并处或者单处罚金；情节特别严重的，处五年以上有期徒刑，并处罚金。"

原第二款作为第三款，修改为："单位犯前两款罪的，对单位判处罚金，并对其直接负责的主管人员和其他直接责任人员，依照前两款的规定处罚。"

三、将刑法第一百五十五条修改为："下列行为，以走私罪论处，依照本节的有关规定处罚：（一）直接向走私人非法收购国家禁止进口物品的，或者直接向走私人非法收购走私进口的其他货物、物品，数额较大的；（二）在内海、领海、界河、界湖运输、收购、贩卖国家禁止进出口物品的，或者运输、收购、贩卖国家限制进出口货物、物品，数额较大，没有合法证明的。"

四、刑法第二百四十四条后增加一条，作为第二百四十四条之一："违反劳动管理法规，雇用未满十六周岁的未成年人从事超强度体力劳动的，或者从事高空、井下作业的，或者在爆炸性、易燃性、放射性、毒害性等危险环境下从事劳动，情节严重的，对直接责任人员，处三年以下有期徒刑或者拘役，并处罚金；情节特别严重的，处三年以上七年以下有期徒刑，并处罚金。

"有前款行为，造成事故，又构成其他犯罪的，依照数罪并罚的规定处罚。"

五、将刑法第三百三十九条第三款修改为："以原料利用为名，进口不能用作原料的固体废物、液态废物和气态废物的，依照本法第一百五十二条第二款、第三款的规定定罪处罚。"

六、将刑法第三百四十四条修改为："违反国家规定，非法采伐、毁坏珍贵树木或者国家重点保护的其他植物的，或者非法收购、运输、加工、出售珍贵树木或者国家重点保护的其他植物及其制品的，处三年以下有期徒刑、拘役或者管制，并处罚金；情节严重的，处三年以上七年以下有期徒刑，并处罚金。"

七、将刑法第三百四十五条修改为："盗伐森林或者其他林木，数量较大的，处三年以下有期徒刑、拘役或者管制，并处或者单处罚金；数量巨大的，处三年以上七年以下有期徒刑，并处罚金；数量特别巨大的，处七年以上有期徒刑，并处罚金。

"违反森林法的规定，滥伐森林或者其他林木，数量较大的，处三年以下有期徒刑、拘役或者管制，并处或者单处罚金；数量巨大的，处三年以上七年以下有期徒刑，并处罚金。

"非法收购、运输明知是盗伐、滥伐的林木，情节严重的，处三年以下有期徒刑、拘役或者管制，并处或者单处罚金；情节特别严重的，处三年以上七年以下有期徒刑，并处罚金。

"盗伐、滥伐国家级自然保护区内的森林或者其他林木的，从重处罚。"

八、将刑法第三百九十九条修改为："司法工作人员徇私枉法、徇情枉法，对明知是无罪的人而使他受追诉、对明知是有罪的人而故意包庇不使他受追诉，或者在刑事审判活动中故意违背事实和法律作枉法裁判的，处五年以下有期徒刑或者拘役；情节严重的，处五年以上十年以下有期徒刑；情节特别严重的，处十年以上有期徒刑。

"在民事、行政审判活动中故意违背事实和法律作枉法裁判，情节严重的，处五年以下有期徒刑或者拘役；情节特别严重的，处五年以上十年以下有期徒刑。

"在执行判决、裁定活动中，严重不负责任或者滥用职权，不依法采取诉讼保全措施、不履行法定执行职责，或者违法采取诉讼保全措施、强制执行措施，致使当事人或者其他人的利益遭受重大损失的，处五年以下有期徒刑或者拘役；致使当事人或者其他人的利益遭受特别重大损失的，处五年以上十年以下有期徒刑。

"司法工作人员收受贿赂，有前三款行为的，同时又构成本法第三百八十五条规定之罪的，依照处罚较重的规定定罪处罚。"

九、本修正案自公布之日起施行。

中华人民共和国刑法修正案（五）

（2005年2月28日第十届全国人民代表大会常务委员会第十四次会议通过 2005年2月28日中华人民共和国主席令第三十二号公布 自公布之日起施行）

一、在刑法第一百七十七条后增加一条，作为第一百七十七条之一："有下列情形之一，妨害信用卡管理的，处三年以下有期徒刑或者拘役，并处或者单处一万元以上十万元以下罚金；数量巨大或者有其他严重情节的，处三年以上十年以下有期徒刑，并处二万元以上二十万元以下罚金：

"（一）明知是伪造的信用卡而持有、运输的，或者明知是伪造的空白信用卡而持有、运输，数量较大的；

"（二）非法持有他人信用卡，数量较大的；

"（三）使用虚假的身份证明骗领信用卡的；

"（四）出售、购买、为他人提供伪造的信用卡或者以虚假的身份证明骗领的信用卡的。

"窃取、收买或者非法提供他人信用卡信息资料的，依照前款规定处罚。

"银行或者其他金融机构的工作人员利用职务上的便利,犯第二款罪的,从重处罚。"

二、将刑法第一百九十六条修改为:"有下列情形之一,进行信用卡诈骗活动,数额较大的,处五年以下有期徒刑或者拘役,并处二万元以上二十万元以下罚金;数额巨大或者有其他严重情节的,处五年以上十年以下有期徒刑,并处五万元以上五十万元以下罚金;数额特别巨大或者有其他特别严重情节的,处十年以上有期徒刑或者无期徒刑,并处五万元以上五十万元以下罚金或者没收财产:

"(一)使用伪造的信用卡,或者使用以虚假的身份证明骗领的信用卡的;

"(二)使用作废的信用卡的;

"(三)冒用他人信用卡的;

"(四)恶意透支的。

"前款所称恶意透支,是指持卡人以非法占有为目的,超过规定限额或者规定期限透支,并且经发卡银行催收后仍不归还的行为。

"盗窃信用卡并使用的,依照本法第二百六十四条的规定定罪处罚。"

三、在刑法第三百六十九条中增加一款作为第二款,将该条修改为:"破坏武器装备、军事设施、军事通信的,处三年以下有期徒刑、拘役或者管制;破坏重要武器装备、军事设施、军事通信的,处三年以上十年以下有期徒刑;情节特别严重的,处十年以上有期徒刑、无期徒刑或者死刑。

"过失犯前款罪,造成严重后果的,处三年以下有期徒刑或者拘役;造成特别严重后果的,处三年以上七年以下有期徒刑。

"战时犯前两款罪的,从重处罚。"

四、本修正案自公布之日起施行。

中华人民共和国刑法修正案（六）

（2006年6月29日第十届全国人民代表大会常务委员会第二十二次会议通过 2006年6月29日中华人民共和国主席令第五十一号公布 自公布之日起施行）

一、将刑法第一百三十四条修改为："在生产、作业中违反有关安全管理的规定，因而发生重大伤亡事故或者造成其他严重后果的，处三年以下有期徒刑或者拘役；情节特别恶劣的，处三年以上七年以下有期徒刑。

"强令他人违章冒险作业，因而发生重大伤亡事故或者造成其他严重后果的，处五年以下有期徒刑或者拘役；情节特别恶劣的，处五年以上有期徒刑。"

二、将刑法第一百三十五条修改为："安全生产设施或者安全生产条件不符合国家规定，因而发生重大伤亡事故或者造成其他严重后果的，对直接负责的主管人员和其他直接责任人员，处三年以下有期徒刑或者拘役；情节特别恶劣的，处三年以上七年以下有期徒刑。"

三、在刑法第一百三十五条后增加一条，作为第一百三十五条之一："举办大型群众性活动违反安全管理规定，因而发生重大伤亡事故或者造成其他严重后果的，对直接负责的主管人员和其他直接责任人员，处三年以下有期徒刑或者拘役；情节特别恶劣的，处三年以上七年以下有期徒刑。"

四、在刑法第一百三十九条后增加一条，作为第一百三十九条之一："在安全事故发生后，负有报告职责的人员不报或者谎报事故情况，贻误事故抢救，情节严重的，处三年以下有期徒刑或者拘役；情节特别严重的，处三年以上七年以下有期徒刑。"

五、将刑法第一百六十一条修改为："依法负有信息披露义务的公司、企业向股东和社会公众提供虚假的或者隐瞒重要事实的财务会计报告，或者对依法应当披露的其他重要信息不按照规定披露，严重损害股东或者其他人利益，或者有其他严重情节的，对其直接负责的主管人员和其他直接责任人员，处三年以下有期徒刑或者拘役，并处或者单处二万元以上二十万元以下罚金。"

六、在刑法第一百六十二条之一后增加一条，作为第一百六十二条之二："公司、企业通过隐匿财产、承担虚构的债务或者以其他方法转移、处分财产，实施虚假破产，严重损害债权人或者其他人利益的，对其直接负责的主管人员和其他直接责任人员，处五年以下有期徒刑或者拘役，并处或者单处二万元以上二十万元以下罚金。"

七、将刑法第一百六十三条修改为："公司、企业或者其他单位的工作人员利用职务上的便利，索取他人财物或者非法收受他人财物，为他人谋取利益，数额较大的，处五年以下有期徒刑或者拘役；数额巨大的，处五年以上有期徒刑，可以并处没收财产。

"公司、企业或者其他单位的工作人员在经济往来中，利用职务上的便利，违反国家规定，收受各种名义的回扣、手续费，归个人所有的，依照前款的规定处罚。

"国有公司、企业或者其他国有单位中从事公务的人员和国有公司、企业或者其他国有单位委派到非国有公司、企业以及其他单位从事公务的人员有前两款行为的，依照本法第三百八十五条、第三百八十六条的规定定罪处罚。"

八、将刑法第一百六十四条第一款修改为："为谋取不正当利益，给予公司、企业或者其他单位的工作人员以财物，数额较大的，处三年以下有期徒刑或者拘役；数额巨大的，处三年以上十年以下有期徒刑，并处罚金。"

九、在刑法第一百六十九条后增加一条，作为第一百六十九条之一："上市公司的董事、监事、高级管理人员违背对公司的忠实义务，利用职务便利，操纵上市公司从事下列行为之一，致使上市公司利益遭受重大损失的，处三年以下有期徒刑或者拘役，并处或者单处罚金；致使上市公司利益遭受特别重大损失的，处三年以上七年以下有期徒刑，并处罚金：

"（一）无偿向其他单位或者个人提供资金、商品、服务或者其他资产的；

"（二）以明显不公平的条件，提供或者接受资金、商品、服务或者其他资产的；

"（三）向明显不具有清偿能力的单位或者个人提供资金、商品、服务或者其他资产的；

"（四）为明显不具有清偿能力的单位或者个人提供担保，或者无正当理由为其他单位或者个人提供担保的；

"（五）无正当理由放弃债权、承担债务的；

"（六）采用其他方式损害上市公司利益的。

"上市公司的控股股东或者实际控制人，指使上市公司董事、监事、高级管理人员实施前款行为的，依照前款的规定处罚。

"犯前款罪的上市公司的控股股东或者实际控制人是单位的，对单位判处罚金，并对其直接负责的主管人员和其他直接责任人员，依照第一款的规定处罚。"

十、在刑法第一百七十五条后增加一条，作为第一百七十五条之一："以欺骗手段取得银行或者其他金融机构贷款、票据承兑、信用证、保函等，给银行或者其他金融机构造成重大损失或者有其他严重情节的，处三年以下有期徒刑或者拘役，并处或者单处罚金；给银行或者其他金融机构造成特别重大损失或者有其他特别严重情节的，处三年以上七年以下有期徒刑，并处罚金。

"单位犯前款罪的，对单位判处罚金，并对其直接负责的主管人员和其他直接责任人员，依照前款的规定处罚。"

十一、将刑法第一百八十二条修改为："有下列情形之一，操纵证券、期货市场，情节严重的，处五年以下有期徒刑或者拘役，并处或者单处罚金；情节特别严重的，处五年以上十年以下有期徒刑，并处罚金：

"（一）单独或者合谋，集中资金优势、持股或者持仓优势或者利用信息优势联合或者连续买卖，操纵证券、期货交易价格或者证券、期货交易量的；

"（二）与他人串通，以事先约定的时间、价格和方式相互进行证券、期货交易，影响证券、期货交易价格或者证券、期货交易量的；

"（三）在自己实际控制的帐户之间进行证券交易，或者以自己为交易对象，自买自卖期货合约，影响证券、期货交易价格或者证券、期货交易量的；

"（四）以其他方法操纵证券、期货市场的。

"单位犯前款罪的，对单位判处罚金，并对其直接负责的主管人员和其他直接责任人员，依照前款的规定处罚。"

十二、在刑法第一百八十五条后增加一条，作为第一百八十五条之一："商业银行、证券交易所、期货交易所、证券公司、期货经纪公司、保险公司或者其他金融机构，违背受托义务，擅自运用客户资金或者其他委托、信托的财产，情节严重的，对单位判处罚金，并对其直接负责的主管人员和其他直接责任人员，处三年以下有期徒刑或者拘役，并处三万元以上三十万元以下罚金；情节特别严重的，处三年以上十年以下有期徒刑，并处五万元以上五十万元以下罚金。

"社会保障基金管理机构、住房公积金管理机构等公众资金管理机构，以及保险公司、保险资产管理公司、证券投资基金管理公司，违反国家规定运用资金的，对其直接负责的主管人员和其他直接责任人员，依照前款的规定处罚。"

十三、将刑法第一百八十六条第一款、第二款修改为："银行或者其他金融机构的工作人员违反国家规定发放贷款，数额巨大或者造成重大损失的，处五年以下有期徒刑或者拘役，并处一万元以上十万元以下罚金；数额特别巨大或者造成特别重大损失的，处五年以上有期徒刑，并处二万元以上二十万元以下罚金。

"银行或者其他金融机构的工作人员违反国家规定，向关系人发放贷款的，依照前款的规定从重处罚。"

十四、将刑法第一百八十七条第一款修改为："银行或者其他金融机构的工作人员吸收客户资金不入帐，数额巨大或者造成重大损失的，处五年以下有期徒刑或者拘役，并处二万元以上二十万元以下罚金；数额特别巨大或者造成特别重大损失的，处五年以上有期徒刑，并处五万元以上五十万元以下罚金。"

十五、将刑法第一百八十八条第一款修改为："银行或者其他金融机构的工作人员违反规定，为他人出具信用证或者其他保函、票据、存单、资信证明，情节严重的，处五年以下有期徒刑或者拘役；情节特别严重的，处五年以上有期徒刑。"

十六、将刑法第一百九十一条第一款修改为："明知是毒品犯罪、黑社会性质的组织犯罪、恐怖活动犯罪、走私犯罪、贪污贿赂犯罪、破坏金融管理秩序犯罪、金融诈骗犯罪的所得及其产生的收益，为掩饰、隐瞒其来源和性质，有下列行为之一的，没收实施以上犯罪的所得及其产生的收益,处五年以下有期徒刑或者拘役,并处或者单处洗钱数额百分之五以上百分之二十以下罚金;情节严重的,处五年以上十年以下有期徒刑,并处洗钱数额百分之五以上百分之二十以下罚金:

"(一)提供资金帐户的;

"(二)协助将财产转换为现金、金融票据、有价证券的;

"(三)通过转帐或者其他结算方式协助资金转移的;

"(四)协助将资金汇往境外的;

"(五)以其他方法掩饰、隐瞒犯罪所得及其收益的来源和性质的。"

十七、在刑法第二百六十二条后增加一条,作为第二百六十二条之一:"以暴力、胁迫手段组织残疾人或者不满十四周岁的未成年人乞讨的,处三年以下有期徒刑或者拘役,并处罚金;情节严重的,处三年以上七年以下有期徒刑,并处罚金。"

十八、将刑法第三百零三条修改为:"以营利为目的,聚众赌博或者以赌博为业的,处三年以下有期徒刑、拘役或者管制,并处罚金。

"开设赌场的,处三年以下有期徒刑、拘役或者管制,并处罚金;情节严重的,处三年以上十年以下有期徒刑,并处罚金。"

十九、将刑法第三百一十二条修改为:"明知是犯罪所得及其产生的收益而予以窝藏、转移、收购、代为销售或者以其他方法掩饰、隐瞒的,处三年以下有期徒刑、拘役或者管制,并处或者单处罚金;情节严重的,处三年以上七年以下有期徒刑,并处罚金。"

二十、在刑法第三百九十九条后增加一条,作为第三百九十九条之一:"依法承担仲裁职责的人员,在仲裁活动中故意违背事实和法律作枉法裁决,情节严重的,处三年以下有期徒刑或者拘役;情节特别严重的,处三年以上七年以下有期徒刑。"

二十一、本修正案自公布之日起施行。

中华人民共和国刑法修正案（七）

（2009年2月28日第十一届全国人民代表大会常务委员会第七次会议通过 2009年2月28日中华人民共和国主席令第十号公布 自公布之日起施行）

一、将刑法第一百五十一条第三款修改为："走私珍稀植物及其制品等国家禁止进出口的其他货物、物品的，处五年以下有期徒刑或者拘役，并处或者单处罚金；情节严重的，处五年以上有期徒刑，并处罚金。"

二、将刑法第一百八十条第一款修改为："证券、期货交易内幕信息的知情人员或者非法获取证券、期货交易内幕信息的人员，在涉及证券的发行，证券、期货交易或者其他对证券、期货交易价格有重大影响的信息尚未公开前，买入或者卖出该证券，或者从事与该内幕信息有关的期货交易，或者泄露该信息，或者明示、暗示他人从事上述交易活动，情节严重的，处五年以下有期徒刑或者拘役，并处或者单处违法所得一倍以上五倍以下罚金；情节特别严重的，处五年以上十年以下有期徒刑，并处违法所得一倍以上五倍以下罚金。"

增加一款作为第四款："证券交易所、期货交易所、证券公司、期货经纪公司、基金管理公司、商业银行、保险公司等金融机构的从业人员以及有关监管部门或者行业协会的工作人员，利用因职务便利获取的内幕信息以外的其他未公开的信息，违反规定，从事与该信息相关的证券、期货交易活动，或者明示、暗示他人从事相关交易活动，情节严重的，依照第一款的规定处罚。"

三、将刑法第二百零一条修改为："纳税人采取欺骗、隐瞒手段进行虚假纳税申报或者不申报，逃避缴纳税款数额较大并且占应纳税额百分之十以上的，处三年以下有期徒刑或者拘役，并处罚金；数额巨大并且占应纳税额百分之三十以上的，处三年以上七年以下有期徒刑，并处罚金。

"扣缴义务人采取前款所列手段，不缴或者少缴已扣、已收税款，数额较大的，依照前款的规定处罚。

"对多次实施前两款行为,未经处理的,按照累计数额计算。

"有第一款行为,经税务机关依法下达追缴通知后,补缴应纳税款,缴纳滞纳金,已受行政处罚的,不予追究刑事责任;但是,五年内因逃避缴纳税款受过刑事处罚或者被税务机关给予二次以上行政处罚的除外。"

四、在刑法第二百二十四条后增加一条,作为第二百二十四条之一:"组织、领导以推销商品、提供服务等经营活动为名,要求参加者以缴纳费用或者购买商品、服务等方式获得加入资格,并按照一定顺序组成层级,直接或者间接以发展人员的数量作为计酬或者返利依据,引诱、胁迫参加者继续发展他人参加,骗取财物,扰乱经济社会秩序的传销活动的,处五年以下有期徒刑或者拘役,并处罚金;情节严重的,处五年以上有期徒刑,并处罚金。"

五、将刑法第二百二十五条第三项修改为:"未经国家有关主管部门批准非法经营证券、期货、保险业务的,或者非法从事资金支付结算业务的;"

六、将刑法第二百三十九条修改为:"以勒索财物为目的绑架他人的,或者绑架他人作为人质的,处十年以上有期徒刑或者无期徒刑,并处罚金或者没收财产;情节较轻的,处五年以上十年以下有期徒刑,并处罚金。

"犯前款罪,致使被绑架人死亡或者杀害被绑架人的,处死刑,并处没收财产。

"以勒索财物为目的偷盗婴幼儿的,依照前两款的规定处罚。"

七、在刑法第二百五十三条后增加一条,作为第二百五十三条之一:"国家机关或者金融、电信、交通、教育、医疗等单位的工作人员,违反国家规定,将本单位在履行职责或者提供服务过程中获得的公民个人信息,出售或者非法提供给他人,情节严重的,处三年以下有期徒刑或者拘役,并处或者单处罚金。

"窃取或者以其他方法非法获取上述信息,情节严重的,依照前款的规定处罚。

"单位犯前两款罪的,对单位判处罚金,并对其直接负责的主管人员和其他直接责任人员,依照各该款的规定处罚。"

八、在刑法第二百六十二条之一后增加一条,作为第二百六十二条之二:"组织未成年人进行盗窃、诈骗、抢夺、敲诈勒索等违反治安管理活动的,处三年以下有期徒刑或者拘役,并处罚金;情节严重的,处三年以上七年以下有期徒刑,并处罚金。"

九、在刑法第二百八十五条中增加两款作为第二款、第三款:"违反国家规定,侵入前款规定以外的计算机信息系统或者采用其他技术手段,获取该计算机信息系统中存储、处理或者传输的数据,或者对该计算机信息系统实施非法控制,情节严重的,处三年以下有期徒刑或者拘役,并处或者单处罚金;情节特别严重的,处三年以上七年以下有期徒刑,并处罚金。

"提供专门用于侵入、非法控制计算机信息系统的程序、工具,或者明知他人实施侵入、非法控制计算机信息系统的违法犯罪行为而为其提供程序、工具,情节严重的,依照前款的规定处罚。"

十、在刑法第三百一十二条中增加一款作为第二款:"单位犯前款罪的,对单位判处罚金,并对其直接负责的主管人员和其他直接责任人员,依照前款的规定处罚。"

十一、将刑法第三百三十七条第一款修改为:"违反有关动植物防疫、检疫的国家规定,引起重大动植物疫情的,或者有引起重大动植物疫情危险,情节严重的,处三年以下有期徒刑或者拘役,并处或者单处罚金。"

十二、将刑法第三百七十五条第二款修改为:"非法生产、买卖武装部队制式服装,情节严重的,处三年以下有期徒刑、拘役或者管制,并处或者单处罚金。"

增加一款作为第三款:"伪造、盗窃、买卖或者非法提供、使用武装部队车辆号牌等专用标志,情节严重的,处三年以下有期徒刑、拘役或者管制,并处或者单处罚金;情节特别严重的,处三年以上七年以下有期徒刑,并处罚金。"

原第三款作为第四款,修改为:"单位犯第二款、第三款罪的,对单位判处罚金,并对其直接负责的主管人员和其他直接责任人员,依照各该款的规定处罚。"

十三、在刑法第三百八十八条后增加一条作为第三百八十八条之一:"国家工作人员的近亲属或者其他与该国家工作人员关系密切的人,通过该国家工作人员职务上的行为,或者利用该国家工作人员职权或者地位形成的便利条件，通过其他国家工作人员职务上的行为，为请托人谋取不正当利益，索取请托人财物或者收受请托人财物，数额较大或者有其他较重情节的，处三年以下有期徒刑或者拘役，并处罚金；数额巨大或者有其他严重情节的，处三年以上七年以下有期徒刑，并处罚金；数额特别巨大或者有其他特别严重情节的，处七年以上有期徒刑，并处罚金或者没收财产。

"离职的国家工作人员或者其近亲属以及其他与其关系密切的人，利用该离职的国家工作人员原职权或者地位形成的便利条件实施前款行为的，依照前款的规定定罪处罚。"

十四、将刑法第三百九十五条第一款修改为："国家工作人员的财产、支出明显超过合法收入，差额巨大的，可以责令该国家工作人员说明来源，不能说明来源的，差额部分以非法所得论，处五年以下有期徒刑或者拘役；差额特别巨大的，处五年以上十年以下有期徒刑。财产的差额部分予以追缴。"

十五、本修正案自公布之日起施行。

中华人民共和国刑法修正案（八）

（2011年2月25日第十一届全国人民代表大会常务委员会第十九次会议通过　2011年2月25日中华人民共和国主席令第四十一号公布　自2011年5月1日起施行）

一、在刑法第十七条后增加一条，作为第十七条之一："已满七十五周岁的人故意犯罪的，可以从轻或者减轻处罚；过失犯罪的，应当从轻或者减轻处罚。"

二、在刑法第三十八条中增加一款作为第二款："判处管制，可以根据犯罪情况，同时禁止犯罪分子在执行期间从事特定活动，进入特定区域、场所，接触特定的人。"

原第二款作为第三款，修改为："对判处管制的犯罪分子，依法实行社区矫正。"

增加一款作为第四款："违反第二款规定的禁止令的，由公安机关依照《中华人民共和国治安管理处罚法》的规定处罚。"

三、在刑法第四十九条中增加一款作为第二款："审判的时候已满七十五周岁的人，不适用死刑，但以特别残忍手段致人死亡的除外。"

四、将刑法第五十条修改为："判处死刑缓期执行的，在死刑缓期执行期间，如果没有故意犯罪，二年期满以后，减为无期徒刑；如果确有重大立功表现，二年期满以后，减为二十五年有期徒刑；如果故意犯罪，查证属实的，由最高人民法院核准，执行死刑。

"对被判处死刑缓期执行的累犯以及因故意杀人、强奸、抢劫、绑架、放火、爆炸、投放危险物质或者有组织的暴力性犯罪被判处死刑缓期执行的犯罪分子，人民法院根据犯罪情节等情况可以同时决定对其限制减刑。"

五、将刑法第六十三条第一款修改为："犯罪分子具有本法规定的减轻处罚情节的，应当在法定刑以下判处刑罚；本法规定有数个量刑幅度的，应当在法定量刑幅度的下一个量刑幅度内判处刑罚。"

六、将刑法第六十五条第一款修改为："被判处有期徒刑以上刑罚的犯罪分子，刑罚执行完毕或者赦免以后，在五年以内再犯应当判处有期徒刑以上刑罚之罪的，是累犯，应当从重处罚，但是过失犯罪和不满十八周岁的人犯罪的除外。"

七、将刑法第六十六条修改为："危害国家安全犯罪、恐怖活动犯罪、黑社会性质的组织犯罪的犯罪分子，在刑罚执行完毕或者赦免以后，在任何时候再犯上述任一类罪的，都以累犯论处。"

八、在刑法第六十七条中增加一款作为第三款："犯罪嫌疑人虽不具有前两款规定的自首情节，但是如实供述自己罪行的，可以从轻处罚；因其如实供述自己罪行，避免特别严重后果发生的，可以减轻处罚。"

九、删去刑法第六十八条第二款。

十、将刑法第六十九条修改为："判决宣告以前一人犯数罪的，除判处死刑和无期徒刑的以外，应当在总和刑期以下、数刑中最高刑期以上，酌情决定执行的刑期，但是管制最高不能超过三年，拘役最高不能超过一年，有期徒刑总和刑期不满三十五年的，最高不能超过二十年，总和刑期在三十五年以上的，最高不能超过二十五年。

"数罪中有判处附加刑的，附加刑仍须执行，其中附加刑种类相同的，合并执行，种类不同的，分别执行。"

十一、将刑法第七十二条修改为:"对于被判处拘役、三年以下有期徒刑的犯罪分子,同时符合下列条件的,可以宣告缓刑,对其中不满十八周岁的人、怀孕的妇女和已满七十五周岁的人,应当宣告缓刑:

"(一)犯罪情节较轻;

"(二)有悔罪表现;

"(三)没有再犯罪的危险;

"(四)宣告缓刑对所居住社区没有重大不良影响。

"宣告缓刑,可以根据犯罪情况,同时禁止犯罪分子在缓刑考验期限内从事特定活动,进入特定区域、场所,接触特定的人。

"被宣告缓刑的犯罪分子,如果被判处附加刑,附加刑仍须执行。"

十二、将刑法第七十四条修改为:"对于累犯和犯罪集团的首要分子,不适用缓刑。"

十三、将刑法第七十六条修改为:"对宣告缓刑的犯罪分子,在缓刑考验期限内,依法实行社区矫正,如果没有本法第七十七条规定的情形,缓刑考验期满,原判的刑罚就不再执行,并公开予以宣告。"

十四、将刑法第七十七条第二款修改为:"被宣告缓刑的犯罪分子,在缓刑考验期限内,违反法律、行政法规或者国务院有关部门关于缓刑的监督管理规定,或者违反人民法院判决中的禁止令,情节严重的,应当撤销缓刑,执行原判刑罚。"

十五、将刑法第七十八条第二款修改为:"减刑以后实际执行的刑期不能少于下列期限:

"(一)判处管制、拘役、有期徒刑的,不能少于原判刑期的二分之一;

"(二)判处无期徒刑的,不能少于十三年;

"(三)人民法院依照本法第五十条第二款规定限制减刑的死刑缓期执行的犯罪分子,缓期执行期满后依法减为无期徒刑的,不能少于二十五年,缓期执行期满后依法减为二十五年有期徒刑的,不能少于二十年。"

十六、将刑法第八十一条修改为:"被判处有期徒刑的犯罪分子,执行原判刑期二分之一以上,被判处无期徒刑的犯罪分子,实际执行十三年以上,如果认真遵守监规,接受教育改造,确有悔改表现,没有再犯罪的危险的,可以假释。如果有特殊情况,经最高人民法院核准,可以不受上述执行刑期的限制。

"对累犯以及因故意杀人、强奸、抢劫、绑架、放火、爆炸、投放危险物质或者有组织的暴力性犯罪被判处十年以上有期徒刑、无期徒刑的犯罪分子，不得假释。

"对犯罪分子决定假释时，应当考虑其假释后对所居住社区的影响。"

十七、将刑法第八十五条修改为："对假释的犯罪分子，在假释考验期限内，依法实行社区矫正，如果没有本法第八十六条规定的情形，假释考验期满，就认为原判刑罚已经执行完毕，并公开予以宣告。"

十八、将刑法第八十六条第三款修改为："被假释的犯罪分子，在假释考验期限内，有违反法律、行政法规或者国务院有关部门关于假释的监督管理规定的行为，尚未构成新的犯罪的，应当依照法定程序撤销假释，收监执行未执行完毕的刑罚。"

十九、在刑法第一百条中增加一款作为第二款："犯罪的时候不满十八周岁被判处五年有期徒刑以下刑罚的人，免除前款规定的报告义务。"

二十、将刑法第一百零七条修改为："境内外机构、组织或者个人资助实施本章第一百零二条、第一百零三条、第一百零四条、第一百零五条规定之罪的，对直接责任人员，处五年以下有期徒刑、拘役、管制或者剥夺政治权利；情节严重的，处五年以上有期徒刑。"

二十一、将刑法第一百零九条修改为："国家机关工作人员在履行公务期间，擅离岗位，叛逃境外或者在境外叛逃的，处五年以下有期徒刑、拘役、管制或者剥夺政治权利；情节严重的，处五年以上十年以下有期徒刑。

"掌握国家秘密的国家工作人员叛逃境外或者在境外叛逃的，依照前款的规定从重处罚。"

二十二、在刑法第一百三十三条后增加一条，作为第一百三十三条之一："在道路上驾驶机动车追逐竞驶，情节恶劣的，或者在道路上醉酒驾驶机动车的，处拘役，并处罚金。

"有前款行为，同时构成其他犯罪的，依照处罚较重的规定定罪处罚。"

二十三、将刑法第一百四十一条第一款修改为："生产、销售假药的，处三年以下有期徒刑或者拘役，并处罚金；对人体健康造成严重危害或者有其他严重情节的,处三年以上十年以下有期徒刑,并处罚金;致人死亡或者有其他特别严重情节的,处十年以上有期徒刑、无期徒刑或者死刑,并处罚金或者没收财产。"

二十四、将刑法第一百四十三条修改为:"生产、销售不符合食品安全标准的食品,足以造成严重食物中毒事故或者其他严重食源性疾病的,处三年以下有期徒刑或者拘役,并处罚金;对人体健康造成严重危害或者有其他严重情节的,处三年以上七年以下有期徒刑,并处罚金;后果特别严重的,处七年以上有期徒刑或者无期徒刑,并处罚金或者没收财产。"

二十五、将刑法第一百四十四条修改为:"在生产、销售的食品中掺入有毒、有害的非食品原料的,或者销售明知掺有有毒、有害的非食品原料的食品的,处五年以下有期徒刑,并处罚金;对人体健康造成严重危害或者有其他严重情节的,处五年以上十年以下有期徒刑,并处罚金;致人死亡或者有其他特别严重情节的,依照本法第一百四十一条的规定处罚。"

二十六、将刑法第一百五十一条修改为:"走私武器、弹药、核材料或者伪造的货币的,处七年以上有期徒刑,并处罚金或者没收财产;情节特别严重的,处无期徒刑或者死刑,并处没收财产;情节较轻的,处三年以上七年以下有期徒刑,并处罚金。

"走私国家禁止出口的文物、黄金、白银和其他贵重金属或者国家禁止进出口的珍贵动物及其制品的,处五年以上十年以下有期徒刑,并处罚金;情节特别严重的,处十年以上有期徒刑或者无期徒刑,并处没收财产;情节较轻的,处五年以下有期徒刑,并处罚金。

"走私珍稀植物及其制品等国家禁止进出口的其他货物、物品的,处五年以下有期徒刑或者拘役,并处或者单处罚金;情节严重的,处五年以上有期徒刑,并处罚金。

"单位犯本条规定之罪的,对单位判处罚金,并对其直接负责的主管人员和其他直接责任人员,依照本条各款的规定处罚。"

二十七、将刑法第一百五十三条第一款修改为:"走私本法第一百五十一条、第一百五十二条、第三百四十七条规定以外的货物、物品的,根据情节轻重,分别依照下列规定处罚:

"(一)走私货物、物品偷逃应缴税额较大或者一年内曾因走私被给予二次行政处罚后又走私的,处三年以下有期徒刑或者拘役,并处偷逃应缴税额一倍以上五倍以下罚金。

"(二)走私货物、物品偷逃应缴税额巨大或者有其他严重情节的,处三年以上十年以下有期徒刑,并处偷逃应缴税额一倍以上五倍以下罚金。

"(三)走私货物、物品偷逃应缴税额特别巨大或者有其他特别严重情节的,处十年以上有期徒刑或者无期徒刑,并处偷逃应缴税额一倍以上五倍以下罚金或者没收财产。"

二十八、将刑法第一百五十七条第一款修改为:"武装掩护走私的,依照本法第一百五十一条第一款的规定从重处罚。"

二十九、将刑法第一百六十四条修改为:"为谋取不正当利益,给予公司、企业或者其他单位的工作人员以财物,数额较大的,处三年以下有期徒刑或者拘役;数额巨大的,处三年以上十年以下有期徒刑,并处罚金。

"为谋取不正当商业利益,给予外国公职人员或者国际公共组织官员以财物的,依照前款的规定处罚。

"单位犯前两款罪的,对单位判处罚金,并对其直接负责的主管人员和其他直接责任人员,依照第一款的规定处罚。

"行贿人在被追诉前主动交待行贿行为的,可以减轻处罚或者免除处罚。"

三十、将刑法第一百九十九条修改为:"犯本节第一百九十二条规定之罪,数额特别巨大并且给国家和人民利益造成特别重大损失的,处无期徒刑或者死刑,并处没收财产。"

三十一、将刑法第二百条修改为:"单位犯本节第一百九十二条、第一百九十四条、第一百九十五条规定之罪的,对单位判处罚金,并对其直接负责的主管人员和其他直接责任人员,处五年以下有期徒刑或者拘役,可以并处罚金;数额巨大或者有其他严重情节的,处五年以上十年以下有期徒刑,并处罚金;数额特别巨大或者有其他特别严重情节的,处十年以上有期徒刑或者无期徒刑,并处罚金。"

三十二、删去刑法第二百零五条第二款。

三十三、在刑法第二百零五条后增加一条,作为第二百零五条之一:"虚开本法第二百零五条规定以外的其他发票,情节严重的,处二年以下有期徒刑、拘役或者管制,并处罚金;情节特别严重的,处二年以上七年以下有期徒刑,并处罚金。

"单位犯前款罪的,对单位判处罚金,并对其直接负责的主管人员和其他直接责任人员,依照前款的规定处罚。"

三十四、删去刑法第二百零六条第二款。

三十五、在刑法第二百一十条后增加一条,作为第二百一十条之一:"明知是伪造的发票而持有,数量较大的,处二年以下有期徒刑、拘役或者管制,并处罚金;数量巨大的,处二年以上七年以下有期徒刑,并处罚金。

"单位犯前款罪的,对单位判处罚金,并对其直接负责的主管人员和其他直接责任人员,依照前款的规定处罚。"

三十六、将刑法第二百二十六条修改为:"以暴力、威胁手段,实施下列行为之一,情节严重的,处三年以下有期徒刑或者拘役,并处或者单处罚金;情节特别严重的,处三年以上七年以下有期徒刑,并处罚金:

"(一)强买强卖商品的;

"(二)强迫他人提供或者接受服务的;

"(三)强迫他人参与或者退出投标、拍卖的;

"(四)强迫他人转让或者收购公司、企业的股份、债券或者其他资产的;

"(五)强迫他人参与或者退出特定的经营活动的。"

三十七、在刑法第二百三十四条后增加一条,作为第二百三十四条之一:"组织他人出卖人体器官的,处五年以下有期徒刑,并处罚金;情节严重的,处五年以上有期徒刑,并处罚金或者没收财产。

"未经本人同意摘取其器官,或者摘取不满十八周岁的人的器官,或者强迫、欺骗他人捐献器官的,依照本法第二百三十四条、第二百三十二条的规定定罪处罚。

"违背本人生前意愿摘取其尸体器官,或者本人生前未表示同意,违反国家规定,违背其近亲属意愿摘取其尸体器官的,依照本法第三百零二条的规定定罪处罚。"

三十八、将刑法第二百四十四条修改为:"以暴力、威胁或者限制人身自由的方法强迫他人劳动的,处三年以下有期徒刑或者拘役,并处罚金;情节严重的,处三年以上十年以下有期徒刑,并处罚金。

"明知他人实施前款行为,为其招募、运送人员或者有其他协助强迫他人劳动行为的,依照前款的规定处罚。

"单位犯前两款罪的,对单位判处罚金,并对其直接负责的主管人员和其他直接责任人员,依照第一款的规定处罚。"

三十九、将刑法第二百六十四条修改为:"盗窃公私财物,数额较大的,或者多次盗窃、入户盗窃、携带凶器盗窃、扒窃的,处三年以下有期徒刑、拘役或者管制,并处或者单处罚金;数额巨大或者有其他严重情节的,处三年以上十年以下有期徒刑,并处罚金;数额特别巨大或者有其他特别严重情节的,处十年以上有期徒刑或者无期徒刑,并处罚金或者没收财产。"

四十、将刑法第二百七十四条修改为:"敲诈勒索公私财物,数额较大或者多次敲诈勒索的,处三年以下有期徒刑、拘役或者管制,并处或者单处罚金;数额巨大或者有其他严重情节的,处三年以上十年以下有期徒刑,并处罚金;数额特别巨大或者有其他特别严重情节的,处十年以上有期徒刑,并处罚金。"

四十一、在刑法第二百七十六条后增加一条,作为第二百七十六条之一:"以转移财产、逃匿等方法逃避支付劳动者的劳动报酬或者有能力支付而不支付劳动者的劳动报酬,数额较大,经政府有关部门责令支付仍不支付的,处三年以下有期徒刑或者拘役,并处或者单处罚金;造成严重后果的,处三年以上七年以下有期徒刑,并处罚金。

"单位犯前款罪的,对单位判处罚金,并对其直接负责的主管人员和其他直接责任人员,依照前款的规定处罚。

"有前两款行为,尚未造成严重后果,在提起公诉前支付劳动者的劳动报酬,并依法承担相应赔偿责任的,可以减轻或者免除处罚。"

四十二、将刑法第二百九十三条修改为:"有下列寻衅滋事行为之一,破坏社会秩序的,处五年以下有期徒刑、拘役或者管制:

"(一)随意殴打他人,情节恶劣的;

"(二)追逐、拦截、辱骂、恐吓他人,情节恶劣的;

"(三)强拿硬要或者任意损毁、占用公私财物,情节严重的;

"(四)在公共场所起哄闹事,造成公共场所秩序严重混乱的。

"纠集他人多次实施前款行为,严重破坏社会秩序的,处五年以上十年以下有期徒刑,可以并处罚金。"

325

四十三、将刑法第二百九十四条修改为:"组织、领导黑社会性质的组织的,处七年以上有期徒刑,并处没收财产;积极参加的,处三年以上七年以下有期徒刑,可以并处罚金或者没收财产;其他参加的,处三年以下有期徒刑、拘役、管制或者剥夺政治权利,可以并处罚金。

"境外的黑社会组织的人员到中华人民共和国境内发展组织成员的,处三年以上十年以下有期徒刑。

"国家机关工作人员包庇黑社会性质的组织,或者纵容黑社会性质的组织进行违法犯罪活动的,处五年以下有期徒刑;情节严重的,处五年以上有期徒刑。

"犯前三款罪又有其他犯罪行为的,依照数罪并罚的规定处罚。

"黑社会性质的组织应当同时具备以下特征:

"(一)形成较稳定的犯罪组织,人数较多,有明确的组织者、领导者,骨干成员基本固定;

"(二)有组织地通过违法犯罪活动或者其他手段获取经济利益,具有一定的经济实力,以支持该组织的活动;

"(三)以暴力、威胁或者其他手段,有组织地多次进行违法犯罪活动,为非作恶,欺压、残害群众;

"(四)通过实施违法犯罪活动,或者利用国家工作人员的包庇或者纵容,称霸一方,在一定区域或者行业内,形成非法控制或者重大影响,严重破坏经济、社会生活秩序。"

四十四、将刑法第二百九十五条修改为:"传授犯罪方法的,处五年以下有期徒刑、拘役或者管制;情节严重的,处五年以上十年以下有期徒刑;情节特别严重的,处十年以上有期徒刑或者无期徒刑。"

四十五、将刑法第三百二十八条第一款修改为:"盗掘具有历史、艺术、科学价值的古文化遗址、古墓葬的,处三年以上十年以下有期徒刑,并处罚金;情节较轻的,处三年以下有期徒刑、拘役或者管制,并处罚金;有下列情形之一的,处十年以上有期徒刑或者无期徒刑,并处罚金或者没收财产:

"(一)盗掘确定为全国重点文物保护单位和省级文物保护单位的古文化遗址、古墓葬的;

"(二)盗掘古文化遗址、古墓葬集团的首要分子;

"(三)多次盗掘古文化遗址、古墓葬的;

"（四）盗掘古文化遗址、古墓葬，并盗窃珍贵文物或者造成珍贵文物严重破坏的。"

四十六、将刑法第三百三十八条修改为："违反国家规定，排放、倾倒或者处置有放射性的废物、含传染病病原体的废物、有毒物质或者其他有害物质，严重污染环境的，处三年以下有期徒刑或者拘役，并处或者单处罚金；后果特别严重的，处三年以上七年以下有期徒刑，并处罚金。"

四十七、将刑法第三百四十三条第一款修改为："违反矿产资源法的规定，未取得采矿许可证擅自采矿，擅自进入国家规划矿区、对国民经济具有重要价值的矿区和他人矿区范围采矿，或者擅自开采国家规定实行保护性开采的特定矿种，情节严重的，处三年以下有期徒刑、拘役或者管制，并处或者单处罚金；情节特别严重的，处三年以上七年以下有期徒刑，并处罚金。"

四十八、将刑法第三百五十八条第三款修改为："为组织卖淫的人招募、运送人员或者有其他协助组织他人卖淫行为的，处五年以下有期徒刑，并处罚金；情节严重的，处五年以上十年以下有期徒刑，并处罚金。"

四十九、在刑法第四百零八条后增加一条，作为第四百零八条之一："负有食品安全监督管理职责的国家机关工作人员，滥用职权或者玩忽职守，导致发生重大食品安全事故或者造成其他严重后果的，处五年以下有期徒刑或者拘役；造成特别严重后果的，处五年以上十年以下有期徒刑。

"徇私舞弊犯前款罪的，从重处罚。"

五十、本修正案自 2011 年 5 月 1 日起施行。

中华人民共和国刑法修正案（九）

（2015 年 8 月 29 日第十二届全国人民代表大会常务委员会第十六次会议通过　2015 年 8 月 29 日中华人民共和国主席令第三十号公布　自 2015 年 11 月 1 日起施行）

一、在刑法第三十七条后增加一条，作为第三十七条之一："因利用职业便利实施犯罪，或者实施违背职业要求的特定义务的犯罪被判处刑罚的，人民法院可以根据犯罪情况和预防再犯罪的需要，禁止其自刑罚执行完毕之日或者假释之日起从事相关职业，期限为三年至五年。

"被禁止从事相关职业的人违反人民法院依照前款规定作出的决定的，由公安机关依法给予处罚；情节严重的，依照本法第三百一十三条的规定定罪处罚。

"其他法律、行政法规对其从事相关职业另有禁止或者限制性规定的，从其规定。"

二、将刑法第五十条第一款修改为："判处死刑缓期执行的，在死刑缓期执行期间，如果没有故意犯罪，二年期满以后，减为无期徒刑；如果确有重大立功表现，二年期满以后，减为二十五年有期徒刑；如果故意犯罪，情节恶劣的，报请最高人民法院核准后执行死刑；对于故意犯罪未执行死刑的，死刑缓期执行的期间重新计算，并报最高人民法院备案。"

三、将刑法第五十三条修改为："罚金在判决指定的期限内一次或者分期缴纳。期满不缴纳的，强制缴纳。对于不能全部缴纳罚金的，人民法院在任何时候发现被执行人有可以执行的财产，应当随时追缴。

"由于遭遇不能抗拒的灾祸等原因缴纳确实有困难的，经人民法院裁定，可以延期缴纳、酌情减少或者免除。"

四、在刑法第六十九条中增加一款作为第二款："数罪中有判处有期徒刑和拘役的，执行有期徒刑。数罪中有判处有期徒刑和管制，或者拘役和管制的，有期徒刑、拘役执行完毕后，管制仍须执行。"

原第二款作为第三款。

五、将刑法第一百二十条修改为："组织、领导恐怖活动组织的，处十年以上有期徒刑或者无期徒刑，并处没收财产；积极参加的，处三年以上十年以下有期徒刑，并处罚金；其他参加的，处三年以下有期徒刑、拘役、管制或者剥夺政治权利，可以并处罚金。

"犯前款罪并实施杀人、爆炸、绑架等犯罪的，依照数罪并罚的规定处罚。"

六、将刑法第一百二十条之一修改为："资助恐怖活动组织、实施恐怖活动的个人的，或者资助恐怖活动培训的，处五年以下有期徒刑、拘役、管制或者剥夺政治权利，并处罚金；情节严重的，处五年以上有期徒刑，并处罚金或者没收财产。

"为恐怖活动组织、实施恐怖活动或者恐怖活动培训招募、运送人员的，依照前款的规定处罚。

"单位犯前两款罪的，对单位判处罚金，并对其直接负责的主管人员和其他直接责任人员，依照第一款的规定处罚。"

七、在刑法第一百二十条之一后增加五条，作为第一百二十条之二、第一百二十条之三、第一百二十条之四、第一百二十条之五、第一百二十条之六：

"第一百二十条之二 有下列情形之一的，处五年以下有期徒刑、拘役、管制或者剥夺政治权利，并处罚金；情节严重的，处五年以上有期徒刑，并处罚金或者没收财产：

"（一）为实施恐怖活动准备凶器、危险物品或者其他工具的；

"（二）组织恐怖活动培训或者积极参加恐怖活动培训的；

"（三）为实施恐怖活动与境外恐怖活动组织或者人员联络的；

"（四）为实施恐怖活动进行策划或者其他准备的。

"有前款行为，同时构成其他犯罪的，依照处罚较重的规定定罪处罚。

"第一百二十条之三 以制作、散发宣扬恐怖主义、极端主义的图书、音频视频资料或者其他物品，或者通过讲授、发布信息等方式宣扬恐怖主义、极端主义的，或者煽动实施恐怖活动的，处五年以下有期徒刑、拘役、管制或者剥夺政治权利，并处罚金；情节严重的，处五年以上有期徒刑，并处罚金或者没收财产。

"第一百二十条之四 利用极端主义煽动、胁迫群众破坏国家法律确立的婚姻、司法、教育、社会管理等制度实施的，处三年以下有期徒刑、拘役或者管制，并处罚金；情节严重的，处三年以上七年以下有期徒刑，并处罚金；情节特别严重的，处七年以上有期徒刑，并处罚金或者没收财产。

"第一百二十条之五 以暴力、胁迫等方式强制他人在公共场所穿着、佩戴宣扬恐怖主义、极端主义服饰、标志的，处三年以下有期徒刑、拘役或者管制，并处罚金。

"第一百二十条之六 明知是宣扬恐怖主义、极端主义的图书、音频视频资料或者其他物品而非法持有，情节严重的，处三年以下有期徒刑、拘役或者管制，并处或者单处罚金。"

八、将刑法第一百三十三条之一修改为:"在道路上驾驶机动车,有下列情形之一的,处拘役,并处罚金:

"(一)追逐竞驶,情节恶劣的;

"(二)醉酒驾驶机动车的;

"(三)从事校车业务或者旅客运输,严重超过额定乘员载客,或者严重超过规定时速行驶的;

"(四)违反危险化学品安全管理规定运输危险化学品,危及公共安全的。

"机动车所有人、管理人对前款第三项、第四项行为负有直接责任的,依照前款的规定处罚。

"有前两款行为,同时构成其他犯罪的,依照处罚较重的规定定罪处罚。"

九、将刑法第一百五十一条第一款修改为:"走私武器、弹药、核材料或者伪造的货币的,处七年以上有期徒刑,并处罚金或者没收财产;情节特别严重的,处无期徒刑,并处没收财产;情节较轻的,处三年以上七年以下有期徒刑,并处罚金。"

十、将刑法第一百六十四条第一款修改为:"为谋取不正当利益,给予公司、企业或者其他单位的工作人员以财物,数额较大的,处三年以下有期徒刑或者拘役,并处罚金;数额巨大的,处三年以上十年以下有期徒刑,并处罚金。"

十一、将刑法第一百七十条修改为:"伪造货币的,处三年以上十年以下有期徒刑,并处罚金;有下列情形之一的,处十年以上有期徒刑或者无期徒刑,并处罚金或者没收财产:

"(一)伪造货币集团的首要分子;

"(二)伪造货币数额特别巨大的;

"(三)有其他特别严重情节的。"

十二、删去刑法第一百九十九条。

十三、将刑法第二百三十七条修改为:"以暴力、胁迫或者其他方法强制猥亵他人或者侮辱妇女的,处五年以下有期徒刑或者拘役。

"聚众或者在公共场所当众犯前款罪的,或者有其他恶劣情节的,处五年以上有期徒刑。

"猥亵儿童的,依照前两款的规定从重处罚。"

十四、将刑法第二百三十九条第二款修改为:"犯前款罪,杀害被绑架人的,或者故意伤害被绑架人,致人重伤、死亡的,处无期徒刑或者死刑,并处没收财产。"

十五、将刑法第二百四十一条第六款修改为:"收买被拐卖的妇女、儿童,对被买儿童没有虐待行为,不阻碍对其进行解救的,可以从轻处罚;按照被买妇女的意愿,不阻碍其返回原居住地的,可以从轻或者减轻处罚。"

十六、在刑法第二百四十六条中增加一款作为第三款:"通过信息网络实施第一款规定的行为,被害人向人民法院告诉,但提供证据确有困难的,人民法院可以要求公安机关提供协助。"

十七、将刑法第二百五十三条之一修改为:"违反国家有关规定,向他人出售或者提供公民个人信息,情节严重的,处三年以下有期徒刑或者拘役,并处或者单处罚金;情节特别严重的,处三年以上七年以下有期徒刑,并处罚金。

"违反国家有关规定,将在履行职责或者提供服务过程中获得的公民个人信息,出售或者提供给他人的,依照前款的规定从重处罚。

"窃取或者以其他方法非法获取公民个人信息的,依照第一款的规定处罚。

"单位犯前三款罪的,对单位判处罚金,并对其直接负责的主管人员和其他直接责任人员,依照各该款的规定处罚。"

十八、将刑法第二百六十条第三款修改为:"第一款罪,告诉的才处理,但被害人没有能力告诉,或者因受到强制、威吓无法告诉的除外。"

十九、在刑法第二百六十条后增加一条,作为第二百六十条之一:"对未成年人、老年人、患病的人、残疾人等负有监护、看护职责的人虐待被监护、看护的人,情节恶劣的,处三年以下有期徒刑或者拘役。

"单位犯前款罪的,对单位判处罚金,并对其直接负责的主管人员和其他直接责任人员,依照前款的规定处罚。

"有第一款行为,同时构成其他犯罪的,依照处罚较重的规定定罪处罚。"

二十、将刑法第二百六十七条第一款修改为:"抢夺公私财物,数额较大的,或者多次抢夺的,处三年以下有期徒刑、拘役或者管制,并处或者单处罚金;数额巨大或者有其他严重情节的,处三年以上十年以下有期徒刑，并处罚金；数额特别巨大或者有其他特别严重情节的，处十年以上有期徒刑或者无期徒刑，并处罚金或者没收财产。"

二十一、在刑法第二百七十七条中增加一款作为第五款："暴力袭击正在依法执行职务的人民警察的，依照第一款的规定从重处罚。"

二十二、将刑法第二百八十条修改为："伪造、变造、买卖或者盗窃、抢夺、毁灭国家机关的公文、证件、印章的，处三年以下有期徒刑、拘役、管制或者剥夺政治权利，并处罚金；情节严重的，处三年以上十年以下有期徒刑，并处罚金。

"伪造公司、企业、事业单位、人民团体的印章的，处三年以下有期徒刑、拘役、管制或者剥夺政治权利，并处罚金。

"伪造、变造、买卖居民身份证、护照、社会保障卡、驾驶证等依法可以用于证明身份的证件的，处三年以下有期徒刑、拘役、管制或者剥夺政治权利，并处罚金；情节严重的，处三年以上七年以下有期徒刑，并处罚金。"

二十三、在刑法第二百八十条后增加一条作为第二百八十条之一："在依照国家规定应当提供身份证明的活动中，使用伪造、变造的或者盗用他人的居民身份证、护照、社会保障卡、驾驶证等依法可以用于证明身份的证件，情节严重的，处拘役或者管制，并处或者单处罚金。

"有前款行为，同时构成其他犯罪的，依照处罚较重的规定定罪处罚。"

二十四、将刑法第二百八十三条修改为："非法生产、销售专用间谍器材或者窃听、窃照专用器材的，处三年以下有期徒刑、拘役或者管制，并处或者单处罚金；情节严重的，处三年以上七年以下有期徒刑，并处罚金。

"单位犯前款罪的，对单位判处罚金，并对其直接负责的主管人员和其他直接责任人员，依照前款的规定处罚。"

二十五、在刑法第二百八十四条后增加一条，作为第二百八十四条之一："在法律规定的国家考试中，组织作弊的，处三年以下有期徒刑或者拘役，并处或者单处罚金；情节严重的，处三年以上七年以下有期徒刑，并处罚金。

"为他人实施前款犯罪提供作弊器材或者其他帮助的，依照前款的规定处罚。

"为实施考试作弊行为,向他人非法出售或者提供第一款规定的考试的试题、答案的,依照第一款的规定处罚。

"代替他人或者让他人代替自己参加第一款规定的考试的,处拘役或者管制,并处或者单处罚金。"

二十六、在刑法第二百八十五条中增加一款作为第四款:"单位犯前三款罪的,对单位判处罚金,并对其直接负责的主管人员和其他直接责任人员,依照各该款的规定处罚。"

二十七、在刑法第二百八十六条中增加一款作为第四款:"单位犯前三款罪的,对单位判处罚金,并对其直接负责的主管人员和其他直接责任人员,依照第一款的规定处罚。"

二十八、在刑法第二百八十六条后增加一条,作为第二百八十六条之一:"网络服务提供者不履行法律、行政法规规定的信息网络安全管理义务,经监管部门责令采取改正措施而拒不改正,有下列情形之一的,处三年以下有期徒刑、拘役或者管制,并处或者单处罚金:

"(一)致使违法信息大量传播的;

"(二)致使用户信息泄露,造成严重后果的;

"(三)致使刑事案件证据灭失,情节严重的;

"(四)有其他严重情节的。

"单位犯前款罪的,对单位判处罚金,并对其直接负责的主管人员和其他直接责任人员,依照前款的规定处罚。

"有前两款行为,同时构成其他犯罪的,依照处罚较重的规定定罪处罚。"

二十九、在刑法第二百八十七条后增加二条,作为第二百八十七条之一、第二百八十七条之二:

"第二百八十七条之一 利用信息网络实施下列行为之一,情节严重的,处三年以下有期徒刑或者拘役,并处或者单处罚金:

"(一)设立用于实施诈骗、传授犯罪方法、制作或者销售违禁物品、管制物品等违法犯罪活动的网站、通讯群组的;

"(二)发布有关制作或者销售毒品、枪支、淫秽物品等违禁物品、管制物品或者其他违法犯罪信息的;

"(三)为实施诈骗等违法犯罪活动发布信息的。

"单位犯前款罪的,对单位判处罚金,并对其直接负责的主管人员和其他直接责任人员,依照第一款的规定处罚。

"有前两款行为,同时构成其他犯罪的,依照处罚较重的规定定罪处罚。

"第二百八十七条之二 明知他人利用信息网络实施犯罪,为其犯罪提供互联网接入、服务器托管、网络存储、通讯传输等技术支持,或者提供广告推广、支付结算等帮助,情节严重的,处三年以下有期徒刑或者拘役,并处或者单处罚金。

"单位犯前款罪的,对单位判处罚金,并对其直接负责的主管人员和其他直接责任人员,依照第一款的规定处罚。

"有前两款行为,同时构成其他犯罪的,依照处罚较重的规定定罪处罚。"

三十、将刑法第二百八十八条第一款修改为:"违反国家规定,擅自设置、使用无线电台(站),或者擅自使用无线电频率,干扰无线电通讯秩序,情节严重的,处三年以下有期徒刑、拘役或者管制,并处或者单处罚金;情节特别严重的,处三年以上七年以下有期徒刑,并处罚金。"

三十一、将刑法第二百九十条第一款修改为:"聚众扰乱社会秩序,情节严重,致使工作、生产、营业和教学、科研、医疗无法进行,造成严重损失的,对首要分子,处三年以上七年以下有期徒刑;对其他积极参加的,处三年以下有期徒刑、拘役、管制或者剥夺政治权利。"

增加二款作为第三款、第四款:"多次扰乱国家机关工作秩序,经行政处罚后仍不改正,造成严重后果的,处三年以下有期徒刑、拘役或者管制。

"多次组织、资助他人非法聚集,扰乱社会秩序,情节严重的,依照前款的规定处罚。"

三十二、在刑法第二百九十一条之一中增加一款作为第二款:"编造虚假的险情、疫情、灾情、警情,在信息网络或者其他媒体上传播,或者明知是上述虚假信息,故意在信息网络或者其他媒体上传播,严重扰乱社会秩序的,处三年以下有期徒刑、拘役或者管制;造成严重后果的,处三年以上七年以下有期徒刑。"

三十三、将刑法第三百条修改为:"组织、利用会道门、邪教组织或者利用迷信破坏国家法律、行政法规实施的,处三年以上七年以下有期徒刑,并处罚金;情节特别严重的,处七年以上有期徒刑或者无期徒刑,并处罚金或者没收财产;情节较轻的,处三年以下有期徒刑、拘役、管制或者剥夺政治权利,并处或者单处罚金。

"组织、利用会道门、邪教组织或者利用迷信蒙骗他人,致人重伤、死亡的,依照前款的规定处罚。

"犯第一款罪又有奸淫妇女、诈骗财物等犯罪行为的,依照数罪并罚的规定处罚。"

三十四、将刑法第三百零二条修改为:"盗窃、侮辱、故意毁坏尸体、尸骨、骨灰的,处三年以下有期徒刑、拘役或者管制。"

三十五、在刑法第三百零七条后增加一条,作为第三百零七条之一:"以捏造的事实提起民事诉讼,妨害司法秩序或者严重侵害他人合法权益的,处三年以下有期徒刑、拘役或者管制,并处或者单处罚金;情节严重的,处三年以上七年以下有期徒刑,并处罚金。

"单位犯前款罪的,对单位判处罚金,并对其直接负责的主管人员和其他直接责任人员,依照前款的规定处罚。

"有第一款行为,非法占有他人财产或者逃避合法债务,又构成其他犯罪的,依照处罚较重的规定定罪从重处罚。

"司法工作人员利用职权,与他人共同实施前三款行为的,从重处罚;同时构成其他犯罪的,依照处罚较重的规定定罪从重处罚。"

三十六、在刑法第三百零八条后增加一条,作为第三百零八条之一:"司法工作人员、辩护人、诉讼代理人或者其他诉讼参与人,泄露依法不公开审理的案件中不应当公开的信息,造成信息公开传播或者其他严重后果的,处三年以下有期徒刑、拘役或者管制,并处或者单处罚金。

"有前款行为,泄露国家秘密的,依照本法第三百九十八条的规定定罪处罚。

"公开披露、报道第一款规定的案件信息,情节严重的,依照第一款的规定处罚。

"单位犯前款罪的,对单位判处罚金,并对其直接负责的主管人员和其他直接责任人员,依照第一款的规定处罚。"

三十七、将刑法第三百零九条修改为:"有下列扰乱法庭秩序情形之一的,处三年以下有期徒刑、拘役、管制或者罚金:

"(一)聚众哄闹、冲击法庭的;

"(二)殴打司法工作人员或者诉讼参与人的;

"(三)侮辱、诽谤、威胁司法工作人员或者诉讼参与人,不听法庭制止,严重扰乱法庭秩序的;

"(四)有毁坏法庭设施、抢夺、损毁诉讼文书、证据等扰乱法庭秩序行为,情节严重的。"

三十八、将刑法第三百一十一条修改为:"明知他人有间谍犯罪或者恐怖主义、极端主义犯罪行为,在司法机关向其调查有关情况、收集有关证据时,拒绝提供,情节严重的,处三年以下有期徒刑、拘役或者管制。"

三十九、将刑法第三百一十三条修改为:"对人民法院的判决、裁定有能力执行而拒不执行,情节严重的,处三年以下有期徒刑、拘役或者罚金;情节特别严重的,处三年以上七年以下有期徒刑,并处罚金。

"单位犯前款罪的,对单位判处罚金,并对其直接负责的主管人员和其他直接责任人员,依照前款的规定处罚。"

四十、将刑法第三百二十二条修改为:"违反国(边)境管理法规,偷越国(边)境,情节严重的,处一年以下有期徒刑、拘役或者管制,并处罚金;为参加恐怖活动组织、接受恐怖活动培训或者实施恐怖活动,偷越国(边)境的,处一年以上三年以下有期徒刑,并处罚金。"

四十一、将刑法第三百五十条第一款、第二款修改为:"违反国家规定,非法生产、买卖、运输醋酸酐、乙醚、三氯甲烷或者其他用于制造毒品的原料、配剂,或者携带上述物品进出境,情节较重的,处三年以下有期徒刑、拘役或者管制,并处罚金;情节严重的,处三年以上七年以下有期徒刑,并处罚金;情节特别严重的,处七年以上有期徒刑,并处罚金或者没收财产。

"明知他人制造毒品而为其生产、买卖、运输前款规定的物品的,以制造毒品罪的共犯论处。"

四十二、将刑法第三百五十八条修改为:"组织、强迫他人卖淫的,处五年以上十年以下有期徒刑,并处罚金;情节严重的,处十年以上有期徒刑或者无期徒刑,并处罚金或者没收财产。

"组织、强迫未成年人卖淫的,依照前款的规定从重处罚。

"犯前两款罪,并有杀害、伤害、强奸、绑架等犯罪行为的,依照数罪并罚的规定处罚。

"为组织卖淫的人招募、运送人员或者有其他协助组织他人卖淫行为的,处五年以下有期徒刑,并处罚金;情节严重的,处五年以上十年以下有期徒刑,并处罚金。"

四十三、删去刑法第三百六十条第二款。

四十四、将刑法第三百八十三条修改为:"对犯贪污罪的,根据情节轻重,分别依照下列规定处罚:

"(一)贪污数额较大或者有其他较重情节的,处三年以下有期徒刑或者拘役,并处罚金。

"(二)贪污数额巨大或者有其他严重情节的,处三年以上十年以下有期徒刑,并处罚金或者没收财产。

"(三)贪污数额特别巨大或者有其他特别严重情节的,处十年以上有期徒刑或者无期徒刑,并处罚金或者没收财产;数额特别巨大,并使国家和人民利益遭受特别重大损失的,处无期徒刑或者死刑,并处没收财产。

"对多次贪污未经处理的,按照累计贪污数额处罚。

"犯第一款罪,在提起公诉前如实供述自己罪行、真诚悔罪、积极退赃、避免、减少损害结果的发生,有第一项规定情形的,可以从轻、减轻或者免除处罚;有第二项、第三项规定情形的,可以从轻处罚。

"犯第一款罪,有第三项规定情形被判处死刑缓期执行的,人民法院根据犯罪情节等情况可以同时决定在其死刑缓期执行二年期满依法减为无期徒刑后,终身监禁,不得减刑、假释。"

四十五、将刑法第三百九十条修改为:"对犯行贿罪的,处五年以下有期徒刑或者拘役,并处罚金;因行贿谋取不正当利益,情节严重的,或者使国家利益遭受重大损失的,处五年以上十年以下有期徒刑,并处罚金;情节特别严重的,或者使国家利益遭受特别重大损失的,处十年以上有期徒刑或者无期徒刑,并处罚金或者没收财产。

"行贿人在被追诉前主动交待行贿行为的,可以从轻或者减轻处罚。其中,犯罪较轻的,对侦破重大案件起关键作用的,或者有重大立功表现的,可以减轻或者免除处罚。"

四十六、在刑法第三百九十条后增加一条,作为第三百九十条之一:"为谋取不正当利益,向国家工作人员的近亲属或者其他与该国家工作人员关系密切的人,或者向离职的国家工作人员或者其近亲属以及其他与其关系密切的人行贿的,处三年以下有期徒刑或者拘役,并处罚金;情节严重的，或者使国家利益遭受重大损失的，处三年以上七年以下有期徒刑，并处罚金；情节特别严重的，或者使国家利益遭受特别重大损失的，处七年以上十年以下有期徒刑，并处罚金。

"单位犯前款罪的，对单位判处罚金，并对其直接负责的主管人员和其他直接责任人员，处三年以下有期徒刑或者拘役，并处罚金。"

四十七、将刑法第三百九十一条第一款修改为："为谋取不正当利益，给予国家机关、国有公司、企业、事业单位、人民团体以财物的，或者在经济往来中，违反国家规定，给予各种名义的回扣、手续费的，处三年以下有期徒刑或者拘役，并处罚金。"

四十八、将刑法第三百九十二条第一款修改为："向国家工作人员介绍贿赂，情节严重的，处三年以下有期徒刑或者拘役，并处罚金。"

四十九、将刑法第三百九十三条修改为："单位为谋取不正当利益而行贿，或者违反国家规定，给予国家工作人员以回扣、手续费，情节严重的，对单位判处罚金，并对其直接负责的主管人员和其他直接责任人员，处五年以下有期徒刑或者拘役，并处罚金。因行贿取得的违法所得归个人所有的，依照本法第三百八十九条、第三百九十条的规定定罪处罚。"

五十、将刑法第四百二十六条修改为："以暴力、威胁方法，阻碍指挥人员或者值班、值勤人员执行职务的，处五年以下有期徒刑或者拘役；情节严重的，处五年以上十年以下有期徒刑；情节特别严重的，处十年以上有期徒刑或者无期徒刑。战时从重处罚。"

五十一、将刑法第四百三十三条修改为："战时造谣惑众，动摇军心的，处三年以下有期徒刑；情节严重的，处三年以上十年以下有期徒刑；情节特别严重的，处十年以上有期徒刑或者无期徒刑。"

五十二、本修正案自 2015 年 11 月 1 日起施行。

中华人民共和国刑法修正案（十）

（2017年11月4日第十二届全国人民代表大会常务委员会第三十次会议通过 2017年11月4日中华人民共和国主席令第八十号公布 自公布之日起施行）

为了惩治侮辱国歌的犯罪行为，切实维护国歌奏唱、使用的严肃性和国家尊严，在刑法第二百九十九条中增加一款作为第二款，将该条修改为：

"在公共场合，故意以焚烧、毁损、涂划、玷污、践踏等方式侮辱中华人民共和国国旗、国徽的，处三年以下有期徒刑、拘役、管制或者剥夺政治权利。

"在公共场合，故意篡改中华人民共和国国歌歌词、曲谱，以歪曲、贬损方式奏唱国歌，或者以其他方式侮辱国歌，情节严重的，依照前款的规定处罚。"

本修正案自公布之日起施行。

中华人民共和国刑法修正案（十一）

（2020年12月26日第十三届全国人民代表大会常务委员会第二十四次会议通过 2020年12月26日中华人民共和国主席令第六十六号公布 自2021年3月1日起施行）

一、将刑法第十七条修改为："已满十六周岁的人犯罪，应当负刑事责任。

"已满十四周岁不满十六周岁的人，犯故意杀人、故意伤害致人重伤或者死亡、强奸、抢劫、贩卖毒品、放火、爆炸、投放危险物质罪的，应当负刑事责任。

"已满十二周岁不满十四周岁的人，犯故意杀人、故意伤害罪，致人死亡或者以特别残忍手段致人重伤造成严重残疾，情节恶劣，经最高人民检察院核准追诉的,应当负刑事责任。

"对依照前三款规定追究刑事责任的不满十八周岁的人,应当从轻或者减轻处罚。

"因不满十六周岁不予刑事处罚的,责令其父母或者其他监护人加以管教;在必要的时候,依法进行专门矫治教育。"

二、在刑法第一百三十三条之一后增加一条,作为第一百三十三条之二:"对行驶中的公共交通工具的驾驶人员使用暴力或者抢控驾驶操纵装置,干扰公共交通工具正常行驶,危及公共安全的,处一年以下有期徒刑、拘役或者管制,并处或者单处罚金。

"前款规定的驾驶人员在行驶的公共交通工具上擅离职守,与他人互殴或者殴打他人,危及公共安全的,依照前款的规定处罚。

"有前两款行为,同时构成其他犯罪的,依照处罚较重的规定定罪处罚。"

三、将刑法第一百三十四条第二款修改为:"强令他人违章冒险作业,或者明知存在重大事故隐患而不排除,仍冒险组织作业,因而发生重大伤亡事故或者造成其他严重后果的,处五年以下有期徒刑或者拘役;情节特别恶劣的,处五年以上有期徒刑。"

四、在刑法第一百三十四条后增加一条,作为第一百三十四条之一:"在生产、作业中违反有关安全管理的规定,有下列情形之一,具有发生重大伤亡事故或者其他严重后果的现实危险的,处一年以下有期徒刑、拘役或者管制:

"(一)关闭、破坏直接关系生产安全的监控、报警、防护、救生设备、设施,或者篡改、隐瞒、销毁其相关数据、信息的;

"(二)因存在重大事故隐患被依法责令停产停业、停止施工、停止使用有关设备、设施、场所或者立即采取排除危险的整改措施,而拒不执行的;

"(三)涉及安全生产的事项未经依法批准或者许可,擅自从事矿山开采、金属冶炼、建筑施工,以及危险物品生产、经营、储存等高度危险的生产作业活动的。"

五、将刑法第一百四十一条修改为:"生产、销售假药的,处三年以下有期徒刑或者拘役,并处罚金;对人体健康造成严重危害或者有其他严重情节的,处三年以上十年以下有期徒刑,并处罚金;致人死亡或者有其他特别严重情节的,处十年以上有期徒刑、无期徒刑或者死刑,并处罚金或者没收财产。

"药品使用单位的人员明知是假药而提供给他人使用的,依照前款的规定处罚。"

六、将刑法第一百四十二条修改为:"生产、销售劣药,对人体健康造成严重危害的,处三年以上十年以下有期徒刑,并处罚金;后果特别严重的,处十年以上有期徒刑或者无期徒刑,并处罚金或者没收财产。

"药品使用单位的人员明知是劣药而提供给他人使用的,依照前款的规定处罚。"

七、在刑法第一百四十二条后增加一条,作为第一百四十二条之一:"违反药品管理法规,有下列情形之一,足以严重危害人体健康的,处三年以下有期徒刑或者拘役,并处或者单处罚金;对人体健康造成严重危害或者有其他严重情节的,处三年以上七年以下有期徒刑,并处罚金:

"(一)生产、销售国务院药品监督管理部门禁止使用的药品的;

"(二)未取得药品相关批准证明文件生产、进口药品或者明知是上述药品而销售的;

"(三)药品申请注册中提供虚假的证明、数据、资料、样品或者采取其他欺骗手段的;

"(四)编造生产、检验记录的。

"有前款行为,同时又构成本法第一百四十一条、第一百四十二条规定之罪或者其他犯罪的,依照处罚较重的规定定罪处罚。"

八、将刑法第一百六十条修改为:"在招股说明书、认股书、公司、企业债券募集办法等发行文件中隐瞒重要事实或者编造重大虚假内容,发行股票或者公司、企业债券、存托凭证或者国务院依法认定的其他证券,数额巨大、后果严重或者有其他严重情节的,处五年以下有期徒刑或者拘役,并处或者单处罚金;数额特别巨大、后果特别严重或者有其他特别严重情节的,处五年以上有期徒刑,并处罚金。

"控股股东、实际控制人组织、指使实施前款行为的,处五年以下有期徒刑或者拘役,并处或者单处非法募集资金金额百分之二十以上一倍以下罚金,数额特别巨大、后果特别严重或者有其他特别严重情节的,处五年以上有期徒刑,并处非法募集资金金额百分之二十以上一倍以下罚金。

"单位犯前两款罪的,对单位判处非法募集资金金额百分之二十以上一倍以下罚金,并对其直接负责的主管人员和其他直接责任人员,依照第一款的规定处罚。"

九、将刑法第一百六十一条修改为:"依法负有信息披露义务的公司、企业向股东和社会公众提供虚假的或者隐瞒重要事实的财务会计报告,或者对依法应当披露的其他重要信息不按照规定披露,严重损害股东或者其他人利益,或者有其他严重情节的,对其直接负责的主管人员和其他直接责任人员,处五年以下有期徒刑或者拘役,并处或者单处罚金;情节特别严重的,处五年以上十年以下有期徒刑,并处罚金。

"前款规定的公司、企业的控股股东、实际控制人实施或者组织、指使实施前款行为的,或者隐瞒相关事项导致前款规定的情形发生的,依照前款的规定处罚。

"犯前款罪的控股股东、实际控制人是单位的,对单位判处罚金,并对其直接负责的主管人员和其他直接责任人员,依照第一款的规定处罚。"

十、将刑法第一百六十三条第一款修改为:"公司、企业或者其他单位的工作人员,利用职务上的便利,索取他人财物或者非法收受他人财物,为他人谋取利益,数额较大的,处三年以下有期徒刑或者拘役,并处罚金;数额巨大或者有其他严重情节的,处三年以上十年以下有期徒刑,并处罚金;数额特别巨大或者有其他特别严重情节的,处十年以上有期徒刑或者无期徒刑,并处罚金。"

十一、将刑法第一百七十五条之一第一款修改为:"以欺骗手段取得银行或者其他金融机构贷款、票据承兑、信用证、保函等,给银行或者其他金融机构造成重大损失的,处三年以下有期徒刑或者拘役,并处或者单处罚金;给银行或者其他金融机构造成特别重大损失或者有其他特别严重情节的,处三年以上七年以下有期徒刑,并处罚金。"

十二、将刑法第一百七十六条修改为:"非法吸收公众存款或者变相吸收公众存款,扰乱金融秩序的,处三年以下有期徒刑或者拘役,并处或者单处罚金;数额巨大或者有其他严重情节的,处三年以上十年以下有期徒刑,并处罚金;数额特别巨大或者有其他特别严重情节的,处十年以上有期徒刑,并处罚金。

"单位犯前款罪的,对单位判处罚金,并对其直接负责的主管人员和其他直接责任人员，依照前款的规定处罚。

"有前两款行为，在提起公诉前积极退赃退赔，减少损害结果发生的，可以从轻或者减轻处罚。"

十三、将刑法第一百八十二条第一款修改为："有下列情形之一，操纵证券、期货市场，影响证券、期货交易价格或者证券、期货交易量，情节严重的，处五年以下有期徒刑或者拘役，并处或者单处罚金；情节特别严重的，处五年以上十年以下有期徒刑，并处罚金：

"（一）单独或者合谋，集中资金优势、持股或者持仓优势或者利用信息优势联合或者连续买卖的；

"（二）与他人串通，以事先约定的时间、价格和方式相互进行证券、期货交易的；

"（三）在自己实际控制的帐户之间进行证券交易，或者以自己为交易对象，自买自卖期货合约的；

"（四）不以成交为目的，频繁或者大量申报买入、卖出证券、期货合约并撤销申报的；

"（五）利用虚假或者不确定的重大信息，诱导投资者进行证券、期货交易的；

"（六）对证券、证券发行人、期货交易标的公开作出评价、预测或者投资建议，同时进行反向证券交易或者相关期货交易的；

"（七）以其他方法操纵证券、期货市场的。"

十四、将刑法第一百九十一条修改为："为掩饰、隐瞒毒品犯罪、黑社会性质的组织犯罪、恐怖活动犯罪、走私犯罪、贪污贿赂犯罪、破坏金融管理秩序犯罪、金融诈骗犯罪的所得及其产生的收益的来源和性质，有下列行为之一的，没收实施以上犯罪的所得及其产生的收益，处五年以下有期徒刑或者拘役，并处或者单处罚金；情节严重的，处五年以上十年以下有期徒刑，并处罚金：

"（一）提供资金帐户的；

"（二）将财产转换为现金、金融票据、有价证券的；

"（三）通过转帐或者其他支付结算方式转移资金的；

"（四）跨境转移资产的；

"（五）以其他方法掩饰、隐瞒犯罪所得及其收益的来源和性质的。

"单位犯前款罪的，对单位判处罚金，并对其直接负责的主管人员和

343

其他直接责任人员,依照前款的规定处罚。"

十五、将刑法第一百九十二条修改为:"以非法占有为目的,使用诈骗方法非法集资,数额较大的,处三年以上七年以下有期徒刑,并处罚金;数额巨大或者有其他严重情节的,处七年以上有期徒刑或者无期徒刑,并处罚金或者没收财产。

"单位犯前款罪的,对单位判处罚金,并对其直接负责的主管人员和其他直接责任人员,依照前款的规定处罚。"

十六、将刑法第二百条修改为:"单位犯本节第一百九十四条、第一百九十五条规定之罪的,对单位判处罚金,并对其直接负责的主管人员和其他直接责任人员,处五年以下有期徒刑或者拘役,可以并处罚金;数额巨大或者有其他严重情节的,处五年以上十年以下有期徒刑,并处罚金;数额特别巨大或者有其他特别严重情节的,处十年以上有期徒刑或者无期徒刑,并处罚金。"

十七、将刑法第二百一十三条修改为:"未经注册商标所有人许可,在同一种商品、服务上使用与其注册商标相同的商标,情节严重的,处三年以下有期徒刑,并处或者单处罚金;情节特别严重的,处三年以上十年以下有期徒刑,并处罚金。"

十八、将刑法第二百一十四条修改为:"销售明知是假冒注册商标的商品,违法所得数额较大或者有其他严重情节的,处三年以下有期徒刑,并处或者单处罚金;违法所得数额巨大或者有其他特别严重情节的,处三年以上十年以下有期徒刑,并处罚金。"

十九、将刑法第二百一十五条修改为:"伪造、擅自制造他人注册商标标识或者销售伪造、擅自制造的注册商标标识,情节严重的,处三年以下有期徒刑,并处或者单处罚金;情节特别严重的,处三年以上十年以下有期徒刑,并处罚金。"

二十、将刑法第二百一十七条修改为:"以营利为目的,有下列侵犯著作权或者与著作权有关的权利的情形之一,违法所得数额较大或者有其他严重情节的,处三年以下有期徒刑,并处或者单处罚金;违法所得数额巨大或者有其他特别严重情节的,处三年以上十年以下有期徒刑,并处罚金:

"(一)未经著作权人许可,复制发行、通过信息网络向公众传播其文字作品、音乐、美术、视听作品、计算机软件及法律、行政法规规

定的其他作品的;

"(二)出版他人享有专有出版权的图书的;

"(三)未经录音录像制作者许可,复制发行、通过信息网络向公众传播其制作的录音录像的;

"(四)未经表演者许可,复制发行录有其表演的录音录像制品,或者通过信息网络向公众传播其表演的;

"(五)制作、出售假冒他人署名的美术作品的;

"(六)未经著作权人或者与著作权有关的权利人许可,故意避开或者破坏权利人为其作品、录音录像制品等采取的保护著作权或者与著作权有关的权利的技术措施的。"

二十一、将刑法第二百一十八条修改为:"以营利为目的,销售明知是本法第二百一十七条规定的侵权复制品,违法所得数额巨大或者有其他严重情节的,处五年以下有期徒刑,并处或者单处罚金。"

二十二、将刑法第二百一十九条修改为:"有下列侵犯商业秘密行为之一,情节严重的,处三年以下有期徒刑,并处或者单处罚金;情节特别严重的,处三年以上十年以下有期徒刑,并处罚金:

"(一)以盗窃、贿赂、欺诈、胁迫、电子侵入或者其他不正当手段获取权利人的商业秘密的;

"(二)披露、使用或者允许他人使用以前项手段获取的权利人的商业秘密的;

"(三)违反保密义务或者违反权利人有关保守商业秘密的要求,披露、使用或者允许他人使用其所掌握的商业秘密的。

"明知前款所列行为,获取、披露、使用或者允许他人使用该商业秘密的,以侵犯商业秘密论。

"本条所称权利人,是指商业秘密的所有人和经商业秘密所有人许可的商业秘密使用人。"

二十三、在刑法第二百一十九条后增加一条,作为第二百一十九条之一:"为境外的机构、组织、人员窃取、刺探、收买、非法提供商业秘密的,处五年以下有期徒刑,并处或者单处罚金;情节严重的,处五年以上有期徒刑,并处罚金。"

二十四、将刑法第二百二十条修改为:"单位犯本节第二百一十三条至第二百一十九条之一规定之罪的,对单位判处罚金,并对其直接负责的主管人员和其他直接责任人员,依照本节各该条的规定处罚。"

二十五、将刑法第二百二十九条修改为:"承担资产评估、验资、验证、会计、审计、法律服务、保荐、安全评价、环境影响评价、环境监测等职责的中介组织的人员故意提供虚假证明文件,情节严重的,处五年以下有期徒刑或者拘役,并处罚金;有下列情形之一的,处五年以上十年以下有期徒刑,并处罚金:

"(一)提供与证券发行相关的虚假的资产评估、会计、审计、法律服务、保荐等证明文件,情节特别严重的;

"(二)提供与重大资产交易相关的虚假的资产评估、会计、审计等证明文件,情节特别严重的;

"(三)在涉及公共安全的重大工程、项目中提供虚假的安全评价、环境影响评价等证明文件,致使公共财产、国家和人民利益遭受特别重大损失的。

"有前款行为,同时索取他人财物或者非法收受他人财物构成犯罪的,依照处罚较重的规定定罪处罚。

"第一款规定的人员,严重不负责任,出具的证明文件有重大失实,造成严重后果的,处三年以下有期徒刑或者拘役,并处或者单处罚金。"

二十六、将刑法第二百三十六条修改为:"以暴力、胁迫或者其他手段强奸妇女的,处三年以上十年以下有期徒刑。

"奸淫不满十四周岁的幼女的,以强奸论,从重处罚。

"强奸妇女、奸淫幼女,有下列情形之一的,处十年以上有期徒刑、无期徒刑或者死刑:

"(一)强奸妇女、奸淫幼女情节恶劣的;

"(二)强奸妇女、奸淫幼女多人的;

"(三)在公共场所当众强奸妇女、奸淫幼女的;

"(四)二人以上轮奸的;

"(五)奸淫不满十周岁的幼女或者造成幼女伤害的;

"(六)致使被害人重伤、死亡或者造成其他严重后果的。"

二十七、在刑法第二百三十六条后增加一条,作为第二百三十六条之一:"对已满十四周岁不满十六周岁的未成年女性负有监护、收养、看护、教育、医疗等特殊职责的人员,与该未成年女性发生性关系的,处三年以下有期徒刑;情节恶劣的,处三年以上十年以下有期徒刑。

"有前款行为，同时又构成本法第二百三十六条规定之罪的，依照处罚较重的规定定罪处罚。"

二十八、将刑法第二百三十七条第三款修改为："猥亵儿童的，处五年以下有期徒刑；有下列情形之一的，处五年以上有期徒刑：

"（一）猥亵儿童多人或者多次的；

"（二）聚众猥亵儿童的，或者在公共场所当众猥亵儿童，情节恶劣的；

"（三）造成儿童伤害或者其他严重后果的；

"（四）猥亵手段恶劣或者有其他恶劣情节的。"

二十九、将刑法第二百七十一条第一款修改为："公司、企业或者其他单位的工作人员，利用职务上的便利，将本单位财物非法占为己有，数额较大的，处三年以下有期徒刑或者拘役，并处罚金；数额巨大的，处三年以上十年以下有期徒刑，并处罚金；数额特别巨大的，处十年以上有期徒刑或者无期徒刑，并处罚金。"

三十、将刑法第二百七十二条修改为："公司、企业或者其他单位的工作人员，利用职务上的便利，挪用本单位资金归个人使用或者借贷给他人，数额较大、超过三个月未还的，或者虽未超过三个月，但数额较大、进行营利活动的，或者进行非法活动的，处三年以下有期徒刑或者拘役；挪用本单位资金数额巨大的，处三年以上七年以下有期徒刑；数额特别巨大的，处七年以上有期徒刑。

"国有公司、企业或者其他国有单位中从事公务的人员和国有公司、企业或者其他国有单位委派到非国有公司、企业以及其他单位从事公务的人员有前款行为的，依照本法第三百八十四条的规定定罪处罚。

"有第一款行为，在提起公诉前将挪用的资金退还的，可以从轻或者减轻处罚。其中，犯罪较轻的，可以减轻或者免除处罚。"

三十一、将刑法第二百七十七条第五款修改为："暴力袭击正在依法执行职务的人民警察的，处三年以下有期徒刑、拘役或者管制；使用枪支、管制刀具，或者以驾驶机动车撞击等手段，严重危及其人身安全的，处三年以上七年以下有期徒刑。"

三十二、在刑法第二百八十条之一后增加一条，作为第二百八十条之二："盗用、冒用他人身份，顶替他人取得的高等学历教育入学资格、公务员录用资格、就业安置待遇的，处三年以下有期徒刑、拘役或者管

347

制,并处罚金。

"组织、指使他人实施前款行为的,依照前款的规定从重处罚。

"国家工作人员有前两款行为,又构成其他犯罪的,依照数罪并罚的规定处罚。"

三十三、在刑法第二百九十一条之一后增加一条,作为第二百九十一条之二:"从建筑物或者其他高空抛掷物品,情节严重的,处一年以下有期徒刑、拘役或者管制,并处或者单处罚金。

"有前款行为,同时构成其他犯罪的,依照处罚较重的规定定罪处罚。"

三十四、在刑法第二百九十三条后增加一条,作为第二百九十三条之一:"有下列情形之一,催收高利放贷等产生的非法债务,情节严重的,处三年以下有期徒刑、拘役或者管制,并处或者单处罚金:

"(一)使用暴力、胁迫方法的;

"(二)限制他人人身自由或者侵入他人住宅的;

"(三)恐吓、跟踪、骚扰他人的。"

三十五、在刑法第二百九十九条后增加一条,作为第二百九十九条之一:"侮辱、诽谤或者以其他方式侵害英雄烈士的名誉、荣誉,损害社会公共利益,情节严重的,处三年以下有期徒刑、拘役、管制或者剥夺政治权利。"

三十六、将刑法第三百零三条修改为:"以营利为目的,聚众赌博或者以赌博为业的,处三年以下有期徒刑、拘役或者管制,并处罚金。

"开设赌场的,处五年以下有期徒刑、拘役或者管制,并处罚金;情节严重的,处五年以上十年以下有期徒刑,并处罚金。

"组织中华人民共和国公民参与国(境)外赌博,数额巨大或者有其他严重情节的,依照前款的规定处罚。"

三十七、将刑法第三百三十条第一款修改为:"违反传染病防治法的规定,有下列情形之一,引起甲类传染病以及依法确定采取甲类传染病预防、控制措施的传染病传播或者有传播严重危险的,处三年以下有期徒刑或者拘役;后果特别严重的,处三年以上七年以下有期徒刑:

"(一)供水单位供应的饮用水不符合国家规定的卫生标准的;

"(二)拒绝按照疾病预防控制机构提出的卫生要求,对传染病病原体污染的污水、污物、场所和物品进行消毒处理的;

"（三）准许或者纵容传染病病人、病原携带者和疑似传染病病人从事国务院卫生行政部门规定禁止从事的易使该传染病扩散的工作的；

"（四）出售、运输疫区中被传染病病原体污染或者可能被传染病病原体污染的物品，未进行消毒处理的；

"（五）拒绝执行县级以上人民政府、疾病预防控制机构依照传染病防治法提出的预防、控制措施的。"

三十八、在刑法第三百三十四条后增加一条，作为第三百三十四条之一："违反国家有关规定，非法采集我国人类遗传资源或者非法运送、邮寄、携带我国人类遗传资源材料出境，危害公众健康或者社会公共利益，情节严重的，处三年以下有期徒刑、拘役或者管制，并处或者单处罚金；情节特别严重的，处三年以上七年以下有期徒刑，并处罚金。"

三十九、在刑法第三百三十六条后增加一条，作为第三百三十六条之一："将基因编辑、克隆的人类胚胎植入人体或者动物体内，或者将基因编辑、克隆的动物胚胎植入人体内，情节严重的，处三年以下有期徒刑或者拘役，并处罚金；情节特别严重的，处三年以上七年以下有期徒刑，并处罚金。"

四十、将刑法第三百三十八条修改为："违反国家规定，排放、倾倒或者处置有放射性的废物、含传染病病原体的废物、有毒物质或者其他有害物质，严重污染环境的，处三年以下有期徒刑或者拘役，并处或者单处罚金；情节严重的，处三年以上七年以下有期徒刑，并处罚金；有下列情形之一的，处七年以上有期徒刑，并处罚金：

"（一）在饮用水水源保护区、自然保护地核心保护区等依法确定的重点保护区域排放、倾倒、处置有放射性的废物、含传染病病原体的废物、有毒物质，情节特别严重的；

"（二）向国家确定的重要江河、湖泊水域排放、倾倒、处置有放射性的废物、含传染病病原体的废物、有毒物质，情节特别严重的；

"（三）致使大量永久基本农田基本功能丧失或者遭受永久性破坏的；

"（四）致使多人重伤、严重疾病，或者致人严重残疾、死亡的。

"有前款行为，同时构成其他犯罪的，依照处罚较重的规定定罪处罚。"

四十一、在刑法第三百四十一条中增加一款作为第三款："违反野生动物保护管理法规，以食用为目的非法猎捕、收购、运输、出售第一款规定以外的在野外环境自然生长繁殖的陆生野生动物，情节严重的，依照前款的规定处罚。"

四十二、在刑法第三百四十二条后增加一条，作为第三百四十二条之一："违反自然保护地管理法规，在国家公园、国家级自然保护区进行开垦、开发活动或者修建建筑物，造成严重后果或者有其他恶劣情节的，处五年以下有期徒刑或者拘役，并处或者单处罚金。

"有前款行为，同时构成其他犯罪的，依照处罚较重的规定定罪处罚。"

四十三、在刑法第三百四十四条后增加一条，作为第三百四十四条之一："违反国家规定，非法引进、释放或者丢弃外来入侵物种，情节严重的，处三年以下有期徒刑或者拘役，并处或者单处罚金。"

四十四、在刑法第三百五十五条后增加一条，作为第三百五十五条之一："引诱、教唆、欺骗运动员使用兴奋剂参加国内、国际重大体育竞赛，或者明知运动员参加上述竞赛而向其提供兴奋剂，情节严重的，处三年以下有期徒刑或者拘役，并处罚金。

"组织、强迫运动员使用兴奋剂参加国内、国际重大体育竞赛的，依照前款的规定从重处罚。"

四十五、将刑法第四百零八条之一第一款修改为："负有食品药品安全监督管理职责的国家机关工作人员，滥用职权或者玩忽职守，有下列情形之一，造成严重后果或者有其他严重情节的，处五年以下有期徒刑或者拘役；造成特别严重后果或者有其他特别严重情节的，处五年以上十年以下有期徒刑：

"（一）瞒报、谎报食品安全事故、药品安全事件的；

"（二）对发现的严重食品药品安全违法行为未按规定查处的；

"（三）在药品和特殊食品审批审评过程中，对不符合条件的申请准予许可的；

"（四）依法应当移交司法机关追究刑事责任不移交的；

"（五）有其他滥用职权或者玩忽职守行为的。"

四十六、将刑法第四百三十一条第二款修改为："为境外的机构、组织、人员窃取、刺探、收买、非法提供军事秘密的，处五年以上十年以下有期徒刑；情节严重的，处十年以上有期徒刑、无期徒刑或者死刑。"

四十七、将刑法第四百五十条修改为："本章适用于中国人民解放军的现役军官、文职干部、士兵及具有军籍的学员和中国人民武装警察部队的现役警官、文职干部、士兵及具有军籍的学员以及文职人员、执行军事任务的预备役人员和其他人员。"

四十八、本修正案自 2021 年 3 月 1 日起施行。

中华人民共和国刑法修正案（十二）

（2023 年 12 月 29 日第十四届全国人民代表大会常务委员会第七次会议通过　2023 年 12 月 29 日中华人民共和国主席令第十八号公布　自 2024 年 3 月 1 日起施行）

一、在刑法第一百六十五条中增加一款作为第二款，将该条修改为："国有公司、企业的董事、监事、高级管理人员，利用职务便利，自己经营或者为他人经营与其所任职公司、企业同类的营业，获取非法利益，数额巨大的，处三年以下有期徒刑或者拘役，并处或者单处罚金；数额特别巨大的，处三年以上七年以下有期徒刑，并处罚金。

"其他公司、企业的董事、监事、高级管理人员违反法律、行政法规规定，实施前款行为，致使公司、企业利益遭受重大损失的，依照前款的规定处罚。"

二、在刑法第一百六十六条中增加一款作为第二款，将该条修改为："国有公司、企业、事业单位的工作人员，利用职务便利，有下列情形之一，致使国家利益遭受重大损失的，处三年以下有期徒刑或者拘役，并处或者单处罚金；致使国家利益遭受特别重大损失的，处三年以上七年以下有期徒刑，并处罚金：

"（一）将本单位的盈利业务交由自己的亲友进行经营的；

"（二）以明显高于市场的价格从自己的亲友经营管理的单位采购商品、接受服务或者以明显低于市场的价格向自己的亲友经营管理的单位销售商品、提供服务的；

"（三）从自己的亲友经营管理的单位采购、接受不合格商品、服务的。

"其他公司、企业的工作人员违反法律、行政法规规定,实施前款行为,致使公司、企业利益遭受重大损失的,依照前款的规定处罚。"

三、在刑法第一百六十九条中增加一款作为第二款,将该条修改为:"国有公司、企业或者其上级主管部门直接负责的主管人员,徇私舞弊,将国有资产低价折股或者低价出售,致使国家利益遭受重大损失的,处三年以下有期徒刑或者拘役;致使国家利益遭受特别重大损失的,处三年以上七年以下有期徒刑。

"其他公司、企业直接负责的主管人员,徇私舞弊,将公司、企业资产低价折股或者低价出售,致使公司、企业利益遭受重大损失的,依照前款的规定处罚。"

四、将刑法第三百八十七条第一款修改为:"国家机关、国有公司、企业、事业单位、人民团体,索取、非法收受他人财物,为他人谋取利益,情节严重的,对单位判处罚金,并对其直接负责的主管人员和其他直接责任人员,处三年以下有期徒刑或者拘役;情节特别严重的,处三年以上十年以下有期徒刑。"

五、将刑法第三百九十条修改为:"对犯行贿罪的,处三年以下有期徒刑或者拘役,并处罚金;因行贿谋取不正当利益,情节严重的,或者使国家利益遭受重大损失的,处三年以上十年以下有期徒刑,并处罚金;情节特别严重的,或者使国家利益遭受特别重大损失的,处十年以上有期徒刑或者无期徒刑,并处罚金或者没收财产。

"有下列情形之一的,从重处罚:
"(一)多次行贿或者向多人行贿的;
"(二)国家工作人员行贿的;
"(三)在国家重点工程、重大项目中行贿的;
"(四)为谋取职务、职级晋升、调整行贿的;
"(五)对监察、行政执法、司法工作人员行贿的;
"(六)在生态环境、财政金融、安全生产、食品药品、防灾救灾、社会保障、教育、医疗等领域行贿,实施违法犯罪活动的;
"(七)将违法所得用于行贿的。

"行贿人在被追诉前主动交待行贿行为的,可以从轻或者减轻处罚。其中,犯罪较轻的,对调查突破、侦破重大案件起关键作用的,或者有重大立功表现的,可以减轻或者免除处罚。"

六、将刑法第三百九十一条第一款修改为:"为谋取不正当利益,给予国家机关、国有公司、企业、事业单位、人民团体以财物的,或者在经济往来中,违反国家规定,给予各种名义的回扣、手续费的,处三年以下有期徒刑或者拘役,并处罚金;情节严重的,处三年以上七年以下有期徒刑,并处罚金。"

七、将刑法第三百九十三条修改为:"单位为谋取不正当利益而行贿,或者违反国家规定,给予国家工作人员以回扣、手续费,情节严重的,对单位判处罚金,并对其直接负责的主管人员和其他直接责任人员,处三年以下有期徒刑或者拘役,并处罚金;情节特别严重的,处三年以上十年以下有期徒刑,并处罚金。因行贿取得的违法所得归个人所有的,依照本法第三百八十九条、第三百九十条的规定定罪处罚。"

八、本修正案自2024年3月1日起施行。

全国人民代表大会常务委员会关于惩治骗购外汇、逃汇和非法买卖外汇犯罪的决定

(1998年12月29日第九届全国人民代表大会常务委员会第六次会议通过 1998年12月29日中华人民共和国主席令第十四号公布 自公布之日起施行)

为了惩治骗购外汇、逃汇和非法买卖外汇的犯罪行为,维护国家外汇管理秩序,对刑法作如下补充修改:

一、[骗购外汇罪] 有下列情形之一,骗购外汇,数额较大的,处五年以下有期徒刑或者拘役,并处骗购外汇数额百分之五以上百分之三十以下罚金;数额巨大或者有其他严重情节的,处五年以上十年以下有期徒刑,并处骗购外汇数额百分之五以上百分之三十以下罚金;数额特别巨大或者有其他特别严重情节的,处十年以上有期徒刑或者无期徒刑,并处骗购外汇数额百分之五以上百分之三十以下罚金或者没收财产:

(一)使用伪造、变造的海关签发的报关单、进口证明、外汇管理部门核准件等凭证和单据的;

（二）重复使用海关签发的报关单、进口证明、外汇管理部门核准件等凭证和单据的；

（三）以其他方式骗购外汇的。

伪造、变造海关签发的报关单、进口证明、外汇管理部门核准件等凭证和单据，并用于骗购外汇的，依照前款的规定从重处罚。

明知用于骗购外汇而提供人民币资金的，以共犯论处。

单位犯前三款罪的，对单位依照第一款的规定判处罚金，并对其直接负责的主管人员和其他直接责任人员，处五年以下有期徒刑或者拘役；数额巨大或者有其他严重情节的，处五年以上十年以下有期徒刑；数额特别巨大或者有其他特别严重情节的，处十年以上有期徒刑或者无期徒刑。

二、买卖伪造、变造的海关签发的报关单、进口证明、外汇管理部门核准件等凭证和单据或者国家机关的其他公文、证件、印章的，依照刑法第二百八十条的规定定罪处罚。

三、将刑法第一百九十条修改为：公司、企业或者其他单位，违反国家规定，擅自将外汇存放境外，或者将境内的外汇非法转移到境外，数额较大的，对单位判处逃汇数额百分之五以上百分之三十以下罚金，并对其直接负责的主管人员和其他直接责任人员，处五年以下有期徒刑或者拘役；数额巨大或者有其他严重情节的，对单位判处逃汇数额百分之五以上百分之三十以下罚金，并对其直接负责的主管人员和其他直接责任人员，处五年以上有期徒刑。

四、在国家规定的交易场所以外非法买卖外汇，扰乱市场秩序，情节严重的，依照刑法第二百二十五条的规定定罪处罚。

单位犯前款罪的，依照刑法第二百三十一条的规定处罚。

五、海关、外汇管理部门以及金融机构、从事对外贸易经营活动的公司、企业或者其他单位的工作人员与骗购外汇或者逃汇的行为人通谋，为其提供购买外汇的有关凭证或者其他便利的，或者明知是伪造、变造的凭证和单据而售汇、付汇的，以共犯论，依照本决定从重处罚。

六、海关、外汇管理部门的工作人员严重不负责任，造成大量外汇被骗购或者逃汇，致使国家利益遭受重大损失的，依照刑法第三百九十七条的规定定罪处罚。

七、金融机构、从事对外贸易经营活动的公司、企业的工作人员严重不负责任，造成大量外汇被骗购或者逃汇，致使国家利益遭受重大损失的,依照刑法第一百六十七条的规定定罪处罚。

八、犯本决定规定之罪,依法被追缴、没收的财物和罚金,一律上缴国库。

九、本决定自公布之日起施行。

全国人民代表大会常务委员会关于《中华人民共和国刑法》第九十三条第二款的解释

(2000年4月29日第九届全国人民代表大会常务委员会第十五次会议通过 根据2009年8月27日第十一届全国人民代表大会常务委员会第十次会议《关于修改部分法律的决定》修正)

全国人民代表大会常务委员会讨论了村民委员会等村基层组织人员在从事哪些工作时属于刑法第九十三条第二款规定的"其他依照法律从事公务的人员",解释如下:

村民委员会等村基层组织人员协助人民政府从事下列行政管理工作,属于刑法第九十三条第二款规定的"其他依照法律从事公务的人员":

(一)救灾、抢险、防汛、优抚、扶贫、移民、救济款物的管理;

(二)社会捐助公益事业款物的管理;

(三)国有土地的经营和管理;

(四)土地征收、征用补偿费用的管理;

(五)代征、代缴税款;

(六)有关计划生育、户籍、征兵工作;

(七)协助人民政府从事的其他行政管理工作。

村民委员会等村基层组织人员从事前款规定的公务,利用职务上的便利,非法占有公共财物、挪用公款、索取他人财物或者非法收受他人财物,构成犯罪的,适用刑法第二百八十二条和第三百八十三条贪污罪、第三百八十四条挪用公款罪、第三百八十五条和第三百八十八条受贿罪的规定。

现予公告。

全国人民代表大会常务委员会关于《中华人民共和国刑法》第二百二十八条、第三百四十二条、第四百一十条的解释

(2001年8月31日第九届全国人民代表大会常务委员会第二十三次会议通过 根据2009年8月27日第十一届全国人民代表大会常务委员会第十次会议《关于修改部分法律的决定》修正)

全国人民代表大会常务委员会讨论了刑法第二百二十八条、第三百四十二条、第四百一十条规定的"违反土地管理法规"和第四百一十条规定的"非法批准征收、征用、占用土地"的含义问题,解释如下:

刑法第二百二十八条、第三百四十二条、第四百一十条规定的"违反土地管理法规",是指违反土地管理法、森林法、草原法等法律以及有关行政法规中关于土地管理的规定。

刑法第四百一十条规定的"非法批准征收、征用、占用土地",是指非法批准征收、征用、占用耕地、林地等农用地以及其他土地。

现予公告。

全国人民代表大会常务委员会关于《中华人民共和国刑法》第三百八十四条第一款的解释

(2002年4月28日第九届全国人民代表大会常务委员会第二十七次会议通过)

全国人民代表大会常务委员会讨论了刑法第三百八十四条第一款规定的国家工作人员利用职务上的便利,挪用公款"归个人使用"的含义

问题，解释如下：

有下列情形之一的，属于挪用公款"归个人使用"：

（一）将公款供本人、亲友或者其他自然人使用的；

（二）以个人名义将公款供其他单位使用的；

（三）个人决定以单位名义将公款供其他单位使用，谋取个人利益的。

现予公告。

全国人民代表大会常务委员会关于《中华人民共和国刑法》第二百九十四条第一款的解释

（2002年4月28日第九届全国人民代表大会常务委员会第二十七次会议通过）

全国人民代表大会常务委员会讨论了刑法第二百九十四条第一款规定的"黑社会性质的组织"的含义问题，解释如下：

刑法第二百九十四条第一款规定的"黑社会性质的组织"应当同时具备以下特征：

（一）形成较稳定的犯罪组织，人数较多，有明确的组织者、领导者，骨干成员基本固定；

（二）有组织地通过违法犯罪活动或者其他手段获取经济利益，具有一定的经济实力，以支持该组织的活动；

（三）以暴力、威胁或者其他手段，有组织地多次进行违法犯罪活动，为非作恶，欺压、残害群众；

（四）通过实施违法犯罪活动，或者利用国家工作人员的包庇或者纵容，称霸一方，在一定区域或者行业内，形成非法控制或者重大影响，严重破坏经济、社会生活秩序。

现予公告。

全国人民代表大会常务委员会
关于《中华人民共和国刑法》
第三百一十三条的解释

（2002年8月29日第九届全国人民代表大会常务委员会第二十九次会议通过）

全国人民代表大会常务委员会讨论了刑法第三百一十三条规定的"对人民法院的判决、裁定有能力执行而拒不执行，情节严重"的含义问题，解释如下：

刑法第三百一十三条规定的"人民法院的判决、裁定"，是指人民法院依法作出的具有执行内容并已发生法律效力的判决、裁定。人民法院为依法执行支付令、生效的调解书、仲裁裁决、公证债权文书等所作的裁定属于该条规定的裁定。

下列情形属于刑法第三百一十三条规定的"有能力执行而拒不执行，情节严重"的情形：

（一）被执行人隐藏、转移、故意毁损财产或者无偿转让财产、以明显不合理的低价转让财产，致使判决、裁定无法执行的；

（二）担保人或者被执行人隐藏、转移、故意毁损或者转让已向人民法院提供担保的财产，致使判决、裁定无法执行的；

（三）协助执行义务人接到人民法院协助执行通知书后，拒不协助执行，致使判决、裁定无法执行的；

（四）被执行人、担保人、协助执行义务人与国家机关工作人员通谋，利用国家机关工作人员的职权妨害执行，致使判决、裁定无法执行的；

（五）其他有能力执行而拒不执行，情节严重的情形。

国家机关工作人员有上述第四项行为的，以拒不执行判决、裁定罪的共犯追究刑事责任。国家机关工作人员收受贿赂或者滥用职权，有上述第四项行为的，同时又构成刑法第三百八十五条、第三百九十七条规定之罪的，依照处罚较重的规定定罪处罚。

现予公告。

全国人民代表大会常务委员会
关于《中华人民共和国刑法》第九章
渎职罪主体适用问题的解释

(2002年12月28日第九届全国人民代表大会常务委员会第三十一次会议通过)

全国人大常委会根据司法实践中遇到的情况,讨论了刑法第九章渎职罪主体的适用问题,解释如下:

在依照法律、法规规定行使国家行政管理职权的组织中从事公务的人员,或者在受国家机关委托代表国家机关行使职权的组织中从事公务的人员,或者虽未列入国家机关人员编制但在国家机关中从事公务的人员,在代表国家机关行使职权时,有渎职行为,构成犯罪的,依照刑法关于渎职罪的规定追究刑事责任。

现予公告。

全国人民代表大会常务委员会
关于《中华人民共和国刑法》
有关信用卡规定的解释

(2004年12月29日第十届全国人民代表大会常务委员会第十三次会议通过)

全国人民代表大会常务委员会根据司法实践中遇到的情况,讨论了刑法规定的"信用卡"的含义问题,解释如下:

刑法规定的"信用卡",是指由商业银行或者其他金融机构发行的具有消费支付、信用贷款、转账结算、存取现金等全部功能或者部分功能的电子支付卡。

现予公告。

全国人民代表大会常务委员会关于《中华人民共和国刑法》有关文物的规定适用于具有科学价值的古脊椎动物化石、古人类化石的解释

(2005年12月29日第十届全国人民代表大会常务委员会第十九次会议通过)

全国人民代表大会常务委员会根据司法实践中遇到的情况，讨论了关于走私、盗窃、损毁、倒卖或者非法转让具有科学价值的古脊椎动物化石、古人类化石的行为适用刑法有关规定的问题，解释如下：

刑法有关文物的规定，适用于具有科学价值的古脊椎动物化石、古人类化石。

现予公告。

全国人民代表大会常务委员会关于《中华人民共和国刑法》有关出口退税、抵扣税款的其他发票规定的解释

(2005年12月29日第十届全国人民代表大会常务委员会第十九次会议通过)

全国人民代表大会常务委员会根据司法实践中遇到的情况，讨论了刑法规定的"出口退税、抵扣税款的其他发票"的含义问题，解释如下：

刑法规定的"出口退税、抵扣税款的其他发票"，是指除增值税专用发票以外的，具有出口退税、抵扣税款功能的收付款凭证或者完税凭证。

现予公告。

全国人民代表大会常务委员会关于《中华人民共和国刑法》第三十条的解释

(2014年4月24日第十二届全国人民代表大会常务委员会第八次会议通过)

全国人民代表大会常务委员会根据司法实践中遇到的情况，讨论了刑法第三十条的含义及公司、企业、事业单位、机关、团体等单位实施刑法规定的危害社会的行为，法律未规定追究单位的刑事责任的，如何适用刑法有关规定的问题，解释如下：

公司、企业、事业单位、机关、团体等单位实施刑法规定的危害社会的行为，刑法分则和其他法律未规定追究单位的刑事责任的，对组织、策划、实施该危害社会行为的人依法追究刑事责任。

现予公告。

全国人民代表大会常务委员会关于《中华人民共和国刑法》第一百五十八条、第一百五十九条的解释

(2014年4月24日第十二届全国人民代表大会常务委员会第八次会议通过)

全国人民代表大会常务委员会讨论了公司法修改后刑法第一百五十八条、第一百五十九条对实行注册资本实缴登记制、认缴登记制的公司的适用范围问题，解释如下：

刑法第一百五十八条、第一百五十九条的规定，只适用于依法实行注册资本实缴登记制的公司。

现予公告。

全国人民代表大会常务委员会
关于《中华人民共和国刑法》
第二百六十六条的解释

(2014年4月24日第十二届全国人民代表大会常务委员会第八次会议通过)

全国人民代表大会常务委员会根据司法实践中遇到的情况,讨论了刑法第二百六十六条的含义及骗取养老、医疗、工伤、失业、生育等社会保险金或者其他社会保障待遇的行为如何适用刑法有关规定的问题,解释如下:

以欺诈、伪造证明材料或者其他手段骗取养老、医疗、工伤、失业、生育等社会保险金或者其他社会保障待遇的,属于刑法第二百六十六条规定的诈骗公私财物的行为。

现予公告。

全国人民代表大会常务委员会关于
《中华人民共和国刑法》第三百四十一条、
第三百一十二条的解释

(2014年4月24日第十二届全国人民代表大会常务委员会第八次会议通过)

全国人民代表大会常务委员会根据司法实践中遇到的情况,讨论了刑法第三百四十一条第一款规定的非法收购国家重点保护的珍贵、濒危野生动物及其制品的含义和收购刑法第三百四十一条第二款规定的非法狩猎的野生动物如何适用刑法有关规定的问题,解释如下:

知道或者应当知道是国家重点保护的珍贵、濒危野生动物及其制品,为食用或者其他目的而非法购买的，属于刑法第三百四十一条第一款规定的非法收购国家重点保护的珍贵、濒危野生动物及其制品的行为。

知道或者应当知道是刑法第三百四十一条第二款规定的非法狩猎的野生动物而购买的，属于刑法第三百一十二条第一款规定的明知是犯罪所得而收购的行为。

现予公告。

实用附录

1. 刑事责任年龄

年龄		责任	备注
<12 周岁		不负刑事责任	
12 周岁≤年龄<14 周岁		对 2 种犯罪行为，应负刑事责任*	
14 周岁≤年龄<16 周岁		对 8 种犯罪行为，应负刑事责任**	①应当从轻或减轻处罚 ②不适用死刑
≥16 周岁	16 周岁≤年龄<18 周岁	应负刑事责任	
	≥18 周岁	应负刑事责任	

2. 刑事责任能力

种类	责任
间歇性精神病人，在精神正常时犯罪	应当负刑事责任
尚未完全丧失辨认或者控制能力的精神病人，犯罪的	①应当负刑事责任 ②可以从轻或减轻处罚
又聋又哑的人或者盲人	①应当负刑事责任 ②可以从轻或减轻或者免除处罚
醉酒的人	应当负刑事责任
已满 75 周岁的人	①应当负刑事责任；②可以从轻或者减轻处罚；③过失犯罪的，应当从轻或者减轻处罚。

3. 国家工作人员界定范围

	种类	备注
国家工作人员	在国家机关中从事公务的人员（国家机关工作人员）	下列人员有渎职行为的，以国家机关工作人员论： ①在受国家机关委托代表国家机关行使职权的组织中从事公务的人员； ②虽未列入国家机关人员编制但在国家机关中从事公务的人员。
	在国有公司、企业、事业单位、人民团体中从事公务的人员	

---

* 对犯故意杀人、故意伤害罪，致人死亡或者以特别残忍手段致人重伤造成严重残疾，情节恶劣，经最高人民检察院核准追诉的。

** 8 种犯罪行为：指刑法第 17 条第 2 款所列故意杀人、故意伤害致人重伤或死亡、强奸、抢劫、贩卖毒品、放火、爆炸、投毒。这里指具体犯罪行为，而非具体罪名。

种类		备注
国家工作人员	国家机关、国有公司、企业、事业单位等国有性质单位委派到非国有单位从事公务的人员	
	其他依照法律从事公务的人员	村民委员会等村基层组织人员协助人民政府从事下列行政管理工作，属于其他依照法律从事公务的人员： ①救灾、抢险、防汛、优抚、扶贫、移民、救济款物的管理； ②社会捐助公益事业款物的管理； ③国有土地的经营和管理； ④土地征收、征用补偿费用的管理； ⑤代征、代缴税款； ⑥有关计划生育、户籍、征兵工作； ⑦协助人民政府从事的其他行政管理工作。

4. 排除犯罪事由

事由		条件	过当的责任
正当防卫	一般正当防卫	(1) 起因：存在现实的不法侵害，包括犯罪与违法；不法侵害是现实的，否则构成假想防卫，按照过失或意外事件处理	应当减轻或者免除处罚
		(2) 时间：防卫时，不法侵害正在进行。但在财产性犯罪中，如抢劫，行为已既遂，但在现场还来得及挽回损失的，仍可实行防卫	
		(3) 主观：具有防卫的意识，排除防卫挑拨、偶然防卫	
		(4) 对象：针对不法侵害人本人实行防卫	
		(5) 限度：没有明显超过必要限度，并造成重大损失	
	特殊正当防卫	(1) 对象：正在进行的严重危及人身安全的暴力犯罪，如行凶、杀人、抢劫、强奸、绑架	无过当
		(2) 限度：造成不法侵害人死亡的，不负刑事责任	
紧急避险		(1) 起因：合法权益正面临现实危险	应当减轻或者免除处罚
		(2) 时间：危险正在发生	
		(3) 主观：具有避险意识	
		(4) 对象：不得已损害另一合法权益	
		(5) 限度：没有超过必要限度，避险引起的损害应当小于避免的损害	

365

5. 常用刑事司法解释、规范性文件名称提要

(一) 刑罚

最高人民法院关于适用财产刑若干问题的规定
　　(2000年12月13日)
最高人民法院关于减刑、假释案件审理程序的规定
　　(2014年4月23日)
最高人民法院、最高人民检察院印发《关于办理职务犯罪案件认定自首、立功等量刑情节若干问题的意见》的通知
　　(2009年3月12日)
最高人民法院印发《关于处理自首和立功若干具体问题的意见》的通知
　　(2010年12月22日)
最高人民法院关于办理减刑、假释案件具体应用法律的规定
　　(2016年11月14日)
最高人民法院关于办理减刑、假释案件具体应用法律的补充规定
　　(2019年4月24日)

(二) 危害国家安全罪

最高人民法院关于审理为境外窃取、刺探、收买、非法提供国家秘密、情报案件具体应用法律若干问题的解释
　　(2001年1月17日)

(三) 危害公共安全罪

最高人民法院关于审理交通肇事刑事案件具体应用法律若干问题的解释
　　(2000年11月15日)
最高人民法院关于处理涉枪、涉爆申诉案件有关问题的通知
　　(2003年1月15日)

最高人民法院、最高人民检察院关于办理非法制造、买卖、运输、储存毒鼠强等禁用剧毒化学品刑事案件具体应用法律若干问题的解释
　　(2003年9月4日)
最高人民法院关于审理破坏公用电信设施刑事案件具体应用法律若干问题的解释
　　(2004年12月30日)
最高人民法院关于审理破坏电力设备刑事案件具体应用法律若干问题的解释
　　(2007年8月15日)
最高人民法院、最高人民检察院、公安部等关于严格依法及时办理危害生产安全刑事案件的通知
　　(2008年6月6日)
最高人民法院关于审理非法制造、买卖、运输枪支、弹药、爆炸物等刑事案件具体应用法律若干问题的解释
　　(2009年11月16日)
最高人民法院关于审理破坏广播电视设施等刑事案件具体应用法律若干问题的解释
　　(2011年6月7日)
最高人民法院、最高人民检察院关于办理危害生产安全刑事案件适用法律若干问题的解释
　　(2015年12月15日)
最高人民法院、最高人民检察院关于办理危害生产安全刑事案件适用法律若干问题的解释（二）
　　(2022年12月15日)

(四) 破坏社会主义市场经济秩序罪

最高人民法院关于审理骗购外汇、非法买卖外汇刑事案件具体应用法律若干问题的解释
　　(1998年8月28日)

最高人民法院关于审理非法出版物刑事案件具体应用法律若干问题的解释
（1998年12月17日）

最高人民法院关于审理倒卖车票刑事案件有关问题的解释
（1999年9月6日）

最高人民法院关于审理扰乱电信市场管理秩序案件具体应用法律若干问题的解释
（2000年5月12日）

最高人民法院关于审理伪造货币等案件具体应用法律若干问题的解释
（2000年9月8日）

最高人民检察院关于擅自销售进料加工保税货物的行为法律适用问题的解释
（2000年10月16日）

最高人民法院关于对变造、倒卖变造邮票行为如何适用法律问题的解释
（2000年12月5日）

最高人民法院、最高人民检察院关于办理生产、销售伪劣商品刑事案件具体应用法律若干问题的解释
（2001年4月5日）

最高人民检察院关于非法经营国际或港澳台地区电信业务行为法律适用问题的批复
（2002年2月6日）

最高人民法院、最高人民检察院关于办理非法生产、销售、使用禁止在饲料和动物饮用水中使用的药品等刑事案件具体应用法律若干问题的解释
（2002年8月16日）

最高人民法院关于审理骗取出口退税刑事案件具体应用法律若干问题的解释
（2002年9月17日）

最高人民法院关于审理偷税抗税刑事案件具体应用法律若干问题的解释
（2002年11月5日）

最高人民法院、最高人民检察院关于办理侵犯知识产权刑事案件具体应用法律若干问题的解释
（2004年12月8日）

最高人民法院、最高人民检察院关于办理侵犯知识产权刑事案件具体应用法律若干问题的解释（二）
（2007年4月5日）

最高人民法院、最高人民检察院关于办理侵犯知识产权刑事案件具体应用法律若干问题的解释（三）
（2020年9月12日）

最高人民法院关于如何认定国有控股、参股股份有限公司中的国有公司、企业人员的解释
（2005年8月1日）

最高人民法院关于审理洗钱等刑事案件具体应用法律若干问题的解释
（2009年11月4日）

最高人民法院、最高人民检察院关于办理非法生产、销售烟草专卖品等刑事案件具体应用法律若干问题的解释
（2010年3月2日）

最高人民法院关于审理伪造货币等案件具体应用法律若干问题的解释（二）
（2010年10月20日）

最高人民法院关于审理非法集资刑事案件具体应用法律若干问题的解释
（2022年2月23日）

最高人民法院、最高人民检察院、公安部关于办理非法集资刑事案件适用法律若干问题的意见
（2014年3月25日）

最高人民法院、最高人民检察院、公安部关于办理非法集资刑事案件若干问题的意见
（2019年1月30日）

最高人民法院、最高人民检察院、公安部印发《关于办理侵犯知识产权刑事案件适用法律若干问题的意见》的通知
（2011年1月10日）

最高人民法院、最高人民检察院关于办理内幕交易、泄露内幕信息刑事案件具体应用法律若干问题的解释
（2012年3月29日）

最高人民法院、最高人民检察院关于办理危害食品安全刑事案件适用法律若干问题的解释

（2021年12月30日）

最高人民法院、最高人民检察院关于办理危害药品安全刑事案件适用法律若干问题的解释

（2022年3月3日）

最高人民法院、最高人民检察院关于办理妨害文物管理等刑事案件适用法律若干问题的解释

（2015年12月30日）

最高人民法院、最高人民检察院关于办理非法采矿、破坏性采矿刑事案件适用法律若干问题的解释

（2016年11月28日）

最高人民法院、最高人民检察院关于办理药品、医疗器械注册申请材料造假刑事案件适用法律若干问题的解释

（2017年8月14日）

最高人民法院、最高人民检察院关于办理妨害信用卡管理刑事案件具体应用法律若干问题的解释

（2018年11月28日）

最高人民法院、最高人民检察院关于办理非法从事资金支付结算业务、非法买卖外汇刑事案件适用法律若干问题的解释

（2019年1月31日）

最高人民法院、最高人民检察院关于办理操纵证券、期货市场刑事案件适用法律若干问题的解释

（2019年6月27日）

最高人民法院、最高人民检察院关于办理利用未公开信息交易刑事案件适用法律若干问题的解释

（2019年6月27日）

最高人民法院、最高人民检察院、公安部、司法部印发《关于办理非法放贷刑事案件若干问题的意见》的通知

（2019年7月23日）

（五）侵犯公民人身权利、民主权利罪

最高人民法院关于审理拐卖妇女案件适用法律有关问题的解释

（2000年1月3日）

最高人民法院关于对为索取法律不予保护的债务非法拘禁他人行为如何定罪问题的解释

（2000年7月13日）

最高人民法院、最高人民检察院关于办理利用信息网络实施诽谤等刑事案件适用法律若干问题的解释

（2013年9月6日）

最高人民法院、最高人民检察院、公安部、司法部关于依法办理家庭暴力犯罪案件的意见

（2015年3月2日）

最高人民法院关于审理拐卖妇女儿童犯罪案件具体应用法律若干问题的解释

（2016年12月21日）

最高人民法院、最高人民检察院关于办理侵犯公民个人信息刑事案件适用法律若干问题的解释

（2017年5月8日）

最高人民法院、最高人民检察院关于办理强奸、猥亵未成年人刑事案件适用法律若干问题的解释

（2023年5月24日）

最高人民法院、最高人民检察院、公安部、司法部关于办理性侵害未成年人刑事案件的意见

（2023年5月24日）

（六）侵犯财产罪

最高人民法院关于审理抢劫案件具体应用法律若干问题的解释

（2000年11月22日）

最高人民法院印发《关于审理抢劫、抢夺刑事案件适用法律若干问题的意见》的

通知
（2005年7月16日）
最高人民法院、最高人民检察院关于办理盗窃油气、破坏油气设备等刑事案件具体应用法律若干问题的解释
（2007年1月15日）
最高人民法院、最高人民检察院关于办理与盗窃、抢劫、诈骗、抢夺机动车相关刑事案件具体应用法律若干问题的解释
（2007年5月9日）
最高人民法院、最高人民检察院关于办理诈骗刑事案件具体应用法律若干问题的解释
（2011年3月1日）
最高人民法院关于审理拒不支付劳动报酬刑事案件适用法律若干问题的解释
（2013年1月16日）
最高人民法院、最高人民检察院关于办理盗窃刑事案件适用法律若干问题的解释
（2013年4月2日）
最高人民法院、最高人民检察院关于办理抢夺刑事案件适用法律若干问题的解释
（2013年11月11日）
最高人民法院关于印发《关于审理抢劫刑事案件适用法律若干问题的指导意见》的通知
（2016年1月6日）
最高人民法院、最高人民检察院、公安部关于办理电信网络诈骗等刑事案件适用法律若干问题的意见
（2016年12月19日）
最高人民法院、最高人民检察院、公安部关于办理盗窃油气、破坏油气设备等刑事案件适用法律若干问题的意见
（2018年9月28日）
最高人民法院、最高人民检察院、公安部关于办理电信网络诈骗等刑事案件适用法律若干问题的意见（二）
（2021年6月17日）

（七）妨害社会管理秩序罪

最高人民法院关于审理破坏土地资源刑事案件具体应用法律若干问题的解释
（2000年6月19日）
最高人民法院关于审理黑社会性质组织犯罪的案件具体应用法律若干问题的解释
（2000年12月5日）
最高人民法院、最高人民检察院关于办理利用互联网、移动通讯终端、声讯台制作、复制、出版、贩卖、传播淫秽电子信息刑事案件具体应用法律若干问题的解释（一）
（2004年9月3日）
最高人民法院、最高人民检察院关于办理利用互联网、移动通讯终端、声讯台制作、复制、出版、贩卖、传播淫秽电子信息刑事案件具体应用法律若干问题的解释（二）
（2010年2月2日）
最高人民法院、最高人民检察院关于办理赌博刑事案件具体应用法律若干问题的解释
（2005年5月11日）
最高人民法院、最高人民检察院关于办理非法采供血液等刑事案件具体应用法律若干问题的解释
（2008年9月22日）
最高人民法院、最高人民检察院、公安部关于办理网络赌博犯罪案件适用法律若干问题的意见
（2010年8月31日）
最高人民法院、最高人民检察院关于办理危害计算机信息系统安全刑事案件应用法律若干问题的解释
（2011年8月1日）
最高人民法院关于审理破坏草原资源刑事案件应用法律若干问题的解释
（2012年11月2日）

369

最高人民法院、最高人民检察院关于办理妨害国（边）境管理刑事案件应用法律若干问题的解释
（2012 年 12 月 12 日）
最高人民法院、最高人民检察院关于办理寻衅滋事刑事案件适用法律若干问题的解释
（2013 年 7 月 15 日）
最高人民法院关于审理编造、故意传播虚假恐怖信息刑事案件适用法律若干问题的解释
（2013 年 9 月 18 日）
最高人民法院、最高人民检察院关于办理走私刑事案件适用法律若干问题的解释
（2014 年 8 月 12 日）
最高人民法院关于审理走私、非法经营、非法使用兴奋剂刑事案件适用法律若干问题的解释
（2019 年 11 月 8 日）
最高人民法院关于审理拒不执行判决、裁定刑事案件适用法律若干问题的解释
（2020 年 12 月 29 日）
最高人民法院关于审理毒品犯罪案件适用法律若干问题的解释
（2016 年 4 月 6 日）
最高人民法院关于审理非法行医刑事案件具体应用法律若干问题的解释
（2016 年 12 月 12 日）
最高人民法院、最高人民检察院关于办理组织、利用邪教组织破坏法律实施等刑事案件适用法律若干问题的解释
（2017 年 1 月 25 日）
最高人民法院、最高人民检察院关于办理扰乱无线电通讯管理秩序等刑事案件适用法律若干问题的解释
（2017 年 6 月 27 日）
最高人民法院、最高人民检察院关于办理组织、强迫、引诱、容留、介绍卖淫刑事案件适用法律若干问题的解释
（2017 年 7 月 21 日）

最高人民法院、最高人民检察院关于办理虚假诉讼刑事案件适用法律若干问题的解释
（2018 年 9 月 26 日）
最高人民法院、最高人民检察院、公安部、司法部关于办理恶势力刑事案件若干问题的意见
（2019 年 2 月 28 日）
最高人民法院、最高人民检察院、公安部、司法部关于办理黑恶势力刑事案件中财产处置若干问题的意见
（2019 年 4 月 9 日）
最高人民法院、最高人民检察院关于办理组织考试作弊等刑事案件适用法律若干问题的解释
（2019 年 9 月 2 日）
最高人民法院、最高人民检察院关于办理非法利用信息网络、帮助信息网络犯罪活动等刑事案件适用法律若干问题的解释
（2019 年 10 月 21 日）
最高人民法院关于审理掩饰、隐瞒犯罪所得、犯罪所得收益刑事案件适用法律若干问题的解释
（2021 年 4 月 13 日）
最高人民法院、最高人民检察院关于办理窝藏、包庇刑事案件适用法律若干问题的解释
（2021 年 8 月 9 日）
最高人民法院、最高人民检察院关于办理破坏野生动物资源刑事案件适用法律若干问题的解释
（2022 年 4 月 6 日）
最高人民法院、最高人民检察院关于办理环境污染刑事案件适用法律若干问题的解释
（2023 年 8 月 8 日）
最高人民法院关于审理破坏森林资源刑事案件适用法律若干问题的解释
（2023 年 8 月 13 日）

（八）危害国防利益罪

最高人民法院关于审理危害军事通信刑事案件具体应用法律若干问题的解释
（2007年6月26日）

最高人民法院、最高人民检察院关于办理妨害武装部队制式服装、车辆号牌管理秩序等刑事案件具体应用法律若干问题的解释
（2011年7月20日）

（九）贪污贿赂罪

最高人民法院关于审理挪用公款案件具体应用法律若干问题的解释
（1998年4月29日）

最高人民检察院关于行贿罪立案标准的规定
（2000年12月22日）

最高人民法院、最高人民检察院关于办理受贿刑事案件适用法律若干问题的意见
（2007年7月8日）

最高人民法院、最高人民检察院关于办理行贿刑事案件具体应用法律若干问题的解释
（2012年12月26日）

最高人民法院、最高人民检察院关于办理贪污贿赂刑事案件适用法律若干问题的解释
（2016年4月18日）

（十）渎职罪

最高人民法院、最高人民检察院关于办理渎职刑事案件适用法律若干问题的解释（一）
（2012年12月7日）

371

图书在版编目（CIP）数据

中华人民共和国刑法：实用版／中国法制出版社编．—10版．—北京：中国法制出版社，2024.1
ISBN 978-7-5216-3433-4

Ⅰ.①中… Ⅱ.①中… Ⅲ.①中华人民共和国刑法 Ⅳ.①D924

中国国家版本馆CIP数据核字（2023）第252898号

责任编辑　朱丹颖　　　　　　　　　　封面设计　杨泽江

中华人民共和国刑法（实用版）
ZHONGHUA RENMIN GONGHEGUO XINGFA（SHIYONGBAN）

经销／新华书店
印刷／保定市中画美凯印刷有限公司
开本／850毫米×1168毫米　32开　　　　印张／12.75　字数／400千
版次／2024年1月第10版　　　　　　　　2024年1月第1次印刷

中国法制出版社出版
书号 ISBN 978-7-5216-3433-4　　　　　　　　定价：30.00元

北京市西城区西便门西里甲16号西便门办公区
邮政编码：100053　　　　　　　　　　传真：010-63141600
网址：http://www.zgfzs.com　　　　　编辑部电话：010-63141667
市场营销部电话：010-63141612　　　印务部电话：010-63141606

（如有印装质量问题，请与本社印务部联系）